CHILDREN PLAY

# 유아놀이지도

## 이론과 실제

정진 · 성원경 공저

학지사

# 머리말

유아는 놀이를 하면서 배우고 자란다. 현대에 오면서 유아교육에서는 놀이 중심교육에 대한 중요성이 더욱 강조되고 있다. 그리고 교육현장에서 유아에게 구조화된 놀이로서 게임을 체계적으로 제공하기 위한 교사의 역할도 매우 중요하다. 그러므로 본 서는 유아의 놀이를 어떻게 이해하고 도울 수 있는지에 대해 관심을 갖고 썼다. 구체적으로 유아의 놀이와 게임에 대한 전반적인 이해를 돕고 실제적인 지도에 도움을 주기 위하여 펴내게 되었다.

제1부는 놀이, 제2부는 게임 편으로 나누고 총 13장으로 본 서의 체제를 구성하였다. 제1부 1장에서는 유아의 놀이에 대한 기본적인 이해를 돕기 위하여 놀이의 동기, 특성, 교육적 가치를 살펴보았다. 그리고 놀이에 대한 역사적 흐름과 관련하여 고전적 이론과 현대적 이론에 대해 고찰하면서 놀이에 관한 이론들을 살펴보았다.

제2장에서는 놀이와 유아 발달과의 관련성을 발달영역과 연령으로 구분하여 살펴보았는데 2세 유아부터 5세 유아에 이르기까지 놀이 특징을 정리하였다. 제3장에서는 놀이 발달에 영향을 미치는 일반적인 요인들과 함께 놀이의 문화와의 관련성을 강조하였다. 제4장에서는 놀이의 중요한 매개체로서 놀잇감을 별도의 장으로 두어 정리하였다. 그리고 제5장에서는 교육 현장에서의 놀이 운영과 지도 측면을 소개하였는데 실제 하루 일과 운영에서 자유놀이와 놀이의 진행 순서에 따라서 자세하게 설명하였다. 자유놀이는 실내와 실외 놀이로 구분하였고 실외 놀이의 이론을 구체적으로 제시함으로써 실내 놀이와 마찬가지로 실외 놀이를 강조하였다. 그리고 각 놀이 영역별로 놀이의 가

치와 놀잇감 지도 및 운영방법을 제시하였다. 그리고 제6장에서는 놀이를 이용한 정서, 문제행동치료의 방법으로써 놀이치료의 유형과 방법들을 살펴보았다. 또한 제7장에서는 현대에 오면서 강조되어 나타나는 전통놀이에 대하여 살펴보았다. 우리나라 전통놀이의 특징과 유래를 정리하고 교육현장에서의 적용방법을 제시하기도 하였다. 제2부 제8장에서는 게임에 대한 이해를 돕기 위하여 게임의 특성과 발달과정, 가치 그리고 게임의 목적과 선정 방법을 중심으로 설명하였다. 제9장에서는 게임의 지도 방법과 평가의 유형을 자세하게 소개하고 실제 지도 단계별로 평가하는 방법도 제시하였다. 제9장의 이론에 근거하여 제10장부터 제13장에 걸쳐 3세, 4세, 5세 그리고 실외에서 할 수 있는 게임들을 생활 주제별로 분류하고 준비과정과 지도 방법을 상세하게 제시하였다. 본 서에 제시한 게임활동들은 실제 교육현장에서 적용해 본 후 수정 · 보완된 것들을 선별한 것이다.

아울러 게임지도에 대한 명확한 이해를 돕기 위하여 게임 지도를 계획해 볼 수 있도록 계획안 양식을 함께 실었으며 각 연령별 활동들 앞에는 게임 목록과 쉽게 찾아볼 수 있도록 해당 페이지를 제시하였다. 이상과 같이 본 서에서는 유아의 놀이와 게임에 대한 이해와 실질적인 활용에 도움을 줄 수 있도록 내용을 구성하고자 최대한 노력하였다. 모쪼록 예비 학생들과 교사들이 유아의 발달수준과 교육 현장의 특성을 고려하여 융통성 있게 지도해내는 데 도움을 주는 책이 되었으면 한다. 나름대로 알찬 내용으로 원고를 정리하려고 하였지만 아직도 미흡한 부분이 있지 않나 하여 마음 한편이 무겁다. 이는 앞으로 계속 수정 · 보완해 나갈 생각이다.

기꺼이 출판을 맡아 주신 학지사 김진환 사장님과 교정 · 편집에 수고해 주신 편집부원 여러분께 감사를 드린다. 그리고 주변에서 말없이 격려해 주고 도움을 주신 여러분들께도 깊은 감사를 드린다.

2004년 1월

저자

# 차 례

머리말/ 3

## 제1부 유아와 놀이

### 제1장 유아놀이에 대한 이해 … 13

1. 놀이의 개념/ 13
   1) 놀이의 동기/ 13
   2) 놀이의 특성/ 14
   3) 놀이의 교육적 가치/ 16
2. 놀이의 이론/ 17
   1) 고전적 놀이이론/ 17
   2) 현대적 놀이이론/ 20

### 제2장 놀이와 유아의 발달 … 31

1. 유아발달에 미치는 놀이의 영향/ 31
   1) 놀이와 신체발달/ 31
   2) 놀이와 사회성발달/ 32
   3) 놀이와 인지발달/ 34

4) 놀이와 언어발달/ 34
5) 놀이와 정서발달/ 35

**2. 연령별 발달단계에 따른 놀이/ 35**
1) 2세 유아의 놀이/ 36
2) 3세 유아의 놀이/ 37
3) 4세 유아의 놀이/ 38
4) 5세 유아의 놀이/ 39

## 제3장 놀이발달에 영향을 미치는 요인 … 43

**1. 개인적 요인/ 43**
1) 연 령/ 43
2) 성 별/ 44
3) 지적 능력/ 44

**2. 가정환경/ 45**
1) 부 모/ 45
2) 사회 · 경제적 배경/ 46

**3. 교육환경/ 46**
1) 교 사/ 46
2) 놀이의 공간 및 배치/ 48
3) 놀잇감/ 48

**4. 문화환경/ 49**

## 제4장 유아놀이를 위한 놀잇감 … 51

**1. 놀잇감의 정의/ 51**

**2. 놀잇감의 유형과 선택 기준/ 52**

**3. 연령에 따른 놀잇감/ 54**

## 제5장 놀이의 운영 및 지도 … 57


**1. 자유놀이 시간의 운영/ 57**

1) 자유놀이의 의의/ 57
2) 교사의 역할/ 59
3) 놀이계획/ 61
4) 놀이평가/ 64

**2. 실내 자유놀이 지도/ 66**

1) 실내 놀이공간의 구성조건/ 67
2) 환경구성 및 지도방법/ 67

**3. 실외 자유놀이 지도/ 87**

1) 실외 자유놀이 환경의 중요성/ 87
2) 실외 놀이공간의 구성조건/ 89
3) 환경구성 및 지도방법/ 94


## 제6장 놀이치료 … 107


**1. 놀이치료의 가치/ 107**

**2. 놀이치료의 유형 및 방법/ 108**

1) 지시적 놀이치료/ 108
2) 비지시적 놀이치료/ 110

**3. 놀이실과 놀잇감/ 112**

**4. 놀이치료의 단계/ 113**

1) 진단 및 치료계획/ 113
2) 놀이치료의 초기단계/ 114
3) 놀이치료의 중기단계/ 114
4) 놀이치료의 종결단계/ 114

## 제7장 전통놀이 … 117

### 1. 전통놀이의 이론적 배경/ 117
1) 전통놀이의 개념과 특징/ 117
2) 전통놀이의 교육적 가치/ 118

### 2. 전통놀이의 유래와 놀이방법/ 119
1) 고누놀이/ 120
2) 공기놀이/ 125
3) 닭살이/ 127
4) 꼬리잡기/ 128
5) 딱지치기/ 128
6) 땅따먹기/ 129
7) 비석치기/ 130
8) 사방치기/ 132
9) 연날리기/ 133
10) 윷놀이/ 134
11) 제기차기/ 136
12) 칠교놀이/ 137
13) 투 호/ 137
14) 팽이치기/ 138
15) 풀각시 놀이/ 140
16) 구슬치기/ 142

# 제2부 게 임

## 제8장 게임에 대한 이해 … 147

### 1. 게임의 정의 및 특성/ 147
1) 게임의 정의/ 147
2) 게임의 특성/ 148

2. 게임의 발달 및 가치/ 150
1) 게임의 발달/ 150
2) 게임의 가치/ 152
3) 게임에서의 경쟁성/ 156
3. 게임의 목적 및 선정/ 159
1) 게임의 목적/ 159
2) 게임의 선정 조건/ 161
4. 게임의 유형/ 162
1) 집단 형태별 유형/ 162
2) 연령별 게임 유형/ 164
3) 생활 주제별 게임 유형/ 166

제9장 게임의 지도원칙 및 방법 … 169

1. 게임의 일반적 지도원칙/ 169
2. 경쟁성에 대한 지도원칙/ 171
3. 게임지도방법/ 172
4. 게임의 평가/ 175

제3부 게임활동의 실제

제10장 3세 게임활동

나와 유치원/189 • 가족과 이웃/196 • 계절(봄)/203 • 계절(여름)/209 • 계절(가을)/215 • 계절(겨울)/219 • 건강한 몸과 마음/225 • 동물/232 • 교통기관/243 • 우리나라와 다른 나라/249 • 도구와 기계/257 • 게임활동 계획안 작성 연습/264

## 제11장 4세 게임활동

나와 유치원/271 • 가족과 이웃/281 • 계절(봄)/289 • 계절(여름)/294 • 계절(가을)/300 • 계절(겨울)/306 • 건강한 몸과 마음/312 • 동물/318 • 교통기관/326 • 우리나라와 다른 나라/334 • 도구와 기계/342 • 게임활동 계획안 작성 연습/347

## 제12장 5세 게임활동

나와 유치원/353 • 가족과 이웃/362 • 계절(봄)/369 • 계절(여름)/375 • 계절(가을)/381 • 계절(겨울)/389 • 동물/397 • 지구와 환경/404 • 우리나라와 다른 나라/410 • 도구와 기계/418 • 게임활동 계획안 작성 연습/ 424

## 제13장 실외게임활동/ 427

나와 유치원/429 • 계절(여름)/431 • 계절(가을)/433 • 건강한 몸과 마음/435 • 동물/436 • 교통기관/438 • 우리나라와 다른 나라/440 • 도구와 기계/443

**참고문헌/ 447**

**찾아보기/ 455**

# 제1부
# 유아와 놀이

제1장 유아놀이에 대한 이해
제2장 놀이와 유아의 발달
제3장 놀이발달에 영향을 미치는 요인
제4장 유아놀이를 위한 놀잇감
제5장 놀이의 운영 및 지도
제6장 놀이치료
제7장 전통놀이

# 제1장 유아놀이에 대한 이해

## 1. 놀이의 개념

놀이란 무엇인가? 놀이에 대한 간단한 정의를 내리기는 매우 어려운 일이다. 그러므로 놀이의 동기와 특성 및 가치들을 살펴봄으로써 놀이의 개념을 밝혀 보고자 한다.

### 1) 놀이의 동기

인간은 끊임없는 행동의 변화를 일으키며 발달해 간다. 인간의 행동은 외적인 동기와 합해질 수 있는 중요한 특성을 지니는 것으로서 인간의 기능적인 모든 측면을 통합하고 균형을 이루게 한다. 유아는 발달과정에서 발생하는 자연스러운 산물인 놀이를 통하여 전체적이고 균형 있는 발달을 이루어 간다. 유아의 놀이 행동이 때로 난폭하고 거칠며 우스꽝스러운 모습으로 나타날지 모르지만 그들 나름대로의 규칙성과 지속성을 지니고 있다. 이러한 놀이는 유아가 성숙함에 따라 변화되고 정교해지며 다양한 놀이 형태로 발전된다. 그래서 유아 개인의 행동특성을 규정짓고 신체, 인지, 언어, 정서, 사회성 등의 전인발달에 중요한 영향을 미치게 된다.

유아의 발달에 영향을 미치는 놀이에 대해 '유아는 왜 놀이를 하는가?' 라는 놀이 동기의 측면에서 개념을 생각해 볼 수 있다. 유아가 놀이를 하는 이유는 첫째, 이미 경험하여 알고 있는 사실을 활용하여 새로운 사실을 탐색하기 위해 놀이를 한다. 둘째, 유아 자신이 능력감을 느끼고, 성공적인 경험을 하기 위해 놀이를 한다. 성공적인 경험은 유아가 새롭고 어려운 도전을 아주 잘 받아들일 수 있도록 도와준다. 셋째, 활동을 즐기기 위해 놀이를 한다. 유아는 자기 동기화가 되었을 때 스스로 활동을 즐기게 된다. 상이나 보상은 내적으로 동기화된 행동을 격려하는 데 불필요한 것이다. 넷째, 유아의 내적 동기를 계속 유지하기 위해 놀이를 한다. 내적 동기는 놀이의 기준이기보다 놀이의 결과이다. 놀이를 좋아하는 성향은 유아기에서 성인기까지 옮겨 놓을 수 있다.

따라서 유아는 즐겁고 재미있게 놀이를 하며, 유아 자신의 능력을 발전시키고 능동적인 탐색 활동을 하도록 이끄는 특별한 의미로서 놀이를 하게 된다.

### 2) 놀이의 특성

놀이의 중요성이 인식되면서 18세기 초기 몇몇 학자들은 유아 놀이에 대하여 다양한 관점에서 정의를 내려 놀이의 특성을 밝히고자 하였다.

- Froebel : 놀이는 가장 순수한 정신적 활동이며 동시에 인간과 모든 사물에 내적으로 감추어진 자연스러운 생활 전체이다. 즉, 유아의 놀이는 곧 교육이다.
- Groos : 놀이란 진지한 의도가 결여된 본능적 연습이다.
- Schiller : 과잉에너지의 맹목적인 소비가 놀이이다.
- Lazarus : 놀이란 자유롭고 목적이 없으며 즐겁고 재미있는 활동이다.
- Dewey : 놀이는 어떤 결과를 얻기 위해 의도적으로 하는 것이 아니라 모든 활동에 강조를 두는 것이다.
- Freud : 모든 행동에는 동기가 있으며 놀이는 우연한 사건이 아니라 개인의 감정과 정서에 의해 결정되고, 놀이를 통하여 유아는 갈등을 해소한다.
- Isaacs : 놀이가 유아의 삶 자체인 동시에 세상을 이해하는 수단이다.
- Huizinga : 인간이나 동물에게 모두 적용될 수 있으면서 생각하는 것만

큼 중요한 제3의 기능이 놀이이다.

- Rubin : 놀이는 문제해결력, 협동, 도구사용기술, 창조성, 언어발달, 통찰력, 성역할, 문화의 전승 등 사회, 도덕, 인지발달에 공헌하는 마술상자다.
- Piaget : 놀이는 조절에 대한 동화의 비율로서 동화가 조절보다 우세하면 놀이가 나타난다.

이와 같이 놀이에 대한 정의는 놀이가 유아의 삶과 성장·발달 과정에서 최고의 수단이라는 사실을 밝혀 줌과 동시에 유아에게 놀이가 얼마나 중요한지를 설명해 준다. 그러나 놀이의 정의만으로 놀이의 본질적 특성을 규정하기에는 충분하지 못하다. 놀이에 대한 다른 측면에서의 특성을 살펴보기 위하여 놀이와 다른 행동들과의 차이점을 비교해 볼 수 있다. 놀이와 유사한 행동으로 탐색 행동(exploration)이 나타난다. Hutt(1971)에 따르면 유아들은 놀이를 하기 전 단계에서 새로운 물건을 발견하게 되면 탐색행동을 통하여 진지하게 물건에 대한 정보를 획득하게 된다고 한다. 반면 놀이는 탐색 이후에 보다 익숙한 물건을 가지고 다양한 행동을 함으로써 즐거움과 만족감을 추구하는 특성을 지니고 있다. 또한 놀이와 놀이가 아닌 행동으로서 일의 특성과 비교할 수 있다. 일이란 외적인 동기화에 의한 것으로 강요에 의한 것이거나 수동적인 참여를 유도한다. 그리고 단조롭거나 지루할 수 있고, 타인에 의해 시작하게 된다. 반면 놀이는 내적인 동기화에 의해 이루어지는 행동으로 자발적이며 능동적인 참여가 가능하며 재미가 있다(Frost & Klein, 1979; Levy, 1978). 이러한 특성들을 종합하여 놀이의 일반적인 특성을 다음과 같이 정리해 볼 수 있다.

- 놀이는 자발적인 행위이다.
  놀이는 내적으로 동기화된 것으로 명령에 의한 놀이는 이미 놀이가 아니다.
- 놀이는 외적인 규칙에 대해 상대적으로 자유롭다.
  놀이의 규칙은 대부분 놀이자인 유아들이 함께 정할 수 있다.
- 놀이는 상상적 측면이 강하다.
  놀이에는 가작화 요소(make-believe elements)가 많다.
- 놀이는 행동의 결과보다 행동 과정 자체가 목적인 행위이다.

놀이 과정에서 재미와 만족을 느끼기 때문에 놀이 욕구가 절실해진다.

- 놀이는 자유 선택과 가변성이 있다.
  유아는 놀이를 자유롭게 선택하며 놀이의 내용이나 방법들을 변경시킬 수 있다.
- 놀이는 놀이자의 능동적 개입을 요구한다.
  유아는 스스로 놀이를 시작하고 적극적으로 참여한다.
- 놀이에는 경쟁적 요소가 내포되기도 한다.

유아는 놀이과정에서 생겨나는 경쟁성을 자연스럽게 받아들일 수 있다.

따라서 놀이는 자유롭고 목적이 없으며 유아는 결과보다 과정 자체를 즐기고, 상대적인 규칙을 포함하는 놀이에 자발적으로 참여하는 활동으로써 중요한 특성을 지닌다.

### 3) 놀이의 교육적 가치

놀이에 대한 또 다른 개념으로 포함될 수 있는 것은 바로 놀이가 교육적 가치를 지닌다는 점이다. 놀이는 유아의 생활 속에서 가장 자연스럽게 이루어지는 학습 활동이며, 스스로 학습하도록 자극을 주고 동기유발을 제공해 준다. 놀이가 교육과정으로 생각되게 된 것은 Plato에서부터 찾아볼 수 있다. 그는 유아의 교육방법으로 놀이가 가장 적절한 것이고, 놀이를 통하여 본성을 발견할 수 있는 기회를 가진다고 주장하였다. 이러한 교육관은 Comenius, Rousseau, Pestalozzi에 이어 Froebel에 이르러 유아의 놀이가 곧 교육이라는 사실로 발전하게 되었다.

놀이가 교육적 가치를 지니는 구체적인 이유를 몇 가지로 정리해 볼 수 있다. 첫째, 학습에 대한 흥미를 높여 준다는 점이다. 둘째, 놀이는 강요가 아닌 자발적인 동기에 의해 이루어지므로 효과적인 학습이 가능하다. 셋째, 놀이를 통하여 구체적인 경험을 할 수 있다. 넷째, 놀이의 자발적 선택은 학습에 대한 자신감과 성취감을 제공해 줄 수 있다. 다섯째, 학습활동에서 얻은 성취감은 새로운 학습과제에 대한 도전과 문제해결능력을 키워 준다. 여섯째, 놀이의 적극적인 참여는 보다 폭넓은 학습의 기회를 제공해 준다.

이상을 요약하여 놀이의 개념을 정리해 보면 놀이는 유아가 즐겁고 흥미롭게 행하는 활동이며, 자발적이고 능동적으로 참여하여 자기 동기화와 능력감을 발전시키는 수단이다. 따라서 유아에게 있어 놀이는 가장 자연스러운 행동으로서 유아의 생활 그 자체이며 자발적인 학습과정이라고 할 수 있다.

## 2. 놀이의 이론

놀이가 무엇인지를 밝히기 위해 많은 학자들이 계속적인 연구 노력을 기울여 왔다. 그 결과 놀이의 본질을 규정하는 데 기초가 되는 고전적 이론과 현대적 이론을 형성하게 되었고, 특히 최근에 이르러서는 정신분석이론과 인지발달이론으로 놀이의 개념을 분석하려는 연구활동이 더욱 활발하게 진행되고 있다. 각 놀이의 이론을 구체적으로 살펴보고 동시에 놀이의 가치를 연결하여 이해해 보기로 한다.

### 1) 고전적 놀이이론

고전적 놀이이론은 19세기 말부터 20세기 초에 이르기까지 형성된 Schiller, Spencer의 잉여 에너지이론, Groos의 연습이론, Hall의 반복이론, Patrick의 휴식이론 등이며, 이들 이론들은 현대 놀이이론의 기초를 마련하는 데 영향을 주었다.

#### (1) 잉여 에너지이론

18세기 독일의 Friedrich Schiller는 놀이를 잉여 에너지가 뚜렷한 목적 없이 소비되는 것이라고 정의하였다. 인간은 기본적인 욕구를 충족시켜 나가기 위해 자신의 에너지를 사용하게 되는데 이때 사용하고 남은 에너지를 소모하게 된다는 것이다. 이러한 영향을 많이 받게 된 19세기 영국의 철학자 Herbert Spencer도 역시 놀이는 잉여 에너지의 발산이라고 주장하였다. 즉, 놀이는 물이 끓으면서 발산되는 증기에 비유될 수 있다. 그러므로 놀이는 일을 함으로써 에너지를 많이 소모하는 성인들에 비해 유아들이 과잉 에너지를 더 많이 갖게 되므로 놀이를 더 많이 하게 된다. 그리고 하등동물이 생존을 위해 에너지를 소모하게 되는 데 비해 고등동물은 사고를 이용하여 에너지를 효율적으로 소모함으로써 잉여 에너지를 가질 수 있으므로 놀이활동이 더 많이 나타나는 것으로 보았다.

그러나 잉여 에너지이론으로 놀이를 해석하기에 부족한 점이 있다. 그것은 유아가 에너지 과잉상태일 때 놀이를 하기도 하지만 피로한 상태일 때에도 계속하여 홍미로운 놀이에 집중할 수 있다는 것이다.

### (2) 연습이론

철학자 Karl Groos는 놀이가 성인기의 생존에 필요한 기본적인 기술을 연습하기 위해 존재한다고 주장하였다. 신생아와 갓 태어난 동물들은 생존에 필요한 불완전하고 부분적으로 형성된 본능을 전수받는다. 그리고 아주 어린 영아는 걷기 위한 기술을 위하여 기어가기, 몸 뒤집기, 앉기, 일어서기 등의 연습을 반복적으로 해야만 한다. 그러므로 불완전하고 미성숙한 행동들을 연습하여 완전하고 정교하게 발달시키는 과정이 놀이라고 할 수 있다. 예를 들면 유아가 가장놀이나 역할극 놀이를 하면서 부모 역할뿐만 아니라 성인 생활에 필요한 기술들을 연습하게 된다. 이 이론은 초기 유아기의 경험이 성인기에 중요한 영향을 미칠 수 있음을 설명해 주기도 한다.

그러나 놀이가 특정하게 생존에 필요한 기술만을 연습한다고 보기에는 어려움이 많다. 놀이는 단순히 기술뿐만 아니라 신체, 정서, 사회, 언어, 인지에 따른 전인적 발달에 영향을 주고 있기 때문이다. 또한 성인기에 필요한 기술을 연습하여 준비를 끝낸 후에도 놀이가 계속된다는 점은 유아의 놀이를 연습이론으로 설명하기에 불충분하다.

### (3) 반복이론

20세기에 들면서 미국의 심리학자 Stanley Hall은 유아기의 놀이과정에 인류의 진화과정이 재현되어 나타날 뿐만 아니라 전 역사가 반복적으로 나타난다고 주장하였다. 즉, 놀이단계는 인간의 진화과정에서 일어나는 것과 동일한 순서에 따른다는 것이다. 예를 들어 유아의 물놀이는 인간 태초의 기원이 반복적으로 나타나는 것이며 나무를 기어오르는 놀이는 원숭이와 유사한 조상들의 특징적인 행동을 재현하는 것이다. 또한 Hall은 유아기 동안에 놀이를 통하여 종족적 본능을 발산시킴으로써 현대 성인생활에 필요하지 않는 원시적 본능을 제거하면서 좀더 복잡한 형태의 행동으로 발전시켜간다고 설명한다.

그러나 유아들의 놀이에 인류의 진화과정이 반복되지 않는다는 비판이 있다. 현대 문명을 반영하는 다양한 놀잇감, 예를 들면 자동차, 자전거, 우주선 등에 흥미를 가지고 놀이를 하는 것은 반복이론으로 설명하기 어렵다는 것이다. 그리고 인류의 진화과정이 직선적으로 발달해 가는 데 비해 유아의 놀이는 다양하고 복합적인 발달과정을 거친다는 점도 현대 놀이의 해석에서 밝혀지고 있다.

### (4) 휴식이론

독일의 시인 Moritz Lazarus는 휴식 이론의 창시자로서 일에서 소모한 에너지를 재충전하는 것이 놀이 목적이라고 설명한다. 놀이는 일의 반대되는 개념으로 소모된 에너지를 재충전하는 이상적인 방법이다. Patrick 역시 인간이 활동을 함으로써 느끼는 피로감을 풀고 휴식을 하고 싶을 때 놀이를 한다고 주장하였다. 사람들은 일을 해서 생긴 피로를 레크리에이션이나 스포츠, 게임 등과 같은 다른 정신적 활동을 즐김으로써 긴장감을 이완시키고 에너지를 회복할 수 있다. 또한 유아들이 주로 앉아서 하는 정신적 활동 후에 뛰기, 달리기, 구르기 등과 같은 활동적 놀이를 하는 일과 운영 계획은 이 이론에 기초한 것이다.

그러나 휴식이론이 일로 인하여 생기는 피로감을 회복하기 위한 놀이를 전제로 한다면 일을 거의 하지 않는 유아들이 하는 놀이를 설명하기에 부족함이 있다. 그리고 성인들은 유아에 비해 더 많이 일을 하기 때문에 유아들 보다 더 많이 놀아야 한다는 잘못된 가정을 포함하게 된다.

이상에서 살펴본 바와 같이 고전적 놀이이론들이 지니고 있는 한계에도 불구하고 놀이에 대한 최초의 중요한 이론들로 인식되고 있다. 이들 놀이이론은 부분적으로 놀이를 설명할 수 있을 뿐만 아니라 현대 놀이이론의 기틀을 제공해 줌과 아울러 놀이를 다각적으로 고찰할 수 있는 이론적 근거를 제시

**표 1-1 고전적 놀이이론**

| 이 론 | 학 자 | 놀이의 목적 |
|---|---|---|
| 잉여 에너지이론 | Schiller, Spencer | 놀이를 통하여 잉여 에너지를 발산한다. |
| 연습이론 | Groos | 놀이는 미래 삶을 위해 필요한 기술을 연습하는 것이다. |
| 반복이론 | Hall | 놀이를 통하여 인류 진화과정을 재현하고 원시적 본능을 제거한다. |
| 휴식이론 | Lazarus, Patrick | 놀이는 일로부터 소모된 에너지를 회복하는 것이다. |

해 주었다.

네 가지 고전적 이론들을 놀이 목적을 중심으로 비교해 보면 다음 〈표 1-1〉과 같다.

## 2) 현대적 놀이이론

현대에 이르러 놀이를 뒷받침해 줄 수 있는 이론으로는 크게 정신분석이론과 인지발달이론이 있다. 정신분석이론은 유아의 정신세계와 자아의 기능을 놀이와 관련지어 해석하려는 Freud와 Erikson을 꼽을 수 있고, 인지발달이론에서는 Piaget를 중심으로 한 Vygotsky, Bruner와 Sutton-Smith 등이 인지발달과정에서의 놀이를 설명하고 있다. 그러므로 학자들이 제시하고 있는 놀이에 관한 이론들을 중심으로 살펴보고자 한다.

### (1) 정신분석이론

#### ① Freud의 놀이발달

**■ 놀이이론**

Freud에 의하면 인간행동에는 동기가 있다고 가정한다. 유아의 놀이활동은 우연히 일어나는 것이 아니라 자신이 지각하든 않든 간에 개인의 감정과 정서에 의해서 결정되는데 유아의 실제 생활에서 인상 깊었던 것, 기분이 좋고 나쁜 것, 소망 등에 의해 반복적으로 일어나는 행동인 것이다. 즉, 유아는 놀이를 하면서 자신의 감정을 자연스럽게 노출할 수 있을 뿐만 아니라 현실에 적응하기 위해 타협하는 방법도 배우며 현실적으로 이루기 힘든 일을 놀이활동 속에서 실현해내어 자신의 욕구를 충족시켜 나간다. 그러므로 놀이란 자아의 기능이며 육체적인 Id와 Superego를 조정하는 역할을 하는 것으로 안정과 평형의 상태로 복귀하려는 노력의 일환이라 할 수 있다.

### ■ 놀이단계

Freud는 성감대의 연령적 변화에 따른 발달단계를 구강기, 항문기, 남근기, 잠복기, 생식기로 나누어 제시하고 있는데 각 발달단계에서 얻는 만족도는 유아의 성격형성에 결정적인 영향을 미치게 된다고 주장한다. 그러므로 놀이를 통한 욕구의 충족이나 긴장 해소는 유아의 원만한 성격 형성과 정서적 안정을 이루는 수단이 된다. 첫 번째 발달단계인 구강기는 입을 통하여 쾌감과 만족을 느끼는 시기로서 과소 충족이나 과잉 충족을 경험하게 되면 고착현상이 일어나고 그 결과는 후기 성격발달에 지속적으로 영향을 미친다. 이 시기에 고착된 성격은 유아가 성장하면서 욕구불만과 정신적 억압을 초래할 수 있으므로 유아에게 자연스러운 놀이의 기회를 제공함으로써 욕구충족과 정신적 이완을 해낼 수 있도록 도와야 할 것이다. 두 번째 발달단계는 항문기이다. 이 시기 동안에는 대소변 가리기 훈련의 엄격함과 억압으로부터 고착현상이 일어날 수 있다. 그러므로 배변훈련이 반복적인 연습이나 강요에 의해 학습되어지기보다는 즐거운 놀이과정으로 유도해 나갈 수 있어야 한다. 예를 들면, 유아가 변기에 앉아있는 동안 짧은 이야기나 노래를 들려주어 즐거운 놀이 시간을 경험하도록 하면서 점진적으로 훈련을 시켜가는 방법이다. 다음으로 세 번째 발달단계는 이성 부모에 대한 애정욕구가 생기는 남근기로서 특히 남아의 경우에는 아버지에 대한 적대감을 보이게 된다. 이를 극복하기 위하여 유아는 아버지의 남성다움을 동일시하기 위한 모방적 놀이를 하게 되고 놀이과정에서 자신의 불안감이나 적대감을 자연스럽게 표출할 수 있다.

이와 같이 놀이는 유아의 성격과 정서발달에 중요한 역할을 한다. 무엇보다 유아에게 정신적 치료의 가장 효과적인 수단이 바로 놀이라고 할 수 있다. 인간의 정신적 갈등이나 억압에 대한 치료에서 성인은 언어적 자유연상법이나 꿈의 해석으로부터 해결의 통로를 찾는다. 그러나 유아는 자신의 정서상태를 진단해내거나 언어적으로 감정표현을 할 만큼 어휘력을 지니지 못한다. 또한 감정의 조절은 유아가 선택하는 가장 자연스러운 방법으로 활동을 하면서 해결해 나갈 수 있다. 그러므로 유아는 놀이를 통하여 자신의 감정을 건설적이고 공개적으로 표현할 수 있을 뿐만 아니라 꼬여진 일이나 문제를 능동적으로 해결하여 정서적 안정과 원만한 성격을 형성할 수 있다.

② Erikson의 놀이발달

Erikson은 자아의 세계와 함께 사회적 현실과 관련지어 유아의 놀이를 설명하고자 하였다. 그는 놀이가 놀이자에 따라서 독특하고 개별적인 특성을 지닌다고 보고 보다 광범위한 범주에서 발달단계를 제시하였다. 그의 저서 『아동과 사회(Childhood and Society)』에서 주변 환경의 숙달과정으로서 놀이의 발달을 세 단계로 구분하여 설명하였다.

첫째, 자기 세계적 놀이단계(the autocosmic play)로서 자기 신체를 가지고 놀이를 하는 시기이다. 즉, 자신의 감각기관을 이용해 보거나 운동능력을 반복적으로 시도해 보는 놀이이다. 이러한 놀이를 통하여 유아는 자신의 세계를 탐색하고 차츰 주변의 세계로 옮겨가게 된다. 하지만 주로 대상은 자신과 긴밀한 관계를 가지게 되는 양육자인 부모가 되며, 유아는 부모와의 상호작용을 통하여 여러 가지 반응을 살필 수 있고 주변 세계에 대해서도 관심을 기울이기 시작한다.

둘째, 미시 세계적 놀이단계(the micro-sphere)로서 주된 특징은 자기 자신의 세계에서 놀잇감이나 사물이 놀이대상이 된다는 것이다. 이 시기 유아는 놀잇감이나 주변 사물을 통하여 소우주 속에 살게 되며, 사물의 일정한 법칙도 이해하게 된다. 이 단계에서 놀이활동들은 현실세계인 사회에 적응하기 앞서 경험하고 숙달시켜야 하는 중요한 의미를 지니게 된다. 유아는 조작 가능한 놀잇감들을 가지고 혼자놀이를 하면서 놀잇감에 익숙해지고 놀이를 통한 즐거움을 느끼게 된다.

셋째, 거시 세계적 놀이단계(the macro sphere)는 다른 사람과 함께 놀이를 하는 시기이다. 유아는 놀잇감인 주변 사물에서 숙달시킨 법칙들을 다른 사람과 놀이를 함께 하면서 놀이영역을 확장시켜 나가고, 자아를 조절하면서 현실 세계에 적응하는 방법도 배우게 된다.

### (2) 인지발달이론

① Piaget의 놀이발달

■ **놀이이론**

인지발달이론에서는 놀이가 정서적 가치 이상으로 인지적인 성장에 중요한 도구라는 것을 강조한다. 인지발달적 접근에서 가장 대표적인 학자인 Piaget에 의하면 유아의 인지발달은 환경과의 끊임없는 상호작용으로 인한 적응 행동의 결과이다. 즉, 유기체가 새로운 환경에 대한 탐색 활동과 인지구조의 조절로 인하여 평형을 이루면서 인지능력을 발달시켜 나간다. 그러므로 유아에게 '환경' 은 인지발달을 자극하고 가속화할 수 있는 절대적인 요소이며, 변화하는 환경에서 유아는 적응을 위한 계속적인 노력을 하게 된다. 이때 유아는 '놀이' 를 통해서 환경에 적응하는 힘을 가질 수 있다.

그리고 유기체가 환경과의 상호작용을 진행하는 과정에서 새로운 환경에 놓여질 때 '갈등' 의 발생은 불가피한 것이다. 갈등은 곧 유아에게 호기심을 유발하게 된다. 갈등으로 인한 불평형 상태를 평형상태로 바꾸면서 새로운 상황에 대한 적응을 하게 되는데 그 과정에서 두 가지 중요한 기능이 필요하다. 즉, 외부환경으로부터 여러 가지 개념을 수용 · 이해하는 '동화' 의 과정과 새로운 개념을 적응시키기 위해 인지 구조의 기존 모델을 변화시켜야 하는 '조절' 의 기능이다. 유아는 기능적 유사성의 예에서 볼 수 있는 것처럼 네 발로 걷는 동물은 강아지라는 개념으로부터 고양이라는 개념을 인지하는 데에는 갈등을 경험하는 것과 동시에 동화 · 조절의 기능을 이용하여 평형을 이루게 된다. 이와 같은 반복적인 놀이 활동을 통한 평형 상태는 여러 가지 개념들을 유아의 인지구조 내에 축적시키면서 인지발달을 이루게 된다.

인지발달 과정에서 동화와 조절은 동시에 일어나지만 동화가 상당히 더 많이 일어난다. 따라서 Piaget는 조절보다 동화가 더 우세한 영역이 놀이라고 본다. 즉, 새로운 인지적 자극은 인지 구조의 변형이 없이도 기존의 존재하는 인지 구조에 통합될 수 있다는 것이다. 유아의 놀이를 통한 반복적인 행동은 들어오는 정보를 개인의 요구에 알맞게 변화시켜 가는 순수한 동화의 기능이라고 할 수 있다. 그러므로 놀이는 새로운 정보를 받아들이고 적응시키는 일을 반복적으로 수행하면서 인지발달을 촉진시키는 일을 함과 동시에 유아의 학습을 촉진시킬 수 있는 가장 합리적인 교수방법이 된다.

### ■ 놀이단계

Piaget가 제시하는 연습놀이, 상징놀이, 규칙 있는 게임의 놀이단계를 제시하고, 각 놀이의 발달과정을 소개하고자 한다.

#### 연습놀이

연습놀이(practice play)는 감각운동기(0~2세)에 주로 나타나는 놀이의 유형이다. 이 시기에 영아는 전에 경험해 본 행동을 반복해서 하게 되는 순환반응을 보인다. 이것은 놀이의 징조라고 할 수 있다. 즉, 생후 4개월 된 아기는 침대에 걸린 장난감을 밀어 봄으로써 그것이 흔들리며 덜거덕 소리가 난다는 것을 배운다. 한 번 학습된 행동은 자꾸 반복되는데 유아에게는 즐거운 놀이가 될 수 있다. 이것은 감각기관을 활용한 놀이의 반복적인 연습과정이다. 7~12개월 된 영아는 장난감이나 다른 물건을 찾기 위해 덮개를 치우는 보다 적극적인 놀이를 하게 된다. 이는 자신의 신체운동 능력을 실행에 옮겨 보고 현재까지 경험에 의해 얻은 사실들을 연결하여 적응해 나가려는 연습과정이다.

그러므로 이 단계에서 놀이는 적극적인 탐색활동으로 인한 성공적인 놀이를 반복하는 것이고 성공적인 놀이는 단순히 반복하는 것이 아니라 변화를 수반하여 놀이의 발달을 초래하게 된다. 연습놀이에서는 감각기관과 신체운동능력을 활용함으로써 다음 발달단계의 놀이유형이 나타날 수 있도록 단순히 놀이를 반복하게 된다.

#### 상징놀이

전조작기(2~6세) 발달단계에 있는 유아는 자기중심적 사고의 두드러진 특징을 보이면서 주변의 사물을 이용하거나 사물이 없이도 흉내를 내는 놀이를 즐겨하게 된다. 2세경부터 유아는 한 번 일어났던 중요한 일을 재연하거나 자신의 욕구에 따라 새로운 세계를 만들어 가는 상징놀이(symbolic play)를 한다. 상징놀이는 알고 있는 행위의 즐거운 표현으로서 숙달놀이가 전환된 것이며 Piaget는 상징놀이를 세 가지 유형으로 정의하였다(Johnson, 1999). 첫째, 상징적 도식을 새로운 사물에 적용하는 것으로 자신의 경험에서 소리를 흉내내는 것이다. 둘째, 모방된 행동이 다른 모델로부터 가져오게 되는데 아빠가 면도하는 것과 같이 가작화하는 행동이다. 셋째, 상징적 도식의 계획된 조합과 행동 순서 및 행동형태로 이루어지는 것인데 유모차에 탄 인형에게 사물을 가리키며 보라고 말하는 놀이행동이다. 즉 먹는 척하기, 잠자는 척하기 등과 같은 자기 행동과 관련되는 가작화의 초기 행동에서 점차 다른 사람이나 사물에 대해 가작화하게 된다. 구체적인 상징놀이의 발달과정은 다음과 같다.

- **전상징적**(presymbolic) **단계** : 유아는 유사한 가작화 행동을 한다. 단순히 빈 컵을 입에 가져 다 대거나 전화기를 귀에 댄다.
- **자기 가작화**(self-pretending) **단계** : 유아 자신의 신체와 일상생활 활동과 관련된 것을 상징화한다. 컵과 유사한 것을 들고 마시는 소리를 내고, 전화 수화기를 들고 이야기하는 흉내를 낼 수 있다.
- **분산된 가작화**(decentered pretending) **단계** : 컵과 유사한 것이 아니어도 들고 마시는 흉내를 낼 수 있고, 자신이 아니라 인형에게 우유를 먹이는 행동도 나타난다.
- **가작화놀이의 통합**(pretend play combination) **단계** : 유아는 놀잇감이 없어도 마시는 척하면서 동시에 대상을 정해놓고 먹여주는 흉내를 통합적으로 해낼 수 있다. 엄마, 아빠가 하는 일을 흉내내기도 하고 인형에게 보여주며 엄마, 아빠의 역할을 상징화하기도 한다.
- **계획적 상징놀이**(planned symbolic play) **단계** : 유아는 자신이 무엇을 상징화할 것이며 그것을 위해 필요한 도구가 무엇인지를 생각할 줄 알게 된다. 또한 친구들과 상호작용하면서 여러 가지 상황을 역할극으로 꾸밀 수 있다. 이때 다양한 놀잇감의 준비는 계획적 상징놀이를 확장시키고 발전시켜 나가는 데 큰 영향을 미칠 수 있다.

Smilansky 역시 유아의 인지가 발달함에 따라 놀이가 점차적으로 복잡해진다는 사실을 밝힌 사람이다. 특히 그는 상징놀이가 발전해서 나타나는 놀이의 유형으로서 사회극 놀이(sociodramatic play)가 다양하고 창의적으로 나타난다는 사실과 함께 유아의 발달에 미치는 효과에 대하여 설명하였다. 사회극 놀이는 한 명 이상의 놀이자와 함께 상호작용하여 진행되는 놀이이다. Smilansky는 사회극 놀이를 평가하기 위하여 여섯 가지 놀이 요소를 사용하여 관찰도구를 만들었는데 구체적인 내용은 다음과 같다.

- **모방적 역할놀이**(imitative role play) : 유아는 가작화(make-believe)된 역할을 언어와 행동으로 표현하는 놀이이다.
- **사물에 대한 가작화**(make-believe in regard to objects) : 실제 사물을 사용하는 것처럼 상상하여 언어나 행동으로 표현한다.
- **행동과 상황에 대한 가작화**(make-believe in regard to actions and situations) : 구체적인 상황과 행동을 언어적으로 표현하며 가작화한다.
- **지속성**(persistence) : 놀이 주제(episode)에 최소한 10분간 계속적으로 놀이를 진행한다.
- **상호작용**(interaction) : 한 가지 놀이에 두 명 이상의 놀이자가 상호작용하며 놀이를 한다.
- **언어적 의사소통**(verbal communication) : 놀이와 관련된 언어적 의사소통을 한다.

이상의 요소들 중에서 상호작용과 언어적 의사소통은 사회극 놀이 수준을 말하는 것으로, 사회극 놀이가 일반적인 극적 놀이보다 수준이 높은 놀이의 유형이라는 것을 평가할 수 있다. 즉, 사회극 놀이는 모방이나 가작화 요소를 포함하는 극적 놀이 이상으로 발전된 놀이 유형이며, 놀이자와의 상호작용과 놀이 참여자들 간의 언어적 의사소통이 이루어지는 놀이활동이다.

사회극적 놀이는 현실적 요소와 비현실적 요소를 포함하게 된다. 현실적 요소는 현실 생활과 유사하게 만들어 내거나 실제 어떤 사람처럼 말하고 행동하려고 노력하는 모방적 요소이다. 유아는 가게에서 돈을 받고 물건을 파는 행동을 실제 상황처럼 표현하고 말하기도 한다. '가족놀이' 에서 엄마가 된 유아와 아빠가 된 유아는 자신에게 주어진 역할행동을 하면서 모방적이고 상상적인 언어를 사용하여 의사소통을 하기도 하고, 인형에게 이야기를 들려주거나 우유를 먹이는 일, 잠을 재우는 일, 책을 보여주고 함께 놀아 주는 일 등의 가작화된 역할을 한다. 한편 비현실적 요소는 가작화 또는 상상적 요소를 나타내는 것으로 유아의 놀이 세계를 확장시켜 주고 풍부한 모방 활동을 제공하며, 상상적인 언어를 발달시킬 수 있도록 도와준다. 사회극적 놀이는 보다 비현실적 요소인 가작화를 많이 포함하는 놀이로서 유아들에게 상상력과 창의성을 길러 주며, 추상적 사고능력을 갖도록 도와주고, 자기중심적 존재에서 사회적인 존재로 성장할 수 있도록 이끌어 준다.

사회극적 놀이는 유아의 발달 연령으로 볼 때 3세 이후부터 시작되어 규칙 있는 게임이 형성되는 6, 7세경까지 지속되는 것을 볼 수 있다. 이러한 놀이 발달의 특성이 나타나는 것은 사회극적 놀이를 위해 유아의 어휘수가 증가하고 모방능력과 상징적 놀이가 시작되면서 다른 사람과의 의사소통 및 상호작용이 어느 정도 이루어져야 하기 때문이다. 그리고 규칙 있는 게임 단계에 이르면 놀이도 복잡해지고 비현실적 세계에서 현실 세계에 더 많은 관심을 가지게 되므로 사회극적 놀이는 점차적으로 감소 혹은 사라지게 된다.

### 규칙 있는 게임

규칙 있는 게임(games-with-rules)에서는 두 명 이상의 놀이 참여자 사이의 경쟁과 규칙이 매우 중요한 특성이다. 규칙은 집단 내에 정해진 내용을 배우거나 집단 구성원끼리 합의에 의해 정할 수도 있다. 유아는 정해진 규칙 내에서 자신의 감정과 행동을 조절하는 방법과 다른 사람의 의견을 수용하고 집단에 필요한 사회적 기술도 배우게 된다. 그러므로 집단 내에서 자신의 행동을 통제하고 특별한 기술을 가르치는 데 규칙 있는 게임이 효과적으로 이용될 수 있다. 이러한 형태의 게임을 수용할 수 있는 인지적 발달 단계는 Piaget가 말하는 구체적 조작기에 들어서면서부터이다. 이때 유아의 놀이는 집단과 도덕적 규약에 의해 조절되어진다. 유아는 집단 내에 정해진 놀이규칙을 지켜야 하며, 규칙을 변경하기 위해서는 친구들의 동의가 있어야 함을 알게 된다. 그러므로 유아는 자기중심적 사고에서 벗어나는 인지적 경험과 함께 게임을 이해하며 정해진 규칙을 지키는 경험을 연속적으로 하게 된다. 특히 유아에게 제공되는 구조화된 놀이로서 게임은 집단의식과 도덕적 규약뿐만 아니라 기초적인 개념학습을 체계적으로 배울 수 있는 기회가 될 수 있다. 규칙 있는 게임의 예로는 경기장에서 하는 게임, 게임 도구를 이용하는 테이블 게임, 게임판이나 카드 게임, 단어 게임 등이 있다.

Piaget의 인지발달단계에 따라 놀이가 발달하는 과정을 간단히 정리하면 다음 〈표 1–2〉와 같다.

**표 1-2 Piaget의 인지발달과 놀이단계**

| 인지발달단계 | 연 령 | 놀이단계 |
|---|---|---|
| 감각 운동기 | 0~2세 | 연습놀이 |
| 전조작기 | 2~6, 7세 | 상징놀이 |
| 구체적 조작기 | 6, 7~11세 | 규칙 있는 게임 |

Piaget의 놀이단계와 비슷하게 Smilansky는 기능놀이, 구성놀이, 극적놀이, 규칙 있는 게임으로 발달한다고 하였다. 기능놀이는 Piaget의 감각운동기 단계에서 나타나는 연습놀이와 유사한 특징을 나타낸다. 유아의 반복적이고 단순한 놀이 행동을 말한다. 구성놀이는 2세경부터 나타나는 놀이로서 유아는 놀잇감을 단순히 탐색하고 반복적으로 사용하는 활동을 하는 것이 아니라 쉽게 조작이 가능한 놀잇감들이나 자료들을 이용하여 무엇을 만들고 창조하는 놀이를 하게 된다. Piaget는 구성놀이를 상징놀이와 규칙 있는 게임의 중간단계로 보고 있다. 그리고 극적놀이 단계는 Piaget의 전조작기 인지발달에서 나타나는 상징놀이와 연결해서 이해할 수 있다. 이 시기의 유아는 현실세계에서 자신의 경험을 자유롭게 표현하고 상상적 세계를 놀이로 연결시키는 활동을 하게 된다. 마지막 단계인 규칙 있는 게임은 Piaget가 제시한 놀이단계와 마찬가지로 가장 수준이 높은 놀이유형이다.

#### ② Vygotsky의 놀이이론

Vygotsky(1976)에 따르면 유아들은 추상적인 사고가 불가능하므로 구체적인 경험을 통해 사물로부터 의미를 분리하여 이해하게 된다고 주장하였다. 그러므로 유아는 놀이 과정을 거치면서 추상적인 사고력이 길러진다. Vygotsky는 인지발달에서 특히 사회문화적인 요소를 강조하였다. 유아는 놀이를 통하여 문화적 가치체계와 기술 등을 배우고 또래나 성인들과 상호작용을 하면서 환경에 대한 적응 능력을 키우게 된다.

그는 유아의 사회, 정서, 인지 영역의 발달은 상호 관련되는 것으로 보고 발달을 두 가지 수준으로 구분하여 설명하였다. 즉, 독자적으로 문제를 해결할 수 있는 '실제 발달 수준(독립적 수행)'과 성인 혹은 보다 능력 있는 또래와의 협동을 통해 문제해결을 할 수 있는 '잠재적 발달수준(도움을 받아 하는 수행)'이다. 이 두 가지 발달 수준의 차이를 근접발달지대(The Zone of Proximal Development)라고 하였다. 교사는 유아의 근접발달지대에 있는 경험들을 제공하는 역할을 해야 한다. 유아에게 좀더 민감한 성인의 안내를 제공해 줌으로써 새롭고 도전적인 과제를 성취할 수 있도록 도와줄 수 있다. 이러한 발달과정에서 유아에게 제공되는 놀이는 더 높은 발달수준에 도달할 수 있도록 유아 내부에 근접발달지대를 형성하게 한다. 유아는 놀이에 참여함으로써 유아 자신이 스스로 비계를 설정하고 잠재적으로 가지고 있는 새로운 능력을 개발하게 된다. 또한 유아의 놀이는 사회문화적 맥락 내에서 발달하는 사회적 활동으로서 또래끼리 서로 어울려 놀이를 하거나 보다 높은 발달수준에 있는 사람들과의 상호작용과 의사소통을 하게 됨으로써 자신이 살아가는 세상을 이해하고 자신의 삶을 확장시킬 수 있다.

#### ③ Bruner와 Sutton-Smith의 놀이이론

Bruner와 Sutton-Smith는 유아의 놀이가 융통성 및 창의성을 발달시킬 수 있다는 점을 강조하였다. Bruner에 의하면 유아는 놀이를 하면서 목적을 달성하려고 노력하기보다는 부담 없이 새로운 시도를 해 볼 수 있기 때문에 놀이 과정에서 행동을 선택하는 기회를 많이 갖게 됨으로써 사고의 융통성이 촉진된다고 한다. 이와 마찬가지로 Sutton-Smith도 놀이 과정에서 형성되는 가작화의 경험은 유아의 정신적 융통성에 영향을 미쳐서 유아로 하여금 기존의 고정된 사고방식에서 벗어나 새롭고 독특한 방식의 사고를 하도록 유도하여 창의력을 증진시킨다(이숙재, 1998)고 하였다. 두 사람의 이론은 놀이가 유아의 특정 기술을 연습하기보다는 융통성의 발달이나 융통성에 대한 잠재력의 발달로써 성인 생활의 준비를 위한 것(Johnson, 1999)이라고 설명한다. 이것은 유아가 놀이를 통하여 경험한 것들이 나중에 여러 가지 문제 상황들을 접하게 되었을 때 해결방법을 찾는 데 큰 도움을 줄 수 있다는 것이다. 특히 Sutton-Smith(1998)는 '적응 변이성(adaptive variability)'이라는 놀이 개념을 제시하였다. 유아의 적응력은 고정된 것이 아니라 융통성이 있다는 것을 의미하는 것으로 놀이가 최대한의 적응 잠재력을 가지고 있다고 보았다.

이상의 현대 놀이이론들을 놀이 목적 중심으로 정리해 보면 다음 〈표 1-3〉과 같다.

**표 1-3 현대적 놀이이론**

| 현대 이론 | 학 자 | 놀이의 목적 |
|---|---|---|
| 정신분석이론 | Freud | 놀이란 자아의 기능이며 Id와 Superego를 조정하는 역할을 함으로써 정서적 안정을 찾는 것이다. |
| | Erikson | 놀이를 통하여 자아를 조절하면서 현실 세계에 적응하는 방법을 배우는 것이다. |
| 인지발달이론 | Piaget | 놀이란 순수한 동화의 기능으로서 놀이는 새로운 정보를 받아들이고 적응시키는 일을 반복적으로 수행하면서 인지 발달과 유아의 학습을 촉진시킬 수 있다. |
| | Vygotsky | 구체적인 경험으로서 놀이과정을 거치면서 사물로부터 의미를 분리하여 추상적인 사고력을 기른다. |
| | Bruner & Sutton-Smith | 놀이는 행동과 사고력의 융통성 및 창의성을 발달시킨다. |

# 제2장 놀이와 유아의 발달

## 1. 유아발달에 미치는 놀이의 영향

놀이가 유아의 전인적 발달에 영향을 준다는 것은 매우 중요한 사실이다. 그러므로 유아의 발달을 신체, 언어, 인지, 정서, 사회성 영역으로 나누어 놀이가 어떠한 영향을 미치는지 살펴봄으로써 놀이의 중요성을 강조하고자 한다.

### 1) 놀이와 신체발달

유아는 놀이를 하는 동안 신체를 많이 움직이게 된다. 달리기, 매달리기, 미끄러지기, 손으로 조작하기 등의 다양한 놀이를 통하여 유아는 양적인 신체 성장과 신체의 세련된 기술을 익힐 수 있는 기회를 갖게 된다. 그리고 자연과 더불어 놀이를 하면서 심장, 혈압, 배설, 수면 등의 생리기능을 정상적이고 원활하게 발달시킬 수 있다.

또한 굴 속 기어나가기, 시소타기, 평균대 걷기와 같은 놀이활동을 경험하면서 신체 각 부분의 조화를 이룰 수 있을 뿐만 아니라 기본적인 자세를 바르게 형성할 수 있다.

기본 운동능력에 있어서도 유아는 기어오르기, 뛰기, 던지기, 매달리기, 기어가기 등의 대근육 운동능력과 물체의 조작, 눈과 손의 협응, 잡기, 쥐기 등의 소근육 운동능력이 발달된다.

이와 같이 놀이는 유아의 신체적 성숙과 건강한 발달뿐만 아니라 신체적 운동 능력을 신장시킬 수 있다는 측면에서 유아의 놀이와 신체발달은 서로 밀접한 관계를 지니고 있다. 균형 있는 신체발달은 다른 발달영역과의 관계에서도 기초가 될 수 있으므로 놀이는 매우 중요하다.

### 2) 놀이와 사회성발달

유아는 친구들과 함께 협동하고 사이좋게 놀거나 때로는 경쟁하고 싸움을 하면서 다른 유아와 함께 살아가는 방법을 배우게 된다. 또한 놀이는 도덕적 기준이나 규칙, 성역할, 협동, 인내심과 관용 등의 사회적 학습을 도와준다. Parten(1932)은 유아의 사회적 발달 특성과 관련하여 유아들이 6가지 단계를 거치면서 사회적 놀이가 발달된다고 설명하였다.

**비참여 행동(unoccupied behavior)** 엄밀한 의미에서 놀이로 볼 수 없는 행동이다. 다만 순간적인 흥미에 따라 어떤 것을 몰두해서 바라볼 뿐이다. 흥미가 없을 때는 자신의 신체를 만지거나 놀잇감을 들었다 놓았다 반복하기도 한다.

**방관자적 놀이(onlooker play)** 2세의 상당히 많은 유아들이 방관자적인 놀이를 즐긴다. 방관자적인 놀이는 다른 친구의 놀이를 지켜보는 것으로 가끔씩 자신이 구경하고 있는 친구에게 말을 걸거나 질문을 하기도 하며 제안을 하기도 한다. 그러나 놀이에 직접 참여하지 않는다. 비참여 행동과 다른 점은 순간적으로 생기는 흥미로운 사건보다 특정한 유아의 집단을 관찰한다는 것이다.

**혼자놀이(solitary play)** 2세의 전형적인 놀이로서 가장 낮은 수준의 사회적 놀이이다. 주변에 있는 유아와 이야기를 나눌 수 있는 위치에서 친구가 사용하는 놀잇감과는 다른 놀잇감을 가지고 혼자서 독자적으로 놀이를 하는 형태이다. 그러므로 가까이에 있는 다른 유아에게 관심을 보이거나 함께 놀기 위해 노력하지 않는다.

**병행놀이(parallel play)** 주변의 다른 친구들과 동일한 놀이를 하지만 서로 접촉하거나 간섭하지 않고 혼자서 놀이하는 집단놀이의 한 형태이다. 즉, 다른 친구들과 같은 놀잇감을 가지고 놀지만 자기가 하고 싶은 놀이를 한다. 그래서 다른 친구들과 '함께' 놀기보다 '나란히' 논다는 의미로서 평행놀이라고도 한다. 혼자 놀이와 병행놀이가 다른 점은 유아들이 동일한 시간과 장소에서 동일한 놀잇감을 가지고 활동을 하지만 따로 따로 논다는 것이다. 그리고 다른 친구들의 존재도 인식한다는 점이다. 병행놀이는 혼자 놀이에서 협동놀이 단계로 발달해 가는 중간 과정으로서 사회적 놀이를 위한 발판이라고 할 수 있다. 이러한 형태의 놀이는 물놀이, 모래놀이영역에서 흔히 볼 수 있으며 3세 유아들의 놀이에서 주로 찾아볼 수 있다.

**연합놀이(associative play)** 다른 유아와 함께 노는 집단놀이의 일종으로 3~4세 유아들에게 많이 나타난다. 놀이 내용에 대해 이야기를 주고받거나 놀잇감을 서로 빌려 주기도 하며 친구의 활동에 참여하기도 한다. 집단에 대한 관심보다는 유아 자신이 원하는 대로 놀이를 하면서 친구들과 함께 어울려 노는 데 관심이 더 많다.

**협동놀이(cooperative play)** 협동놀이는 두 명 혹은 그 이상의 유아가 지휘권을 갖고 역할을 서로 분담하여 공동의 목표를 달성하기 위해 진행하는 조직적인 놀이이다. 놀이의 목표란 물건이나 구조물을 완성시키는 것이다. 이와 같은 목표를 달성하기 위하여 놀이 참여자들은 개별적으로 자기가 맡은 역할을 수행해야 한다. 여러 가지 상황에 대하여 극화활동을 함께 하는 것, 각자 맡은 역할을 다 하여 터널이나 집을 완성하는 것, 게임에서 자기가 소속된 집단의 승리를 위하여 열심히 참여하는 협동 놀이를 통해 성취감이 극대화될 수 있다.

이상의 놀이 형태들에서 살펴본 바와 같이 유아의 연령이 증가함에 따라 사회적 놀이의 경향이 나타나는 것을 알 수 있다. 주로 2~3세에는 혼자놀이, 병행놀이를 하는 반면 4~5세에 이르면 연합놀이, 협동놀이가 많이 나타난다. 유아는 놀이를 통하여 자기 자신과 타인과의 관계를 유지하며 사회에 적응하는 능력을 키워 갈 수 있으므로 놀이는 매우 중요하다.

### 3) 놀이와 인지발달

유아는 새로운 환경에 접하면서 끊임없이 호기심을 가지게 된다. 호기심은 기존에 자기가 경험한 사실을 토대로 형성된 인지적 구조와 새롭게 형성되어야 할 인지적 개념 사이에서 일어나는 갈등이다. 갈등의 연속이야말로 유아의 인지적 능력을 풍부하게 발달시켜 나가는 원천이라고 할 수 있다. 유아는 놀이를 하면서 자신의 갈등을 해결하기 위해 풍부한 놀잇감들을 활용하면서 새로운 환경에 적응해 나간다. 놀이는 학습에 대한 내적 동기를 강화시켜 주고 여러 가지 기초적인 개념과 기술을 활용함으로써 문제해결능력과 창의력을 촉진시킬 수 있다. 그러므로 유아의 인지발달 과정에서 놀이는 유아에게 풍부한 경험을 제공하고 효율적인 학습방법이 되기 때문에 중요하다.

### 4) 놀이와 언어발달

언어는 의사소통 기술에서 가장 적절하고 필수적인 수단이다. 유아의 언어는 가장 초기 발달단계에서 옹알이가 나타난다. 옹알이는 자발적인 '소리내기 놀이'에 해당된다. 유아의 옹알이는 성인의 적극적인 반응에 의해 더욱 강화되므로 발달 초기의 옹알이와 같은 반복적인 소리내기 놀이는 다음 단계로의 언어발달을 효율적으로 이끌어 줄 수 있다. 이외에도 입을 다시거나 혀르 차면서 내는 소리, 콧소리, 침으로 거품내기 등과 같은 재미있는 소리를 반복적으로 내거나 자동차, 동물 등의 소리를 흉내내며 놀이를 한다.

생후 1년을 전후하여 유아는 한 단어 말을 할 줄 알게 되고 점차 어휘 수가 증가하면서 몇 마디 단어를 반복하게 되는데 자기중심적인 사고능력을 가진 유아는 자기중심적인 언어의 형태를 가진 '말 연습 놀이'를 계속한다. 반복되는 놀이활동에서 유아의 어휘 수는 급증하게 되고 가족구성원과 또래와의 관계에서 의사소통 기술을 점차적으로 배우게 된다. 유아는 다른 사람의 말을 귀 기울여 들어야 하고 자신의 생각을 바르게 표현하는 능력을 놀이활동 속에서 반복적으로 연습한다.

이러한 놀이과정은 자기중심성에서 벗어나 사회인지 개념이 형성되면서 더욱 잘 나타날 수 있다. 유아들이 놀이 상황에서 상호작용의 기회를 가지고 적절한 어휘를 선택하여 사용할 줄 알며, 생각을 교환하면서 놀이를 확장시켜 나가는 것은 '사회적 말놀이' 라고 말할 수 있다. 이와 같은 형태의 놀이는 역할놀이, 사회극놀이 등에서 반복적으로 연습할 수 있는 기회를 더 많이 가지게 된다. 그러므로 놀이는 유아의 언어발달을 촉진시켜 주고 언어는 유아의 놀이를 더욱 풍부하게 만들어 주는 매개체 역할을 하므로 중요하다.

### 5) 놀이와 정서발달

유아는 놀이를 통하여 사회적으로 인정할 수 있는 방법으로 정서적 긴장을 해소한다. 놀이를 방편으로 하는 투사(projection)는 내적 긴장을 완화하고 자신의 적개심, 증오감, 부정적 감정뿐만 아니라 애정을 표현하는 적절한 수단이 될 수 있다. 놀이활동을 통하여 얻게 되는 성취감은 유아에게 즐거움과 만족감을 느끼게 하고 긍정적 자아개념 형성에도 도움을 준다. 유아기에 형성되는 긍정적 자아개념은 유아가 새로운 놀이에 더 쉽게 도전하도록 만듦으로써 정서적 안정을 도모할 수 있다.

또한 놀이는 자신의 감정을 통제하는 방법을 경험할 수 있는 기회를 주는데 특히 상황에 적절한 감정표현과 화를 참아야 하는 상황에 대한 인내심을 기를 수 있다. 그리고 유아는 탈중심화와 더불어 자신의 정서적 안정뿐만 아니라 다른 사람의 감정을 이해하고 감정을 조절하는 방법도 익히게 된다. 즉, 다른 사람들이 감정을 표현하는 방법을 볼 수 있는 기회와 타인의 감정에 대해 이해하는 방법을 배울 수 있다. 그러므로 유아의 놀이는 건전한 정서생활을 유지하면서 다른 사람과의 원만한 인간관계를 형성하도록 도와주는 정서발달의 중요한 수단인 것이다.

## 2. 연령별 발달단계에 따른 놀이

유아의 놀이는 발달단계에 따라 특징이 다르게 나타난다. 또 유아 개인에 따라서도 다양하게 나타난다. 연령별 발달단계에서 일반적으로 볼 수 있는 특징을 이해하는 것은 유아의 현재 발달수준과 욕구상태를 파악하는 하나의 기준이 되며, 유아에게 적절한 놀이 활동을 제공해 주는 데에도 도움을 줄 수 있다. 그리고 발달은 연속적인 과정으로 초기 발달단계의 놀이특징을 먼저 이해하고 그 다음 단계, 혹은 후기 발달단계에서의 놀이특징을 이해하거나 예측해 보는 것이 바람직하다. 그러므로 여기서는 2~5세 유아의 발달과 관련지어 기본적인 놀이 특징을 간략하게 살펴보고자 한다.

### 1) 2세 유아의 놀이

**대근육 놀이** 2세 유아는 자르고 붙이거나 연결하여 완성하는 등의 소근육 운동능력이 부족하다. 반면 밀고 당기는 놀잇감이나 여러 가지 탈 것, 낮고 안전한 실내 운동시설을 이용한 대근육놀이를 좋아한다.

**감각운동놀이** 유아는 우연히 발견한 사물과 어떤 형태들에 대해 흥미를 느끼고 감각기능과 운동능력을 이용하여 반복적으로 탐색하는 놀이를 한다. 그러므로 무엇을 만들기보다 여러 가지 사물들을 감각적으로 탐색하는 데 관심을 가진다. 발달 초기 단계에서는 자신의 신체를 더 많이 이용하거나 행동에 관심을 두다가 차츰 사물에 대한 흥미를 가지게 된다.

**단순하고 반복적인 놀이** 유아는 어떤 사물이나 행동을 통해 재미를 느꼈을 때 의도적인 행동을 보이게 된다. 유아는 자신의 흥미를 지속시키기 위하여 단일한 결과를 얻기 위한 단순한 놀이 활동을 자주하게 된다. 다시 말하여 가장 발달 초기 단계에서 유아는 단순히 흥미를 느끼고 흥미를 지속하기 위해 반복적인 행동을 보인다. 단순한 놀이는 점차 발달단계가 진행되면서 목적과 의도성이 포함되고, 그것은 역시 반복적인 행동을 통하여 달성되어진다. 그래서 유아의 놀이 활동들은 재구성되며 보다 흥미롭게 만들어질 수 있다.

**모방놀이와 상징놀이** 감각운동기 후기에 나타나는 지연모방에서 출발하여 모방놀이가 시작된다. 2세 유아는 주변의 유사한 사물들을 이용하여 일상생활에서 자주 경험할 수 있는 전화 놀이, 인형 보살펴주기, 빨래하기 등과 같은 단순한 상징놀이를 즐겨한다.

**혼자놀이** 2세 유아의 사회적 접촉은 단순하고 일시적이다. 유아는 적극적으로 다른 친구들과 놀고 싶어 하지만 상호작용 기술이나 협력하는 능력이 부족하다. 또한 독립적이고 고집이 세고 반항적이며 타협하기가 어렵다. 그러므로 혼자놀이를 즐겨한다.

따라서 2세 유아는 감각기능과 대근육을 활용한 놀이를 많이 하며 놀이가 단순하고 반복적이며 혼자놀이를 주로 하는 것이 특징이다.

### 2) 3세 유아의 놀이

**대근육 조절 능력의 발달** 신체적 움직임이 더욱 왕성해지지만 균형이나 조절능력은 아직 불완전하여 성인의 보호가 요구되는 놀이 활동이 많이 보인다.

**자율성과 독립심을 기르는 놀이** 자기 자신을 독립된 개체로 인식하기 시작하며 자율성과 독립심이 싹트게 된다. 혼자만의 조용한 놀이공간에서 놀이를 하거나 놀이 후 자율적으로 정리하도록 도와주면 정리정돈을 할 수 있다.

**모방놀이와 상징놀이** 감각운동기를 지배했던 반사행동과 탐색활동에서 벗어나 내적인 사고과정의 발달을 통하여 놀이의 유형도 다양해진다. 주변에서 볼 수 있는 행동들에 대한 모방놀이가 다양해진다. 그리고 상징적인 행동과 가장행동(~인 척 하는 행동)을 포함하는 상징놀이가 크게 확대되는 시기이다.

**변덕스러운 감정과 놀이** 3세 유아는 솔직하고 강하게 감정을 표현하며 변덕이 심한 편이다. 분노를 폭발적으로 나타내기도 하고 충동적인 행동을 많이 보인다. 그러므로 놀이에 대한 흥미도 감정에 따라 많이 달라지고 놀이의 선택도 수시로 변하므로 여유 있는 놀이활동이 필요하다.

**혼자놀이와 병행놀이** 3세가 되면 또래와 함께 있고 싶어 하고 친구에 대해 관심도 보이지만 친구와의 관계를 발달시키는 기술이 부족하다. 그래서 혼자놀이를 즐기거나 같은 놀이공간에서 친구와 함께 웃거나 나란히 옆에 앉아 놀이를 하는 병행놀이(평행놀이)가 많이 나타난다.

**놀이집단과 지속시간** 이 시기 동안 유아는 여기저기를 돌아다니면서 친구들의 모습을 보거나 놀이를 구경하는 행동, 이것저것을 탐색해 보는 행동, 놀이에 참여했다 빠져 나오는 행동을 자주 하여 놀이집단이 일정하지 않고 놀이의 지속시간도 짧다.

**놀이과정에서의 잦은 싸움** 놀잇감을 나누어 쓰고 자기 감정을 조절하여 다른 친구와 사귈 수 있는 능력이 부족하다. 또한 문제 상황에 대해 대처하는 기술이 부족하여 놀이과정에서 싸우는 경우가 많다. 예를 들어 적절한 수의 놀잇감을 제공해 주지 못하였을 경우 유아는 언어적으로 요구하기보다는 친구의 놀잇감을 빼앗음으로써 싸움이나 갈등이 생길 수 있다.

**급격한 어휘 증가와 놀이** 3세 유아는 환경에 대해 끊임없는 호기심을 가지고 자율적으로 탐색활동을 한다. 그러므로 놀이과정에서 유아는 자신이 알고 있는 것을 말하기 좋아하고, 새로운 사실들을 알기 위해 다른 사람과의 언어적 상호작용을 즐기며 새로운 어휘를 증가시켜 나간다.

이와 같이 3세 유아는 짧은 주의력과 흥미를 가지고 혼자놀이와 병행놀이를 즐기면서 주변 환경을 탐색하고 놀이 집단에 점차적으로 적응을 해 나간다.

### 3) 4세 유아의 놀이

**신체적 활동과 놀이** 대근육 활동이 더욱 활발해지고 자신감이 넘치는 시기이다. 자신의 신체적 능력을 키우고 자랑하기 위해 정글짐과 기어오름대 같은 일정한 모양의 놀이시설뿐만 아니라 좀더 다양하고 복잡한 놀이환경에 적응하려고 시도한다.

**상징놀이** 유아는 가게놀이, 병원놀이 등을 하면서 자신이 알고 있는 것을 단순히 재현해 보는 데 그치는 것이 아니라 구체적 상황 속에서 일어날 수 있는 감정이나 느낌, 생각도 함께 표현하려고 한다. 병원놀이를 하는 경우 유아는 의사와 환자의 역할을 상징적으로 표현해 내는데 구체적인 치료과정과 대화내용을 능동적이고 사실적으로 나타내려고 노력한다.

**창의적 놀이** 놀잇감을 단순하게 이용하기보다는 다양하게 활용할 줄 알게 된다. 예를 들어 모래를 담고 쏟는 일에서 모래로 길을 만들고 집을 만들며 음식을 만드는 독창적인 놀이를 하게 된다. 그러므로 유아의 창의적인 생각을 풍부하게 만들어 가기 위해서는 다양한 놀잇감이 선택될 수 있어야 한다.

**연합놀이** 놀이가 확장되고 다양해지면서 친구와 함께 노는 연합놀이가 나타난다. 그러므로 집단을 구성하여 놀이를 하면서 집단에 대한 의식과 놀이의 지속시간을 늘려나갈 수 있다.

**과학적 탐구놀이** 유아는 동·식물이나 자연 현상을 관찰하는 놀이를 좋아하게 된다. 그러므로 실외에서 동물을 키운다거나 식물 성장을 관찰해 보는 일을 적극적으로 해 보려고 한다. 변화되는 자연 현상에 대해서도 관심을 가지며 호기심을 충족시키기 위한 과학적 탐구 놀이를 전개하여 문제를 보다 즐겁고 능동적으로 해결하고자 한다.

**분류, 범주화하는 놀이** 단순하고 구체적인 놀이에서 여러 가지 사물의 속성이나 유사점, 차이점을 분류 또는 범주화하려는 놀이를 즐기게 된다.

**언어적 표현과 놀이** 언어로 자기 주장을 말할 수 있고 놀이의 규칙도 이해할 수 있다. 그러나 아직 자신의 감정을 조절하거나 언어적으로 표현을 잘 해내지는 못하여 행동을 수반하는 놀이활동이 더 많이 나타난다.

**음악과 놀이** 노래부르기를 매우 좋아하고 음악을 듣고 다양한 방법으로 표현해 보는 놀이 활동을 즐겨서 한다.

이와 같이 4세 유아는 단순하고 구체적인 놀이에서 점차적으로 복잡하고 다양한 놀이를 시도하게 되고, 친구와 함께 상호작용하면서 노는 연합놀이가 주로 나타나는 것이 특징이다.

### 4) 5세 유아의 놀이

**신체운동놀이** 자신의 신체운동능력을 이용하여 여러 가지 기교를 부리고 싶어 한다. 누가 빨리 달리나, 계단에서 뛰어내리기, 한 발로 뛰거나 한 발로 서 있는 행동, 언덕에서 미끄럼타기, 여러 가지 운동경기도 즐기기 시작한다. 그러므로 활발한 신체적 놀이가 안전하게 이루어질 수 있어야 할 것이다.

**상징놀이** 5세 유아는 단순히 인형을 가지고 놀이를 하는 것이 아니라 인형에게 맞는 역할을 계획하고 다양한 도구를 이용하여 자신의 모습과 생각을 실감나게 재현하는 좀더 수준이 높은 상징놀이를 한다. 예를 들면, 불이 난 상황에 대한 놀이에서 유아는 구체적 움직임 소방관의 역할을 상징화할 뿐만 아니라 사다리와 호스를 이용하여 불을 끄는 여러 가지 장면들을 좀더 자세하게 표현한다.

**문제해결능력과 놀이** 문제를 해결해 나가는 과정에서 원인과 결과를 관련지어 생각해 볼 수 있다. 또한 문제를 해결하기 위해 결과에 대한 원인을 찾아보려는 노력도 하게 된다. 즉, 식물성장에 필요한 요소를 알기 위해 예측, 관찰, 실험을 해 보거나 요리과정을 통해 원인과 결과를 연결지어 보는 놀이활동을 즐긴다.

**물건을 수집하는 놀이** 5세 유아는 주변을 탐색하는 놀이를 많이 하게 되므로 자기 자신에게 흥미가 있는 물건을 모으고 생명과 감정을 부여하는 놀이를 좋아한다. 유아는 주변에서 쉽게 볼 수 있는 돌멩이, 나뭇가지, 나무열매, 플라스틱 조각 등을 주워 주머니에 담아 두고 강한 애착을 보이며 소중하게 여긴다. 이렇게 유아 스스로 수집한 여러 가지 사물을 분류하기도 하고 때로는 감정을 부여하여 놀잇감으로 활용하기도 한다.

**과학놀이** 유아는 확대경을 들고 여기저기를 다니면서 사물들을 세밀하게 관찰하고, 자석으로 구체적인 실험도 해 보며, 개구리, 금붕어나 거북이를 길러 보기도 한다. 곤충이나 벌레를 잡기 위해 땅바닥을 기어다니는 적극적인 탐색 활동과 자발적인 놀이활동과 함께 언어적 질문을 반복하면서 과학적 기본개념을 이해하게 된다.

**연합놀이와 협동놀이** 5세 유아는 친구와 함께 어울려 놀 수 있고, 놀이에 집중하는 시간이 길어지며 집단의 구성도 가능해진다. 유아들은 점차 동일한 목표를 정하기 위해 의견을 교환하고 목표 달성을 위하여 서로 협력할 줄 안다. 유아들은 소속감을 느끼고 놀이의 규칙을 이해하며 집단을 위해 최선의 노력을 기울이기도 한다.

따라서 5세 유아는 다양하고 복잡한 놀이를 선택하게 되고 집단 내에서 놀이 규칙을 지키며 집단 구성원들과 협동하는 놀이를 한다. 또래와의 상호작용이 증가하면서 놀이의 지속 시간과 주의집중력이 길어지는 시기이기도 하다.

이상에서 살펴본 놀이의 연령별 발달단계에 따른 특징을 종합해 본다면,

유아의 연령이 증가할수록 단순하고 반복적인 신체운동놀이는 점차 분화되어 정교한 기술로 발달되고, 단순한 놀이에서 복잡하고 다양한 놀잇감을 이용하여 구체적인 현실 상황들을 창의적으로 재현할 수 있게 된다. 또한 연령이 증가함에 따라 혼자놀이, 병행놀이, 연합놀이, 협동놀이의 순서로 사회적 놀이가 발달되는 것을 볼 수 있다.

# 제3장 놀이발달에 영향을 미치는 요인

유아에게 놀이를 자극하고 증진시키기 위하여 영향을 줄 수 있는 요인으로는 크게 개인적 요인, 가정환경, 교육환경, 문화환경으로 구분할 수 있다. 각 요인들이 놀이에 어떠한 영향을 주며 놀이발달을 어떻게 촉진시킬 수 있는지를 살펴보고자 한다.

## 1. 개인적 요인

### 1) 연 령

유아들은 연령이 증가함에 따라 점차적으로 다양하고 복잡한 놀이를 하게 된다. 즉, 연령이 증가할수록 혼자 놀이보다는 사회적 놀이를 많이 하게 되고 놀이에 집중하는 시간도 길어진다. 그리고 상징놀이와 협동놀이도 많이 나타나며 규칙이 복잡한 게임들도 다룰 수 있게 된다.

대체로 출생에서 3세까지는 감각기관과 운동기술을 이용한 탐색놀이를 주로 하게 되며, 놀이가 단순하고 놀이에 집중하는 시간도 매우 짧다. 3세 이후가 되면 상상놀이가 많이 나타나면서 놀이의 형태도 다양해진다. 그리고 놀이집단을 형성해 가면서 조직적인 놀이와 함께 서로 협력하고 규칙을 지키는 사회적 놀이를 하게 된다. 그러므로 놀이발달을 돕기 위해서는 연령별에 따른 놀이의 일반적 특징을 이해하고 유아 개인의 발달수준에 적합한 놀이환경을 마련해 주는 일이 필요하다.

### 2) 성 별

성별에 따라 놀이의 형태가 다르게 나타날 수 있다. 일반적으로 남아는 적극적이고 능동적인 놀이를 즐기는 반면 여아는 조용한 놀이를 많이 보이는 경향이 있다. 여아들은 구조화된 놀이에서 규칙이 남아들의 놀이 규칙에 비해 간단하고 신체적 기술도 덜 요구되는 것을 볼 수 있다. 그리고 놀잇감의 선택에 있어서도 여아는 소꿉놀이, 극화놀이에 필요한 놀잇감을 좋아하고 남아는 자동차 놀이, 적목놀이 등과 관계되는 놀잇감을 즐겨 사용한다.

이와 같이 남아와 여아가 놀이에 차이를 보이는 것은 특정한 종에 대해 지니는 생득적 요인도 있지만 부모의 보상과 체벌에 따른 성역할 학습과 모방이나 관찰학습을 통하여 학습되는 것도 상당부분을 차지한다. 따라서 다양하고 풍부한 경험이 유아들의 성장발달에 도움을 준다는 측면에서 볼 때 성별에 따라 놀이의 형태나 놀잇감을 제한적으로 제공해 주기보다는 유아의 요구나 흥미에 맞추어 자유롭게 선택할 수 있도록 허용함으로써 유아의 놀이를 더욱 풍부하게 발달시킬 수 있을 것이다.

### 3) 지적 능력

지적 능력이 우수한 유아는 사고능력을 요구하거나 조용한 놀이, 상상놀이, 창의적인 놀이에 관심을 많이 보이는 반면 지적 능력이 평균보다 낮은 유아는 단순하고 반복적인 놀이를 보이는 경향이 있다. 그러나 지적 능력, 특히 지능지수에 따라 놀이를 선택하거나 놀이발달이 이루어진다고 생각하기는 어렵다. 왜냐하면 유아들은 놀이를 하면서 지적 능력을 발달시켜 나갈 수 있기 때문이다. 그러므로 인지적 자극을 줄 수 있는 놀이활동은 유아의 상상력과 창의성 발달에 중요한 영향을 미칠 수 있다.

## 2. 가정환경

### 1) 부 모

부모는 유아에게 가장 친숙한 관계로서 놀이에 영향을 미칠 수 있다. 다시 말하여 부모가 유아의 놀이에 개입하여 함께 놀이를 할 때 놀이의 형태나 놀이의 수준이 달라질 수 있다는 것이다. 부모와의 긴밀한 상호작용은 유아의 상상놀이에 참여를 높일 수 있고 애정적인 표현을 많이 하는 부모와의 접촉 역시 유아의 상상놀이를 자극할 수 있다. 그리고 부모가 유아의 놀이에 미치는 영향은 양육태도와 직접적인 관련성을 지니게 된다. 체벌을 가하는 부모보다 허용적 양육태도를 보이는 부모가 유아의 놀이를 자유롭게 할 수 있도록 허용해 주고, 유아를 격려해 줌으로써 풍부한 상상력을 가지고 놀이를 진행할 수 있도록 이끌어 줄 수 있다. 유아의 놀이발달을 위해 Isenberg와 Jacobs(1982)는 부모의 역할을 다음과 같이 제시하였다.

- 놀이에 대해 관심을 가지고 지켜봄으로써 유아에게 적절한 놀이 환경을 만들어 주어야 한다.
- 놀이에 대해 모범이 되어야 한다.
- 부모는 자녀와 함께 놀이를 하되 자녀의 발달수준에 맞는 놀이가 진행될 수 있도록 해야 한다.
- 놀이영역을 확대시키기 위해 새로운 방법을 제시해 주고 유아가 결정하도록 한다.
- 놀이를 격려하고 칭찬해 주어야 한다.
- 놀이에 대한 계획을 세운다. 놀이장소, 기회, 다양한 경험이 제공될 수 있도록 한다.

이상에서 볼 수 있는 것처럼 부모는 관찰자, 안내자, 놀이제공자, 놀이대상자 등의 역할로서 유아의 놀이를 발달시키는 데 보다 직접적인 영향을 미칠 수 있다.

### 2) 사회 · 경제적 배경

사회 · 경제적 수준이 중류 계층 이상인 유아는 하류계층의 유아보다 상상놀이, 연합놀이, 구성놀이를 더 많이 하는 경향을 보인다. 그리고 놀이의 중요성이나 가치에 대한 인식도 하류 계층보다 중류 계층, 상류 계층의 부모 인식이 높게 나타난다. 기술적으로 덜 진보되고 특정 문화권 내에서 낮은 사회 · 경제적 계층에 속한 유아들은 상징적 놀이가 결핍되고 가상 놀이가 덜 세련되거나 덜 복잡하게 나타난다(Hughes, 1994). 이는 그들 유아의 삶에서 놀이의 기회가 거의 제공되지 않았기 때문이다.

또한 우리나라의 농촌 지역에 살고 있는 유아들이 도시의 단독 주택이나 아파트에 살고 있는 유아들보다 다양한 종류의 게임과 전통적인 집단게임을 더 많이 하는 경향이 있다. 따라서 사회 · 경제적 배경은 놀이발달에 영향을 주는 큰 요인으로 사회 · 경제적 수준에 따른 놀이수준의 차이를 최소화할 수 있도록 교육현장에서 보다 풍부한 놀이를 제공하는 것이 바람직하다.

## 3. 교육환경

### 1) 교 사

교육환경에서 교사의 역할은 놀이를 증가시키고 발전시키며 유아의 놀이유형, 지속시간, 놀이의 질에 영향을 미칠 수 있는 가장 중요한 요인이 된다. 그러므로 교사는 유아에게 적합한 놀이를 제공하고, 놀이가 흥미롭게 진행될 수 있도록 도와주며, 현재의 놀이 수준보다 더욱 발전될 수 있도록 풍부한 교육환경을 마련해 주어야 한다.

Seefeldt(1987)는 놀이에 대한 교사의 역할을 다음과 같이 밝히고 있다.

- 교사의 태도는 유아와 함께 할 때 더욱 놀이를 즐길 필요가 있으며, 훌륭한 유머와 인내심을 가지고 예기치 못한 상황을 받아들일 준비가 되어 있어야 한다.

- 교사는 상황에 따라 적절하게 개입할 수 있어야 한다.
- 교사는 새로운 자료와 상황들을 친숙한 것과 균형 있게 제공될 수 있도록 계획해야 한다.
- 교사는 협동적인 놀이를 제공해야 한다.
- 교사는 다양한 문화적, 사회적, 인지적, 언어적, 창의적, 심미적, 그리고 정서적 활동 등의 가치 있는 경험을 제공해야 한다.

이와 같이 교사가 어떤 역할을 하느냐에 따라 유아의 놀이는 상당히 달라질 수 있다. 놀이과정에서 교사와의 상호작용을 통해 보다 안정적인 애착을 형성할 수 있다. 그리고 친사회적 행동을 증가시킨다든지, 놀이를 적절하게 제안하여 상징놀이를 더욱 발전시키고 문제해결능력이나 새로운 아이디어를 만들어 낼 수 있다. 또한 교사가 놀이를 적극적으로 좋아함으로써 유아들이 놀이를 즐기면서 흥미롭게 진행하는 방법을 알게 될 뿐만 아니라 교육적으로 가치로운 활동들을 놀이를 통해 구체적으로 경험할 수 있도록 도와준다. 또한 교사가 놀이 상황에 머무르면서 주의집중력이나 또래와의 상호작용을 위한 기술을 가르칠 수 있다.

교사의 놀이지도에 대한 지침으로 교사지도 행동의 연속체(Teacher Behavior Continium) 모형(Wolfgang & Sanders, 1982)을 들 수 있다.

- **적극적 관찰단계**(active looking-on) : 교사는 유아의 자유로운 놀이 행동이나 문제를 해결하려는 시도 등을 가까이에서 관찰한다.
- **비지시적 진술**(non-directive statements) : 교사지도의 행동지침에 따라 진행을 시작하는 단계이다. 교사는 유아가 직접 경험하는 활동에 대해 진술해 줌으로써 유아의 관심을 이끌어 낸다.
- **질문**(questioning) : 놀이가 확장될 수 있도록 유아의 기억과 사고를 촉진시킬 수 있는 적절한 질문을 한다.
- **지시적 진술**(directive statements) : 유아가 문제해결에 대한 흥미나 욕구가 있을 때 놀이의 내용이나 역할등에 대해 구체적으로 지시하는 이야기를 해 준다.
- **모델링**(modeling) : 교사가 놀잇감의 사용방법이나 놀이방법을 실제로 보여준다.

- 물리적 개입(physical intervention) : 최종 단계로서 교사는 새로운 놀잇감을 제시하여 물리적으로 더욱 흥미로운 환경에서 놀이활동이 촉진되도록 하는 과정이다. 물리적으로 더욱 흥미로운 환경에서 놀이활동이 촉진되도록 하는 과정이다. 적극적 관찰 단계에서 점차 물리적 개입 단계로 갈수록 유아중심에서 교사중심으로, 교사의 개입과 지시가 더 많아진다.

이와 같이 교사는 유아의 놀이 상황을 잘 파악하여 교사의 도움이나 지원이 필요하다고 판단되어질 때 물리적 개입이나 모델링에서 시작하여 점차 개방적인 방법으로 전환하여 지도할 수 있다.

### 2) 놀이의 공간 및 배치

놀이공간의 크기와 배치가 유아의 놀이에 영향을 미칠 수 있다. 공간 밀도가 높은 놀이실에서는 조작놀이가 빈번하게 일어나고, 비참여 행동이나 방관적 행동이 많이 나타나는 데 비해 공간의 면적이 넓은 놀이실에서는 적목, 바퀴 달린 놀잇감이 사용되는 놀이의 형태가 많이 나타나게 된다. 그리고 놀이공간의 배치에 있어서도 놀이실의 각 영역을 구분지어 구성한 경우에 다른 유아의 놀이를 방해하거나 뛰어 다니는 행동이 감소되었으며 조용한 놀이영역에서 놀이의 지속시간이 더 길어지는 것을 볼 수 있다.

따라서 놀이공간의 밀도가 높고 자료가 부족하며 공간 배치가 잘 구성되지 않은 놀이의 환경은 유아의 공격적 행동을 유발시킬 뿐만 아니라 놀이의 질을 평가하는 데 결정적인 영향을 미칠 수 있다. 그러므로 바람직한 놀이공간을 위해서는 유아에게 적합한 실내외 공간을 제공해 주고, 실내 · 외 놀이환경을 홍미영역으로 구성하는 것이 효율적인 배치가 된다.

### 3) 놀잇감

유아는 자신에게 매력적이면서도 발달수준에 적합한 놀잇감을 선택하게 된다. 놀잇감과의 상호작용에서 경험하는 시행착오는 스스로 문제를 해결할 수 있는 능력을 길러주며 문제 해결로 인한 성취감은 유아에게 새로운 놀이활동에 대한 도전과 호기심을 자극하게 된다. 그러므로 놀잇감은 유아들에게 놀이를 촉진시키고 지속적인 발달을 도와주는 중요한 역할을 하게 된다.

놀잇감의 종류, 구조화 정도, 수량에 따라서도 유아의 놀이에 영향을 미칠 수 있다. Pepler와 Ross(1981)는 놀잇감의 구조화 정도에 따라 수렴적 놀잇감과 확산적 놀잇감으로 분류하여 놀이의 영향을 살펴보았다. 수렴적 놀잇감이란 놀잇감의 용도가 명확하게 제한되어 있는 것으로 퍼즐이나 단추 끼우기 등이 있다. 그리고 확산적 놀잇감은 용도가 여러 가지로 활용될 수 있는 것으로 블록, 물, 모래, 진흙 등을 말한다. 유아가 수렴적 놀잇감을 가지고 놀이할 때는 제한적이고 반복적인 놀이를 많이 하였다. 반면 확산적 놀잇감을 이용한 유아는 탐색놀이, 구성놀이, 상상놀이를 많이 하였다고 한다.

놀잇감의 종류와 수량이 유아의 놀이에 영향을 줄 수 있다. 놀잇감이 부족한 상황에서는 유아의 공격성과 비참여 행동, 신체 운동이 더 많이 나타난다. 또한 물감, 크레용, 가위 등이 구성놀이에 많이 활용되거나 여러 가지 블록이 구성놀이와 역할놀이에 더 적극적으로 활용되는 경향이 있다.

## 4. 문화환경

놀이에 영향을 주는 요인으로서 문화적인 요소를 간과할 수 없다. David(1994)는 놀이활동 선택에 영향을 주는 요인으로 인적요인, 환경요인, 문화요인으로 나누었으며 문화적 요인으로 놀이-지역문화에서의 활동 범위, 행동관습, 유행, 계절로 보았다. 놀이는 여러 환경적인 요인에서 독립적으로 존재하는 것이 아니라 사회 맥락적인 요인들이 역동적이고 상호관련적으로 영향을 주고받으면서 형성되는 것이다. 그러므로 놀이란 유아가 존재하는 현실(reality)과 동떨어질 수 없다(Csikszentmihalyi, 1981).

놀이와 문화의 관계를 세 가지 모델로 설명할 수 있다. 첫째, 문화 자체가 놀이적인 성격을 갖는다. 그러므로 많은 문명이 놀이로, 놀이 속에서 발생하고 전개되었다는 주장으로 문화가 놀이적인 성격을 지닌다(Huizinga, 1993).

즉, 놀이를 문화개념에 통합하려는 입장으로써 놀이를 문화현상으로 이해하면서 역으로 문화를 놀이의 한 형태로 본다(Frank & Caplan, 1989). 놀이가 곧 문화로 변화한 것이 아니라 문화의 초기 형태가 놀이의 모습과 양식을 띠고 있었다고 재해석하였다. 이 모델에 따르면 문화는 놀이의 요소를 가지고 있었으며, 놀이 역시 문화가 존재하기 이전부터 있어 왔고 항상 문화 속에서 발전한 문화의 한 형태(이은화 외 3인, 2000)로 볼 수 있다.

둘째, 놀이는 문화화기제의 한 형태이다(Cooper, 1996; David, 1994; Roopnarine Johnson, Hooper, 1994; Schwatzman, 1978). 놀이는 문화 학습 전파에 중요한 매개물로서 놀이가 문화를 전승하는 역할을 한다는 것이다. 이 모델에 의하면 성인은 유아의 놀이에서 문화적인 메시지를 전달하며, 유아는 문화적 가치에 영향을 받는 놀이를 하게 된다. 또한 문화 내에서 공유된 이해를 놀이를 통해 실행해 봄으로써 문화를 습득하게 된다.

셋째, 변증법적 모델의 관점에서 설명될 수 있다(Harris, 1981). 문화는 놀이로부터 생겨나고 일단 문화가 창조되면 문화는 놀이에 영향을 미치고 놀이는 문화의 나머지 부분을 변화시킨다고 했다. 이 경우 놀이는 "새로운 문화"를 창조하는 과정 중에서 중요한 부분으로 인식되고, 부분적으로 놀이는 문화에 의해 형성되는 것이다.

이상과 같이 유아들의 놀이는 문화의 원인인 동시에 결과일 뿐만 아니라 새로운 문화를 창조하고 변화시키게 된다. 한국과 미국의 문화간 연구(Farver et al., 1995)에서 살펴보면 한국은 혈연관계가 매우 중요시되고 어른과 조상을 존중하는 전통적 사상이 지배적이므로 가족중심 형태의 놀이가 나타난다. 반면 개인주의적 문화의 특성을 지닌 미국의 경우에는 개별성과 자기표현을 강조하여 가장놀이가 많이 나타난다. 같은 문화 내에서도 놀이 유형에 차이를 보일 수 있다. 한국의 도시와 농촌의 문화에서 사회 놀이 행동을 비교해 보면 농어촌 유아들은 놀이 유형에서 연합으로 놀이에 참여하는 반면 도시 유아들은 또래 유아들과 사회적 관계를 거의 갖지 않는 지역 간의 놀이 특성(이숙재, 1998)도 나타난다.

# 제4장 유아놀이를 위한 놀잇감

## 1. 놀잇감의 정의

유아에게 놀잇감은 놀이환경에서 중요한 부분을 차지한다. 주변의 사물들을 보고, 듣고 만질 수 있으며, 맛보고 냄새 맡을 수 있는 놀잇감들은 유아의 놀이를 충분히 자극하고 확장시켜 줄 수 있다. 발달 초기부터 유아는 자신의 신체를 가지고 놀기 시작한다. 손가락이나 주먹을 빤다거나 목구멍으로 소리를 낸다거나 눈으로 물체를 따라가고, 주변에서 나는 소리를 흉내내면서 반복적으로 놀이를 한다. 그러므로 자신의 신체가 곧 놀잇감이 될 수 있다. 자신의 신체를 이용한 놀잇감은 신체를 탐색하는 일뿐만 아니라 환경 속에 자신을 적응시켜나가는 놀이과정이다. 또한 유아에게 부모 역시 훌륭한 놀잇감 역할을 할 수 있다. 부모는 유아 손을 잡고 흔들어 주기도 하고, 이야기를 나누고 동화를 들려주기도 하며, 씨름과 목말타기와 같은 신체적 놀이도 한다. 그리고 부모는 유아에게 단순한 놀이 대상으로서 역할만 하는 것이 아니라 유아의 놀이를 자극해 주고 흥미 있고 매력적인 여러 가지 사물을 놀잇감으로 제공해 줄 수도 있다. 부모는 유아의 놀이과정에서 놀잇감과의 상호작용이 보다 적극적으로 이루어지게 도와준다.

이와 같은 놀잇감의 의미와 관련하여 두 가지 측면에서 정의를 내려 볼 수 있다. 포괄적인 의미로서 놀잇감은 '유아가 조작 또는 이용할 수 있는 물리적 자원' 이다. 이것은 유아가 관심 있어 하는 사물들을 안전하게 가지고 놀

수 있거나 유아가 접할 수 있는 사물들은 모두 놀잇감으로서 이용 가능하다는 의미다. 또 다른 의미는 교육현장에서의 놀잇감으로서 '놀이에 대한 흥미를 유발시키고 놀이를 지속시키는 매체(교구)' 라고 할 수 있다.

## 2. 놀잇감의 유형과 선택 기준

유아에게 제공되는 놀잇감들은 놀이용으로 제작된 것 외에도 일상생활에서 이용되는 사물 혹은 주변 환경에서 쉽게 찾아볼 수 있는 물건들이 포함되어야 한다. 유아에게 흥미를 자극할 수 있는 물건들이 교육적이고 안전한 놀잇감으로 사용될 수 있도록 선택되어야 할 것이다.

주변 일상용품 중에서는 가정에서 사용하는 부엌용품들, 옷, 종이, 물, 쓰다 버린 물건, 상자곽, 그리고 실외에서 볼 수 있는 흙, 나뭇잎, 돌멩이, 곤충이나 벌레등이 유아의 흥미를 일으키는 데 충분하다. 유아는 성인이 보기에 하찮은 물건이나 성인들이 주로 사용하는 물건들에 더 관심을 가지고 놀이에 이용하는 것을 볼 수 있다. 그러므로 유아가 안전한 주변 사물들을 놀잇감으로 선택하였을 때 최대한 허용해 줌으로써 놀이의 확장을 도울 수 있어야 한다.

교사와 부모는 놀이활동에 따라 필요한 놀잇감을 직접 제작하여 줄 수 있다. 교사는 정해진 교육활동의 주제에 따라 놀잇감을 계획할 수 있다. 그리고 유아의 발달단계와 흥미정도에 따라 놀잇감을 만들 수 있다. 이와 같은 제작된 놀잇감들은 유아에게 보다 구체적이고 풍부한 학습 내용을 전달하는 매체가 된다.

상품화된 놀잇감 역시 유아가 매력을 느끼고 놀이를 흥미롭게 진행시키는 데 도움을 준다. 상품화된 놀잇감을 구입하여 제시할 경우에는 아래에 제시된 선택 조건들을 고려함과 동시에 놀이와 놀잇감의 목적에 따라 신중하게 선택하여야 할 것이다.

바람직한 놀잇감의 선택 기준을 구체적으로 살펴보면 다음과 같다(김정준 · 김정화 · 신유림, 1999; 이숙재, 2001).

**안전성**

유아가 삼킬 수 있는 작은 크기의 부속물이 없는가?
너무 무거워 떨어뜨릴 가능성은 없는가?
놀잇감에 유해 성분이 없고 페인트가 잘 벗겨지지 않는가?
놀잇감을 떨어뜨리면 쉽게 망가지는가?
날카로운 모서리나 뾰족한 끝이 없는가?
나무 제품인 경우 표면이 매끄럽고 거친 느낌이 없는가?
헝겊 놀잇감은 바느질 처리가 잘 되어 있는가?
플라스틱이나 금속제품의 접합 부분이 매끄러운가?

**적합성**

유아의 발달수준(정신적 · 신체적 능력)에 적합한가?
영아의 경우 성인의 도움을 받으며 놀잇감을 조작할 수 있는가?
유아의 경우 성인의 도움 없이 혼자 스스로 조작하고 이동할 수 있는가?
사회 · 문화적 가치(고정된 성 역할 개념, 공격성, 유아의 생활환경)에 적합한가?
놀잇감의 형태, 색상, 기능이 매력적이어서 금방 싫증을 내지 않고 지속적인 흥미를 가지는가?

**교육성**

유아의 신체발달을 촉진시키는가?
유아의 사회 · 정서 발달을 촉진시키는가?
유아의 인지발달을 촉진시키는가?
유아의 언어발달을 촉진시키는가?

**내구성**

놀잇감의 재질이나 구조, 각 부품의 부착이 견고한가?
보관과 관리가 쉽도록 제작되었는가?

이상과 같이 유아에게 제공될 수 있는 놀잇감의 종류는 다양하므로 유아가 스스로 놀잇감을 적절히 선택하여 보다 다양한 놀이활동을 할 수 있도록 도와야 한다. 유아에게 안전하고 교육적으로 적합한 놀잇감의 선택은 유아의 흥미유발뿐만 아니라 긍정적인 발달에 영향을 미치게 되므로 세심한 주의가 필요하다.

## 3. 연령에 따른 놀잇감

유아의 발달 연령에 따라 놀잇감은 적절하고 다양하게 선택해야 한다. 각 연령에 맞는 놀잇감의 예를 제시해 보면 다음과 같다.

### 1세

- 모빌(누운 상태에서 모양, 형태가 잘 보이고 소리를 동반한 것)
- 딸랑이(여러 가지 모양과 촉감으로 느낄 수 있는 것)
- 손으로 줄을 잡아당기면 소리나는 놀잇감
- 오뚝이
- 그림책(그림만 있는 작은 책)
- 물놀이 놀잇감(플라스틱 및 고무로 된 동물, 물에 뜨는 놀잇감 등)
- 공(큰 공, 스펀지 공, 소리나는 공 등)
- 블록(헝겊, 스펀지 등의 큰 블록)
- 봉제 동물 인형

### 2세

- 끌고 밀고 다니는 차(손수레, 끌고 다니는 동물 인형, 인형 유모차 등)
- 블록(우레탄, 플라스틱, 종이 벽돌, 유니트 블록 등)
- 자동차류(트럭, 불도저, 유아가 탈 수 있는 큰 자동차 등)
- 그림책
- 악기류(북, 마라카스 등)
- 물 · 모래놀이 놀잇감
- 도형 끼우기
- 간단한 퍼즐(자동차, 비행기, 꽃, 사람 형태의 2~5 조각 퍼즐)
- 미술 작업 자료

### 3세

- 블록(단위 블록, 우레탄, 할로우 블록 등)
- 퍼즐(일상생활 훈련과 관련된 그림 퍼즐 5~10조각)

- 역할 놀잇감(인형, 그릇, 과일 및 야채 모형 등)
- 악기류(북, 마라카스, 트라이앵글, 우드블록)
- 물 · 모래놀이 놀잇감
- 구슬꿰기(색구슬, 실(끈))
- 바느질놀이
- 세발자전거
- 미술 작업 자료
- 고리던지기
- 그림책

### 4세

- 블록(단위 적목, 속이 빈 적목, 종이벽돌 적목 등)
- 역할놀잇감(가게, 음식점, 소방서, 미장원, 병원 놀이 등과 관련된 놀잇감)
- 관찰 및 실험용 도구(확대경, 온도계, 프리즘, 자석 등)
- 미술 작업 자료
- 다양한 그림책
- 운동놀이 놀잇감(자전거, 훌라후프, 미끄럼, 그네, 평균대, 나무사다리 등)
- 교통기관(자동차, 트럭, 병원차, 경찰차, 비행기, 헬리콥터, 배 등)
- 악기(리듬악기, 멜로디 악기, 전통 악기 등)
- 물 · 모래놀이 도구(물뿌리개, 호스, 각종 그릇, 모종삽, 물총, 포크레인, 트럭 등)
- 퍼즐 및 분류 카드

### 5세

- 퍼즐 및 게임자료(15~30조각의 퍼즐, 숫자 및 글자 카드, 게임판 등)
- 역할 놀잇감(우체국 놀이, 우주선 놀이 등)
- 관찰 및 실험용 도구(저울 모래시계, 계량컵, 곡선자 등)
- 책(그림책, 동시집, 백과사전 등)
- 운동 놀잇감(축구 골대, 사방치기 판 등)
- 악기(리듬 및 멜로디 악기 등)
- 미술 작업 자료
- 물 · 모래 놀잇감(물레방아, 호스 등)

실내 · 실외의 놀이환경에 따른 놀잇감에 대한 소개는 제5장 놀이의 운영 및 지도에서 흥미영역별로 자세하게 제시하였다.

# 제5장 놀이의 운영 및 지도

## 1. 자유놀이 시간의 운영

유아는 유아교육기관에 머무르게 되면서부터 놀이활동을 좀더 구체적이고 계획적으로 경험할 수 있게 된다. 특히 하루 일과 중 유아에게 놀이에 대한 자유스러운 선택의 기회를 최대한 보장해 주는 활동으로 자유놀이 시간이 제공된다. 따라서 교육현장 중심의 자유놀이를 운영하고 지도하는 방법을 이해하여 실제 놀이진행 순서, 즉 놀이계획과 놀이실행 과정 그리고 놀이평가 단계에 따라 유아에게 어떠한 도움을 줄 수 있는지를 살펴보고자 한다.

### 1) 자유놀이의 의의

자유놀이는 유아가 개별적인 흥미, 욕구 및 발달 수준에 따라 스스로 선택한 놀이활동에 자유롭게 참여하는 시간이다. 그러므로 유아의 놀이특성이 가장 잘 드러날 수 있고, 하루 일과 중 가장 큰 비중을 차지하는 시간이 된다.

Patty Smith Hill은 자유놀이를 자신의 선택과 결정 그 자체이며 유아의 생각과 자유의사에 따라 놀이를 할 수 있도록 절대적인 자유를 주는 것이라고 했다. 자유놀이 시간은 교사가 통제하거나 지시하는 활동시간과는 구별되는 것으로 유아 스스로 자유롭게 학습활동을 선택하여 놀이형태로 진행하기 때문에 자유놀이야말로 가장 효과적인 교육활동이라고 할 수 있다.

놀이의 효율적인 활동방법으로서 자유놀이의 의의를 다음과 같이 정리해 볼 수 있다.

- 유아의 개별적인 흥미에 따라 능동적인 학습이 이루어질 수 있다.
- 교사와 유아의 상호작용을 통한 개별학습이 이루어진다.
- 유아 스스로 선택하고 결정하는 경험을 해 볼 수 있다.
- 일정한 시간 동안 개념 및 발달의 통합교육이 이루어지는 가장 효과적인 시간이다.
- 유아 개인의 자유와 흥미가 존중되는 시간이므로 가장 기쁘고 즐거운 시간이 될 수 있다.
- 유아는 자유놀이시간 동안 친구와의 관계, 교사와의 바람직한 인간관계를 배울 수 있고 사회생활의 규범으로 양보, 질서, 이해 등의 사회적 기술을 익힐 수 있다.

이상에서 제시한 바와 같이 자유놀이는 다양하고 구체적인 경험을 제공하여 최대한의 학습효과와 유아의 통합적 발달을 이루게 한다는 점에서 큰 의의를 지닌다.

### 2) 교사의 역할

자유놀이에 있어서 교사는 유아의 놀이를 풍부하게 만들어 주고 특히 유아에게 놀이가 가치로운 것이라는 것을 인정하도록 도와준다. 자유놀이 시간 동안 교사는 유아와 교사와의 친숙하고 개별적인 관계를 형성할 수 있고, 놀이를 발전시키고 주제를 다양하게 하여 놀이가 지속적으로 이루어지도록 도와준다.

그러므로 교사는 놀이계획, 놀이환경의 제공, 놀이관찰, 성인의 개입, 놀이평가의 순으로 놀이 전체 과정에서 보다 적극적인 역할을 수행해야 한다.

**놀이계획** 교사는 유아의 현재 발달수준이나 능력을 진단하고 유아에게 바람직한 교육목표를 찾아내어 목표와 연결될 수 있는 활동을 선택하도록 한다. 유아는 자유놀이의 일정한 시간 동안 다양한 흥미영역을 통하여 통합교육을 이룰 수 있다. 즉, 조작영역에서 수와 관련된 활동을 하고, 쌓기 영역에서 똑같은 수만큼 쌓기 활동을 하며, 간식시간을 통하여 간식의 수나 접시와 컵의 수를 세어 보면서 유아들은 수 개념 학습을 하게 된다. 이것은 교사가 활동 이전에 단원과 교육목표를 설정하여 준비된 환경을 계획·조직하는 역할이 수 개념을 형성하는 데 중요한 영향을 미친다.

**놀이환경** 놀이를 풍부하게 하기 위한 자원으로 시간, 공간, 놀잇감과 사전 경험 등의 준비는 유아놀이의 형태나 질을 결정할 수 있다. 교사는 놀이를 위한 충분한 시간을 제공하고 최대한의 공간과 적절한 배치, 통로로부터 방해되지 않는 공간, 흥미 있는 공간, 잘 조직된 교실 공간 등을 고려해야 한다. 그리고 주제 관련 자료나 구성놀이를 위한 자료, 사실성과 구조성과 관련된 자료들을 다양하게 준비하고 사전 경험을 풍부하게 경험할 수 있도록 한다.

**놀이관찰** 기본적으로 유아가 안전한 환경에서 편안하고 자유롭게 놀이를 진행하는지를 주의깊게 살피는 것이다. 그리고 관찰은 유아의 놀이를 발전시키고 확장시키기 위해 무엇이 필요한가를 알 수 있게 해 준다. 시간, 공간, 놀잇감 등의 제공 시기를 알 수 있다. 교사는 구성놀이, 극화놀이, 상호적인 놀이가 진행될 때 계속적으로 관찰을 하며 유아의 놀이를 깊이 탐색하도록 해야 한다. 이와 같은 교사의 관찰능력은 유아반응에 대한 민감성을 길러 주고 유아의 요구에 즉각적으로 대처하도록 만든다. 유아의 요구나 교사의 개입 시간들에 대한 정확한 정보를 얻기 위하여 놀이에 집중하고 있는 유아를 15분간 관찰기록 해 볼 수 있다.

**놀이과정** 놀이에서 교사의 개입은 병행적 놀이(parallel play), 상호적 놀이(co-playing), 놀이교수(play tutoring), 현실의 대변인 되기(spokesman for reality) 등의 형태로 나눌 수 있다(Johnson, Christie, Yawkey, 1999). 다시 말하면 병행적 놀이는 똑같은 자료를 가지고 놀면서 교사와 유아가 상호작용하지 않고, 교사가 놀이에 직접 영향을 주지 않는 것으로 감각운동 놀이나 구성놀이에서 볼 수 있는 개입형태이다. 그리고 상호적 놀이는 유아가 놀이 방향을 조정하면서 교사를 참여시키기를 원하면 개입할 수 있고, 교사는 유아의 말과 행동에 반응하며 놀이가 지속될 수 있을 때까지 개입을 한다. 반면 놀이교수는 놀이에 효율적으로 참여하지 못하는 유아에게 직접적인 명령이나 지시를 동반한 대화를 통하여 놀이의 방향을 제시하거나 직접 놀이의 동반자로 개입하는 것이다. 마지막으로 현실의 대변인으로서 교사 개입은 놀이가 학문적 교수의 매개체로 사용될 때 교사가 개입하는 방법이다. 교사는 교수-학습 상황을 유도하여 지식이나 정보를 질문이나 제안형태로 제공하고 유아놀이가 현실세계와 연결되어 보다 논리적 사고를 할 수 있도록 격려한다. 이러한 형태의 교사개입은 연령이 높은 유아에게 더욱 효과적이다. 또한 John(1999)과 Fein(1996)은 교사의 놀이 개입은 최소한에서 최대한으로 확장될 수 있는데 비참여자, 방관자, 무대 관리자, 공동 놀이자, 놀이 지도자, 감독자/교수자의 역할로 구분하였으며 놀이에 지원적이고 반응적으로 개입할 것을 주장하였다. 이 역할들에서 비참여자와 감독자 역할을 제외한 다른 역할들이 지지적인 역할에 해당된다.

**놀이평가** 교사는 놀이가 진행되는 동안 전체 유아들의 반응을 평가하여 놀이계획 및 환경구성에 도움을 받을 수 있다. 그리고 개별평가에 있어서는 놀이계획에 따라 놀이를 진행하고 있는지, 놀이과정에서 나타나는 어려운 점을 평가할 수 있다. 교사는 일기식 기록이나 일화기록, 체크리스트 형식 또는 교사가 제작한 평가자료를 이용하여 평가를 구체적으로 할 수 있다. 그리고 평가의 결과는 유아들에게 보다 풍부한 환경을 마련하고 유아 자신의 발달수준에 적합한 놀이를 진행시킬 수 있도록 조절하는 데 좋은 기초자료가 될 것이다.

### 3) 놀이계획

자유놀이시간 동안 유아 자신이 스스로 놀이를 계획하고 실행해 보도록 하는 것은 자율성과 주도성뿐만 아니라 책임감을 길러 주기 위해 매우 필요한 일이 된다. 교사는 유아들이 자신의 흥미와 발달수준에 맞는 활동을 선택할 수 있도록 구체적인 자료와 환경을 마련해 줄 수 있다. 유아가 선택한 놀이의 계획은 교사가 유아의 요구와 흥미 정도를 이해하고 유아 개개인에게 효율적인 지도 방법을 찾아내는 데 중요한 단서가 된다.

놀이계획을 위한 환경구성과 지도방법은 다음과 같다.

- 놀이환경은 흥미영역으로 구성하여 놀이의 선택을 분명하게 할 수 있도록 도와준다.
- 흥미영역은 유아의 발달수준, 흥미, 생활 주제에 따라서 구성해 준다.
- 흥미영역의 이름과 놀잇감의 종류, 놀이방법을 소개하여 유아가 쉽게 놀이 활동을 계획할 수 있도록 도와준다.
- 놀이계획을 함에 있어 유아가 놀이를 결정하거나 표현을 잘 하지 못하는 경우, 한 가지 활동만 계속 계획하는 유아가 있을 경우, 혹은 비현실적으로 지나친 계획을 하는 유아는 교사가 원인을 파악하고 개별지도를 통하여 바람직한 놀이 계획을 세울 수 있도록 도와준다.
- 놀이계획에 변화가 일어나기 위해서는 흥미영역의 배치와 놀잇감을 다양하게 바꾸어 주도록 한다.
- 교사는 놀이활동을 표시할 수 있는 구체적인 자료와 방법을 제시해 주어 유아가 놀이계획에 흥미를 가지고 적극적으로 참여할 수 있도록 도와준다. 예를 들면, 각 흥미영역별 놀이계획, 전체 유아의 놀이계획, 유아 개별적인 놀이계획 등의 방법을 활용할 수 있다.

### 각 흥미영역별 놀이계획

유아는 [그림 5-1]과 같이 각 흥미영역 입구에 놓여진 놀이계획 표시판에 자기 이름표를 걸거나 붙인 후 활동을 하는 방법이다. 혹은 [그림 5-2]와 같이 각 흥미영역에 준비된 필기도구로 상징그림을 그리거나 자기 이름이 있는 곳에 여러 가지 기호로 직접 표시하는 방법도 있다.

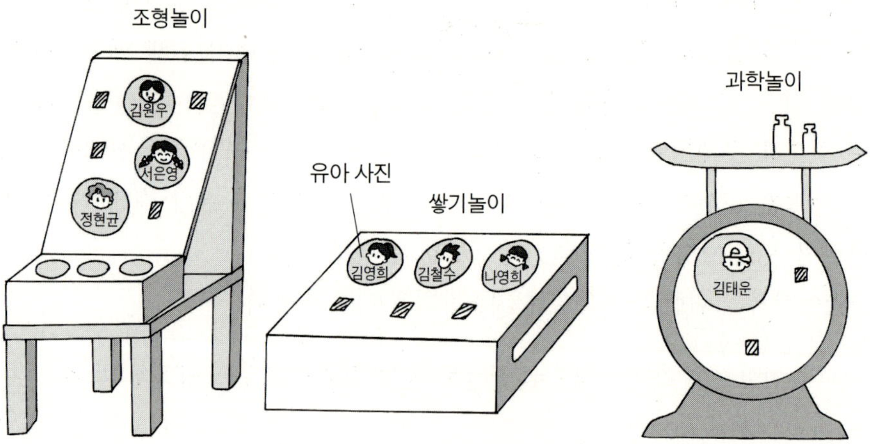


[그림 5-1] 각 흥미영역별 놀이계획

쌓기놀이

| | 월 | 화 | 수 | 목 | 금 |
|---|---|---|---|---|---|
| 김지영 | O | | | | |
| 김미나 | O | O | | | |
| 박준희 | | O | O | | |
| 배지연 | | | | | O |
| 조용태 | | | | | |
| 서은영 | O | O | | | |

[그림 5-2] 각 흥미영역별 놀이계획

### 전체 유아의 놀이계획

교실 내에 준비되어 있는 흥미영역을 모두 표시해 주고 유아의 이름표나 사진 등을 이용하여 자신이 계획한 놀이영역에 표시하도록 하는 방법이다. [그림 5-3]과 같이 그래프 형태로 할 수 있고 출석판과 같이 전체 놀이계획판을 만들어 각 흥미영역 그림에 유아 사진이나 이름표로 표시할 수도 있다.

이와 같은 놀이계획표는 전체 유아들이 계획한 놀이의 종류를 한눈에 쉽게 파악할 수 있다.

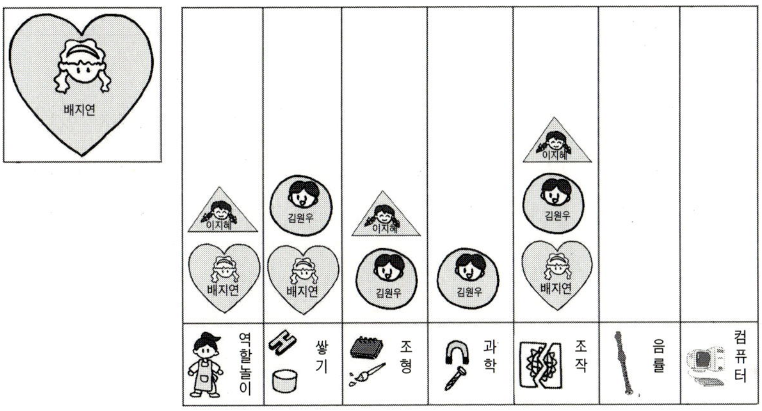


[그림 5-3] 전체 유아들의 놀이계획

### 개인 유아의 놀이계획

유아는 흥미영역 그림이 표시된 놀이계획표에 자신이 선택한 놀이를 여러 가지 모양의 스티커나 흥미영역의 상징 그림을 붙여 놀이를 계획할 수 있다. 이러한 계획 방법은 학기 중간을 지나면서 별도의 놀이계획용지를 이용하여 직접 기록하게 할 수 있다.

이상과 같은 자료를 이용할 때는 비닐 포켓을 이용하여 꽂는 방법이나 거는 방법, 또는 찍찍이를 이용하여 붙이는 방법, 직접 그려 표시하는 방법 등 다양한 방법으로 정할 수 있다. 유아가 놀이를 계획하였을 경우 교사는 그 내용을 체크하고 기록해 두어야 한다. 그리고 놀이계획을 위하여 활용되는 자료나 방법은 유아들이 이해하고 손쉽게 사용할 수 있도록 준비되어야 하

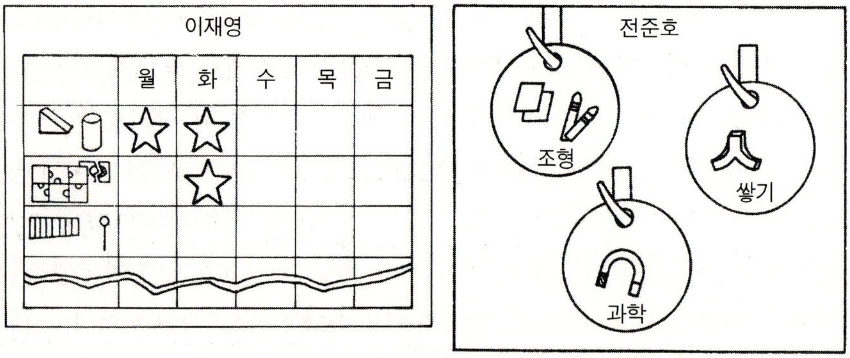


[그림 5-4] 개인 유아의 놀이계획

며, 유아의 흥미와 진행 상태에 따라 다양하게 바꾸어 주도록 한다. 그리고 선택하는 자료의 수가 제한되어 있어 유아들이 놀이 활동에 참여하는 것을 방해해서는 안 되며 유아가 흥미를 가지고 능동적으로 놀이 활동을 할 수 있도록 자료를 충분하게 준비해 두어야 한다.

### 4) 놀이평가

교사와 유아는 활동을 계획한 후 놀이실행 과정과 결과에 대해 평가의 시간을 갖는 것이 바람직하다. 평가의 결과는 유아들의 놀이에 대한 요구수준을 정확하게 진단할 수 있을 뿐만 아니라 교사가 유아들을 위해 어떤 놀이를 계획하고 환경을 마련해야 하는지를 결정하는 데 도움이 된다. 무엇보다 교사는 유아가 스스로 놀이를 계획해 보고 놀이실행과 함께 평가해 볼 수 있도록 계획표, 평가표, 기분표 등의 구체적인 자료를 준비해 주는 것이 필요하다.

**평가에 포함되어야 할 내용** 첫째, 교사는 유아들이 개별적으로 계획한 놀이가 잘 되었는지 평가한다. 둘째, 유아는 놀이를 진행하는 동안 재미있었던 일, 속상한 일 등에 대해 평가해 본다. 셋째, 유아 자신의 경험이나 다른 친구들의 놀이경험을 스스로 평가해 보면서 다음 놀이계획에 포함시킬 놀이에 대하여 미리 평가하여 정해 본다. 넷째, 교사는 일정한 기간이나 시간 동안

했던 놀이를 종합적으로 비교 분석하여 놀이계획이나 활동 선택에 변화가 있었는지, 놀이 내용에 발전이 이루어지고 있는지 등을 평가한다.

**평가방법** 첫째, 자유놀이가 끝난 다음 대집단으로 모여 앉아 전체 유아들에게 유아 자신이 계획한 놀이를 소개하고 기분이나 느낌, 흥미 등을 평가해 보는 방법이 있다. 유아는 놀이활동에 대해 정확한 언어로 표현해 보고 다른 친구들의 놀이경험이나 평가내용을 들을 수 있다. 자신의 생각이 다른 사람과 다를 수 있다는 인식과 함께 다음 놀이를 계획하고 진행하는 데 동기유발이 될 수 있다.

둘째, 제한된 시간 동안 가능한 많은 유아들을 평가에 참여시킬 수 있는 흥미영역별 평가이다. 각 흥미영역에서 함께 놀았던 유아들끼리 소집단으로 평가하는 방법이다. 이 방법은 다른 영역에서 놀았던 유아들에게 또 다른 선택의 기회를 자극해 줄 수 있다. 특히 참여 유아의 수가 가장 많았던 흥미영역과 참여 유아의 수가 가장 적었던 흥미영역에서의 놀이평가는 비교의 대상으로서가 아니라 교사와 유아들에게 구체적인 원인을 생각하도록 만들 수 있다. 원인 분석의 결과는 흥미로운 놀잇감이나 활동 내용으로 인하여 유아들의 선택이 많아질 수도 있지만, 소수의 유아들이 선택하여 놀았던 활동이 대다수 유아들에게 미처 생각지 못한 점을 발견하도록 하여 흥미유발을 자극할 수 있다. 이와 같은 평가의 방법을 토대로 하여 흥미영역을 재구성하고 유아의 놀이계획에 반영할 수 있도록 유도할 수 있다.

셋째, 유아가 개별적으로 놀이를 한 후 평가하고 기록해 보는 방법이다. 이것은 미리 준비된 놀이계획표에 평가란을 함께 두어 놀이 과정에서나 놀이를 마친 후, 기분이나 느낌 상태를 얼굴표정(웃는 얼굴, 찡그린 얼굴)으로 표시하거나 기호, 도형(○, △, ×) 등을 사용하여 놀이활동을 단계적으로 평가해 볼 수 있다. 이 방법은 평가표에 나타난 결과를 종합적으로 분석하여 개별 유아의 흥미와 놀이에 대한 요구수준 등을 파악하고 동일한 놀이에서도 어떠한 변화가 있는지를 살펴볼 수 있다. 그리고 교사는 이 평가표를 활용하여 유아가 다양한 놀이 활동을 선택하고 즐겁게 놀이를 할 수 있도록 유아와 함께 평가 결과에 대해 이야기를 나누면서 놀이의 방향을 모색할 수 있다.

넷째, 놀이 과정에서 발생하는 어려운 문제 상황이나 문제행동에 대해 평가하는 방법이다. 놀이과정에 참여하지 않는 유아인 경우에 가끔 놀이에 참여할 때 어떤 놀이를 하는지, 놀이를 하지 않을 때 무엇을 하는지, 놀이활동에 참여하도록 요청받았을때 어떤 행동을 보이는지에 관하여 평가해 본다. 일반적으로 교사가 관심을 보였을 때 유아는 놀이활동보다 교사에 대한 관심을 끌기 위해 놀이에 참여하지 않을 수도 있다. 그러므로 유아의 불안감이나 두려움이 있는지, 제공된 환경과 놀잇감이 적절한지 등에 관하여 검토해 보고 유아가 놀이활동에 지속적으로 참여할 수 없다는 사실에 대해서도 이해한다. 또한 한 가지 놀이 자료만 가지고 놀이를 하는 유아의 경우 항상 가지고 노는 놀이자료가 무엇인지, 자신이 좋아하는 놀이활동을 할 수 없을 때 무엇을 하는지, 언제 그 자료를 가지고 노는지에 대해 관찰해 본다. 그리고 교실의 놀이활동자료들이 충분히 제공되었는지에 대해 평가한다. 놀이활동과 놀잇감의 사용방법이 유아의 발달수준에 맞는지 고려해 보고 놀잇감의 숙달을 위해 반복적으로 놀이를 하지 않는지에 관해서도 검토해 본다(지성애, 1994). 이 밖에도 특별히 사회극놀이나 신체운동놀이, 역할놀이 등에 참여하지 않으려는 유아에 대하여 평가하고 바람직한 지도 방향을 찾아야 할 것이다.

교사는 유아의 놀이활동을 평가함과 아울러 전체적인 환경구성에 대하여 평가를 해야 한다. 특히 흥미영역의 배치와 놀잇감의 종류 및 수, 상호작용 정도를 평가하고, 놀이공간의 적절성에 대해서도 평가하여 재구성 또는 수정 보완해 줄 수 있다. 이와 같이 교육현장에서 이루어지는 종합적인 평가와 평가의 다양성이야말로 유아의 요구에 맞는 놀이활동과 학습의 장으로서 최적의 기회를 제공해 줄 수 있다.

## 2. 실내 자유놀이 지도

자유놀이는 놀이의 장소에 따라 실내와 실외로 구분할 수 있다. 자유놀이는 실내와 실외의 영역에서 균형 있게 놀이가 이루어지도록 구성하고 상호 연결이 되도록 계획해야 한다. 교사는 유아 자신이 계획한 놀이를 자발적이면서 흥미롭게 진행시킬 수 있도록 다양하고 풍부한 환경을 준비해 주는 일과 적절한 지도방법을 이용하여 유아의 발달과 능동적 학습을 도와야 한다. 그러므로 유아가 실내에서 할 수 있는 자유놀이의 유형을 제시하고 놀이를 효과적으로 실행할 수 있는 바람직한 환경구성과 지도방법을 구체적으로 소개하고자 한다.

### 1) 실내 놀이공간의 구성조건

자유놀이의 운영을 위하여 가치로운 놀이공간의 구성은 흥미를 중심으로 놀잇감을 배치하는 것이 바람직하다. 놀잇감의 적절한 배열은 여러 가지 활동영역으로 구분되는데 이러한 활동영역을 흥미영역이라고 한다. 즉, 흥미영역이란 교실을 융통성 있게 분리하거나 조직하여 유아가 놀이에 집중할 수 있도록 만든 놀이영역을 말한다. 각 흥미영역은 분리되거나 한정되는 것이 아니라 상호 밀접한 관계를 가지며 유아의 자발적이고 능동적인 놀이활동에 참여하도록 유도하는 데 큰 역할을 하게 된다. 그리고 유아가 놀이를 통해 얻을 수 있는 교육적 가치는 각 흥미영역에서 제공되는 구체적인 활동들이 학습활동으로 연결되어질 때 중요한 의미를 갖게 된다. 그러므로 실내놀이공간을 구성함에 있어 흥미영역의 배치, 유아의 연령 및 인원 수, 교육기관의 특성, 안전과 위생, 융통성과 변화 등을 고려하여야 한다. 흥미영역의 배치는 활동적 놀이와 조용한 놀이, 조용한 놀이와 소음이 있는 놀이, 혼자 놀이와 집단놀이 등을 구분하여 방해되지 않게 배치한다. 유아의 연령이 어릴수록 그리고 교육기간의 프로그램이 종일제 운영일수록 편안하고 안정된 분위기의 놀이공간이 필요하다. 놀이실의 안전과 위생 또한 매우 중요한 문제이다. 책상이나 교구장, 놀잇감, 놀이실 바닥, 환기, 조명 등의 점검이 수시로 이루어져야 한다.

이와 같은 실내놀이공간은 유아들의 흥미유지와 발달수준에 따라 재구성되고 생활주제에 적합하도록 변화될 수 있어야 한다.

### 2) 환경구성 및 지도방법

실내 자유놀이를 위해 제공될 수 있는 흥미영역으로는 역할놀이영역, 쌓기

놀이영역, 언어놀이영역, 조형놀이영역, 조작놀이영역, 과학놀이영역, 음률놀이영역, 컴퓨터놀이영역 등으로 구분될 수 있다. 각 영역별로 나타나는 놀이의 특징과 놀잇감의 종류를 구체적으로 알아보고 놀이의 환경구성 및 지도방법을 살펴보고자 한다.

### (1) 역할놀이영역

유아는 가정과 같은 분위기를 느낄 수 있는 영역에서 가장 친숙한 놀잇감을 가지고 놀이를 한다. 이 놀이영역에서는 쉽게 모방할 수 있는 단순한 극화 활동에서 복잡하고 추상적인 사회극 놀이나 상상놀이가 나타난다. 그리고 놀이과정에서 유아는 인형을 잠재우면서 휴식도 할 수 있고, 유아들끼리 언어적 상호작용을 하며 다른 사람들과 더불어 살아가는 데 필요한 사회적 기술을 배운다. 또한 놀잇감을 만지고 조작하면서 소근육 발달, 눈과 손의 협응력을 길러줄 수 있는 가치로운 영역 중의 하나이다.

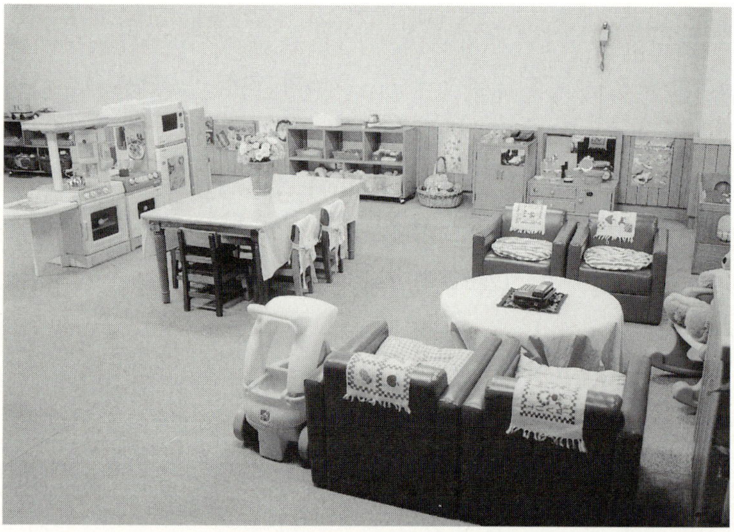

**놀잇감**

부엌용품들

- 싱크대(유아의 키에 맞는 것)
- 모형 냉장고
- 다양한 크기의 주전자와 프라이팬, 솥, 냄비 등
- 요리 도구 : 도마, 플라스틱, 칼, 스푼, 뒤집개, 주걱, 국자, 집게, 접시, 컵, 그릇 등
- 젓가락과 숟가락 등의 먹는 도구
- 플라스틱으로 된 음식
- 앞치마, 행주 등
- 청소 도구(비, 자루걸레, 스펀지 등)

여러 가지 인형

- 플라스틱 인형, 고무인형, 헝겊인형, 나무인형
- 인형유모차
- 인형침대
- 인형담요

일상용품

- 시계, 전화
- 빗, 빈 화장품 그릇, 열쇠
- 신발류
- 모자류
- 우산
- 가방과 지갑
- 넥타이, 머플러, 장신구

옷

- 각 직업을 나타내는 독특한 옷
- 전통 한복(남여 유아에게 맞는 것)

- 상황에 따른 옷(드레스, 잠옷, 수영복)

극화활동에 필요한 놀잇감

- 의사놀이 세트
- 가게놀이 세트
- 미장원놀이 세트
- 방송국놀이 세트
- 우체국놀이 세트
- 소방서놀이 세트
- 문방구놀이 세트

이와 같은 놀잇감을 이용하여 유아들은 엄마, 아빠가 되어 보는 역할놀이나 생일 축하 잔치, 병원놀이, 가게놀이, 방송국놀이 등과 같은 극화놀이를 할 수 있다. 또한 우주여행이나 미래 세계에 대한 상상놀이를 할 수 있는 영역이다. 그러므로 교사는 유아들의 놀이형태가 다양하게 나타날 수 있도록 풍부한 놀잇감을 마련해 주고 놀이를 자극 또는 확대시켜 단순한 놀이에서 점차적으로 복잡하고 추상적인 놀이로 발전될 수 있도록 도와야 할 것이다.

**지도 및 운영방법**

- 역할놀이영역에 마련되는 놀잇감은 실제 가정용품을 많이 활용하여 유아에게 친숙함을 느끼게 해 주고 일상생활과 가까이 할 수 있는 기회를 주도록 한다.
- 교사는 역할놀이영역에서 사용되는 여러 가지 놀잇감의 정확한 명칭과 사용법을 소개해 준다.
- 유아와 유아, 교사와 유아의 상호작용 기회를 갖고 의견을 교환할 수 있도록 도와준다.
- 극화활동이 잘 일어날 수 있도록 적절한 질문과 놀잇감을 제시해 주고, 정해진 역할의 특징을 살리기 위한 여러 가지 제안과 자료들을 마련해 준다.
- 극화활동에서 맡은 역할에 대한 적절한 언어표현과 행동을 할 수 있도록 도와준다.

- 필요한 경우에 다른 영역과 연결짓도록 허용해 주고, 다른 영역에 마련된 놀잇감을 이용해 창의적인 놀이활동이 일어날 수 있도록 유도한다.
- 가지고 놀았던 놀잇감은 스스로 정리정돈하도록 지도한다.

### (2) 쌓기놀이영역

쌓기영역에서 유아는 여러 가지 측면에서 놀이의 가치를 경험할 수 있다. 이 영역에서는 유아의 정서, 사회성발달이 촉진된다. 유아는 남의 입장을 생각해 볼 수 있는 기회를 가지고 서로 돕고 양보하며 때로는 나누어 쓸 줄 알게 된다. 또한 유아의 신체발달이 촉진된다. 유아는 무겁고 큰 적목을 옮기면서 혹은 쌓으면서 대근육을 활용하게 되고 어떠한 형태나 모양을 맞추는 활동을 하면서 눈과 손의 협응능력을 증진시켜 나간다. 과학 및 수 개념 학습에도 도움을 줄 수 있는데 적목을 가지고 균형성, 안정성을 생각하며 여러 가지 형태를 만들어 보고 비교, 측정의 경험을 통하여 예측하고 판단하는 능력이 길러질 수 있다. 또한 일대일 대응, 부분과 전체 분류, 서열화 등의 수 이전 경험을 할 수 있을 뿐만 아니라 크기, 길이, 높이, 넓이의 개념도 학습될 수 있다. 쌓기놀이를 통하여 유아의 상상놀이를 풍부하게 만들 수 있다. 유아는 적목 이외 다른 놀잇감(자동차, 사람, 동물 등)을 동원하여 자신의 상상적 세계를 자연스럽게 실현해 본다. 그리고 유아는 쌓기놀이 과정에서 언어발달을

촉진시킬 수 있다. 적목을 수직, 수평으로 쌓아 가면서 공간 지각과 형태의 변별력이 발달된다. 동시에 읽기와 쓰기를 위한 준비활동을 경험시킬 수 있는 가치로운 놀이영역이다.

**놀잇감**

다양한 적목

- 유니트 블록
- 우레탄 블록
- 종이 벽돌 블록
- 끼우기 블록(코코 블록, 렉스 블록, 꽃 블록 등)

각종 소품

- 나무나 플라스틱 모형 교통기관(버스, 트럭, 배, 기차, 레미콘, 경찰차, 병원차, 오토바이, 소방차, 비행기 등)
- 직업(역할) 특징을 나타내는 사람들(의사, 경찰관, 우체부, 소방관 등)
- 동물모형(소, 말, 개, 고양이, 돼지 등)
- 교통표지판과 신호등

기타자료

- 풍경 그림
- 안내 책
- 화보
- 잡지

이와 같은 놀잇감들은 유아들에게 구성놀이를 효과적으로 전개시키는 데 도움을 준다. 구성놀이를 하면서 유아는 공간개념, 분류능력, 형태와 크기 등을 비교 측정해 보는 활동을 함께 할 수 있다. 또한 동일한 목표를 달성하기 위하여 다른 유아들과 함께 열심히 노력하는 협동놀이도 나타나며, 현실세계를 재현하거나 역할을 정하여 하는 극화놀이를 전개하기도 한다. 그러므로 역할놀이영역과 가까이 배치하여 적절한 놀잇감을 자유롭게 선택할 수 있도록 배려하고 상호연결되는 영역에서 놀이가 더욱 발전될 수 있도록 이끌어 주는 것이 바람직하다.

**지도 및 운영방법**

- 다양한 질문을 통하여 유아들에게 확산적 사고능력을 기를 수 있도록 도와준다.
- 여러 가지 문제상황을 해결할 수 있는 방법에 대한 제안과 유아 스스로 해결해 볼 수 있는 기회를 제공해 준다.
- 쌓기영역에서 놀이에 필요한 규칙을 유아들이 상호 의견을 교환하여 결정해 보고 그 규칙에 따르도록 지도한다.
- 유아들이 새로운 놀잇감을 동원하여 보다 창의적인 놀이를 해낼 수 있도록 도와준다.
- 유아들이 만든 구성물이 지속적인 흥미와 다음 활동의 연장, 그리고 다른 유아들에게 동기유발이 될 수 있다고 생각될 때는 정리정돈하지 않고 남겨 둘 수 있다.
- 정리정돈은 충분한 시간을 주어 끝까지 하도록 지도한다. 게임과 같은 구체적 활동과 연결해서 지도한다면 유아에게 정리정돈은 아주 흥미로운 놀이시간이 될 수 있다.

### (3) 언어놀이영역

언어영역이란 여러 가지 언어활동을 할 수 있도록 자료가 준비된 공간을 의미한다. 이 영역은 햇빛이 잘 들어 밝고 조용한 곳에 배치하여 유아들이 활동에 집중할 수 있도록 한다. 언어영역은 활용할 수 있는 공간의 크기에 따라 다르게 구성할 수 있을 것이다. 언어영역을 다시 세분하여 듣기영역, 말하기영역, 읽기영역, 쓰기영역 등으로 나눌 수 있다.

**놀잇감**

듣기

그림책(발달수준 및 생활 주제별 그림책)

– 녹음기와 녹음 테이프

- 동요 · 동시집

말하기

- 손 인형, 각종 인형
- 전화기
- 유아가 만든 이야기 책
- 동화자료(융판자료, 막대동화, 테이블동화, TV동화자료 등)

읽기

- 글자카드
- 자석판과 글자
- 글자 퍼즐
- 그림책

쓰기

- 모양종이
- 필기도구(색연필, 사인펜, 크레파스, 메직펜, 4B연필 등) 및 지우개
- 칠판 및 분필
- 장판 글씨, 모래종이 글자

언어영역에 마련된 놀잇감들은 이야기나 동화를 듣고 활동과 이야기를 꾸며 말하는 놀이나 듣고 지시에 따르는 놀이를 할 수 있다. 그리고 같은 글자의 그림카드를 짝짓는 놀이나 동요·동시를 지어 보는 창의적 놀이도 나타난다. 그러므로 보다 편안하고 안정되게 놀이가 일어날 수 있도록 환경구성을 해 주고 읽기와 쓰기활동에 제공되는 자료들은 인쇄되어 고정되어진 것이 아니라 융통성 있게 활용될 수 있는 놀잇감이 준비되어야 할 것이다. 예를 들

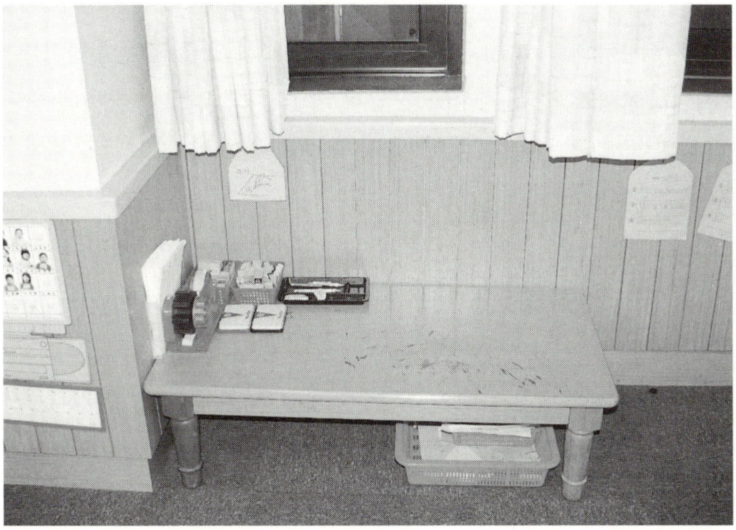

면 글자의 형태를 따라 한 차례 쓰거나 색칠하게 하는 것보다는 장판이나 모노륨을 이용하여 만든 글자판을 가지고 같은 글자 형태끼리 짝짓기를 하거나, 글자판을 대고 따라 그려보고 그려진 글자 모양대로 오려내어 색칠도 해볼 수 있는 자료들이 더 효과적이다.

**지도 및 운영방법**

- 언어영역에서 듣기, 말하기, 쓰기, 읽기 활동은 분리해서 지도하는 것이 아니고 통합적으로 운영 · 지도해야 한다.
- 네 가지 언어영역의 기본 활동은 놀이를 통한 구체적 경험으로 연결되도록 해야 한다.
- 교사는 언어의 모델링을 제시해 주는 역할뿐만 아니라 언어능력을 확장시켜 주는 데 도움을 줄 수 있어야 한다.
- 쓰기와 읽기와 같은 문자지도는 기초적인 학습활동을 위한 준비단계로 이루어져야 한다. 연습지를 통해 반복적으로 쓰고, 기계적으로 읽는 것은 학습에 대한 지속적인 흥미와 내적 동기유발을 방해하게 된다. 그러므로 놀이를 통한 즐거운 경험을 함으로써 쓰기와 읽기에 대한 흥미와 관심을 가질 수 있도록 지도한다.
- 조용한 놀이영역으로서 개별적으로는 활동을 진행하면서 휴식시간을 가질 수 있고, 소집단으로 이야기 나눌 수 있는 공간이 되도록 만들어야 한다.
- 듣기영역에서 녹음기는 각 버튼에 색깔(빨강, 노랑, 초록 등)로 표시해 주고 색깔과 연결하여 기능은 그림(움직이는 사람, 서 있는 사람, 돌아서는 사람)으로 제시하여 유아가 혼자서도 손쉽게 작동할 수 있도록 준비해 준다.
- 동화책의 정리정돈은 책꽂이 바탕에 표시된 모양과 책 겉장에 붙여진 모양을 짝짓는 구체적인 방법을 제시해 줄 수 있다. 그리고 손 인형이나 각종 인형들은 유아가 손쉽게 쓸 수 있는 높이에 메달아 두어 유아가 활용 후 정리하도록 도와준다.

#### (4) 조형영역

유아는 조형영역에 준비된 여러 가지 놀잇감들을 자유롭게 탐색하며, 놀잇감을 이용한 독창적이고 창의적인 놀이활동을 하게 된다. 또한 유아는 자신의 감정과 생각을 표현하기에 알맞은 놀잇감을 선택하고 구성놀이를 하면서 정서적 안정을 찾기도 한다. 그러므로 유아에게 제시되는 환경과 놀잇감들이 창의적 사고와 표현을 방해하지 않도록 세심한 주의가 필요할 것이다.

**놀잇감**

- 종이류 : 모양 도화지(기본도형, 사물과 관계되는 모양), 색종이, 시험지, 색지, 셀로판지, 모조지, 포장지
- 그리는 도구 : 크레파스, 색연필, 색분필, 물감 및 붓, 사인펜, 매직펜, 파스텔, 연필
- 점토류 : 찰흙, 밀가루, 고무점토
- 기본 자료 및 도구 : 가위, 풀, 스테플러, 테이프, 펀치
- 기타 자료 : 나무젓가락, 빨대, 클립, 이쑤시개, 스펀지, 모루, 고무 밴드, 모래 종이, 수수깡, 솜, 화판
- 작업에 이용될 수 있는 폐품 : 상자, 휴지말이, 달걀판, 잡지, 신문지, 종이컵, 컵라면 용기, 필름통, 솔방울, 플라스틱 병, 아이스크림의 막대 등

이와 같이 조형영역의 놀잇감은 기본 미술 도구들과 함께 주변 일상용품에서 쓰고 버리게 되는 폐품들을 다양하게 제공하여 유아가 표현하고자 하는 욕구를 최대한 충족시킬 수 있도록 준비해 주어야 한다. 유아는 여러 가지 놀잇감을 활용하여 평면적 구성 놀이와 입체적 구성놀이를 할 수 있으며, 자신의 독창적인 사고와 감정을 포함하는 창의적 놀이활동을 하게 된다.

**지도 및 운영방법**

- 교사는 기본적인 미술 도구 및 자료들과 여러 가지 폐품들을 유형별로 분류하여 충분히 준비해 두고, 자료의 부족된 부분을 수시로 점검하여 보충해 주도록 한다.
- 자료를 사용하는 방법을 알려주고 정리정돈할 수 있도록 자료장에 밑그림을 표시해 두거나 담고 꽂을 수 있는 그릇을 마련해 둔다.
- 유아가 만든 작품을 전시해 주어 감상하면서 성취감을 맛볼 수 있도록 도와준다.
- 유아가 창의적 표현을 할 수 있도록 교사는 사고를 자극하고 확장할 수 있는 안내자의 역할을 한다.
- 유아 개인의 생각과 감정을 최대한 허용해 주고 자유스러운 분위기 속에서 표현해 낼 수 있도록 배려해 주어야 한다.
- 다른 사람의 작품을 감상할 수 있는 기회를 주어 다른 사람의 생각을 이해하고 다양한 표현 방법에 대해 배울 수 있도록 도와준다.
- 유아들끼리 공통된 주제에 대한 의견을 교환하고 협력하여 작업해 보는 기회를 갖고, 공동작품을 전시할 장소에 대해서도 결정해 보도록 한다.

### (5) 조작놀이영역

유아들이 개별적으로 가지고 놀 수 있는 놀잇감과의 상호작용이 잘 이루어지는 영역이다. 이 영역에서 놀이의 경험은 인지발달, 언어발달뿐만 아니라 눈과 손의 협응력, 소근육을 발달시킬 수 있다. 특히 이 영역에서는 교사가 유아의 흥미와 발달수준, 생활 주제에 따라 알맞는 교재, 교구를 제작하여 개념학습에 적합한 놀이활동이 되도록 이끌 수 있다.

**놀잇감**

- 퍼즐
- 손으로 조작하는 놀잇감 : 구슬 꿰기, 끈 끼우기, 바느질하기, 지퍼 올리기, 단추 끼우기, 나사 맞추고 조이기
- 수 놀잇감 : 짝짓기, 분류, 수, 부분 전체, 서열 등과 관계되는 사물 및 카드
- 교사 제작 놀잇감 : 단원을 중심으로 한 기본개념을 익힐 수 있는 것
- 그룹 게임 : 도미노, 그림 연결카드 짝 맞추기, 윷놀이, 주사위와 게임판, 팥주머니 등
- 일상생활 훈련 : 단추, 리본, 지퍼, 벨트 등을 연습할 수 있는 놀잇감
- 나무못과 못판(고무못판)

이 영역에서의 놀잇감은 유아가 개별적으로 탐색놀이를 많이 즐길 수 있도록 도와준다. 즉, 부분과 전체 개념, 주의력, 기억력, 인내심을 기를 수 있는 퍼즐, 분류와 포함과 관계되는 놀이, 수놀이, 단추 끼우기, 지퍼 올리기, 구슬 꿰기 등과 같은 놀이를 통하여 기본 생활에 필요한 기술을 반복 연습할 수 있다.

**지도 및 운영방법**

• 놀잇감은 한꺼번에 제시하지 않도록 하고 한 번 제시한 놀잇감은 일주

일 이상 두지 않도록 한다.

- 부족한 조각이나 깨진 부분은 점검 후 반드시 보완이 이루어지도록 해야 한다.
- 유아의 발달수준, 흥미, 단원, 그리고 시기의 적절성을 고려하여 고사의 창의적으로 만든 놀잇감을 제시하여 유아가 활용해 보도록 도와야 한다.
- 교사의 도움 없이도 개별적으로 선택할 수 있도록 활동방법을 그림이나 간단하고 쉬운 제시방법을 사용하여 스스로 문제를 해결할 수 있도록 준비해 준다.
- 조작놀이에 필요한 작은 소품들(주사위, 게임말, 수를 세기 위한 사물들)은 잃어버리지 않도록 작은 그릇이나 쟁반, 바구니 등에 담아 정리정돈을 할 수 있도록 준비해 준다.

### (6) 과학영역

유아는 호기심에 강하고 탐색하기를 좋아한다. 유아에게 제공되는 과학영역은 흥미를 중심으로 구성 · 배치되어야 하고 그 영역에서 유아는 자신의 문제를 해결하기 위하여 여러 가지 놀잇감들을 선택할 수 있다.

실외에서도 마찬가지로 자연환경과 더불어 유아에게 제공되는 구체적이고 직접적인 경험은 유아의 호기심을 충족시켜 주기에 충분한 놀이환경이 된다.

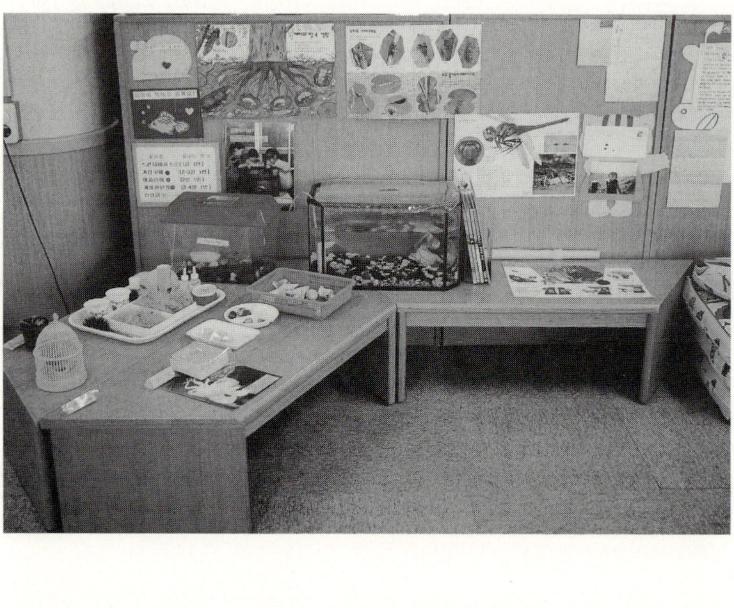

이러한 환경 속에서 유아는 과학적 태도와 소양을 갖게 되며, 기본적인 과학 개념을 이해함으로써 일상생활에 적응해 가는 기술을 익히게 된다.

따라서 교사는 유아의 흥미와 호기심을 자극할 수 있는 교육적 환경과 놀잇감을 마련해 주고 유아의 세밀한 관찰능력을 토대로 하여 예측하기, 토의하기, 실험하기, 분류하기, 창안하기 등의 다양한 과학적 방법을 사용하여 보다 능동적인 놀이가 이루어지도록 지도해야 할 것이다.

**놀잇감**

- 측정기구 : 시계, 온도계, 저울, 측정용 컵과 스푼, 자, 리본끈(노끈)
- 과학기구 : 자석(막대, 말굽, 고리, 원반자석), 확대경, 프리즘, 전지, 거울
- 동물 : 금붕어, 병아리, 거북이, 열대어, 잉꼬, 개구리, 다람쥐, 미꾸라지 동물먹이, 동물에 관한 책, 여러 가지 종류의 알(메추리알, 계란, 오리알)
- 식물 : 구근식물(고구마, 감자, 홍당무, 무, 양파), 씨앗류(채송화, 해바라기, 나팔꽃, 분꽃, 코스모스, 강낭콩 등), 곡식류(보리, 쌀, 벼, 옥수수, 팥, 조 등), 낙엽(은행잎, 단풍잎, 후박나무잎 등), 나무가지, 도토리, 솔방울, 밤껍질, 열매(밤, 대추, 땅콩, 호도, 은행, 잣), 화분이나 화분으로 이용할 수 있는 아이스크림 통, 우유팩, 꽃삽(모종삽), 스프레이, 식물에 관한 책
- 곤충 : 메뚜기, 매미, 여치, 무당벌레, 개미, 나비, 잠자리, 곤충채집망, 곤충먹이, 개미집, 곤충에 관한 책
- 기계류 : 고장난 시계, 라디오, 텔레비전 부속품, 열쇠와 자물쇠, 다양한 차 바퀴, 너트와 볼트, 드라이버
- 기타 : 돌멩이, 코르크, 병뚜껑, 놋쇠, 철, 조개껍질, 유아들이 모아온 폐품들(나뭇조각, 플라스틱 조각 등)

이 영역에서 유아들은 여러 가지 놀잇감을 이용하여 관찰하고 비교측정하며, 동물을 기르고 식물을 직접 재배하면서 탐색놀이와 과학놀이를 마음껏 즐길 수 있다. 특히 과학영역에서의 놀잇감은 유아들에게 문제해결력과 추리력, 논리적 사고능력을 키워 줄 뿐만 아니라 놀잇감과의 상호작용을 통한 시행착오는 인지적 사고능력으로서 사물의 특성을 이해하고 물리적 지식을 형성하도록 도와준다.

**지도 및 운영방법**

- 교사는 유아들에게 흥미 있는 놀잇감을 제시해 주고 관찰 및 실험의 기회를 제공해 주도록 한다. 유아들이 방학동안 혹은 주변환경에서 수집한 물건들을 가지고 오게 하여 교사나 유아가 함께 분류한 후 전시해 볼 수 있다.
- 교사는 세심한 주의를 기울여 유아의 반응에 대한 민감하게 대처하도록 한다.
- 교사는 유아의 단순한 관찰능력을 이해하고 과학적 태도로서 적절한 질문을 제시해 주어 사물에 대한 세밀한 관찰능력을 기를 수 있도록 개입해 준다.
- 유아 스스로 문제를 해결해 본 결과에 대해 성취감과 자신감을 가질 수 있도록 격려와 인정을 해 준다.
- 여러 가지 사물을 종류별로 분류해 보고 그것의 특징과 성질을 이해하도록 도와준다.
- 동물, 식물, 곤충 등을 관찰하고, 성장과정이나 특성에 관하여 기록하고 평가해 보게 한다.
- 문제해결 과정에서 먼저 예측해 보게 하고 검증을 위한 방법으로 관찰, 실험 등을 통하여 원인과 결과를 관계지어 보는 과학적 사고가 형성되도록 도와야 한다.

### (7) 음률영역

음률영역에서는 듣기, 노래 부르기, 악기 다루기, 몸 움직이기 등의 감각적인 놀이에서부터 창의적인 놀이에 이르기까지 다양한 활동이 이루어진다. 유아는 준비된 악기들을 두들겨 보고, 치고, 흔들어 보는 등 여러 가지 방법으로 탐색하는 기회를 갖게 된다. 그리고 음악을 감상하면서 노래를 따라 부르거나 악기를 적절하게 선택하여 자신의 놀이에 이용하기도 하고 자신의 몸을 음악에 맞춰 자유롭게 움직여 보는 능동적인 활동도 일어난다. 그뿐만 아니라 유아는 곡의 전체적인 흐름이나 속도감 그리고 느낌이나 감정을 동원하여 무한한 상상력을 발휘하게 되며 자신의 신체를 독특하고 창의적으로 표현해 볼 수 있는 놀이영역이다. 그러므로 충분한 공간 마련과 융통성 있는 공간의 운영으로 유아가 자유롭게 활동할 수 있는 허용적인 분위기를 만들어 가야 할 것이다.

**놀잇감**

- 리듬악기 : 탬버린, 트라이앵글, 캐스터네츠, 방울, 리듬막대, 틱택블록, 톤블록, 우드블록, 마라카스, 귀로, 깡통북, 방울 장갑, 부채에 옥수수알을 매달아 만든 악기 등
- 멜로디악기 : 실로폰, 멜로디언, 목금, 철금, 피아노, 오르간, 기타 등

- 전통악기 : 장구, 북, 소고, 꽹과리, 징, 가야금, 피리 등
- 신체 표현 도구 : 리본막대, 스카프, 훌라후프, 부채 등
- 카세트와 카세트테이프

유아들은 좋은 음악을 들으며 놀이를 즐길 수 있고 흥미로운 노래를 불러 보면서 정서적 기쁨도 함께 느끼게 된다. 그리고 여러 가지 다양한 악기와 신체표현에 필요한 놀잇감들은 감정의 표현과 몸 움직임을 좀더 쉽게 나타낼 수 있도록 도와준다. 따라서 유아들은 이 놀이영역에서 정적인 놀이와 능동적인 놀이를 다양하게 경험하면서 긍정적 자아개념과 자신감을 형성시킬 수 있다.

**지도 및 운영방법**

- 교사는 여러 가지 소리와 노래를 듣고 부를 수 있는 기회를 많이 제공해 주어야 한다.
- 리듬악기, 멜로디악기, 전통악기를 다루어 보면서 동시에 노래에 맞추어 연주해 보는 경험은 유아들에게 박자감, 속도감, 리듬감을 느끼도록 도울 수 있다.
- 음률영역은 단순히 음악을 감상하고 악기를 다루어 보는 정적인 활동에서 그치지 않고 자유롭게 공간을 탐색하면서 몸을 움직여보는 동적인 활동도 동시에 일어날 수 있도록 유도해야 한다. 즉, 음악을 감상하면서 혹은 악기를 다루면서 창의적으로 몸을 움직이는 활동이 자연스럽게 이루어져야 한다.
- 악기를 다룬 후 정리정돈할 수 있도록 유아와 함께 악기의 밑그림을 그리고 붙인 후 자율적으로 정리정돈하도록 유도한다.
- 유아가 이미 알고 있는 노래나 친숙한 노래를 반복적으로 불러보고 새 노래를 소개하기 전에 먼저 감상할 수 있는 기회를 제공한다.
- 카세트는 버튼마다 기능을 색깔로 표시하고 각 색깔의 기능을 그림으로 제시하여 유아 스스로 쉽게 선택하여 작동할 수 있도록 준비해 준다.

### (8) 컴퓨터영역

컴퓨터영역은 유아들에게 보다 새로운 흥미를 일으킬 수 있는 놀이영역이다. 컴퓨터를 통하여 얻을 수 있는 효과는 첫째, 다양하고 생생한 포맷(format)을 제공하고, 유아로 하여금 활동을 선택하고 자동적으로 속도를 조절하고 피드백을 받을 수 있다. 둘째, 색깔과 모양 분류와 같은 간단하고 의미 있는 과제에 대해 사고를 자극할 수 있다. 셋째, 문자, 숫자, 단어, 문장을 형성하는 과정에서 유아들은 상징적인 것을 사용할 수 있다.

이러한 컴퓨터의 교육은 다른 흥미영역에서 일어나는 활동과 마찬가지로 놀이를 통하여 스스로 컴퓨터의 활용방법을 발견하고 서로 의견을 교환하면서 협력하는 경험을 할 수 있도록 계획하고 지도되어야 할 것이다.

컴퓨터의 모든 경험은 전체 교육활동과 통합적으로 이루어질 수 있도록 흥미영역의 한 영역으로 배치되어야 하고, 유아는 이 영역을 통하여 실험하고 탐색하는 과학적인 사고와 창의적인 극화놀이를 함께 할 수 있다. 그러나 컴퓨터영역은 유아들에게 화면 영상을 조작하며 놀이를 진행하는 새롭고 흥미로운 방법이지만 실제적이고 구체적인 경험을 줄 수는 없으므로 컴퓨터영역에서의 놀이가 유아에게 최대한 교육적 효과를 기대하기 위해서는 적절하고 도움이 되는 질 좋은 프로그램을 선정하고 준비해 주어야 할 것이다.

컴퓨터영역에 마련되어야 할 좋은 소프트웨어는 다음과 같은 기준으로 선정될 수 있다.

① 연습지와 같은 프로그램이 아니라 자기 표현을 격려하는 개방적 프로그램이 좋다.
② 유아가 이용하기 쉬운 것이어야 한다. 즉, 혼자서 활동을 할 수 있는 것으로 한다.
③ 유아가 자주 반응하고 결정하며 창의적으로 입력할 수 있는 상호작용적 활동이 되어야 한다.
④ 발달수준에 적합한 교육내용이 충실해야 한다.
⑤ 다른 활동을 선택하고 싶을 때는 escape key를 누르거나 화면의 그림을 통해 쉽게 빠져나올 수 있어야 한다.
⑥ 스스로 활동을 선택하도록 프로그램의 난이도가 있어야 한다.

⑦ 효과음, 정보음이 재미있는 소리로 된 것이어야 한다.

⑧ 컴퓨터 그래픽들은 아름답고 색깔이 선명하고 인식하기 쉬워야 한다.

⑨ 유아들이 즐겁게 할 수 있는 것이어야 한다.

⑩ 가격은 적절해야 한다.

**놀잇감**

- 컴퓨터 책상 : 컴퓨터의 본체, 컬러 모니터, 키보드, 조이스틱, 프린터, 소프트웨어
- 종이 및 문구류 : 컴퓨터용 종이, 색칠도구, 가위, 화면에 나온 형태를 그릴 수 있는 종이
- 기타 : 시계, 기록종이, 부호 및 명칭 설명도표

**지도 및 운영방법**

- 교사는 컴퓨터의 부분을 이름, 즉 키보드, 조이스틱, 마우스, 모니터, 인쇄기 등과 기계의 이름과 그림을 함께 컴퓨터영역에 붙여 놓는다.
- 기본적인 사용방법을 순서대로 진행할 수 있도록 번호를 붙여 제시해 준다.

- 또래와의 상호작용을 돕기 위하여 컴퓨터의 배치는 2~3대를 준비하고 2대를 설치할 경우에는 책상이 130도 정도 되도록 배치하여 서로 화면을 보고 상호작용이 일어나도록 해주며, 1대인 경우에는 의자를 2개 이상 준비하여 주는 것이 바람직하다.
- 교사는 컴퓨터에 입력된 프로그램의 모든 기능에 익숙할 수 있도록 준비해 두어야 한다.
- 컴퓨터를 다루면서 지켜야 할 규칙 예를 들면, 하고자 하는 유아가 많을 경우에 차례를 정해서 한다든지 한 사람이 사용하는 시간을 정할 때 다른 친구들과 의사를 교환하여 결정하도록 하고 정해진 규칙은 잘 지켜질 수 있도록 교사가 기록하여 붙여 두어 컴퓨터영역에서의 놀이활동이 원활하게 이루어지도록 돕는다.
- 화면에 나타나는 각 표시들이 어떤 일을 하는지 유아 스스로 발견해 내는 기쁨을 느끼도록 유도하고 유아들과의 상호작용을 통하여 문제를 해결해 보는 기회를 가질 수 있도록 도와준다.

## 3. 실외 자유놀이 지도

### 1) 실외 자유놀이 환경의 중요성

실외 자유놀이란 유아들이 활발하게 움직이며 탐색활동을 하는 놀이활동으로 바깥놀이라고도 한다. 실내와 실외의 균형 있는 활동은 유아들에게 보다 풍부한 경험을 제공해 줄 수 있고 놀이의 발달수준을 높여 나갈 수 있다. 실외 놀이터란 유치원 전체공간에서 건물을 제외한 나머지 대지를 말한다(이기숙, 1985).

실외 놀이터의 필요성은 많은 학자들에 의해 언급되어 왔다. 그중 Baker (1966)는 모든 유아는 위험 부담 없이 뛰어다닐 수 있는 자유와 놀잇감을 마음대로 사용할 수 있는 자유를 필요로 하므로 좋은 유아교육기관에서는 실외 놀이터에서 유아들이 충분히 놀 수 있는 프로그램을 계획해야 한다고 설명하였다. Sutton-Smith(1990) 역시 실외 놀이터에 대해 다른 사람을 모방하고 탐

구, 실험, 구성을 해 볼 수 있는 기회를 제공하는 곳으로 강조하였다. 또한 Moore(1992)는 놀이를 장려하고 발전시키기 위해 실외 놀이환경을 창조하는 데 중점을 두어야 한다고 하였다. Tizard, Phillps와 Plewis(1976)는 실외 놀이에서 남아들의 언어적 상호작용이 실내보다 더 복잡한 구조를 나타낸다고 지적하면서 학문적 성취를 위해 실외활동의 시간을 단축시키려는 것은 바람직하지 못하며 실외활동이 유아교육과정에서 필요하다고 주장하였다.

이와 같이 실외 놀이터는 공간적으로 실내와 다른 특징을 지니기 때문에 유아들에게 독특한 놀이 경험을 제공할 수 있다. 실내 놀이공간과 달리 실외 놀이공간만이 갖는 이점을 몇 가지로 정리해 보면 다음과 같다(이기숙, 1985; 지혜련, 1980; 지혜련 · 김온기, 1990; Henniger, 1985; Myers, 1985; Paley, 1984).

첫째, 신체적 발달을 위한 보다 많은 기회를 제공한다. 일반적으로 실외 놀이공간은 실내 놀이공간보다 대근육 운동이나 신체적 활동을 허용한다. 잘 조직된 놀이터에서 유아들은 체육시간보다 더 적극적이며 활발한 활동을 나타낸다. 그러므로 실외 놀이터는 단순히 대근육 활동을 위한 공간의 의미를 벗어나 자발적인 신체적 활동을 하도록 하는 공간이다.

둘째, 자연과의 상호작용이 이루어지는 자연학습의 장소이다. 이것은 어떤 실내환경과 비슷한 움직임과 전적으로 다르다. 또한 신선한 공기, 벽과 천장이 없는 공간, 흙 그 자체의 특성은 실외환경만이 주는 생생한 요소이다.

셋째, 실외 놀이터는 신체활동과 자연학습에 매우 중요하지만 전형적인 실내활동들도 개방공간으로 확장시켜 실시할 수 있다. 대부분의 실내활동들이 실외 놀이공간에서도 실시될 수 있으며 실외의 개방된 공간은 마음껏 움직일 수 있고 소음에 긴장되지 않아도 되기 때문에 실내에서 불가능한 여러 가지 활동을 첨가해서 다양하게 이루어질 수 있다. 또한 협동놀이가 교육과정의 목적이라면 교사의 계획에 실내환경뿐만 아니라 실외환경 모두가 포함되어야 하며 실내환경에서 좁은 공간과 소음으로 제한받는 유아에게 실외환경은 대안적인 학습환경으로 사용될 수 있다.

넷째, 복잡한 도시환경에서 지내고 있는 유아들에게 실외 놀이는 심리적인 압박감을 덜어 줄 수 있는 정서적 안정감을 제공한다.

다섯째, 실외는 유아들 간에 다양한 사회적 관계가 형성되는 놀이공간이다. 여아들의 실내에서의 상징놀이는 주로 가사와 관련된 역할놀이이지만 실외에서는 만화 주인공의 영웅과 같은 역할을 하며, 남아들과 여아들이 함께 놀이를 한다. 실내보다 실외에서 더 많은 협동놀이가 나타나며 사회계층에 관계없이 유아들의 언어적 상호작용이 실외에서 더 많이 이루어질 수 있다.

이상을 종합하면 실외 놀이공간은 실내공간에서 이루어지는 놀이를 연장시켜 줄 뿐만 아니라 실내공간에서 할 수 없는 여러 가지 활동을 할 수 있고 자연환경과의 상호작용을 경험하는 장소이며 또래 간의 다양한 상호작용을 통해 보다 많은 사회성을 기를 수 있는 장소이다. 유아는 여러 가지 물리적 환경과 공간, 교사, 또래와의 상호작용을 통해 배우고 성장·발달하므로 실외 놀이터에서의 다양한 경험을 충분히 제공해 주는 것이 매우 중요하다. 그러므로 실외 놀이공간은 유아의 신체적, 지적, 사회적, 정서적 발달을 도와줄 수 있도록 안전하고 체계적으로 계획되어야 한다.

### 2) 실외 놀이공간의 구성조건

실외 놀이공간을 구체적으로 계획하기 위해서는 몇 가지 포함되어야 할 구성조건들이 있다. 먼저 공간, 바닥(표면 처리), 위치, 울타리, 그늘진 곳, 창고, 안전을 기본적인 구성요소로 제시할 수 있다. 혹은 면적, 위치, 통로, 놀이기구의 양과 형태, 놀이기구의 위치, 조경, 놀이시설의 색깔과 재질, 안전의 측면을 고려할 것을 주장하기도 한다. 이숙재(1990)에 따르면 위치와 면적, 지면, 공간조직, 울타리와 창고로 제시했으며 Frost(1992)는 면적, 지면, 배수, 울타리와 창고, 공간조직, 안전 등을 구성조건으로 지적했다. 이와 함께 유아 발달과 관련하여 실외 놀이공간의 적합성 및 기준(노현주, 1994)을 살펴보면 다음과 같다.

첫째, 실외 놀이터의 크기문제다. 실외 놀이터의 크기는 충분할수록 좋겠으나 유아 1인당 요구되어지는 실외 놀이터의 최소면적은 학자에 따라 다르고 각 나라에 따라 다르다. Decker(1984)는 유아 1인당 6.75~18㎡가 적당하다고 제시했다. Frost와 Klein(1979)은 실외 놀이터의 최소면적은 유아의 수, 토양의 형태, 자연환경의 특성, 필요한 건물구조의 형태 놀이 시설물의 양 등에 따라 필요한 공간이 정해지는데 대개는 유아 4~8세 1인당 기준에서 4.5~9㎡가 필요하다고 했다. 한편 우리나라 학교 기준령에는 최소 기준면적을 150㎡(유아 1인당 3.75㎡)로 정하고 학급이 1학급 이상일 때에는 초과하는 학급마다 50㎡를 가산하는 것으로 되어 있다.

실외 놀이터의 최적 면적을 결정하는 일은 간단하지 않다. 이는 실외 놀이터의 면적이 여러 가지 요인들 즉 원아의 연령과 인원수, 학급 수, 교육 프로그램의 특성, 건물의 크기와 주변환경에 의해 정해지기 때문이다. 또한 공간의 부족과 땅값이 비싼 현실에서 실외 놀이터의 면적의 문제는 공간의 부족

을 보충할 수 있는 디자인과 유형을 찾는 것이 더욱 중요할 것이다. 이런 문제에 대해 Frost(1992)는 실제적인 면적의 증가 없이도 놀이면적을 효과적으로 증가시킬 수 있는 대안으로 복합놀이기구나 흙, 언덕 등의 설치를 제안하고 있다.

둘째, 지면의 상태에 대한 문제다. 실외 놀이터의 지면은 유아들의 활동과 안전에 직접적인 영향을 미치는 중요한 조건이다. 실외 놀이터는 단일 지면으로 구성하기보다는 땅바닥, 모래, 잔디, 아스팔트 등으로 다양하게 구성되어야 놀이 용도에 따라 적절히 활용될 수 있다(Seefeldt & Barbour, 1986). Frost와 Rogers는 실외 놀이터 전체 지면의 1/2~2/3는 잔디밭으로 하고 약 30평은 콘크리트나 아스팔트와 같이 단단한 지면으로 구성하는 것이 바람직하다고 제안했다. 넓고 탁 트인 평지에는 잔디를 깔아서 유아들이 안전하게 뛰어 놀거나 앉아서 하는 게임과 이야기 나누기 등의 활동을 할 수 있다. 유아가 넘어지거나 높은 곳에서 떨어져 다칠 위험이 있는 장소에는 고운 모래를 깔아 안전하게 구성해 준다. Frost와 Klein(1979)에 의하면 사고 예방을 위하여 지면에 모래를 깔 때는 20~30㎝ 정도의 두께로 깔아야 탄력성을 유지하게 된다고 한다. 한편 실외 놀이터에는 잔디나 모래처럼 부드러운 지면 외에 단단한 지면도 있어야 한다. 가령 유아들이 자전거를 타거나 짐차를 끌고 다니는 길에는 시멘트나 보도 블록을 까는 것이 좋다. 그 밖에 실외 놀이터 지면의 일부를 원래의 땅바닥 그대로 남겨 두어서 유아가 땅파기를 하거나 물놀이를 할 때나 화단을 가꿀 때 활용하도록 한다. 땅파기는 유아의 신체운동능력을 발달시켜주며 벌레나 나무 뿌리 등 재미있는 것들을 발견할 수 있는 기회를 준다. 그리고 맨 흙이나 잔디, 모래 등 어느 곳이나 유리조각, 돌멩이, 빈 깡통 등 위험한 것들이 없어야 하고 배수가 잘 되어야 한다.

셋째, 놀이 시설물의 종류와 양의 문제다. 실외 놀이시설물은 크게 고정 시설물과 이동 가능한 기구들로 나눌 수 있다(Noren-Bjon, 1982). 이동 가능하고 자유롭게 활용되는 놀이시설물은 놀이의 질을 향상시킨다. 그러므로 이동 가능한 기구들은 유아에게 놀이를 하는 동안 유아의 의도대로 변형 가능하기 때문에 유용하다. 이러한 변형의 경험은 유아들에게 기쁨과 완성감을 느끼게 할 뿐 아니라 창의성과 상상력을 길러 준다. 실외 놀이터의 시설물 중 이동 가능한 놀이기구가 풍부하다면 유아는 성인의 도움 없이도 자발적인 놀이가 이루어질 것이다. 예를 들면, 넓은 단이 있는 단순한 미끄럼틀 위에 울타리를 치고 그 위에 극적 놀이를 위한 소도구들을 놓는다면 운동놀이뿐만 아니라 극 놀이 사회극놀이 및 게임 등 여러 유형의 놀이가 나타난다.

과거의 고정된 시설물은 대부분 유아들이 기어오르고 미끄러지는 등의 신체활동을 위한 시설들이었다. 그러나 이런 시설물은 하나의 복합놀이기구(super structure)에 결합되었고 신체활동은 비교적 좁은 공간에서 조절될 수 있게 되었다. 복합놀이기구는 실제로 실외놀이에서 유아들이 가장 많이 활용하는 시설이며(Bruya, 1985) 운동놀이, 구성놀이, 극놀이 등 다양한 놀이가 이루어질 수 있다. 복합놀이기구의 오르기를 위한 놀이시설은 계단, 밧줄 오르기, 그물 타고 오르기 등으로 난이도를 두어 배치하고 내려오기를 위해서도 미끄럼, 터널 미끄럼, 계단, 파이프 타고 미끄러지기 등 유아 개인차를 위해 난이도 수준의 다양성을 고려해야 한다(Frost, 1992). 또한 각각의 운동놀이기구를 연결할 때에도 터널, 흔들다리, 구름다리 등 난이도를 고려해야 한다.

개방공간에 놀이시설물의 양에 대해 Kritchevsky, Prescott와 Walling(1977)은 다음과 같은 지침을 마련하였다. 즉, 놀이 시설물의 복잡성에 따라 단순시설(simple unit), 복합시설(complex unit), 슈퍼시설(super unit)로 분류하였다. 단순시설이란 자전거나 그네같이 유아가 주로 혼자 타는 것이나 정글짐 또는 미끄럼틀처럼 한 가지 활동만을 할 수 있는 것이다. 그리고 복합시설이란 좀 더 많은 유아가 한꺼번에 사용할 수 있는 것을 말한다. 모래밭과 작은 도구, 놀이집과 역할놀이들이 이에 속한다. 슈퍼시설이란 복합시설에 한 개 이상의 놀잇감이 첨가되어 사용되는 것으로 모래밭과 작은 도구와 물, 널판지와 상자 같은 유동적인 시설 등을 말한다. 즉, 그네, 미끄럼, 정글짐 등의 고정 놀이시설물에 역할놀이 도구, 물놀이 도구, 모래놀이 도구, 공 훌라후프, 폐타이어, 나무 상자, 큰 적목 등의 이동 가능한 놀이도구들이 함께 제공되어야 할 것이다.

넷째, 놀이공간의 배치 문제다. 유아가 실외 놀이터에서 다양한 놀이를 효율적으로 즐길 수 있고 새로운 물건에 호기심을 가지고 놀이가 자발적으로 일어나기 위해서 놀이공간의 배치가 중요하다. 놀이공간을 영역으로 구분할 때 고려해야 할 점으로 우선 놀이가 통합적으로 이루어지도록 해야 한다는 것이다(Frost, 1992). 서로 연관되는 영역이나 시설물을 가깝게 배치하면 더 많은 유아가 참여하게 되며 놀이주제의 통합과 유아의 언어, 행동, 사고에서 창의성을 기대할 수 있다. 예를 들어, 놀이 집 가까이에 모래와 물놀이 영역을 배치하거나 차량 모형 시설물이나 동물 모형 놀이시설을 배치할 수 있다. Pepler와 Ross(1981)에 의하면 유아들이 물과 모래를 가지고 주로 극놀이를 하는 것은 용도가 무한한 놀잇감을 가지고 놀 때와 마찬가지로 극놀이의 출현빈도가 높았다고 한다. 모래놀이나 물놀이에는 사물과 역할, 상황을 실제와 다르게 변형시키는 가작화 요소(as-if element)가 내포되어 있다. 모래와 물을 이용하여 음식을 만들거나 매미 무덤을 만드는 등 놀이집과 연결하여 창의적이고 상징적인 놀이가 나타날 수 있다. 그리고 놀이영역은 시각적으로 구분되고, 놀이영역 내에서의 이동이나 놀이영역 간의 이동은 원활하도록 고려해야 한다. 통로는 유아들이 다니기에 편리하도록 넓어야 하며 적절한 통로의 넓이는 90~150㎝ 정도 되어야 하며 약간 커브길로 하는 것이 좋다(이숙재, 1990). 마지막으로 실내활동이 실외에서 연장되고 통합될 수 있도록 고려하는 것이다. 미술, 과학, 수, 사회적 학습이 실외에서 이루어지기 위해서는 먼저 실내와 실외공간이 인접되어 있어야 하며 출입이 원활하고 물이 인접해 있어야 한다.

다섯째, 안전의 문제다. 안전한 놀이터란 사고가 발생하지 않는 놀이터일 뿐 아니라 유아들이 사고에 대한 두려움 없이 다양한 놀이를 과감하게 할 수 있도록 격려하는 환경을 말한다. 실외 놀이터의 안전에 대한 첫 번째 조건은 놀이 시설물의 높이와 크기, 바닥의 재질 등이다. 오르기 시설 주변에는 모래를 깔아 주어 추락에 의한 사고를 방지해야 한다. 그네로 인한 사고를 막기 위해서는 그네 설치 시 안전거리를 두고 앉는 부분이 나무보다는 고무나 가죽으로 하는 것이 바람직하다. 오르기 시설뿐만 아니라 실외 놀이터로부터 이탈하는 위험을 줄이고 안정감을 주기 위한 울타리와 대문이 설치되어야 한다. 또한 유리조각이나 깡통, 고압전선과 같은 위험한 요소들, 쓰레기나 오물과 같은 비위생적인 요소 등이 놀이터에서 제거되어야 한다. 이와 함께 중요한 사항은 놀이 시설물들의 적절한 관리와 성인의 감독이다. 실외 놀이터가 아무리 잘 디자인되었다 하더라도 안전을 보장할 수 없다면 실외놀이환경은 유아들이 마음껏 실험하고 탐색하며 도전할 수 있는 공간이 되지 못할 것이다.

### 3) 환경구성 및 지도방법

실외 자유놀이공간의 환경구성은 실내 자유놀이의 환경구성과 유사하게 구성하여 실내와 실외가 연결되도록 흥미영역으로 공간 배치를 하여야 한다. 실외 흥미영역에서 경험할 수 있는 놀이활동은 보다 넓은 공간과 자연환경에서 유아 자신의 놀이를 확장시켜 주고, 놀이를 중심으로 더욱 풍부한 학습의 기회를 갖도록 만들어 준다. 또한 실내에서 생긴 긴장과 억압으로부터 해방감을 느끼도록 돕는다. 실외 공간에서 배치할 수 있는 흥미영역으로는 신체놀이영역, 물·모래놀이영역, 목공놀이영역, 식물 기르기 영역, 동물 기르기 영역, 정적 놀이영역을 중심으로 하는 동적·정적인 영역으로 구성되며, 실내 자유놀이에서 제시한 역할놀이영역, 쌓기놀이영역, 조형영역, 과학놀이영역 등을 함께 둘 수 있다. 여기서는 실외공간에 배치되는 놀이영역을 중점으로 살펴보고자 한다.

#### (1) 신체놀이영역

대근육을 활용할 수 있는 영역으로 기본 시설물을 이용한 신체활동과 아무것도 없는 넓은 공간에서 마음껏 뛰고 달리고, 뒹굴 수 있는 자유로운 영역이 마련되어야 한다.

**놀잇감**

- 그네 : 타이어그네, 4인용 · 2인용 그네
- 시소
- 흔들말, 흔들배
- 구름다리
- 미끄럼
- 정글짐 : 사각, 반원형
- 자전거
- 잔디밭에 설치한 축구골대

– 복합놀이기구 : 미끄럼, 흔들 다리, 굴 사다리, 밧줄로 된 그물, 타이어 빠져나가기, 미끄러져 내려오기 파이프, 매달리기 링, 구름다리, 계단이 복합적으로 구성된 놀이기구

유아는 실외공간에서 신체성장과 운동능력을 기를 수 있는 놀잇감을 선택하여 놀이를 할 수 있다. 유아는 자신의 신체와 운동기술을 이용하여 여러 가지 형태의 놀잇감에 적응하는 능력을 키우게 되며 다양한 놀이형태가 나타난다. 그중 하나는 기어오르는 놀이, 균형 잡는 놀이, 통과하여 빠져 나오는 놀이, 공놀이 등으로 놀잇감을 이용하는 놀이활동과 또 하나는 자연환경에서 자신의 신체와 운동기술을 마음껏 발휘하며 탐색하는 능동적 놀이활동이 나타난다.

**지도 및 운영방법**

- 교사는 놀이 전에 놀이기구의 안전도를 점검하여야 한다.
- 교사는 유아들이 놀이기구를 안전하게 사용할 수 있도록 사전지도와 함께 놀이가 진행되는 동안에도 안전에 특히 유의하여 지도한다.
- 실외 바닥의 재료를 모래, 자갈, 흙, 시멘트, 잔디 등으로 다양하게 구성

해 주고, 유아들이 놀이기구를 이용하지 않고서도 자유롭게 움직일 수 있는 빈 공간을 전체 유원장의 1/3~1/2 정도로 확보하여 신체활동과 탐색활동이 원활하게 이루어지도록 한다.

- 유아가 시멘트 길에서 자전거를 타며 마음껏 달려볼 수 있는 기회를 주고, 다른 영역에 방해가 되지 않도록 전체 영역의 구성을 잘 계획하도록 한다.
- 놀이기구를 사용할 때 생기는 문제상황을 해결하기 위하여 차례 지키기, 양보하기, 타협하기, 필요한 약속 정하기, 서로 돕기 등과 같은 건설적인 방법과 사회적인 기술을 익힐 수 있도록 지도한다.
- 신체활동영역에서 유아들이 자신의 신체조절 능력을 기를 수 있도록 교사는 유아에게 알맞는 놀잇감의 제시와 조직화된 놀이활동을 제공하는 등 여러 가지 자극을 주어야 한다.

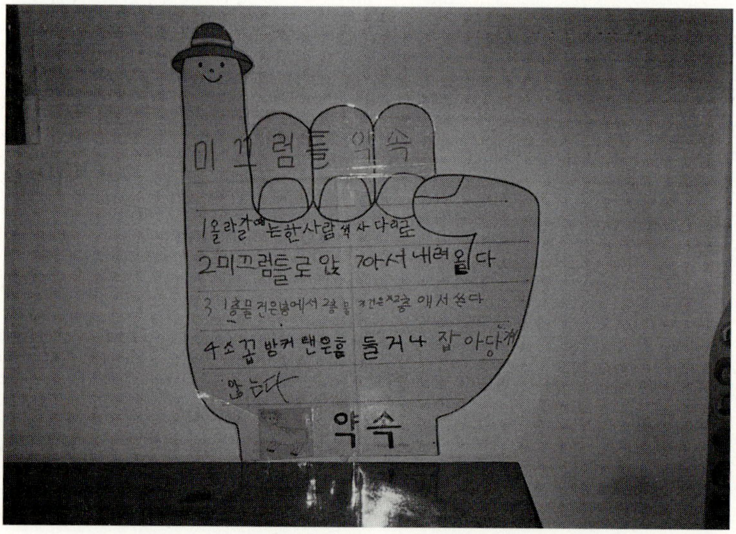


### (2) 물 · 모래놀이영역

유아에게 실외에서 물과 모래를 제공하여 놀이활동을 경험시키는 일은 여러 가지 발달적 측면에서 중요하다. 유아는 물과 모래를 쏟고 담으면서 내적 갈등을 이완시켜 정서적 안정을 찾게 되고, 여러 가지 탐구활동과 구체적 실험을 하면서 물리적 지식을 형성하는 인지적 기술도 발달한다. 그리고 집단적으로 물·모래 놀이를 즐기면서 유아들끼리 의사교환과 협력하는 사회적 학습의 기회도 가질 수 있다. 또한 물로 모래를 반죽하고, 모래를 운반하면서 대근육, 소근육 발달을 촉진시킬 수 있고 동시에 자신의 신체를 어떻게 움직여야 하는지를 스스로 알고 조정하게 된다. 그러므로 교사는 안전하게 놀이를 진행할 수 있도록 풍부한 환경을 준비해 주고 유아의 놀이가 발전될 수 있도록 적절한 안내자의 역할을 해야 할 것이다.

**놀잇감**

**물놀이영역의 놀잇감**

- 다양한 주방용품 : 깔때기, 주전자, 플라스틱 냄비, 계량컵, 숟가락, 국자, 주걱(나무, 플라스틱), 집게, 손잡이가 달린 투명한 컵, 플라스틱 양동이, 물뿌리개 등
- 구멍 뚫린 용기들
- 플라스틱 물병과 그릇(요구르트 통, 요플레통 등)
- 플라스틱으로 된 눌러 짤 수 있는 병 : 세제통, 샴푸통, 케첩통 등
- 플라스틱 주사기
- 물통

- 식용물감, 스펀지, 솔
- 페인트용 붓
- 물총
- 물에 뜨는 것과 가라앉는 것 : 스타이로폼으로 만든 배, 스펀지, 돌멩이, 나뭇잎, 플라스틱 인형, 차 등

### 모래놀이영역의 놀잇감

- 다양한 장난감 자동차 : 덤프트럭, 불도저 등
- 자석 : 자석에 붙는 것과 붙지 않는 것
- 주방용품 : 큰 숟가락, 주걱, 채(다양한 굵기와 크기), 손잡이 달린 컵, 여러 가지 모양의 과자 찍는 틀, 다양한 모양과 크기의 그릇들, 종이컵, 플라스틱 칼, 은박접시, 병뚜껑
- 플라스틱 양동이, 물 뿌리게
- 짧은 손잡이의 삽이나 꽃삽(모종삽)
- 측정도구 : 계량컵, 저울, 계량스푼
- 플라스틱 인형, 동물 모형

유아는 물 · 모래놀이를 하면서 여러 가지 다양한 놀잇감을 활용할 줄 알게 된다. 물과 모래 자체만으로도 좋은 경험을 제공해 줄 수 있지만 준비된 놀잇감들은 유아의 놀이를 더 한층 풍부하게 만들어 준다. 스펀지, 돌멩이, 나뭇잎 등으로 물에 뜨고 가라앉는 사물에 대한 실험을 하거나 구멍의 높이를 다르게 뚫어 놓은 용기에서 나오는 물을 관찰하는 것 등은 유아에게 물리적 특성을 경험시켜 준다. 물과 모래를 작고 큰 그릇에 담아 보거나 기본 측정 도구로 비교 및 측정해 보고, 물과 모래를 함께 사용하여 물이 지나가는 길을 만들어 보기도 한다. 이 같은 놀이활동들은 유아에게 논리 · 수학적 개념 학습과 과학적 사고발달에 중요한 영향을 미칠 수 있다. 그뿐만 아니라 일상 생활용품을 이용한 놀잇감은 유아에게 극화놀이(가게놀이, 음식점 놀이 등)를 좀더 자연스럽게 일어나도록 도와주며 친숙한 놀이상황에서 불안, 긴장, 공격적 행동을 발산하여 정서적 안정을 얻을 수 있도록 도움을 준다. 그러므로 유아가 자유스럽게 놀잇감을 선택하여 놀이를 진행할 수 있고 허용적 분위기 속에서 자신의 욕구와 호기심을 충족시켜 나갈 수 있는 개방된 물 · 모래놀이 영역을 구성해 주어야 할 것이다.

**지도 및 운영방법**

- 실내에서 사용되는 물놀이용 탁자의 깊이는 적어도 12.7cm 정도로 하고, 모래상자는 적어도 45cm 깊이로 준비해 준다.
- 모래영역의 바닥은 배수가 잘 되도록 벽돌을 느슨하게 깔아주고 모래는 최소한 1년에 한 번씩 갈아 주도록 한다.
- 교사는 물 · 모래영역에서 다양한 놀잇감을 마련하여 유아의 놀이를 촉진시킬 수 있도록 도와주어야 한다.
- 교사는 다른 영역의 놀잇감을 소개하거나 놀잇감의 활용방법을 안내해 줌으로써 유아의 놀이를 확장시키는 데 실마리를 제공해 주는 역할을 해야 한다.
- 물 · 모래영역의 주변은 항상 깨끗하게 정리해 두고 안전하게 사용할 수 있도록 준비해 준다.
- 교사는 유아들이 물과 모래를 이용하여 새로운 사실을 발견해 내는 기쁨과 창의적 표현에 따른 성취감을 느낄 수 있도록 수용적 태도로 인정하고 격려해 준다.

### (3) 목공놀이영역

목공놀이는 유아에게 소근육 발달과 눈과 손의 협응력을 길러 줄 수 있는 가치로운 영역이다. 또한 톱을 사용하고 망치질하며 모래종이로 문지르면서 대근육 활동을 발달시키게 되며 놀이활동에 몰두해 보면서 주의집중력을 기를 수 있다. 그리고 유아는 자신의 여러 가지 경험을 토대로 하여 새로운 아이디어로 만들어 보는 창의적 활동이 이루어지는 놀이영역이다.

**놀잇감**

- 망치(310～370g)
- 가로로 켜는 톱(340～450g)
- 대패
- 못 : 머리가 크고 넓적한 것, 길이가 다양한 것
- 자석(작업대에 매달아 둔다)
- 송곳(교사가 반드시 관리한다)

– 모래종이 : 여러 가지 질감의 모래종이
– 나뭇조각들 : 다양한 크기와 질감의 나뭇조각들
– 본드 또는 아교
– 수성 페인트, 니스
– 자와 B연필
– 여러 가지 폐품 : 병뚜껑, 스타이로폼, 아이스크림 막대 등

목공영역에서 유아는 나뭇조각들을 만져 보거나 두드려 보고 냄새를 맡아 보면서 무엇을 만들지를 계획하고 가장 적절한 자료들을 선택하여 완성하는 놀이를 집중적으로 진행한다. 이와 같은 실행 과정에서 생기는 문제를 스스로 해결해 보는 경험과 성취의 기쁨을 느끼면서 놀이를 할 수 있다. 또한 유아가 집단 구성원들과 함께 만들어 보는 활동을 하는 동안 놀이과정에서 친구들과 협동하여 과제를 해결하는 기회를 갖게 된다.

### 지도 및 운영방법

- 목공영역의 제공은 유아의 연령, 발달수준, 시기 등을 고려하여 마련해 주도록 한다. 즉, 초기에는 나무보다 스타이로폼 조각에 못을 망치질하거나 플라스틱 목공연장을 이용하여 쉽게 놀이를 하도록 도와준다.
- 목공영역은 특히 다른 영역에 방해가 되지 않도록 배치하고, 교사는 어디에서나 볼 수 있어 언제든지 개입할 수 있는 장소에 활동영역을 마련해야 한다.
- 여러 가지 다양한 놀잇감을 이용하여 유아가 스스로 문제를 해결해 보는 기회를 제공하고, 놀이를 하면서 성취감을 느낄 수 있도록 도와주어야 한다.
- 교사는 유아의 활동계획과 관련지어 적절하게 놀잇감(나무 조각, 못, 본드, 여러 가지 폐품 등)을 선택하였는지를 유아와 함께 평가해 보고, 활동결과가 기대 수준에 미치지 못했을 경우에는 그 원인을 찾아보도록 유도한다.
- 유아가 활동을 하는 동안 집중해서 하도록 지도하고, 새로운 아이디어로 창의적 활동이 나타날 수 있도록 교사는 적절한 제안과 자극으로써

도움을 주어야 한다.

- 목공놀이에 사용되는 연장들은 위험하므로 올바른 사용방법을 소개해 주고, 반드시 교사나 보조교사가 있어 유아들의 활동을 지도 및 감독할 수 있어야 한다.
- 유아들에게 제공되는 연장들은 최대한 안전한 것으로 준비해야 한다. 그리고 연장의 크기는 가능한 성인이 사용하는 것보다 작은 것으로 준비해 주고 유아가 조작하기 쉬운 것으로 준비해 준다.
- 교사는 연장을 잘 보관할 수 있는 장소를 마련해 주거나 벽면을 이용하여 걸수 있도록 준비해 준다.

### (4) 동물 기르기 영역

유아는 성장함에 따라 환경에 대한 관심이 확대되면서 생물들에 관하여 강한 호기심을 갖게 된다. 그중에서도 특히 주변에서 쉽게 볼 수 있는 동물은 유아에게 새로운 흥미를 자극할 수 있고 친숙한 놀이 대상자가 되기도 한다. 또한 유아는 동물을 직접 키워 봄으로써 동물에 대해 사랑하는 마음을 가지게 되고, 동물의 종류와 특성을 이해하고 동물을 위하여 할 수 있는 일을 실행에 옮겨 보는 구체적 경험을 통하여 자율성과 책임감을 기를 수 있다.

**놀잇감**

- 동물 : 토끼, 닭, 다람쥐, 금붕어, 비둘기, 공작, 개, 물고기, 새 등
- 동물 먹이 : 클로버, 당근, 사과껍질, 배추잎 등
- 동물집 : 우리, 어항
- 물

유아는 책이나 이야기를 통해 얻은 동물에 대한 지식을 동물을 길러 보는 실제 경험과 연결시켜 자신의 인지구조를 발달시켜 나간다. 또한 동물이 뛰고 움직이는 모습 등을 관찰하고 신체적으로 흉내내어 보는 창의적 표현놀이를 할 수 있다. 동물을 관찰 · 탐색하기 위해 기어다니고, 뛰고, 쫓아다니면서 대근육 활동을 하기도 하고, 동물의 먹이를 주기 위해 자신의 신체를 조절하는 등의 운동놀이를 할 수도 있다. 이러한 놀이를 통하여 유아는 자연현상에

대한 보다 자연스럽고 구체적인 학습의 기회를 제공받게 된다.

**지도 및 운영방법**

- 교사는 사육장 앞면에 동물 이름과 먹이를 글씨와 그림으로 기록하여 붙여 준다.
- 유아들과 함께 동물 먹이의 종류와 먹이를 주는 방법에 대해 이야기해 보고, 먹이 주는 당번을 정해서 책임껏 해 보도록 지도한다.
- 동물을 기르면서 필요한 규칙을 유아들과 함께 정해 보고 스스로 지키는 경험을 할 수 있도록 지도한다. 규칙으로는 동물을 괴롭히지 않는 일, 먹이 외에 다른 것을 주지 않는 일 등이다.
- 동물 사육장은 바람이 잘 통하고 배수가 잘 되는 장소에 마련하고 항상 주위를 청결하게 해 준다.

### (5) 식물 기르기 영역

식물을 길러 보는 경험을 통하여 유아는 식물의 성장과정을 자세히 관찰할 수 있는 기회를 갖게 되고 식물이 잘 자랄 수 있게 도와주는 방법을 이해하게 된다. 그리고 유아들이 식물의 성장과정에 따른 변화를 관찰하고 재배한 채소를 얻게 되었을 때 즐거움과 성취감을 느끼게 할 수 있다.

**놀잇감**

- 각종 일년초, 다년초, 관상수, 유실수
- 채소 : 고구마, 감자, 무, 딸기, 옥수수, 배추, 토마토, 호박, 고추, 오이, 가지 등
- 모종삽, 물뿌리개, 호스, 나무막대기

이 영역에서 유아들은 여러 가지 식물을 재배해 봄으로써 구체적인 자연학습의 기회를 갖게 된다. 씨앗의 크기와 색깔, 형태를 비교해 보고 씨앗의 수를 세어 보면서 논리·수리적 개념을 형성하며 씨앗을 뿌린 후 성장과정을 관찰하기 위해 적극적인 탐구활동도 보일 수 있다. 그리고 이야기, 책, 가정 및 주변에서 얻은 과거 경험을 토대로 문제의 가설을 세우고 검증해 보는 실

험 활동에 참여할 수도 있다. 그러므로 유아들이 가지고 있는 흥미와 호기심을 가능한 짧은 시간 내에 충족시켜 나가기 위해서 성장속도나 성장의 변화가 빠르게 나타나는 식물의 종류를 선택하여 유아의 과학적 탐구놀이가 진행될 수 있도록 도와야 한다.

**지도 및 운영방법**

- 햇빛이 잘 들고 유아들의 눈에 잘 띄는 곳으로 배치한다.
- 실내에서도 유아들이 가져온 씨앗을 뿌리고 관찰 및 기록할 수 있는 기회를 마련해 주도록 한다.
- 식물이 잘 성장하기 위해 필요한 요소와 씨앗을 뿌리는 과정, 성장 과정의 순서를 그림으로 표시해 주어 이해를 돕고 구체적 경험과 연결짓도록 도와준다.
- 식물을 재배하는 과정에서 필요한 규칙을 정해 본다. 규칙의 예로서는 물주는 당번 정하는 일, 물을 줄 때는 몇 번씩 주어 너무 많이 주지 않는 일 등이다.
- 유아들이 재배한 채소나 열매를 직접 따 보고 먹어 보는 기회를 제공하여 성취감과 즐거움을 느끼도록 지도한다.

### (6) 정적 놀이영역

유아에게 능동적으로 활동할 수 있는 영역만큼 조용히 휴식을 취하면서 놀이를 할 수 있는 정적영역도 필요하다. 유아는 실내의 조용한 영역과는 다른 분위기에서 자신의 독창적인 사고를 더욱 발전시켜 나갈 수 있고 능동적인 놀이와 함께 조용한 놀이를 하면서 자신의 신체균형도 이루어 낼 수 있다.

**놀잇감**

- 텐트나 놀이집
- 의자, 테이블, 나무그루터기, 돗자리
- 음악, 동화 녹음 테이프 및 카펫
- 화판, 물감, 풀 물감, 종이, 크레파스

- 동화책
- 역할놀이 도구들

실외공간에서의 놀이 활동은 실내에서보다 유아들의 놀이활동이 활발하고 최고 절정에 도달할 수 있다. 그러므로 유아들은 쉽게 피로감을 느끼고 휴식을 필요로 하는데 유아에게 휴식은 바로 조용한 놀이를 통하여 이루어질 수 있다. 즉, 음악을 감상하고 동화책을 읽고 그림을 그리는 활동을 하면서 동시에 휴식을 얻을 수 있으므로 이러한 놀이영역은 실내에서 필요로 하는 이상이 될 수 있다. 또한 친구들과 여럿이 어울려 놀다가 혼자 있기를 원하는 유아에게 조용한 영역에서의 놀이는 최대한의 자유를 제공해 줄 수 있다. 그러므로 이 영역에서의 놀이는 다른 놀이공간으로부터 특별히 방해받지 않도록 배치하여 주고, 신체적 이완과 편안한 자세로서 휴식을 취할 수 있도록 텐트, 담요, 긴 의자, 놀이 집 등을 이용하여 놀이영역을 마련해 주어야 한다.

**지도 및 운영방법**

- 유아들이 조용하게 쉴 수 있는 공간으로서 그늘진 곳을 선택하여 배치한다.
- 바닥에는 돗자리나 담요를 깔아 주어 휴식을 취하면서 정적 놀이가 이루어지도록 준비해 준다.
- 교사는 유아들이 조용한 영역에 머무는 동안 교사와 유아, 유아와 유아의 대화가 이루어지도록 유도한다. 이때 교사는 개별 유아를 관찰하고 지도할 수 있는 기회를 갖도록 한다.
- 혼자 있고 싶어하는 유아에게는 다른 영역으로부터 방해나 다른 유아로부터 방해받지 않도록 교사는 세심한 주의를 기울여 준다.

# 제6장 놀이치료

놀이치료(Play therapy)는 유아의 정서적 안정을 찾기 위한 구체적 방법 중의 하나이다. 놀이를 이용하여 유아의 정신치료를 하고자 할 때는 좀더 구체적인 계획이 필요하다. 그러므로 놀이치료와 관련된 이론을 살펴보고 치료유형 및 방법을 살펴보고자 한다.

## 1. 놀이치료의 가치

놀이는 유아들이 가지고 있는 내적 갈등과 정서를 완화시킨다. 그러므로 놀이를 정신적 치료에 이용할 수 있다. 놀이치료란 치료자와 내담자(유아)의 인간관계를 중시하면서 유아가 지니고 있는 정서적 긴장을 놀이를 통해 해소시키는 방법이다.

놀이의 치료적 요소는 유아의 자기통찰이나 정서적 부적응 문제를 해결하기 위하여 적극 활용된다는 점이다. 이는 유아들이 놀이를 가장 하고 싶어하고 자발적으로 이루어지는 것이며 놀이를 통해 억압된 감정을 표현함으로써 긴장을 해소할 수 있기 때문이다. 유아는 놀이 속에서 진실 되고 자유로우며 자신의 선택에 의해 실험하고 탐색하며 창의적이 될 수 있다(김광웅, 1998). Schaefer(1985)는 놀이가 유아의 감정을 효과적으로 전달하고 놀이를 통해 유아를 관찰함으로써 유아를 더 잘 이해하게 된다고 지적하면서 놀이의 치료적 가치를 설명하였다. 놀이는 재미있는 활동이기 때문에 긴장과 불안을 완화시켜 주고 분노나 좌절감 등의 부정적인 감정들을 표출할 수 있다. 또한 놀이는 환경의 적응에 필요한 사회적 기술이나 문제해결방법들을 다양하게 시도해 볼 수 있기 때문에 치료적 가치를 지닌다.

놀이치료방법에서 중요한 것은 놀이 자체가 치료이며 놀이를 하는 경험은 창조적인 경험이라는 사실이다. 유아는 놀이를 통하여 자신의 내면세계를 자유롭게 창조하고 감정을 표현함으로써 스스로 정서적 균형을 유지하게 된다(김양순, 2003).

놀이치료자는 유아의 문제에 국한하지 않고 유아의 가족에 대한 이해와 함께 치료가 이루어질 수 있도록 노력하여야 한다. 그러므로 궁극적으로 놀이치료는 유아가 가족의 지지와 안내 속에서 자신의 요구를 발달시키고 안정적인 생활을 유지할 수 있도록 도와주는 데 가치가 있다. 또한 놀이 치료자가 유아의 감정과 개성을 인정하고 창의성을 격려해 주고 유아가 내린 결정을 허용하며 서두르지 않고 기다려 줌으로써 자아존중감과 자신감을 가지게 도와준다. 이러한 치료의 목적을 달성하기 위해서는 놀이치료자 자신이 심리적으로 건강하고 성숙된 인간이어야 하며 내담자로서 유아를 존중하고 수용할 줄 알아야 한다. 뿐만 아니라 깊은 애정을 가지고 유아 스스로 문제를 해결하고 건강한 삶을 유지할 수 있도록 이끌어 줄 수 있어야 한다.

## 2. 놀이치료의 유형 및 방법

놀이치료의 유형은 크게 지시적 놀이치료와 비지시적 놀이치료 방법으로 나눌 수 있다. 지시적 치료 방법 중 놀이치료의 출발로서 Freud의 정신분석적 치료법과 Axline의 비지시적 놀이치료 방법을 중심으로 설명하고자 한다.

### 1) 지시적 놀이치료

지시적 치료방법에는 정신분석 치료법이나 이완 놀이치료법, 이야기 꾸미기 치료법과 유아와 치료자의 관계를 중심으로 이루어지는 자극치료법, 치료자 동참 치료법, 행동주의적 접근법이 있다(이숙재, 1998). 그중 정신분석 치료법, 이완 놀이치료법, 이야기 꾸미기 치료법은 놀이를 유아의 무의식적 욕구와 환상을 표현하는 매체로 간주한다. 지시적 놀이치료는 놀이치료자가 유아에게 제공할 놀이의 경험과 놀이방법, 놀잇감을 결정하는 것이다.

'정신분석 치료법'은 1909년 Freud가 유아 마음속에 쌓인 갈등을 정신치료에 의해 해결할 수 있다는 가능성을 보여준 것이 시작이라고 할 수 있다. 그 후 1920년대 정신분석가들은 성인의 정신치료에 적용되는 자유 연상 기법에서 유아들은 자신의 생각을 표현하는 데 언어적 어려움이 있다는 사실을 깨닫고 새로운 치료방법으로서 놀이상황을 도입하였다. Klein도 놀이를 유아의 자연스러운 표현 매체로 보았다. 놀이는 문제를 소유한 유아들과의 의사소통 수준을 높이고 경험이나 생각, 정서 표현을 위한 수단이 된다. 정신분석적 치료법에서 놀이치료의 목표는 고착, 퇴행, 유아의 발달 결함과 일탈을 해결하고 불안과 여러 가지 신경증적인 양상에서 벗어나게하여 정상적인 발달과정을 회복(이숙 · 최정미 · 김수미, 2002)하는 것이다. 이 치료방법은 유아가 놀이를 하면서 자신의 내면세계를 표현할 수 있도록 돕는 방법이다. 유아는 놀이영역(치료실)에서 마음속에 지니고 있는 요구들을 풀어내는데 이때 다양한 놀잇감(인형, 인형옷, 미술도구, 동물, 모형집 등)들을 활용하게 된다. 유아는 놀이과정을 통하여 자신의 생각, 느낌, 소망들을 비강제적이면서 간접적인 방법으로 이끌어 낼 수 있다. 따라서 문제를 가진 유아는 안전하게 제공된 놀이실에서 최대한 자유롭게 놀 수 있도록 허용되어져야 치료가 가능해진다. 이와 같이 치료를 위한 자료 수집이나 과거의 경험을 해석하기 위해 놀이를 활용하는 초기의 수동적 놀이치료방법이 지속되다 1940년대 이후 비지시적인 놀이치료방법으로 발전하게 되었다.

이 밖에 지시적 놀이치료에는 놀이 상황을 의도적으로 구성하여 반복적으로 놀이를 하고 과거 경험에서 부정적인 요소를 제거하는 '이완 놀이 치료법'이 있다. 그리고 정해진 줄거리에 따라 이야기를 시작하여 유아가 이야기를 연결시켜나가는 '이야기 꾸미기 치료법'도 활용될 수 있다. 신체적 접촉을 통한 타인에 대한 거리감 극복과 치료 과정에 '치료자가 보다 적극적으로 참여하는 방법'도 있다. 또한 놀이 상황에서 바람직한 행동은 강화해 주고 부적절한 행동은 소멸시키는 행동주의적 접근 방법이 지시적 놀이치료방법에 포함될 수 있다.

### 2) 비지시적 놀이치료

유아의 과거 경험을 표현하여 치료하는 초기 정신분석적 놀이치료방법과는 달리 유아의 지금 현재 감정 상태에서 시작하여 유아의 문제를 해결함으로써 자아실현을 달성하는 치료방법이다. 이같은 비지시적 놀이치료방법은 유아가 놀이를 진행하는 동안 자발적으로 자신을 변화시키려고 노력하기 때문에 유아중심 놀이치료(child-centered play therapy)라고 한다. 그러므로 유아중심적 놀이치료는 문제를 스스로 해결할 수 있는 능력이 있음을 믿고, 유아의 현재 문제보다는 유아 자체에 초점을 두어 앞으로 닥칠 문제들에 대한 대처능력을 기르게 한다. 이를 위한 놀이치료의 목표는 긍정적인 자아개념 발달, 자기-책임가, 자기-지시적, 자아-수용적, 자기-신뢰적, 통제감 경험, 대처과정에 대한 민감성, 내적인 평가자원 개발, 자기 신뢰감을 갖도록 돕는 데 있다(이숙 · 최정미 · 김수미, 2002). 치료자는 유아의 놀이행동을 관찰하여 반응해 주고 분석함으로써 유아 자신의 문제를 스스로 해결할 수 있도록 돕는다. 이와 같은 유아중심 놀이치료는 1951년 Carl Rogers의 내담자 중심치료의 이론을 기초로 Virginia Axline이 유아를 대상으로 하여 만든 놀이치료 방법이다.

놀이치료의 시작 단계에서 유아는 자신이 안전한지, 잘할 수 있는지, 치료자가 나를 받아 줄지에 대한 의문을 가지고 반복적인 질문을 하게 된다. 그러므로 치료자가 수용적인 언어를 사용하고 감정을 허용해 줌으로써 치료가 진행될 수 있다. 치료는 놀이실에서 치료자와 유아 간의 상호 관계에서 이루어진다. 구체적인 방법으로 Axline(1969)이 개발한 유아중심 놀이치료 과정에서 요구되는 8가지 원칙을 제시하면 다음과 같다.

- 가능한 빨리 따뜻하고 친밀한 관계(rapport)를 형성해야 한다.
  치료자는 언어뿐만 아니라 표정, 몸짓 등을 통해서도 유아의 감정과 생각을 읽고 유아와의 좋은 관계를 만들어야 할 것이다.
- 치료자는 있는 그대로 유아를 수용(Acceptance)해야 한다.

유아들은 느끼는 대로 행동을 한다. 그러므로 긍정적으로 느끼게 될 때 긍정적으로 행동할 수 있다. 감정을 억누르지 말고 인정해 주는 언어를 사용했을 때 자신이 수용되고 있음을 느끼게 해 줄 수 있다.

- 치료자는 허용적인 관계를 맺음으로써 유아가 자신의 감정을 표현할 수 있도록 한다.
  유아가 허용감(Permissiveness)을 형성하게 되면 죄의식이나 부끄러움과 같은 감정의 표출을 자연스럽게 하게 된다.
- 치료자는 유아가 표현하는 감정을 인식하고 반영(feeling reflection)시켜 줌으로써 그의 행동에 통찰력을 갖도록 한다.
  유아가 표현하는 감정에 대해 적절한 정서적 반응을 해 줌으로써 자신의 문제에 대한 인식과 자기 통제 및 조절이 가능해진다.
- 치료자는 유아 자신이 문제해결의 능력이 있음을 존중(respect)하고 책임감과 신뢰감을 가지도록 한다.
  유아에게 자신이 선택하고 자기 주도적으로 변화시켜 나가야 할 책임을 가져야 한다는 것을 알게 해야 한다.
- 치료자는 유아의 행동이나 대화에서 비난, 명령을 해서는 안 된다.
  치료자는 칭찬과 격려의 태도로서 인내심(patience)을 가지고 유아를 안내해야 한다.
- 치료자는 치료 도중에 급하게 서둘러 시도하지 않고 기다린다.
  치료는 점진적인 과정이고 유아 속도에 맞추어야 한다.
- 치료자는 꼭 필요한 경우에 제한성 설정(limit setting)을 한다.
  놀이실에서 최대한의 자유를 허용하지만 치료 관계 성립을 위해 제한해야 할 행동을 제시한다. 치료자는 제한을 명확히 말해 주고 적절하게 표현할 수 있는 다른 방법을 제시하여 선택하도록 한다.

이상의 유아중심 놀이치료는 현대심리학이 발달되면서 놀이치료의 방법과 기법이 다양해지고 있다. 다양한 놀이치료의 기법으로 모래놀이, 게임, 미술, 음악, 독서치료 등이 있으며, 유아가 지니는 어려움의 유형과 발달단계에 따라 발달놀이치료, 가족놀이치료를 병행할 수 있다(유미숙, 1998).

## 3. 놀이실과 놀잇감

놀이치료실은 유아만의 공간이 될 수 있어야 하며, 채광 및 통풍 그리고 안락한 분위기를 통해 안정된 놀이 공간이 될 수 있어야 한다. 놀이치료실 은 실내장식이 단순하고 시각적 자극이 강하지 않은 것이 좋다. 유아는 놀이실에서 자신의 감정 발산을 위하여 놀이 공간을 자유롭게 이용할 수 있어야 하고, 여러 가지 놀잇감을 활용할 수 있어야 한다. 예를 들면, 발달 초기 단계에서 '빠는 욕구'가 충족되지 않아 정신적 긴장을 느끼게 되면 유아는 놀이과정에서 우유병을 빨고 다니거나, 인형에게 우유병을 물리는 놀이 장면을 반복적으로 보이게 된다. 이때 반복적으로 나타나는 놀이 행동의 형태는 자신의 억압된 정서상태를 완화시켜 주는 역할을 하게 되고 유아는 그 과정에서 정서적 안정을 찾게 된다. 그러므로 유아의 정신치료를 자발적으로 이끌어 가는 데는 놀이과정에 필요한 다양한 놀잇감을 제공해 주는 것이 중요하다. 뿐만 아니라 유아가 안전한 놀잇감들을 선택하여 자신의 생각과 느낌을 자유롭게 표현하면서 놀이를 할 수 있도록 최대한 허용되어야 한다. 놀이치료에 필요한 놀잇감의 종류를 제시해 보면 다음과 같다.

- 인형 : 가족 인형, 각종 동물 인형, 헝겊 인형, 종이 인형, 손 인형
- 우유병(젖꼭지)
- 역할놀이 놀잇감 : 인형 침대, 인형 옷, 냄비, 옷장, 싱크대, 숟가락, 의자, 탁자, 거울, 전화 등
- 미술 자료 : 크레용, 이젤, 찰흙(점토), 손가락 그림물감, 여러 가지 종이류, 화판 등
- 모래, 모종삽, 각종 그릇
- 물, 물놀이용 놀잇감
- 공
- 동물 모형 : 야생동물, 작은 동물 등
- 총
- 악기 : 실로폰, 탬버린, 드럼 등

- 장난감 자동차, 비행기, 배 등
- 실내 놀이기구 : 미끄럼, 흔들말 등
- 미술놀이 도구 : 이젤, 붓, 점토, 종이, 필기도구 등
- 그림책
- 모래주머니
- 모래놀이 도구

## 4. 놀이치료의 단계

유아가 놀이실에서 놀잇감을 활용하여 정서적 안정을 회복하기까지에는 몇 가지 단계를 생각해야 한다. 유아가 소유하고 있는 문제의 유형이 무엇인지 어떤 과정으로 놀이를 하게 할 것인지, 놀이의 시간과 횟수는 어떻게 정할지 언제 치료가 끝나야 하는지 등에 관하여 계획해야 한다. 그러므로 놀이치료의 단계별로 고려해야 할 사항들을 살펴보고자 한다(유미숙, 1998; 이숙 외 2인, 2002; 황명숙, 2002).

### 1) 진단 및 치료계획

가장 처음 단계에서 부모와 유아와의 면접이 선행되어야 한다. 초기 면접에서는 유아와의 래포(rapport)를 형성하고 부모로부터 유아에 대한 정보를 얻고 이해하는 것이 필요하다.

면접은 검사도구, 면담, 관찰 등의 구체적인 방법을 활용하고 유아와 부모로부터 얻은 정보를 토대로 진단 · 평가하게 된다. 그래서 유아가 놀이치료에 적합한지와 치료의 목표를 어디에 둘 것인지를 정한다. 치료목표와 함께 치료방법과 횟수 및 시간, 치료의 대상 등에 관하여 구체적인 계획을 세운다. 치료에 도움이 될 수 있는 유아에 관한 정보들로서 가정환경, 부모와의 관계, 유아의 질병, 외상경험, 의학적인 상태, 정서, 행동적인 어려움 등을 알 수 있는 자료들을 수집해야 한다.

### 2) 놀이치료의 초기단계

이 단계는 유아가 놀이실과 치료자를 탐색하는 시기이다. 유아의 불안을 자연스럽게 풀어나갈 수 있도록 서두르지 않으면서 유아와의 래포를 형성하는 것이 중요하다. 유아가 안전감을 느낄 수 있도록 치료자가 수용적인 언어를 표현하는 것은 모든 관계 형성에서 기본이 된다. 유아는 주변의 누구에게 깊은 마음을 털어놓고 위로받을지에 대해 호기심을 가지고 끊임없이 시도하면서 자신의 감정을 쉽게 표출하려고 하지 않을 수 있다. 그러므로 수용은 일관성 있고 무조건적이어야 한다. 놀이치료실에서의 만남이 이루어지면 놀이과정을 관찰하고 기록하며 놀이실에서 지켜야 할 사항에 대해서도 알려준다.

### 3) 놀이치료의 중기단계

유아는 놀이실에서 어느 정도 적응이 되면서 놀이가 활발해지고 감정의 표현도 많아진다. 이 단계는 전체 치료과정에서 가장 긴 시간이므로 자신의 문제를 인식하고 부모와의 관계에서 부족한 부분을 보상받기도 하며 문제상황이나 갈등에 대해 통합시키며 극복하는 힘을 기르게 된다. 뿐만 아니라 공포, 죄책감, 공격성 등과 같은 부정적 감정들을 감소시키고 자아를 긍정적으로 수용하는 치료의 변화과정을 경험하게 된다.

### 4) 놀이치료의 종결단계

유아가 현실상황에 적응하고 문제행동이 사라지기 시작하면 치료의 종결을 예상할 수 있다. 치료자에게 덜 의존적이 되거나 시간, 관심, 수용에 대해 유아의 태도에 변화가 있는지 통찰과 자기평가의 증거가 있는지, 공격성이 줄어들었는지, 퇴행적 놀이가 감소했는지, 언어능력의 변화가 있는지 등에 관한 평가를 통해 종결을 결정할 수 있다. 무엇보다 치료의 목표가 달성되고 유아가 치료의 종결에 대해 현실적으로 수용하고 이해할 수 있는 단계에서 효율적으로 이루어질 수 있다. 그러므로 치료 종결 4주 전에 종결 시기를 알려 주어 미리 계획하고 준비하는 방법이 필요하다.

이상과 같은 유아의 안정된 정서생활의 복귀를 위한 노력은 특수한 놀이치료실에서만 이루어지는 것이 아니다. 유아교육기관과 일반 가정에서도 쉽게 문제는 발견될 수 있으므로 가장 자연스러운 방법인 놀이를 통하여 문제를 유아 스스로 해결하도록 도와주는 것이 바람직하다. 그러므로 교육현장에서 유아의 놀이과정을 세밀히 관찰하여 정서상태를 파악하는 일은 유아의 건전한 인성과 정서적 안정을 위한 예방책으로서 교사가 가장 먼저 해야 하는 역할이다.

# 제7장 전통놀이

## 1. 전통놀이의 이론적 배경

### 1) 전통놀이의 개념과 특징

유아는 그들이 살아가고 있는 환경, 즉 문화에서 배우고 자란다. 특히 많은 놀이 유형 중 문화적 가치를 지니고 있는 전통놀이가 계승 발전되어야 할 것이다. 현대에 오면서 전통 문화에 대한 관심이 부족해지고 외국문화에 더 친숙해 있음으로써 전통놀이가 점차 사라지고 있는 것을 발견할 수 있다. 그러므로 유아들에게 우리 고유의 문화를 알게 하고 민족 정체성 확립을 위한 전통놀이 교육 프로그램이 개발되어야 할 필요성이 제기되고 있다.

전통놀이란 고대로부터 일반적으로 행해지면서 민간에 의해 전승되어 오는 여러 가지 놀이로서 전통성, 역사성, 고유성, 지속성을 지니는 놀이(이은화, 1989)를 말한다. 전통놀이는 그 사회가 기르고자 하였던 신념과 가치를 담고 면면히 이어져 발전하는 풍속의 하나로서 민속놀이라고도 한다.

우리나라 전통놀이의 특징을 몇몇 연구 결과(김광언, 1982; 심우성, 1998; 유안진, 1981; 이은화, 2000)를 토대로 살펴보면 다음과 같다.

- 전통놀이는 노동을 더욱 흥겹게 해 주고 어려움과 위기에 처했을 때 단결하는 공동체성과 협동성을 지닌다.
- 슬기, 용기, 인내심을 길러 주는 건강성이 있다. 민중의 지혜와 민족적

정서가 깃든 놀이이다.

- 영아기(1~3세) 놀이와 아동기(7~13세) 놀이에 비해 유아기(3~5세) 놀이가 적고, 아동기 놀이는 다양한 연령대의 사람들이 함께 참여하여 즐겼던 놀이가 많다.
- 유아의 성별에 따라 놀이가 다르다. 여아보다는 남아의 놀이가 많다. 남아 놀이로는 연날리기, 팽이치기, 제기차기, 과녁 맞추기, 씨름, 자치기 등이 있고, 여아 놀이에는 역할놀이, 공기놀이, 널뛰기 등이 있다.
- 대부분의 전통놀이는 규칙 있는 게임으로 집단놀이이다.
- 2명 이상이 집단을 이루면서 규칙을 정하고 편을 나누어 경쟁하면서 승부를 내는 놀이가 많다.
- 실내놀이에 비해 실외놀이가 많다. 실외에서 자연물을 이용한 놀이가 많으므로 실외놀이가 대다수를 차지한다.
- 놀잇감은 자연물이 많으며, 제작된 것도 자연물을 이용한 것이 많다. 손쉽게 구할 수 있는 자연물, 즉 나뭇가지, 풀, 돌멩이, 짚 등을 이용하여 놀이를 하였다.
- 전통놀이는 세시풍속의 하나로 계절과 절기에 관련된 놀이가 많다. 정월에는 연날리기, 석전놀이, 고싸움, 팽이치기, 제기차기를 하였고, 단옷날에는 씨름과 그네뛰기를 주로 하였다. 계절에 따라서는 봄에는 풀싸움, 여름에는 풀각시놀이, 겨울에 눈싸움이나 자치기를 즐겨 하였다.
- 지역별로 놀이의 명칭과 방법이 다양하게 나타난다. 예를 들어 '공기놀이'는 경북에서 '짜게받기', 경남에서는 '살구', 전남에서는 '닷짝걸이', 평북지방에서는 '조아질' 등으로 불린다.

### 2) 전통놀이의 교육적 가치

전통놀이를 경험하는 것은 유아발달을 증진시켜 줄 뿐만 아니라 전통문화를 이해하고 계승 · 발전시킬 수 있는 가장 효과적인 교육방법이다. 전통놀이의 교육적 가치를 다음과 같이 정리해 볼 수 있다.

- 전통놀이는 유아에게 즐거움과 흥미를 제공해 줄 수 있다.

- 전통놀이의 경험은 유아의 정서를 풍요롭게 하고 자아존중감을 발달시킨다.
- 소근육, 공간 지각력, 협응능력과 같은 신체 및 운동능력을 발달시켜 건강한 생활을 유지할 수 있다.
- 전통놀이는 놀이의 규칙을 경험할 수 있을 뿐만 아니라 놀이집단 내에서 친구들과 어울려 놀면서 공동체 의식과 협동심과 같은 사회성 발달을 도모할 수 있다.
- 흥을 돋우는 노래나 고유의 언어 및 표현들을 경험함으로써 유아의 어휘 및 유머와 리듬감을 발달시킬 수 있다.
- 전통놀이를 통해 공간개념, 수개념, 시간개념 등의 개념형성과 인지적 능력을 기를 수 있다.
- 전통놀이에서는 특별한 놀잇감이 없이도 친구가 있으면, 혹은 주변에서 쉽게 구할 수 있는 자연물을 놀이의 용도에 맞게 혹은 자신의 생각대로 만들어 놀이에 활용하는 창의적인 능력을 기를 수 있다.
- 유아의 민족적 정체성 확립에 기여할 수 있다. 전통놀이에는 그 문화의 관습, 믿음, 가치관, 정서가 포함되어 있으므로 놀이를 통하여 문화적 정체감을 내면화시킬 수 있다.
- 전통놀이를 통해 실외 환경과 자연물을 이용한 놀잇감을 많이 경험함으로써 유아에게 자연과 친숙해질 수 있는 기회를 제공해 준다.

## 2. 전통놀이의 유래와 놀이방법

전통놀이의 교육적 적용과 관련하여 현황을 조사한 연구들(김연진, 2000; 온영란, 1995; 조계숙, 1994)에서는 전통놀이가 명절이나 특별한 행사, 또는 계절 등 특정한 주제와 관련하여 제한적으로 실시되고 있음을 지적하고 있다. 그리고 전통놀이에 대한 교사들의 인식과 교육과정의 적용에 어려움이 있다고 한다. 그러므로 전통놀이를 전체 교육과정 속에 포함하여 활성화할 수 있는 방안 모색이 필요하다. 이를 위해서는 전통놀이에 대한 가치를 인식하고 일상생활 및 가정과 연결하여 보다 자연스럽게 통합할 수 있는 교육 운영이 이루어지도록 계획해야 할 것이다.

따라서 전통놀이의 유형에는 어떤 종류가 있는지 살펴보고 각 놀이들이 갖는 유래와 의미를 살펴봄으로써 전통놀이의 가치를 찾아보고자 한다. 이를 바탕으로 하여 교육 현장의 교사들이 전통놀이에 대한 기본적인 이해와 함께 전통놀이의 적극적인 적용이 시도되어야 할 것이다. 전통놀이의 명칭과 방법은 지역마다 다양하고 다소의 차이를 보일 수 있다. 여기서는 교육적 활용 가능성이 있는 몇 가지 대표적인 전통놀이의 유래와 놀이방법들을 제시해 보고자 한다. 전통놀이들은 시대적 변화와 유아의 생활, 발달수준 등에 따라 반복적인 수정과 보완이 요구된다. 이와 같은 전통놀이에 관한 이론적 근거들을 기초로 하여 연간 교육과정과 연결하여 통합적인 계획을 수립하고 교육 현장에서 보다 적극적으로 활용될 수 있도록 고려되어야 할 것이다.

다음에 소개된 전통놀이들은 관련문헌과 인터넷 사이트(p. 144 참고)에 제시된 내용을 참고로 정리한 것이다.

### 1) 고누놀이

#### (1) 놀이유래

고누놀이는 조선왕조 시대의 풍속도(김홍도의 풍속화-고누놀이)에서 그 모습을 찾아볼 수 있으며 이미 오래전부터 이 놀이가 서민층 사이에 널리 보급되어 왔던 것으로 여겨진다. 이 놀이는 장기나 바둑의 원시적인 형태로 생각되며 어느 곳에서나 쉽사리 벌릴 수 있어 일꾼들이 일손을 멈추고 잠시 쉬는 동안에 논두렁 그늘진 곳에서 행해졌고 동네 어린이들은 동네 마당구석 등에서 즐겨 놀았다고 전해 오고 있다. 놀이의 종류도 우물고누, 줄고누, 밭고누, 곤질고누, 참고누, 호박고누, 패랭이고누, 팔팔고누, 포위고누, 장수고누, 왕고누가 있다(심우성, 1996). 이러한 고누의 종류와 이름은 대개 말판의 모양에 따라서 그 명칭이 붙여진 것이다.

### (2) 놀이방법

**우물고누**

고누놀이 중에서 가장 단순하면서 널리 알려진 놀이방법이다.

① 말판에 우물(샘 또는 강이라고 함)이라는 장애물을 설정해 놓고 말은 각각 2개씩 가진다.

② 양편의 말은 우물을 지나지 못한다.

③ 처음 시작할 때는 ㄱ, ㄷ, 말부터 움직여야 한다.

④ 우물을 제외한 나머지 점에 말을 두어 가다가 어느 쪽이건 자기 말 2개를 ㄱ, ㅁ 또는 ㄷ, ㅁ에 놓아 상대방의 말을 움직이지 못하게 한다.

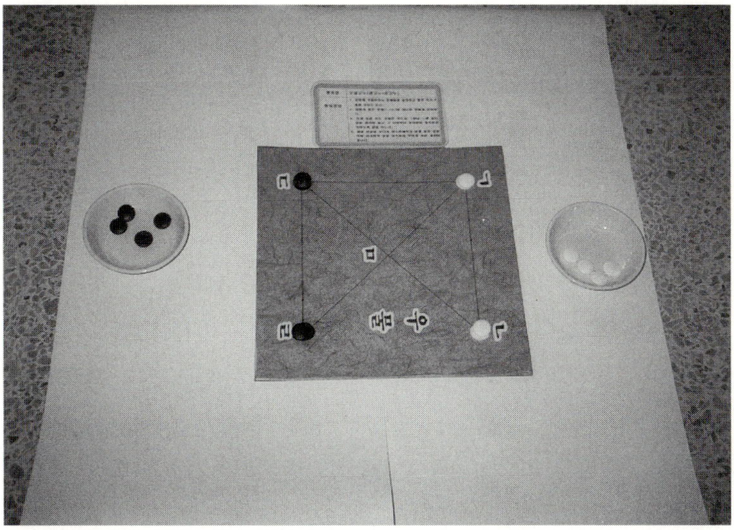


**줄고누**

말판에 붙은 직선 수에 따라 넉 줄, 다섯 줄, 여섯 줄 고누 등으로 부른다.

① 한 번씩 번갈아 하고 전후좌우로 한 칸씩 간다.

② 자신의 말 2개 사이에 끼여 있는 상대방의 말을 따먹는다.

③ 상대방의 말을 모두 따먹으면 이긴다.

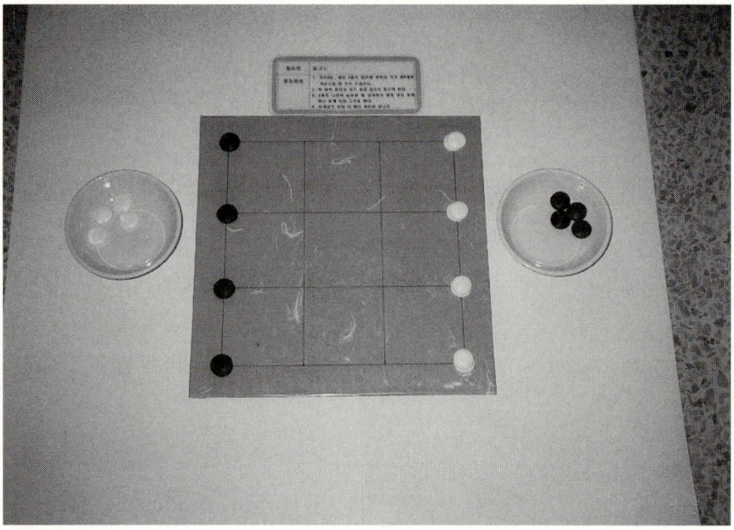

## 밭고누

이 고누는 움직일 수 있는 밭이 모두 아홉 곳이다.

① 말 3개씩 가지고 한 발씩 움직인다.
② 상대방의 말이 갈 곳이 없도록 길을 막는 쪽이 이긴다.

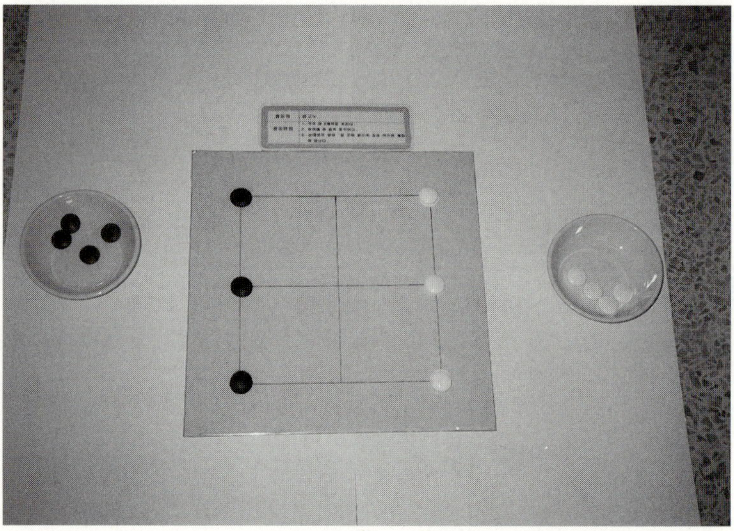

### 곤질고누

① 각 말 5개의 말을 가지고 직선, 전후좌우로 다른 말을 넘지 않으면 몇 발이라도 갈 수 있다.

② 자기 말 2개 사이에 상대방의 말 하나가 갇힐 때에 말을 따먹는다.

③ 상대방의 말을 모두 따먹으면 이긴다.

### 참고누

① 말판의 교차점 24곳 중 아무 곳이나 마음대로 선택해서 놓아간다.

② 양편이 번갈아 가며 고누판에 말을 하나씩 놓는다.

③ 자기 편 말 3개가 나란히 놓이면 "곤질이" 하고 부르며, 상대편 말 1개를 떼고 그 자리에 ×표를 한다. ×표가 되어 있는 자리에는 말을 놓지 못한다.

④ 말을 더 이상 놓을 때가 없으면 ×표를 지우고, 고누판 위에 놓여 있는 말을 움직여 "곤질이"를 만들어 간다. 이때에도 자기 말 3개가 나란히 놓이면 상대편 말을 1개 떼어낸다.

⑤ 서로 고누판에 말을 놓을 때 어느 한편의 말이 모두 죽거나, 말을 움직일 때 어느 한편의 말이 3개가 안 되면 게임이 끝난다.

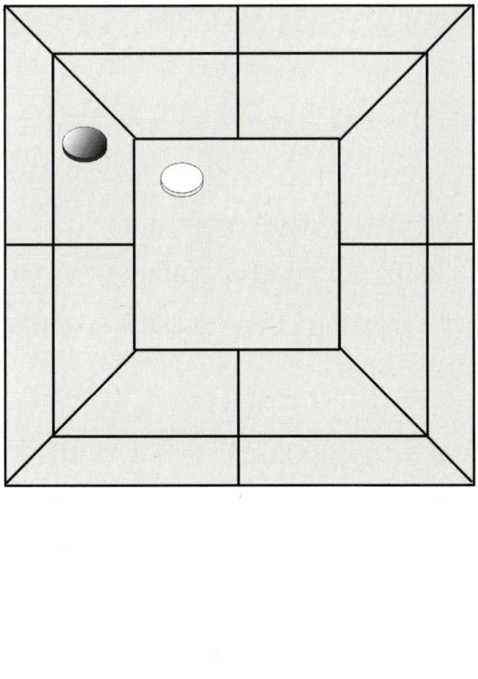

**호박고누**

① 말을 4개씩 나누어 갖는다.
② 한 번에 말을 한 칸씩 움직인다.
③ 어느 말이나 처음 있던 곳에서 나오면 뒤로는 물러날 수 없다.
④ 상대편 말이 처음 놓여져 있던 곳으로 말이 들어가면 다시 돌아 나올 수 없다.
⑤ 상대편 말이 더 이상 움직일 수 없게 되면 게임이 끝난다.

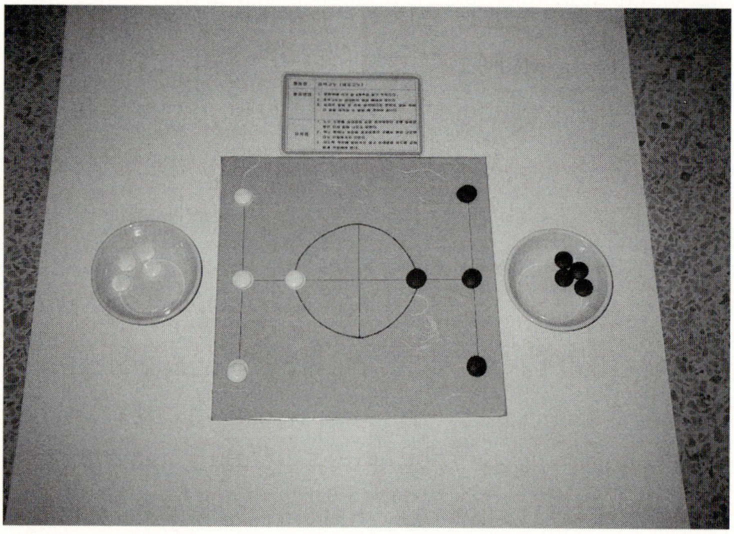

**팔팔고누**

① 각기 자기 쪽 끝줄에 말을 8개씩 놓는다.
② 말은 전후좌우, 직선으로 다른 말이 걸리지 않으면 얼마든지 갈 수 있다.
③ 자신의 말 두 개 사이에 끼어 있는 상대방의 말을 따먹는다.

**왕고누**

① 왕은 직선으로 말을 건너 넘지 못할 뿐이고 얼마든지 갈 수 있다.
② 왕을 가진 편에게 특전이 있다. 그리하여 잡을 길이나 갈 길이 없을 때에는 그 자리에서 기회를 얻기 위해, 세 차례 쉬거나 세 번은 아무 데나

유리한 곳으로 건너뛸 수 있다.

③ 졸이 왕을 움직이지 못하게 하면 졸을 가진 편이 이기고, 반대로 왕이 졸을 다 떼면 왕을 가진 편이 이긴다.

## 2) 공기놀이

### (1) 놀이유래

공기놀이는 삼국 시대에 이미 널리 보급되어 있었다고 한다. 여자 어린이들이 작은 돌을 던져서 잡거나 놓는 등 여러 가지 방법으로 재주를 겨루는 놀이다. 조선 헌종 때 이규경의 『오주연문장전산고(五洲衍文長箋散稿)』에서 우리나라에는 아이들이 둥근 돌을 가지고 노는 놀이가 있어 "공기"라고 한다고 하였다. 손에 잡은 공깃돌을 바닥에 흩어 뿌렸다가 던져 올린 공깃돌 하나를 다시 집는 동안 한 알부터 네 알까지 규칙에 맞게 바닥 돌을 차례로 집어 올리는 민첩한 손동작이다(김춘일 · 김성혜, 1998; 이철수, 1999). 옛날에는 기왓장 깨진 것이나 돌로 놀이를 했으나 요즘은 플라스틱 제품을 손쉽게 구하여 공기놀이를 한다(김종만, 1993).

### (2) 놀이방법

다섯 알 공기

① 공깃돌 다섯 개를 바닥에 흩뜨린다.

② 한 알 집기 : 다섯 알 중 한 알을 위로 던져 놓고 한 알을 집은 다음, 떨어지는 공깃돌을 받는다. 이처럼 네 알을 차례대로 받는다.

③ 두 알 집기 : 한 알을 위로 던져 놓고 네 알 중 두 알씩 두 번 집어 받는다.

④ 세 알 집기 : 한 알을 위로 던져 놓고 네 알 중 세 알이나 한 알을 두 번 집어 받는다.

⑤ 네 알 집기 : 공깃돌을 손안에 모두 쥐고 한 알을 위로 올린 뒤 네 알을 땅에 놓고 한 알을 받은 뒤 다시 위로 한 알을 올리고 네 알을 집어 받아낸다.

⑥ 고추장 : 공깃돌을 모두 손에 쥐고 한 알을 위로 던진 다음 검지손가락

으로 바닥을 찍으면서 “고추장” 하고 떨어지는 공깃돌을 받는다.

⑦ 꺾기 : 다섯 알을 위로 던져 두 알 이상 손등으로 받은 다음 다시 위로 올려서 손바닥으로 잡는다.

⑧ 규칙 : 잡으려는 공깃돌 외에 다른 공깃돌을 건드리면 죽는다.
던져 올린 공깃돌을 받지 못하면 죽는다.
손등에 올린 공깃돌을 모두 잡아채지 못하면 죽는다.
원 안에서 할 경우 공깃돌이 금 밖으로 나가면 죽는다.
실수로 죽으면 다음 사람에게 기회가 넘어간다.
꺾기까지 실수 없이 모두 끝내어 1연을 내면 다시 한 알 집기부터 한다.

### 코끼리 공기

① 두 손을 모아 깍지 끼고(손바닥 안이 자루처럼 비어 있게) 코끼리 코처럼 양쪽 검지손가락으로 한 알을 집어 엄지손가락으로 받으면서 손바닥 안으로 넣는다.

② 두 알 집기는 공깃돌을 두 개, 세 알 집기는 세 개를 포개어 넣는다.

③ 꺾기는 다섯 알 공기와 같다.

④ 꺾기에서 잡은 공기 수만큼 나이를 계산한다.

### 바보 공기

① 다섯 알 중 한 알을 위로 던져 놓고 바닥에 떨어지기 전에 재빨리 한 알을 집는다.

② 한 알 집기처럼 한 알을 위로 던져 놓고 바닥에 떨어지기 전에 두 알, 세 알, 네 알을 차례대로 집는다.

③ 꺾기는 다섯 알 공기와 같다.

④ 꺾기에서 잡은 공기 수만큼 나이를 계산한다.

### 많은 공기〈모둠 공기〉

① 공깃돌을 많이 펼쳐 놓고 둘러앉는다. 공깃돌은 최소 50개 이상 두는 게 좋으며 지름 50cm 정도 원 안에서 하기도 한다.

② 가위바위보로 순서를 정하거나 손등으로 많이 받아 낸 쪽이 먼저 시작한다.
③ 공깃돌을 한 주먹 쥐고 위로 던져 손등으로 받은 다음 다시 위로 올려서 그중 한 알을 받아 낸다.
④ 받은 한 알을 위로 던져 놓고 자신 있는 만큼 바닥에 있는 공깃돌을 집은 후 떨어지는 공깃돌을 받는다.
⑤ 바닥에서 집은 수만큼 따먹는데, 자기 무릎 앞으로 가져간다.
⑥ 이 순서를 반복하여 공깃돌을 많이 딴 편이 이긴다.

## 3) 닭살이

### (1) 놀이유래

이 놀이는 주로 여자아이들이 많이 하는 놀이이다. 닭살이라는 놀이의 이름은 살쾡이(너구리)가 닭을 잡아간다는 데서 붙여진 것이다. 옛 농가에서 가축을 잡아먹는 짐승들 때문에 큰 걱정이어서 이런 짐승들을 쫓는 일이 중요했다. 그래서 이 놀이는 농가의 사정을 반영한 놀이라고 한다. 즉 힘을 모아 닭을 다른 짐승들로부터 지키려는 것이 잘 나타나고 있는 놀이이다. 놀이의 명칭은 전남에서는 닭살이, 경남에서는 통닭, 충북에서는 닭 잡기라고 부르고 있다. 이 놀이는 지금 쥐와 고양이라는 놀이로 변형되어 사용되어지고 있다.

### (2) 놀이방법

① 여러 아이들이 손을 잡고 둥글게 원을 만들어 선다.
② 닭과 살쾡이(너구리)를 정한다.
③ 닭은 동그라미 안에 있고 너구리는 동그라미 밖에서 있다.
④ 살쾡이(너구리)가 먼저 "달걀 하나 주면 안 잡아먹지!"라고 외친다.
⑤ 닭이 도망치기 시작하면 살쾡이(너구리)는 쫓아간다.
⑥ 닭이 원 밖으로 도망칠 때는 손을 잡은 아이들이 팔을 들어 도망가게 해 주고, 살쾡이(너구리)가 통과할 때는 팔을 내리거나, 쪼그리고 앉아서 쫓아가지 못하게 방해한다.

⑦ 살쾡이(너구리)에게 잡히면 닭은 살쾡이(너구리)가 되고 다른 아이들 중에서 닭이 되어 놀이를 계속한다.

### 4) 꼬리잡기

#### (1) 놀이유래

꼬리잡기 놀이는 중부 이남 지방에 "꼬리 따기"라고 불렀으며 제주도 지방에서는 "기러기 놀이"라고도 하였다. 꼬리잡기 놀이를 "꼬리 따기"라고 하는 것은 대열의 맨 뒤에 있는 유아를 붙잡아 떼어낸다는 뜻이고, "기러기 놀이"라는 것은 유아들이 마치 기러기 떼처럼 길게 늘어서서 놀이를 한다는 데서 생긴 이름이다. 전라남도에서는 일렬로 논 밭둑을 기어가는 들쥐 행렬의 맨 끝에 있는 쥐를 잡아뗀다는 데서 "쥐새끼놀이"라고 한다. 이는 강강술래의 부수 놀이로 앞 소리꾼이 있어 "잡았네 잡았네 쥐새끼를 잡았네 콩 하나 팥 하나 땡겼더니 콩차두 팥차두 되었네" 등의 노래를 부른다. 꼬리잡기는 유아나 어른 모두에게 협동심을 길러 주는 전래놀이이다.

#### (2) 놀이방법

① 두 명씩 가위 · 바위 · 보를 하여 이긴 사람들이 한 편이 되고 진 사람들이 다른 편이 되는 방법과 윗동네와 아랫동네를 기준으로 나누는 방법 등이 있다.
② 편이 나누어지면 두 편이 각각 편 장이라고 하는 놀이 대장들을 정한다.
③ 각 편에서는 편 장의 뒤에 키 순서대로 일렬로 서서 앞사람의 허리를 잡던가 옷을 잡고 길게 늘어선다.
④ 어느 편이 먼저 상대편의 꼬리를 잡았는가에 따라 승부가 결정된다.

### 5) 딱지치기

#### (1) 놀이유래

농촌지역에서 주로 겨울철에 나무껍질이나 종이로 딱지를 만들어 2~3명의 어린이들이 양지 바른 곳에서 즐겁게 놀이하던 민속놀이로 지역에 따라 하는 방법도 약간씩 다르다. 딱지치기는 지역에 따라 때기치기, 양지치기, 표치기라고도 한다.

#### (2) 놀이방법

뒤집기

① 가위 · 바위 · 보로 순서를 정한 다음 선이 된 사람을 제외하고 다른 사람은 딱지 1장씩을 바닥에 댄다.
② 선이 된 사람은 자기 딱지로 바닥의 딱지를 쳐서 뒤집기를 한다.
③ 딱지를 넘기면 그 딱지를 가지고 계속 할 수 있으며 실패하면 자기 딱지를 그 자리에 둔 채 다음 사람에게 기회를 넘겨준다.

쳐내기

① 원을 그린 다음 가운데에 선을 제외한 다른 사람들이 딱지 1장씩 대 놓는다.
② 선이 된 사람은 자기 딱지로 원 안에 있는 딱지를 쳐서 쳐내기를 시도한다.
③ 상대딱지가 원 밖으로 나가면 잃은 사람은 다시 딱지를 대 주어야 한다.
④ 실패하면 자기 딱지를 그 자리에 두고 다음 사람에게 기회가 넘어간다.

이 밖에 자기 딱지를 벽에 힘껏 때려 벽에서 가장 멀리 나간 딱지가 나머지 딱지를 모두 따먹는 벽치기 놀이방법과 가장 멀리 날아간 딱지가 나머지 딱지를 모두 따먹는 날리기 놀이방법도 있다.

### 6) 땅따먹기

#### (1) 놀이유래

우리 전통놀이 중에는 땅을 바탕으로 한 놀이들이 많다. 땅은 예나 지금이나 변함없는 우리의 삶의 터전이기 때문이다. 농경사회에서 농민들에게 땅은 곧 생산을 상징한다. 더 넓은 땅은 더 많은 곡식과 풍요를 의미하는 것이다.

그러나 봉건적 토지제도 아래서 농민의 농토는 아주 적거나 아예 없었다. 그들이 보다 넓은 땅, 보다 넓은 삶의 터전을 원했던 것은 당연한 일이다.

땅따먹기 놀이는 그러한 농민들의 바람이 은연중에 반영된 놀이이다. 어린이들은 땅따먹기 놀이를 하면서 흙에 친숙해지고 땅의 소중함을 배울 수 있었다. 그러면서 땅을 넓혀야 한다는 생각을 은연중에 갖게 되었던 것이다. 농민들의 바람과 진취적인 욕구가 다른 어떤 놀이보다 짙게 배인 놀이이며 농민들의 애환과 간절한 바람, 건강한 정신이 깃든 놀이라 하겠다.

이 놀이의 명칭은 『조선 향토오락(朝鮮 鄕土娛樂)』 문헌에는 (땅뺏기)라 기록되어 있으며, (꼭꼬락 치기) (꼬락치기) (땅따 먹기) (땅빼앗기) (땅재먹기)로 불리고, 뼘, 즉 손으로 재는 단위를 이용하여 땅을 재먹는 놀이라 하여(땅재먹기)이며 (꼭꼬락 치기) (꼬락치기)는 손가락으로 작은 돌을 튕겨 하는 놀이(심우성, 1996)라 하여 유래되기도 한다.

### (2) 놀이방법

① 땅에 큰 원이나 큰 사각형을 그린다.
② 원이나 사각형 구석 중에 한 귀퉁이를 맡는다.
③ 가위바위보를 하여 이긴 사람이 한 뼘씩 땅을 따먹는다.
④ 가위바위보를 하여 이긴 사람은 계속 땅을 넓혀 나간다.
⑤ 땅을 제일 많이 차지하면 이긴다.

## 7) 비석치기

### (1) 놀이유래

봉건시대에 지방의 관리들은 정치가 부패하자 힘없고 연약한 서민들의 재산을 갖은 방법으로 수탈하였다. 그런 관리일수록 그 자리를 떠나면서 자화자찬 격으로 송덕비들을 세워 놓고 가곤 하였는데 끼니를 잇기 어려운 백성들에게 악덕 지방관이 남긴 이 비석을 보면서 억눌린 마음을 호소할 데가 없어 서민들은 송덕비 앞을 지나면서 그 평소 쌓여 왔던 울분을 발길질로 비석을 차면서 감정을 삭히던 일이 점차 놀이화되었다. 비석치기에 대하여 최상

수(1985)는 손바닥만한 편편한 돌이나 기왓장, 사기 그릇 조각을 이용하여 그어 놓은 선에다 놓고 여러 가지 방법으로 넘어뜨리는 놀이로 비석(碑石)치기가 아니라 비석(飛石)치기로 보는 것이 옳다고 하였다. 그래서 돌을 날려서 친다는 의미로 돌치기라고도 한다.

### (2) 놀이방법

4～5m의 거리를 두고 바닥에 길게 두 줄을 긋는다. 10명 내외의 유아가 편을 가르고 진 편은 줄 위에 각자 말을 세워놓고 이긴 편이 차례로 다음과 같은 방법으로 비석을 맞힌다. 못 쓰러뜨리고 세워진 돌이 한 개라도 남아 있는데 던질 사람이 없으면 다른 편으로 넘어간다. 순서가 다시 돌아오면 죽었던 단계부터 다시 시작하며 장님까지 먼저 끝낸 편이 이긴다.

① 던지기 : 선 채로 그냥 던지기, 한발 뛰어 던지기와 두발 뛰어 던지기, 세 발 뛰어 던지기

② 세 발 뛰어 차기 : 망을 던져놓고 세 발을 뛴 다음 네 발 째 차서 쓰러뜨리기

③ 발치기 : 발등 위에 말을 올려놓고 걸어가 쓰러뜨리기

④ 발목(토끼뜀) : 비석 망을 발목 사이에 끼워 놓고 깡충깡충 뛰어간다. 비석 가까이 가서 망을 비석 위에 떨어뜨려 쓰러뜨린다.

⑤ 걸음마치기 : 무릎사이에 말을 끼고 걸어가 쓰러뜨리기

⑥ 배 사장 : 망을 배 위에 올려놓고 간다. 비석 가까이에서 망을 떨어뜨려 쓰러뜨린다.

⑦ 손등(비행기) : 팔을 쭉 펴고 손등 위에 망을 올려놓고 비행기 소리를 내며 뛰어가 망을 떨어뜨려 쓰러뜨린다. 오른손, 왼손 차례로 한다.

⑧ 신문팔이 : 망을 겨드랑이에 끼우고 가서 쓰러뜨린다.

⑨ 어깨(장군) : 어깨 위에 망을 올려놓고 걸어가 쓰러뜨린다. 오른쪽, 왼쪽 어깨 순서로 한다.

⑩ 목 : 어깨와 목 사이에 망을 끼워놓고 가서 쓰러뜨린다.

⑪ 턱 치기 : 턱과 목 사이에 망을 끼우고 걸어가 쓰러뜨린다.

⑫ 머리(떡장수) : 머리 위에 망을 올려놓고 가서 쓰러뜨린다.

⑬ 장님(봉사) : 돌을 던져놓고 눈을 감은 상태에서 걸어가 망을 찾아 눈을 감은 채로 쓰러뜨린다.

## 8) 사방치기

### (1) 놀이유래

사방치기는 1930~1940년대에 유행된 전래놀이이다. 이 놀이는 전국적으로 여자 어린이들이 많이 했으며, 우리나라뿐만 아니라 세계 여러 나라에서 쉽게 발견되는 보편적인 놀이이다. 어린이는 사람으로 하늘을 떠받치고 발을 딛고 존재한다는 뜻이 담겨져 있다. 사방치기는 중부 이남지방에서 돌 차기, 평안도에서는 망치기, 함경도에서는 마우 차기라고 부르며 서울에서는 오랫말이라고도 한다. 서울의 오랫말의 "오래"는 뜻을 잘 알 수 없으나, "한 이웃이 되어 사는 구역 안"의 의미로 짐작된다. 사방치기를 할 때 바닥에 그린 그림을 "밭"이라고 하는데 밭은 이웃과 함께 일하는 농촌의 생활 구역을 상

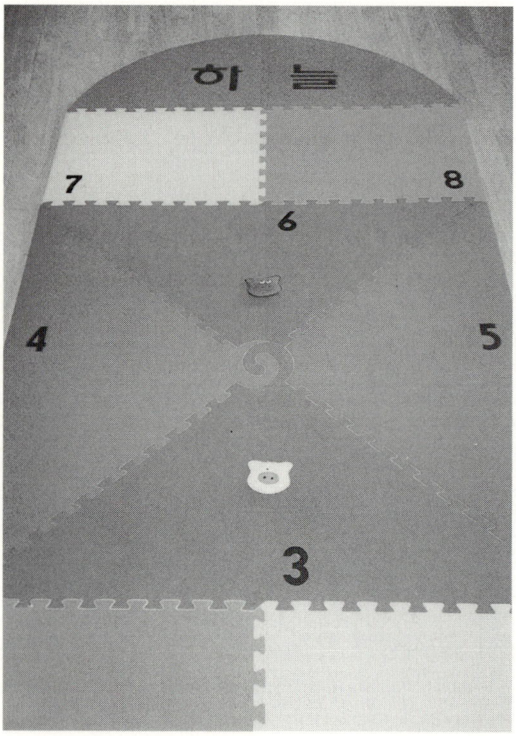

징하는 것이다.

#### (2) 놀이방법

① 땅에 적당한 크기로 그림판을 그린 후 편을 나눈다.

② 1, 2, 4, 5, 7, 8번은 두 발을 동시에 딛고, 3, 6번은 한 발로 딛는다.

③ 돌(망)은 1번 칸부터 던지고 그 칸은 발을 디디면 안 된다.

④ 돌은 돌아오다가 바로 전 칸에서 줍는다.

⑤ 1번에 돌을 올려놓고, 성공하면 2번 3번 계속한다.

⑥ 8번까지 다 성공하면 하늘로 던진다. 하늘까지 가서는 돌을 발등 위에 올려놓고 위로 차 올려 양손으로 잡고 다시 돌아온다.

⑦ 하늘까지 성공하면 하늘에서 뒤돌아 아무 칸이나 돌을 던진다.

⑧ 돌이 들어간 칸은 자기 땅이 되고, 자기 땅에는 표시를 하고 두발로 디딜 수 있다.

⑨ 표시한 땅이 많아져서 상대방이 뛰어넘을 수 없어 포기하면 놀이에서 이긴다.

### 9) 연날리기

#### (1) 놀이유래

연은 종이에 댓가지로 맞추어 붙이고 실로 벌미줄을 매어 만들고 어린이들이 공중에 날리는 것으로 풍연이라고도 한다. 삼국시대 신라 진덕여왕 즉위원년에 비담과 염종 반란이 있어서 김유신은 풍연을 만들어 남몰래 불을 붙여 하늘에 높이 띄우고 백성들에게 별이 다시 하늘로 올라갔으니 여왕이 크게 승전할 것이라고 하였다. 그래서 민심은 수습되고 군사들은 사기가 충전하여 싸움에 크게 이겼다고 한다. 연에 관한 이야기는 고려 말에도 있다. 명장 최영장군은 몽고인들의 반란을 평정했던 제주도 정벌 때 연에 불을 매달아 성을 침입함으로써 적을 이길 수 있었다고 한다. 또한 조선시대 이순신 장군의 난중일기에는 왜군과의 해전에서 가까운 성의 아군과 통신하는 신호등으로 연을 사용하였으나 후에는 무기로 사용하였다고 기록되어 있다. 영조대왕은 손

수 연날리기를 즐겼고 전국적으로 연날리기를 장려하고 많은 백성들이 즐겼다고 한다. 특히 여러 지방에서 정월대보름에 연날리기가 성행하는 것은 일년 사계절 중 이때가 연날리기에 가장 적당한 북서풍이 불기 때문이다.

#### (2) 놀이방법

① 대나무와 창호지, 풀, 실을 이용해 연을 만든다.
② 민속 신앙적 놀이로 질병, 사고, 흉년 등 나쁜 액운은 멀리 사라지고 복을 비는 "액막이 연날리기"는 연에 송액영복(送厄迎福)이라는 글과 연 날리는 사람의 생년월일과 이름을 써서 날려보낸다.
③ 연의 겨루기는 누가 높이, 멀리 보내는지와 연 싸움이 있다. 두 사람 이상이 연을 높이 띄우고 서로 연줄을 걸어 풀었다 감았다 하면서 상대편의 연줄을 끊는다.

### 10) 윷놀이

#### (1) 놀이유래

삼국시대 이전부터 전해 오는 민속놀이로 대개 정월 초하루부터 보름날까지 즐긴다. 부여 족 시대에 5가지 가축을 5부락에 나누어 주어 그 가축들을 경쟁적으로 번식시킬 목적에서 유래된 놀이이다. '도'는 돼지, '개'는 개, '걸'은 양, '윷'은 소, '모'는 말에 비유한다. 도는 한 발, 개는 두 발, 걸은 세 발, 윷은 네 발, 모는 다섯 발을 가는데 이는 각각의 가축 체구와 걷는 속도를 응용한 것이다. 그리고 윷놀이는 옛날에 새해를 맞이하여 '올해에는 농사가 풍년일까? 흉년일까?'를 점치던 놀이이기도 하였다. 그래서 윷말 이름도 농사와 관계가 깊은 가축 이름을 따서 지었다고 한다. 윷판은 29개의 동그라미로 되어 있는데 바깥 원은 하늘 본떴고 안의 직선 부분은 땅을 본 떠 우주 만물을 상징하도록 만들었다고 한다. 윷판은 하늘이 땅바닥까지 둘러싼 것을 뜻하며 말의 진행 방향은 봄, 여름, 가을, 겨울 사계절의 변화를 나타낸다(심우성, 1975), 즉 윷놀이는 우주 전체를 말판으로 삼아 만물을 움직이는 놀이이다.

윷은 지방에 따라 다양하지만 크게 가락윷(채윷)과 밤윷 두 가지가 있다. 가락윷은 박달나무, 통 싸리나무, 밤나무 같은 단단한 나무로 만들고 주로 남자들이 많이 노는 밤나무 윷은 크고 무겁게 만들며 여자들이 노는 박달나무 윷은 작고 예쁘게 다듬어 만든다. 밤윷은 세로로 쪼갠 작은 밤알크기의 나무 조각 네 짝을 갖추어 조그만 간장종기 등에 담아 손바닥으로 덮어 쥐고 흔들다가 바닥에 던진다. 밤윷은 영남 지방에서 많이 사용하며 북부 지방에서는 큰 팥이나 콩을 반쪽으로 쪼갠 팥 윷, 콩 윷으로도 놀았다.

### (2) 놀이방법

① 서로 편을 나눈 후, 윷가락 네 개를 나란히 세워 잡고 던진다. 이때 던진 윷가락이 판의 바깥으로 나가면 무효로 한다.

② 여러 명이 편을 나누어 할 경우에는 상대편과 한 사람씩 건너서 둘러앉고 순서대로 던진다.

③ 윷을 던져 나온 결과에 따라 판에 말을 쓰는데 5가지 사위가 있다.

도(돼지) : 한 칸 진행–세 짝이 엎어짐

개(개) : 두 칸 진행–두 짝이 엎어짐

걸(양) : 세 칸 진행–한 짝이 엎어짐

윷(소) : 네 칸 진행–모두가 뒤집힘

모(말) : 다섯 칸 진행–모두가 엎어짐

④ "도"는 1밭, "개"는 2밭, "걸"은 3밭, "윷"은 4밭, "모"는 5밭을 간다.

⑤ 윷가락이 나오는 사위대로 말을 이동시켜 한 바퀴 다 돌면 내보낸다.

⑥ 나오는 사위대로 말을 이동시켜 "한 동" "두 동" "석 동" "넉 동"이라고 하는데 넉 동을 먼저 내는 편이 이긴다.

⑦ 먼저 가는 상대방의 말을 잡을 수 있으며 상대편의 말을 잡으면 한 번 더 윷을 던질 수 있고 "윷"이나 "모"가 나와도 한 번 더 던진다.

### 11) 제기차기

#### (1) 놀이유래

구 당서에는 고구려 사람들이 축국을 잘 하였다는 기록이 있고, 신라시대에도 지금의 제기차기인 축국이 성행하였다고 한다. 『삼국유사』에는 김유신이 축국을 빙자하여 후에 태종 무열왕이 된 김춘추의 옷고름을 일부러 밟아 떨어뜨려 누이인 문희에게 옷고름을 달게 하였다. 그리하여 두 사람의 인연을 맺음으로써 문희를 왕후로 삼게 하였다고 전한다. 제기차기가 축국에서 유래되었다는 주장과는 달리 『한국민속대관 4』(1982)에서는 농촌의 어린이들이 질경이풀이나 우산풀을 차고 노는 순수한 놀이인 '풀제기차기' 에서 비롯되었다고 한다.

#### (2) 놀이방법

① 각각 순서를 정한 후 다음 네 가지 방법으로 차게 된다.

개척구(헐렁이) : 한 발을 땅바닥에 고정시키고 다른 발 안쪽 옆면으로 제기를 차올린다. 이때 제기 차는 발은 공중에서만 올렸다 내렸다 하며 땅바닥에 닿지 않게 한다.

맨제기(땅강아지) : 치는 방법은 개척구와 같으나 차는 발을 땅바닥에 댔다 올리며 차는 것이 다르다.

쌍발제기 : 두 발을 번갈아 가며 제기를 차올린다.

발등차기 : 발등을 사용하여 제기를 차기도 한다.

② 위의 네 가지 방법으로 땅에 떨어뜨리지 않고 제기를 많이 차올리는 편이 이긴다.

③ 진 편에서는 이긴 편에게 종들이기를 한다. 이긴 사람이 헛발질하거나 차 낸 제기를 진 편이 받아 내면 놀이는 끝난다.

## 12) 칠교놀이

### (1) 놀이유래

칠교놀이는 일곱 개의 나무 조각을 가지고 맞추는 놀이로 유객 놀이라고도 한다. 손님이 왔을 때 음식을 만드는 동안 시간을 보내기 심심하니까 기다리면서 이런 놀이를 하도록 했다고 한다. 언제부터 시작되었는지 확실하게 알 수는 없지만 1803년 청나라 시대에 출간된 책을 보면 그 기원이 훨씬 오래전인 주(周) 나라 때부터 이 놀이가 행해졌던 것으로 짐작된다. 그러므로 이 놀이는 중국에서 들어온 놀이라고 추정되며 다시 유럽으로 건너가 19세기 초부터 미국이나 유럽 등지에서 탱크림(지혜의 판)이라는 이름으로 크게 유행하였다.

### (2) 놀이방법

① 제시된 칠교판의 그림을 보면서 일곱 개 조각을 순서대로 맞추거나 자기가 만들고 싶은 것을 골라 만들기도 한다.
② 두 사람 이상이 게임으로 할 때는 미리 무엇을 만들 것인가 정 한 다음 일정한 시간 내에 만든다. 다 완성했을 때에는 한 점을 얻고 그렇지 못하면 판을 상대편에게 넘겨주어야 한다.
③ 차례를 바꾸어 가면서 여러 가지 형태를 만드는데 점점 어려운 형태를 상대편에게 지정한다.
④ 어떤 형태이든 칠교판의 일곱 조각을 가지고 맞추어야 한다. 즉, 반드시 일곱 조각을 다 써야 하며, 더 쓰거나 덜 써서 만들어도 안 된다.

## 13) 투 호

### (1) 놀이유래

투호놀이는 본래 중국 당나라 때에 성행되었던 것으로 우리나라에 일찍이 들어왔다. 투호는 일정한 거리에 놓인 병 속에 화살을 더 많이 넣는 편이 이기는 놀이로 조선시대에 와서 궁중과 조정의 고관들이 잔치 때에 여흥으로 즐겼다고 전해진다. 전통 투호놀이는 『예기(禮記)』에도 나타나 있는 바와 같이 투호살의 투입법에 있어서도 투이법, 삼투법, 기투법 등 각각 그 법칙과 격식이 정해져 있고 투호 살이 꽂히는 데도 특유의 명칭이 있으며 의례가 엄격하고 다양하였다고 한다. 그리고 투호병은 한자(尺) 정도이고 병 속은 팥으로 채운다고 한다. 병과 던지는 사람과의 거리는 두 살반(여섯 자) 정도 두고 두 자 네치 정도 되는 투호 살 12개를 던졌다고 한다.

#### (2) 놀이방법

① 일정한 거리(약 1m)에 투호병을 둔다.

② 한 사람이 화살을 가지고 투호 병 속이나 귀 구멍 어느 쪽이든 가운데에 들어가게 던진다.

③ 던지는 화살의 수나 점수를 정한다. 예를 들면 맨 처음 던진 살이 병 속이나 귀 구멍에 꽂히면 10점으로 계산한다. 두 번째 던진 살이 병 구멍에 꽂히면 5점으로 계산하는 등 놀이 대상과 상황에 맞게 점수를 정한다.

### 14) 팽이치기

#### (1) 놀이유래

우리나라에서 팽이치기가 언제부터 시작되었는지는 성덕왕 19년(720년)에 쓰여진 『일본서기』에서 우리나라의 팽이가 일본에 전래되었다는 기록을 통해 이미 삼국시대부터 놀이가 행해졌음을 추측할 수 있다. 즉, 당나라 때 놀이가 시작되어 삼국시대 때 우리나라에 전해지고 다시 일본에 건너가서 "고마"라는 이름으로 발전하여 우리나라에 역으로 전해졌다고도 한다. 한편 먼 옛날 도토리나 상수리처럼 둥글고 길쭉한 물체를 돌리기 시작한 데서 유래된 것이라고도 한다. 팽이는 각 지방마다 명칭이 다양하게 쓰여지고 있다. 한국민속종합조사보고서(1967~1974)에 따르면 서울, 경기, 충청 지역은 팽이, 경상남도는 뺑이, 경상북도는 핑딩, 전라남도는 뺑돌이, 제주도는 도래기 등으로 불리었으며, 이 밖에도 북한에서는 패이, 팽돌이, 빼리, 뺑생이, 봉애, 포애, 쎄리라고 하는데 이는 팽이가 팽팽 또는 쌩쌩 돈다는 데서부터 생긴 이

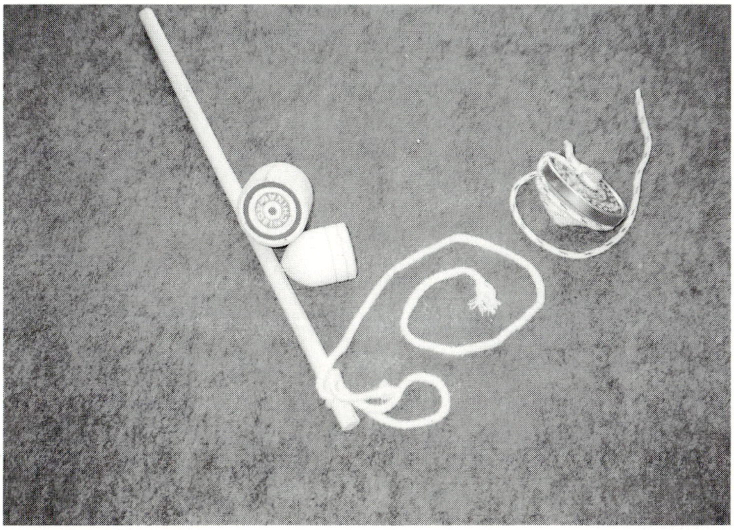

름이고 쎄리는 팽이채로 친다는 뜻을 가진다고 하였다. 고문헌들에서는 '핑이'라는 명칭으로 기록되어 있는 것을 볼 수 있는데 18세기 말까지도 이 용어가 사용되었다고 한다.

옛날 시골에서는 아이들이 나무로 팽이를 직접 깎아 만들어 겨울 강가, 연못, 논바닥 등의 얼음 위에서 팽이치기를 즐겼다. 팽이채는 길이 50cm 정도 되는 새끼손가락만한 굵기의 나무 끝에 명주실로 꼬은 노끈을 매서 만들었다. 울릉도에서는 해변에서 팽이와 비슷한 돌을 주워 돌팽이를 돌렸다고 하고, 기와집의 굵은 기둥 크기의 나무를 잘라 아주 큰 동네 팽이를 만들었다고도 한다. 이런 동네팽이는 이기고 지는 것이 중요한 것이 아니기 때문에 동네 사람들이 한데 모여 서로 놀이를 하면서 재미를 느끼고 친목을 도모하였다.

### (2) 놀이방법

**팽이채로 돌리는 방법**

① 왼손에 팽이를 쥐고 오른손에 팽이채를 든다.

② 팽이채의 끈으로 팽이 허리를 감아 바닥에 세운 후 팽이채를 힘 있게 뺀다.

③ 팽이채로 팽이 허리를 쳐서 오래 도는 팽이가 이긴다.

**줄 감아 던져 돌리는 방법**

① 팽이의 위쪽 쇠에 한 번 줄을 감아 내려와 아래쪽 쇠를 감아 올라가되 줄을 끝에서 약간 남긴다.
② 오른손에 팽이를 들고 오른손 새끼손가락 사이에 줄을 끼워서 팔이 수평이 되게 하였다가 땅바닥에 힘차게 던진다.
③ 제일 오랫동안 도는 팽이가 이긴다.
④ 돌고 있는 팽이끼리 맞부딪쳐 쓰러뜨릴 수도 있다.

## 15) 풀각시 놀이

### (1) 놀이유래

풀각시 놀이란 계집아이들이 풀을 가지고 각시를 만들어 논다는 데에서 나온 말로 일반적으로 '각시놀이'라고도 한다. 여자아이들이 푸른 풀을 뜯어다가 머리채를 만들고 나무를 깍아 그것을 붙인 다음 붉은 치마를 입히는데 이를 각시라 한다. 이부자리와 머리말 병풍을 쳐놓고 놀이를 하기도 하였다. 오늘날 여자아이들이 즐겨 노는 '인형놀이'와 비슷하다(심우성, 1996). 옛 문헌에서는 이를 '각시놀음'이라고 전한다. 각시놀음을 최초로 기록한 『동국세시기(東國歲時記)』와 『오주연문장전산고(五洲衍文長箋散稿)』에서는 이렇게 설명하고 있다. "인형놀이는 누가 가르쳐 주거나 전승되는 것이 아니라 아이들의 성장에 따른 자연스런 놀이다." 아이들은 서너 살만 되어도 베개나 인형을 가지고 놀이를 한다. 인형이 친구가 되기도 하고 부모가 되어 보기도 한다. 풀각시를 만드는 과정을 경험하는 것은 아이들에게 자연과 친숙해지고 창의적인 표현을 할 수 있는 기회가 된다. 각시 인형은 작물이나 화초의 잎사귀, 속대 같은 것으로 많이 만들어졌다. 달래, 물구지(각시풀), 난초, 실파, 보리 잎 같은 풀로 머리카락을 만들었다. 풀로 만든 머리카락을 수숫대에 매어 다시 뒤집으면 머리와 같이 둥근 모양이 만들어진다. 머리카락 모양은 땋거나 길게 늘어뜨리기도 하고 쪽진 머리로 만들 수 있다. 각시 몸체를 만들고 색깔을 잘 맞추어 치마와 저고리를 입힐 수 있다.

풀을 가지고 하는 또 다른 놀이로서 풀 싸움이 있다. 풀싸움은 주로 봄철에 하지만 풀이나 나무가 자라지 않는 겨울을 제외하고는 언제든지 할 수 있는 놀이이다. 이것은 여러 가지 풀잎을 뜯어다가 서로 비교하여 많이 뜯어 온 사람이 이긴다. 혹은 풀의 줄기를 서로 엇갈리게 해서 자기 쪽으로 잡아당겨 상대방의 풀을 끊게 되면 이기는 놀이방법도 있다. 그리고 잎이 많이 달린 풀을 뜯어 가위바위보를 하여 이긴 사람이 한 잎씩 뜯어내어 먼저 잎을 떼어 내면 이기는 방법으로 놀이를 하기도 한다.

### (2) 놀이방법

① 풀을 15cm 정도의 나뭇가지 혹은 수숫대에 묶은 후 다시 뒤집어 머리같이 둥글게 만든다(머리를 땋거나 쪽진 머리로 만들 수 있다).
② 여러 색의 헝겊으로 저고리와 치마를 만들어 입힌다.
③ 만든 각시를 이용하여 신랑 신부 놀이나 여러 가지 인형놀이를 한다.

## 16) 구슬치기

### (1) 놀이유래

구슬치기는 남부지방의 농촌이나 도회지에서 많이 볼 수 있으며 구슬이 생기기 전에는 기왓장을 갈거나 돌멩이로 구슬 대신 쓰기도 하고 장신구로 사용되었다. 구슬은 일제 강점기부터의 놀이 도구였다. 흙으로 구슬을 빚어 말린 다음 불에 구워 쓰기도 했고 유리구슬, 사기구슬, 쇠구슬은 그 후에 나온 것들이다. 우리의 민화나 전래동화에 구슬이 진귀한 보물이나 요술구슬로 묘사되고 있음을 보아 구슬은 우리의 생활과 밀접한 관계를 가지고 있음을 알 수 있다.

### (2) 놀이방법

#### 삼각 따먹기

일정한 거리에 구멍을 파 놓고 그 구멍 가까이 넣거나 또는 삼각형을 그려 놓고 삼각형 안에 있는 구슬을 맞혀서 삼각형 밖으로 나온 구슬을 갖게 되는 삼각 따먹기 놀이 두 가지가 있다. 삼각 따먹기의 놀이방법은 다음과 같다.

① 세모는 앞 금의 거리를 2m 정도로 정하고 뒷 금도 2m 정도 거리를 두어 정한다.
② 가위바위보를 하여 순서를 정한다.
③ 자기 순서가 되면 앞 금에서 시작하여 세모가 있는 구슬을 겨냥하여 손가락으로 튕긴다.
④ 튕긴 구슬이 세모 안의 구슬을 맞추어서 세모 밖으로 나오면 그 구슬은 자기 것이 된다.
⑤ 세모 안의 구슬이 다 없어지면, 자기가 딴 개수를 세어서 많이 딴 사람이 이기게 된다.

이상의 전통놀이들을 교육현장에서 적용하기 위해서는 유아의 요구나 발달 수준에 맞추어 반복적인 수정보완을 해야 한다. 앞서 몇 가지 전통놀이에 대한 교육활동 지도방법이 개발된 바 있다. 그중 전통적인 구슬치기 놀이방법에 기초하여 교육현장에서 활용될 수 있는 판, 원, 신발, 상자 등을 이용한 구슬치기 방법들을 소개하면 다음과 같다(교육부, 1993). 그리고 게임활동 실제편에서도 "사방치기"(실외), "윷놀이"(3세, 4세, 5세)의 활동 및 지도방법을 참고할 수 있다.

### 판을 이용한 구슬치기

삼각형이 벽에 닿도록 카펫을 벽에 붙인 후 벽에 높이 1m 정도 되는 줄을 긋고 그 줄에서 큰 구슬을 떨어뜨려 가장 멀리 굴러간 사람이 이긴다. 혹은 삼각형 안에 있는 구슬을 맞추어 구슬이 삼각형 밖으로 나가면 그 구슬을 갖는데 차례로 해서 구슬을 가장 많이 모은 사람이 이긴다. 그리고 구슬 4개를 카펫 위에 사각형 안에 흩어 놓고 사각형밖에 선 채로 가슴 높이에서 큰 구슬을 떨어뜨려 사각형 안에 있는 구슬을 맞추면 그 구슬을 가지는 놀이 방법도 있다.

### 원을 이용한 구슬치기

원 안에 구슬 4개씩 놓은 후 차례로 원 밖에서 큰 구슬을 한 번씩 굴려 구슬을 맞추어 원 밖으로 내보내면 그 구슬을 가진다. 혹은 구슬을 십자 모양으로 놓고 구슬을 맞추어 원 밖으로 나가게 하는데 이때 자기의 큰 구슬은 원 안에 있어야만 구슬을 가질 수 있고 4개의 구슬을 먼저 모은 사람이 이긴다. 원의 가운데 13개의 구슬을 십자 모양으로 놓고 7개의 구슬을 먼저 모은 사람이 이기는 놀이 방법도 있다.

### 신발을 이용한 구슬치기

원 가운데에 신발 한 짝을 놓은 후 1명이 구슬 4개씩을 신발 주위에 놓는다. 원 밖에서 큰 구슬을 굴려 원 안의 구슬을 맞춘다. 이때 원안의 구슬이 신발에 맞으면 그 구슬을 가진 후 계속 할 수 있다. 원 안의 구슬이 신발에 맞지 않으면 그대로 두고 다음 사람이 하여 가장 많이 구슬을 가진 사람이 이긴다.

### 상자를 이용한 구슬치기

한 사람이 큰 구슬 3개를 가지고 선에서 굴려서 상자의 문에 들어가면 문 위에 써 있는 숫자만큼 작은 구슬 바구니에서 구슬을 가져간다. 큰 구슬을 세 번 굴릴 때까지 반복해서 작은 구슬을 가장 많이 모은 사람이 이긴다. 또는 직사각형의 상자를 옆으로 놓아 뚫린 쪽이 게임 하는 사람을 향하게 한 후 상자에서 1m 되는 곳에서 줄을 긋는다. 줄밖에서 구슬을 굴려 상자 안에 넣는 사람이 이긴다.

### 전통놀이 인터넷 사이트

www.korea.net
www.weensok.
tongyoung.pe.kr
www.kitelandnet
htpp://trad.encyber.net
htpp://my.netian.com/~callin06
htpp://my.netian.com/~happycyj
htpp://www.nol2i.com
htpp://mackorea.hihome.com/
htpp://midistar.co.kr/
htpp://members.tripod.lycos.co.kr/playhome
htpp://www.dasonglove.com.ne.kr/home.htm
htpp://my.dreamwiz.com/ybosco

# 제2부
# 게임

제8장 게임에 대한 이해

제9장 게임의 지도원칙 및 방법

# 제8장 게임에 대한 이해

이 장에서는 구조화된 놀이로서 게임의 특성을 이해하고 게임의 효율적인 운영방법과 교사의 역할에 관한 이론적 배경을 제시하여 실제 교육현장에서 실시되는 게임지도에 도움을 주고자 한다.

## 1. 게임의 정의 및 특성

### 1) 게임의 정의

게임은 미리 제한된 규칙에 의해 경쟁하는 놀이 활동이다. 구조화된 놀이로서 게임은 규칙, 승패, 경쟁적 상황, 사회적 과정 등과 같은 중요한 요소들과 관련하여 다양한 측면에서 정의를 내려볼 수 있다.

- 게임은 놀이참여자가 두 편으로 갈라서서 일정한 규칙에 따라 서로 이기려고 노력하는 신체적 · 정신적 경쟁을 말한다. 게임에는 규정된 행위와 규칙이 있고, 일반적으로 규칙 위반에 대한 벌칙이 있으며, 게임을 하는 행동은 클라이맥스에 이르게 될 때까지 형식적인 전개과정을 거치게 된다.
- 게임은 스릴이 있고 승패가 명확해서 온 힘을 다해서 놀 수 있고 만족감을 맛볼 수 있는 '승패 있는 놀이' 이다. 그래서 게임은 하나의 결과,

즉 승패로 결정지어 지는 경쟁적 활동이다.

- 게임은 사회화 과정에서 나오는 심리적 스트레스나 갈등의 해결 수단이다.
- 조직적인 놀이로서 게임은 시간을 구조화하는 방법이다. 자유놀이를 통하여 충분한 경험을 할 수 없거나 그 주의 교과내용과 연결된 것을 교사가 목적을 가지고 조직화할 수 있는 활동이다.
- 게임은 일정한 형식이 있는 것으로 놀이행동의 특별한 종류이다. 그 형식은 게임이 경쟁적이고 양편으로 조직되며 승자를 결정짓기 위한 기준이 된다.

이상의 정의들을 종합하여 정의를 내려보면, "게임은 구조화된 놀이로서 둘 이상의 편을 나누어 규칙에 따라 경쟁하여 이기려고 노력하는 놀이 활동"이다.

## 2) 게임의 특성

유아의 게임은 흔히 놀이와 혼돈하여 쓰여지는 경우가 많다. Piaget, Smilansky, Sutton-Smith 등과 같은 학자들에 따르면 놀이가 게임보다 더 포괄적이며, 게임은 놀이의 일부분이라고 말한다. 그러므로 게임과 놀이의 차이점을 살펴봄으로써 게임이 갖는 특성을 좀더 정확하게 이해할 수 있다.

- 게임과 놀이는 둘 다 즐거움이 있는 지적 · 신체적 활동이지만 집단 구성원, 일정한 규칙, 승부욕을 가진다는 것이 다르다.
- 게임은 놀이에 비해 게임은 상호적 개입이 이루어지기 때문에 사회적 발달영역과 관계가 깊다. 그것 자체가 즐겁게 놀기 위한 것이 아니면 안 되고 반복하는 동안에 흥미가 증대되며, 게임 규칙에 대해 참가자 전원이 규칙을 잘 이해하고 약속을 지키고 실천해야만 한다.

  간단한 게임일지라도 경쟁대상인 또래가 동반되는 활동이기 때문에 사회성과 경쟁의식이 어느 정도 발달해 있어야 흥미를 느낄 수 있다. 유아는 게임의 규칙을 지킬 줄 알고 서를 이해하며, 친구 행동에 관심을 가지고 서로 격려하기도 하고, 서로 즐거워할 수 있다. 그리고 유아는 게임을 통하여 만족감과 성취감을 맛 볼 수 있고 이기고 지는 것의 재미를 알며 창의적인 방법으로 게임을 전개해 나갈 수 있다.

- 게임은 놀이에 비해 몇 가지 중요한 요소로 특징짓는다. 상호적 개입, 규칙적인 상호작용으로서 교대, 연속적 순서에 따른 반복, 비 언어성이다. 이 4가지 특징은 게임이 시작되고 진행되며 끝나는 전체 과정에서 중요한 역할을 하게 된다.
- 놀이의 내용이 일상 생활주제의 반복인 반면 게임은 어떠한 형태에서 볼 때 중요한 문화의 특성을 결정짓는 수단이 될 수 있다. 게임이 진행됨에 따라 게임을 다루기 위한 독특한 전략을 세우게 되고 게임내용에 변화가 일어나지 않는다 하더라도 자신에게 특별한 문화적 형태를 배울 수 있게 만든다.

게임이 문화적 특성을 반영하는 것에 대한 구체적인 연구는 문화적 특성이 반영된 자녀양육 방법과 유아의 게임이 밀접한 관계를 맺고 있다는 것이다. Sutton-Smith & Roberts(1981)는 가장 복잡한 문화권에 사는 유아는 가장 복잡한 경쟁 게임을 하는 경향이 있다고 설명하면서 세 가지 게임유형을 제시하였다. 구체적인 유형을 살펴보면 자녀에게 책임감을 강조하는 문화적 특성을 지닌 사회의 유아들은 찬스 게임(game of chance)을 즐겨한다. 이 게임의 결과는 순전히 운에 의해 결정되고 합리성보다는 미래에 대한 종교적 의식이나 예언에 의존하는 문화적 특성을 지닌다. 신체적 기술 게임(games of physical skill)은 기술적 정교화가 제한된 단순한 문화권에서 주로 나타난다. 이것은 달리기나 경쟁적 추적, 던지기 등과 같은 게임 유형으로 생존과 관련하여 습득해야 하는 신체적 기술들이다. 그러므로 성공적 결과를 강조하는 문화권에서 많이 나타난다. 전략 게임(game of strategy)은 복종을 중요시하는 문화권에서 즐겨하는 게임 유형이다. 이것은 기술적으로 발달되고 복잡한 문화에서 놀이자들이 게임을 합리적으로 선택하여 결정한 것으로 상당한 정도의 지적 기술을 요구하는 것이다. 카드 게임, 컴퓨터 게임, 스무고개, 스포츠 게임 등이 여기에 해당된다.

이와 같이 게임은 분명한 규칙과 상호적인 개입을 필요로 하며 특별한 형태의 전략을 세우고 문화적 특징을 학습할 수 있는 기회를 제공해 준다.

## 2. 게임의 발달 및 가치

### 1) 게임의 발달

일반적으로 유아들은 연령에 따라 게임이 특징적으로 발달한다.

발달 초기 단계에서는 영아가 까꿍(peekaboo)을 함으로써 게임의 규칙을 민감하게 받아들인다. 대체로 15개월 된 영아는 게임의 새로운 변화를 통제하고 새로운 시각으로 게임을 일반화시킬 수 있는 기본적인 능력을 획득한다. 즉, 까꿍을 통해서 게임의 기본규칙뿐만 아니라 규칙형태 내에서 가능한 변화의 범주를 학습한다.

1~2세 유아는 성인이 함께 하는 게임의 형태가 나타난다. 이때 유아의 게임은 갈등을 완화시켜 주고 계속적인 안정감을 느끼면서 더욱 흥미를 갖게 되며 사건을 통제할 수 있는 능력을 키워 주고 현실에 적응해 나가는 준비과정이 될 수 있다.

2~3세 유아는 자율적으로 게임을 받아들일 수 있고 게임에 대한 탐색과 검증이 더 복잡해진다.

3~4세에는 게임을 하면서 참여자들에서 나타나는 역전이 인상적인 것으로 받아들여 지지만 게임에서 이기고 지는 것보다 놀이 상대를 신뢰하고 함께 즐기는 것이 더욱 중요하다.

4~5세 유아는 규칙을 만들어 가는 과정에서 문제에 대한 지식보다는 자기 자신의 독특한 경험을 기초로 해서 규칙을 형성하게 된다. 특히 이 시기는 게임을 통하여 사회적 결속력과 질서와 무질서의 관계를 이해하고 집단화하는 방법과 사회조직력을 경험할 수 있게 된다.

5~7세에는 서로 대립되는 두 그룹을 형성하여 공통적 주제에 따라 게임 방법을 배우게 된다.

그리고 7~9세 유아는 게임에 대한 바른 태도와 습관을 형성할 수 있도록 가르치고 질서와 경쟁의 좋은 습관을 배우게 된다.

9~13세에는 놀이자 간에 이기고 지는 것이 문제가 되고 게임 결과가 분명해지는 특징이 나타난다.

이와 같이 유아들에게 게임은 연령이 증가할수록 게임의 규칙이 복잡해지고 새로운 규칙을 만들어 가며 놀이자 간의 상호작용이 증가하면서 경쟁력이 생겨나고 게임 결과도 명확히 구분 짓게 되는 발달적 특징을 가진다.

유아의 인지발달 특징과 관련하여 Piaget(1962)는 게임의 발달단계를 연습 게임, 상징 게임, 규칙 있는 게임으로 나누어 설명하였다. 1단계 연습 게임(practice game)은 감각운동기술을 활용한 현재 생활의 연습과정이다. 즉 이 단계의 유아들은 단순한 게임 활동을 통하여 반복적인 즐거움을 느끼고 현실에 대한 주관적 모방을 실현해 나가면서 기본적인 규칙을 익히게 된다. 예를 들면 장난감 소리를 듣기 위해 의도적으로 손이나 발로 소리를 만드는 과정에서 유아는 두들기거나 흔들면 즐거운 소리가 난다는 간단한 규칙을 이해하고 반복적인 활동을 보인다. 또한 부모와 함께 하는 까꿍놀이에서는 부모의 얼굴이 사라졌다가 다시 나타나는 규칙성을 배우게 되고 반복되는 규칙을 모방하기 위해 유아는 많은 반복을 하면서 즐거워한다. 그리고 2단계 상징적 게임(symbolic game)에서는 상징적인 행동들을 모방함으로써 규칙을 학습하고 게임방법에 적응하려고 노력하는 단계이다. 즉, 여러 가지 생활에 필요한 기술을 게임을 통하여 배우는 기회를 갖게 된다. 이 시기의 유아는 자신을 주어진 상황에 적응시켜 가기보다는 현실을 자신의 욕구에 동화시키고, 실제와는 다른 상징적 형태를 많이 받아들일 수 있다. 그러므로 혼자서 바르게 옷을 입는 기본생활과 관계되는 기술은 게임활동을 통하여 인형에게 혹은 친구에게 옷을 입혀주는 상징적 활동으로 연결하여 보다 즐겁고 쉽게 그리고 유아에게 익숙해질 수 있도록 경험시킬 수 있다. 마지막 3단계가 규칙 있는 게임(game with rules)이다. 6～12세의 유아들은 게임에서 이기기 위한 노력을 하고 놀이자는 모두 동일한 규칙을 지키며 게임의 규칙을 정하거나 따르기 위해 협동하게 된다. 11~12세 유아는 규칙이 최종적인 수준에 도달하여 외부 현실의 요구에 맞도록 규칙을 정할 수도 있다. 무엇보다 유아들은 규칙 있는 게임, 집단의식이 있는 게임을 경험하면서 자기중심적 게임 형태에서 벗어나 사회적 적응능력을 키워가게 된다. 이러한 집단적 게임으로의 발전은 유아들로 하여금 집단의 요구와 흥미에 적합한 규칙을 정하게 하고 그 규칙을 자기 스스로 잘 지키는 것이 집단을 위해 필요하다는 인식과 함께 규칙에 대한 책임의식을 가지게 만든다.

유아의 연령과 인지적 수준에 따른 게임의 발달 진행 단계 외에도 Sullivan은 게임 유형에 따른 발달순서를 제시하기도 하였다. 성인과 함께 하는 놀이, 비형식적 개별놀이, 비형식적 사회놀이, 개별적 · 경쟁적 게임(개별적 승리에 강조), 편 게임(자기 편의 승리를 위해 개별적인 노력을 기울이고 형식적인 조직을 요구하는 놀이)의 순이다. 가장 마지막 단계는 가장 수준 높은 게임 유형으로서 집단의 승리를 위해 유아들이 협력해야 함(Seagoe, 1962)을 알게 된다.

Evans와 Rubin(1983)은 게임지식이 발달단계에 따라 발전한다고 주장하였다. 모든 연령의 유아들은 대체로 게임의 연속적인 순서에 따라 규칙을 잘 알고 따르지만 연령이 낮은 유아는 게임을 하는 과정에서 정보에 따르기보다는 행동에 기초하여 게임 지식을 학습하게 된다는 것이다.

따라서 유아 게임은 연령, 인지적 능력, 발달수준이 높아짐에 따라 게임 방법과 규칙이 단순한 것에서 복잡한 형태로, 개인보다는 집단을 구성하여 경쟁하고 협력하는 게임 형태로 발전하게 된다.

### 2) 게임의 가치

게임은 유아발달 정도에 적합한 학습동기를 유발시킬 수 있으며 유아의 흥미를 자극하여 자발적인 활동으로 이끌 수 있다. 이러한 활동을 통하여 환경 및 물리적 성질에 대한 학습과 다른 사람과의 상호 개입적 행동에 대한 학습, 사회적 상호작용의 과정을 학습할 기회를 갖는 데 게임의 가치가 있다. 게임에 대한 가치를 개별 게임과 그룹 게임으로 나누어 구체적으로 살펴보고자 한다.

#### (1) 개별 게임의 가치

개별 게임은 유아가 스스로 선택하여 경험하는 구조화된 활동이나 놀이이다. 유아는 자신이 자발적으로 선택한 놀이를 진행할 때 가장 즐겁고 그 활동에 가장 잘 몰두하게 된다. 그러므로 교육적 가치와 여러 가지 개념 학습을 포함하고 있는 게임일수록 유아의 학습효과를 최대한으로 높일 수 있다. 그리고 자발적인 활동은 자주적인 자아에의 작용으로써 유아의 내적 동기유발을 자극하기에 충분한 역할이 된다.

유아는 게임에 포함되어 있는 인지적 기술, 언어적 기술 등과 관련된 게임 방법과 규칙을 경험하면서 단순하고 복잡한 개념들을 이해하게 되고, 자신의 역할을 끝까지 수행하고 책임지는 태도 등을 스스로 배울 수 있다.

이러한 개별적 게임은 목표에 도달하려는 자기 자신의 시도로서 다른 사람과는 관련되지 않는 목표구조를 지닌다. 개별적인 상황에서 경쟁성은 자기경쟁이 나타나고 과거 수행성에 의해 영향을 받는다. 즉, 낚시 게임판을 이용하여 물고기를 모두 잡아 보거나 주사위를 이용한 판게임 등과 같이 성공적 수행 경험을 하게 되었을 때 자기보상과 만족이 높게 나타난다.

그러므로 유아에게 개별적이고 자발적으로 게임에 참여하는 경험을 제공함으로써 학습에 대한 흥미와 효율성을 높여 주고, 성공적 경험을 바탕으로 긍정적 자아개념을 형성하며 개인의 역할과 태도를 바르게 형성할 수 있도록 도와주는 데 그 가치가 있다.

### (2) 그룹 게임의 가치

그룹 게임은 2명 이상의 유아가 함께 하는 놀이로서 달성해야 할 목표가 있고, 나와 상대방이 반대되는 역할을 해야 하며, 규칙을 따라 활동하는 놀이이다. 그룹 내에서 유아 개인은 팀에서 자신과 다른 사람에 대한 기대, 즉 집단관계에서 자신을 발견한다. 그러므로 그룹 내에서의 활동은 가치가 크다고 하겠다. 첫 번째 가치로는 과제에 대한 개인의 능력과 집단의 생산성이라는 측면에서 볼 때 그룹에 속한 개인은 과제수행에 대한 무기력한 감정을 집단적인 행동으로 이끌 수 있다는 점이다. 반면 개별적 수준에서는 무기력한 감정으로 인하여 과제수행에 대해 위축되는 경향을 보일 수 있다. 그러므로 개인이 결합된 집단에 소속되어 있을 때 학습과제를 더 잘 수행한다는 것이다. 즉, 그룹에서 구성원이 성취해야 하는 것은 혼자서 성취해야 하는 상황보다 더욱 문제를 잘 해결할 수 있고 효과적으로 학습해 나갈 수 있다. 두 번째, 그룹 활동은 일반적 목표를 달성하기 위해 적절한 동기를 형성하도록 도와주며, 사회적 분위기에 적응할 수 있는 능력을 향상시키도록 이끌어 주고, 개인적 태도와 행동을 긍정적으로 변화시키는 데 영향을 미치게 된다. 세 번째,

그룹의 경험은 구성원들 사이에 상호자극과 모방의 기회를 제공해 줄 뿐만 아니라 자발적이고 경쟁적 욕구를 가지게 함으로써 개인적 성장 및 발달을 도와줄 수 있다. 이와 같은 그룹활동의 가치를 생각할 때 그룹활동으로서 게임을 경험시키는 것은 유아의 전체적인 발달을 위하여 매우 중요한 일이 된다. 이것은 유아에게 집단에 대한 소속감을 갖도록 도와주며 여러 가지 기술이나 개념을 구체적인 게임 활동을 통하여 쉽게 이해함으로써 개인적 능력감을 키울 수 있는 좋은 기회가 될 것이다.

그룹 게임은 자유놀이를 통하여 유아가 자발적으로 선택할 수 있을 뿐만 아니라 교사가 계획하여 교육목표에 접근시킴으로써 불충분해질 수 있는 교육적 경험을 보충하기도 하고 놀이를 확장시켜 줄 수 있다. 이때 교사는 유아의 흥미, 발달수준, 성취, 안전 등을 고려하여 교과내용(생활 주제)을 중심으로 한 집단적 게임을 실시하게 된다.

그룹 게임이 갖는 구체적인 가치가 유아의 발달에 어떻게 영향을 미치는지에 대하여 정리해 보면 다음과 같다.

- 유아들이 스스로 규칙을 만들어 보고 그 규칙에 따라 실행하는 과정에서 문제가 발생했을 때 문제의 해결 방법을 찾아보는 경험들은 지적 · 도덕적 자율성을 기르는 데 도움이 된다.
- 유아들은 이기기 위한 전략을 정하기 위하여 동일한 집단의 구성원들과 서로 의논하게 된다. 이러한 상황에서 상대방의 입장을 존중하여 생각하는 기회를 갖게 됨으로써 자기중심적 사고에서 차츰 벗어나 탈중심화가 이루어지게 된다.
- 그룹 게임에서 정해진 규칙에 따라 행동하고 질서를 지키며, 옳고 그름을 판단해 봄으로써 유아의 사회성 · 도덕성 발달이 이루어진다.
- 게임의 방법이나 규칙을 정하면서 자신의 생각을 언어적으로 표현해 보거나 상대방 이야기를 듣는 경험, 게임 내용과 관련된 어휘, 게임 준비를 위한 쓰기 활동 등은 유아의 언어발달을 도울 수 있다.
- 게임 내용에 포함된 수, 공간, 위치, 속도, 거리, 색깔, 모양 등 기본 개념을 이해하고 물리적 특성과 논리적 사고의 기회를 제공함으로써 유아의 인지발달을 돕는다.

- 게임의 규칙들은 사회 집단이라는 범주 내에서 실행되어야 할 규칙들이 반영된다. 그러므로 게임에서 제시되는 규칙들을 자율적으로 지킴으로써 사회생활에 필요한 준법정신을 기르게 된다.

### (3) 그룹 게임의 유형

**목적물 맞추기 게임** 지각과 운동능력과의 협응력, 공간의 관계 이해, 원인과 결과와의 관계를 발달시키는 데 도움을 준다. 게임의 예로는 핀 떨어뜨리기, 구슬치기, 팥 주머니 던지기, 고리던지기, 비석치기 등이 있다.

**경주 게임** 대근육의 발달, 협동하기, 서열, 분류, 일대일 대응, 언어발달, 생각을 교환하는 능력을 발달시킬 수 있다. 다리 묶고 달리기, 의자 차지하기, 스푼으로 나르기, 팥 주머니 이고 돌아오기, 연날리기 등이 그 예이다.

**쫓기 게임** 다른 사람을 이해하기, 공간개념, 언어발달 등의 가치를 지닌다. 게임의 예로는 색깔 찾기, 여우야, 여우야 뭐하니, 고양이와 쥐 등이다.

**숨기기 게임** 공간의 크고 작은 관계를 이해하고 자기 신체조정능력을 발달시킬 수 있을 뿐만 아니라 반대되는 어휘를 소개받고 실제 경험을 할 수 있다. 게임의 예로는 숨바꼭질, 보물찾기, 방안의 물건 찾기 등이다.

**알아맞히기 게임** 상상력, 추리력을 발달시키며 주의집중력과 적절한 어휘로 말하는 능력, 사물의 명칭을 이해하고 확장시켜 나가는 능력을 발달시킬 수 있다. 게임으로는 스무고개, 열고개, 비밀 주머니, 듣고 알아맞히기, 보고 알아맞히기 등이 있다.

**언어적 지시 게임** 다른 사람의 말을 집중해서 듣고 지시에 따라 행동하는 능력을 발달시킬 수 있다. 게임의 예로는 무궁화 꽃이 피었습니다. 코코코, 가라사대, 신체 마주대기, 색깔 찾기 등이다.

**판, 카드 게임** 비교하기, 순서대로 배열하기, 모양 · 색 맞추기, 짝짓기, 수 개념, 의사교환 및 결정하기 등을 발달시킬 수 있다. 게임의 예로는 윷놀이, 도미노게임, 사방치기, 줄다리기 등이다.

따라서 게임의 가치는 새로운 규칙을 경험하고 인지, 사회 · 도덕, 언어 등의 전반적인 유아 발달을 도와주며 유아의 자율성과 소속감, 그리고 성취감을 제공해 줌으로써 학습의 효과를 높일 수 있는 교육적 가치를 지니고 있다. 그러므로 교사는 유아에게 적합한 게임을 선택하고 잘 준비된 환경에서 자유롭게 게임을 할 수 있도록 계획하여야 한다.

## 3) 게임에서의 경쟁성

### (1) 경쟁성의 정의 및 발달

게임에서 나타나는 경쟁성은 크게 세 가지로 정의를 내려볼 수 있다. 첫째, 개인의 목표를 지향하는 행동 혹은 자기 자신의 이익을 최대화하는 것이다(Werner, 1977). 자기 결과가 타인의 결과보다 중요하며 주요 목적이 타인에 비해 자기 보상을 최대화하는 현상이다. 둘째, 경쟁성은 개인적 또는 자아동기이다. 상대방을 이기려는 자아의식을 의미한다. 셋째, 게임에서 경쟁성은 불가피한 것이고 유아는 이기려는 자발적인 욕구에 의해 경쟁을 하게 된다(Kamii & DeVries, 1980; Pepitone, 1980).

경쟁성은 유아의 발달단계에 따라 특징이 다르게 나타나는데 처음에는 개인적 욕구 충족을 위한 경쟁성이 점차적으로 사회적 집단에 대한 경쟁성으로 발달된다. 초기 발달에서 경쟁성은 부모로부터 애정획득과 보상적 행동으로 나타나는 것이다. 이러한 특징은 유아가 성장해감에 따라 가정의 범주에서 벗어나 또래와의 관계가 형성되기 시작한다. 자기 자신의 성취 욕구에서 비롯되는 경쟁성은 3~4세에 경쟁적 행동이 시작된다. 그리고 4~6세가 되면 유아는 여러 가지 경험을 통해서 자신에게 적절한 경쟁적 과제를 선택할 줄 알게 되고 경쟁동기도 강하여 유아들이 가장 거리낌 없이 경쟁심을 표현한다. Miller(1984)는 3세 이후부터 5세 정도에는 다른 유아들 보다 큰 보상을 얻기 위해 게임에서 경쟁성을 선택한다고 하였다. 경쟁에 대한 문화적인 요소와 경쟁에 주어지는 일관성 있는 보상이 명확할 때 경쟁의 가치와 동기는 높아지게 된다. 6~7세 유아는 자신과 다른 사람의 성취를 고려하는 학습된 전략으로 사회적 동기의 상태로서 경쟁한다(McClintock & Moskowitz, 1977). 경쟁성을 게임의 발달과정과 연결하여 정리하면 다음 〈표 8-1〉과 같다.

표 8-1 유아 게임과 경쟁성 발달

| 연 령 | 게임의 발달 | 경쟁성의 발달 |
|---|---|---|
| 1~2세 | 게임의 기본적인 능력을 획득하고 성인과 함께 하는 게임을 한다. | |
| 2~3세 | 자율적으로 게임을 수용한다. | 애정 획득과 보상적 행동으로서 경쟁을 한다. |
| 3~4세 | 게임 상대를 신뢰하고 즐길 줄 안다. | 경쟁행동이 시작된다. |
| 4~5세 | 자신의 특별한 경험을 기초로 하여 규칙을 만들 수 있다. | 경험을 통해 적절한 경쟁적 과제를 선택할 수 있다. |
| 5~7세 | 서로 대립되는 두 그룹을 형성하여 게임을 한다. | 경쟁동기가 강하고 가장 거리낌 없이 경쟁심을 표현한다. |
| 7세 이후 | 게임 활동의 질서와 경쟁에 대한 좋은 습관을 형성하고 게임 승패가 분명하다. | 사회적 동기를 가지고 경쟁한다. |

그러므로 영아기의 경쟁심은 부모와 다른 영아들과의 관계 속에서 생기는 것으로 장난감이나 다른 사물들을 얻기 위하여 자신의 우월성을 나타내는 것이고 자신이 얻고자 한 것을 성취했을 때 큰 기쁨이 생겨날 수 있다. 유아기에서의 경쟁성은 유아들이 선택한 활동에 최선을 다하도록 하는 자극제 역할을 하게 되고, 사회적으로 인정되는 건설적이고 도덕적인 기준에서 경쟁을 경험함으로써 사회성 발달에 도움이 된다. 이 시기에 유아는 특히 다른 사람들과 동등하게 되기를 바라든가 또는 그 보다 우월해 보이고 싶고 칭찬이나 상을 받아 보려고 할 때 경쟁성이 생겨난다. 한편 아동기에서는 또래로부터 인정받기를 원하고 놀이집단(gang)과 경쟁적 위치에 있는 다른 놀이집단 사이의 갈등, 놀이집단과 사회집단 사이의 갈등으로서 경쟁이 나타난다. 이와 같이 경쟁성은 연령이 높아질수록 더욱 증가하고, 초기 발달단계에서는 부모와 개인적 차원에서 경쟁성이 나타나고 그것은 점차적으로 또래와 집단 사이의 경쟁으로 발달하게 된다. 위의 〈표 8-1〉에서 제시된 것처럼 5세 이전의 유아는 대체로 개인과 집단의 욕구 충족과 목적을 달성하고 개인적인 동기에 의해 경쟁을 하지만 차츰 사회적 동기로 인하여 경쟁하게 되는 발달적 특성

이 나타난다.

### (2) 경쟁성의 가치

유아들이 게임을 할 때 협동적이 되거나 경쟁적으로 게임을 하기도 한다. 그런데 유아들이 게임 과정에서 자발적 욕구에 의해 생기는 경쟁성이 지나치게 강조되거나 혹은 부정적으로 다루어지는 경우가 있다. 그러므로 경쟁성의 몇 가지 측면에서 가치를 바르게 이해하고 적절하게 지도하는 것이 필요하다.

**개인적인 성장** 개별적인 한계성을 극복할 수 있고 개인 성장에 대한 적합성(adequacy)을 향상시킬 수 있다. 게임에서의 경쟁성은 다른 사람의 권리와 감정에 대한 민감성을 가지고 친구를 사귈 수 있는 사회성 발달을 돕는다. 뿐만 아니라 개인의 성장을 자극하고 도전하도록 능동적 자세를 만들어 주며 개인의 발달과 학습수준을 높여 나갈 수 있다.

**자아개념** 게임에서 경쟁적 상황을 경험하는 것은 자아(ego)를 향상시킬 수 있는 좋은 기회가 된다. 경쟁적 상황에서 높은 자아개념을 가진 사람은 그 자신을 더 능력이 있는 것으로 인식하고 자아존중을 바탕으로 하는 행동을 더 많이 한다.

**탈중심화** 집단 내부의 경쟁은 개별적인 놀이 수행자들이 그들 자신의 집단에서 다른 구성원들의 능력을 능가하려고 노력할 때 발생하는 것이고, 집단 구성원끼리의 상호 의존성이 높은 경쟁적 상호작용은 협동상황 만큼이나 많은 탈중심화를 필요로 한다. 그러므로 집단 내의 경쟁성은 유아 자신보다는 자신이 속해 있는 집단을 위해 경쟁하는 노력을 보이게 된다.

**흥미** 흥미는 비경쟁적인 상황에서 보다 경쟁적 상황에서 더 높게 나타나므로 경쟁성은 흥미를 유발시키는 데 도움이 될 수 있다. 어떤 결과로 생긴 흥미는 그와 같은 활동이나 비슷한 활동에 다시 참여하도록 이끄는 자극이 된다. 또한 흥미는 인간관계 속에서 이루어지고 유아의 욕구를 만족시켜 주므로 더욱 가치롭다.

**공격성에 대한 보상** 경쟁적 상황에서 공격성은 강화적 결과를 낳을 수 있는 여러 가지 도구적 행동 중의 하나이다. 바람직한 대상에 대해 경쟁성을 나타내는 것은 공격성을 금지시키는 상황을 만들 수 있다.

**동기유발** 경쟁적인 게임은 이기려는 욕구, 즉 상대방을 이기거나 앞서기 위한 욕구에 의해 동기유발 된 사고이다. 그러므로 게임을 통해서 유아는 각자의 수준에서 자신의 가능성을 최대한 활용할 수 있다.

이상과 같이 게임에서 나타나는 경쟁성은 개인적인 성장, 자아개념의 향상 그리고 탈중심화, 흥미 및 동기 유발에 도움을 줄 수 있다. 따라서 경쟁성을 협동과 배타적인 범주로 보고 무조건 피하거나 혹은 지나치게 경쟁의식을 갖도록 하여 유아의 성장과 발달에 방해가 되는 일이 없도록 지도해야 한다. 교사는 무엇보다 자발적인 욕구에 의해 나타나는 경쟁성을 자연스럽게 표현할 수 있는 기회를 마련해 주고, 어떻게 경쟁해야 하는지에 대한 건설적인 방법과 경쟁성을 적절하게 조절하는 방법을 이해시키도록 해야 한다. 유아들이 지나친 경쟁성을 보일 때 잠시 중단하여 흥분을 가라앉히게 하는 방법도 경우에 따라 필요하다. 그리고 교사 스스로 게임 도중에 응원을 부추켜 지나친 경쟁성을 일으키는 일이나 교사가 직접 집단 구성원으로서 게임에 개입하는 일 등은 지나치게 경쟁적 분위기를 만들 수 있으므로 삼가야 할 것이다.

## 3. 게임의 목적 및 선정

### 1) 게임의 목적

유아에게 게임은 전인발달의 기회와 풍부한 학습 상황을 제공해 준다. 유아는 게임을 통하여 개인적인 발달뿐만 아니라 다른 사람과 상호작용하며 더불어 살아가는 사회적 학습의 기본적인 수단이다. 그러므로 유아교육 현장에서는 교사의 철저한 계획과 준비에 의해 집단적 게임이 선정 및 운영되어야 할 것이다. 게임의 효율적 운영을 위해서는 무엇보다 뚜렷한 목적을 정하는 것이 선행되어야 한다. 따라서 유치원 교육과정에서 제시하고 있는 생활 영역별 교육 내용에 근거하여 게임의 목적을 소개해 보면 다음과 같다.

- 신체의 조화롭고 균형 있는 발달과 기본 운동 능력 기르기 : 운동 감각 기르기, 감각기관 협응하여 활동하기, 신체기관에 대해 관심 가지고 활용하기, 대근육 활동하기, 소근육 활동하기, 놀이기구를 이용하여 신체 활동하기 등
- 안전한 생활하기 : 안전하게 놀이하기, 규칙 지키기, 교통규칙 이해하고 지키기 등
- 기본 생활습관과 자기 조절 능력 기르기 : 질서 지켜 행동하기, 감정과 욕구를 절제하기, 옷을 바르게 입고 벗기, 올바른 식사태도 형성하기, 신발 바르게 신고 벗기 등
- 집단생활 경험하기 : 다른 사람과의 관계 알기, 더불어 사이좋게 지내기, 집단활동에 적극적으로 참여하기, 협동하여 문제 해결하기 등
- 사회현상과 환경에 대해 이해하기 : 규칙 이해하고 지키기, 직업에 관심 가지기, 주변환경 오염 대비와 보전하기 등
- 다양한 문화에 대한 이해하기 : 우리나라의 상징과 전통문화 경험하기, 다른 나라 문화에 대해 관심 가지기 등
- 정서적 안정감과 긍정적 태도 기르기 : 활동에 적극적으로 참여하기, 시작한 활동에 열중하여 성취감 가지기, 자신의 감정을 적절히 표현하고 조절하기, 정서적 만족감 가지기, 자신과 다른 사람의 생각과 표현을 존중하기 등
- 기초적 언어능력 신장과 바른 언어생활 습관 기르기 : 듣고 따르기, 바른 태도로 말하기, 말소리 듣기, 묻는 말에 대답하기, 경험 · 생각 · 느낌 말하기, 상황에 따라 말하기, 바른 태도로 말하기, 글자에 관심 가지기, 글자로 놀이하기, 쓰기 도구에 관심 가지기 등
- 기초적 사고능력과 창의적 문제해결 능력 기르기 : 우리 몸에 대해 관심 가지기, 생물에 대해 관심 가지기, 사물 분류하기, 사물의 순서 짓기, 수의 개념 이해하기, 일상생활에서 수 활용하기, 전체와 부분 경험하기, 시

간 · 공간에 관한 기초 개념 가지기, 기본 도형 인식 및 구성하기, 특이 한 상황에 관심 가지기 등이다.

교사는 이상의 게임 목적 이외에도 게임을 선정하고 계획하는 이유를 명확히 정하여 게임의 방법과 규칙을 연결함으로써 게임의 교육적 가치를 효율적으로 전달할 수 있도록 지도하여야 한다.

### 2) 게임의 선정 조건

게임지도에서 가장 기본이 되는 것은 어떤 게임을 할 것인가 선정하는 일이다. 좋은 게임이란 유아가 지니는 모든 힘을 활발하게 움직이게 하고 장기간 흥미를 지속시키게 하며 능력을 최대한 개발시킬 수 있는 것이어야 한다. 그러므로 교사는 다음의 기본적인 사항들을 고려하여 게임을 선정할 수 있다.

- 유아의 발단단계에 맞는 게임을 선택하도록 한다.
- 집단에 적합한 게임을 선택한다. 규칙을 변경하더라도 유아가 할 수 있고 즐거운 것으로 정하며 집단 구성원의 흥미도, 성취감, 환경이나 진행상의 안전을 충분히 고려한다.
- 장소와 시간에 알맞은 게임을 선택하도록 한다.
- 게임 자체의 신체적, 정서적, 인지적, 사회적 목적에 따라 선정한다.
- 유아교육과정내용에서 주제와 일과 진행에 따라 구조화된 게임을 선정할 수 있다.

이와 같이 게임은 유아의 발달 특징, 흥미 그리고 게임의 목적과 주제 내용에 따라 신중하게 선정하여 집단의 크기, 장소와 시간을 고려하여 운영할 수 있다.

## 4. 게임의 유형

### 1) 집단 형태별 유형

게임을 선정하고 운영하기 위해서는 먼저 게임의 유형을 알아야 하는데 여기서는 교육현장에서 보다 집중적으로 다루어지는 게임들로서 집단 구성 형태에 따른 유형과 연령별 게임 유형, 주제별 게임 유형으로 구분할 수 있다.

#### (1) 원 게임

학기 초에는 적은 수의 유아들이 둥글게 앉아서 지시가 적은 게임을 할 수 있다. 유아들은 원 게임을 하면서 집단에 대한 소속감을 느낄 수 있고 간단한 규칙을 이해하고 지키는 경험을 할 수 있다. 원 게임의 주된 특징은 이기고 지는 결과가 뚜렷이 구분되지 않고 누구나 성취감을 느끼면서 자신감을 형성하도록 도움을 줄 수 있다는 것이다. 그러므로 처음 집단에 소속되거나 게임의 방법과 규칙이 소개되는 유아들, 연령이 낮은 유아들에게는 원 게임을 선정하여 지도하는 것이 게임을 이해시키는 데 바람직한 방법이 된다.

그리고 원 게임에서 경험하는 규칙은 단순하고 기본적인 개념을 이해하고, 발달초기 단계부터 형성해야 할 기본 생활습관 형성에 도움을 주는 중요한 수단이 될 수 있다.

원 게임의 예를 들면, '오뚝이 맞추기', '꽃 바구니 꾸미기', '동물의자에 앉기', '장갑 짝 찾기' 등이 있다.

#### (2) 자유대형 게임

자유대형 게임은 원 게임과 마찬가지로 지시가 적고 이기고 지는 결과가 뚜렷이 구분되지 않는 간단한 형태와 모양, 색깔, 수 등과 관련된 짝짓기 활동이나 음악을 이용하여 움직임과 멈춤을 연속적으로 경험해 보는 다양한 형태의 게임이 제시될 수 있다. 이러한 형태의 게임은 원 게임에 비해 유아들이 좀더 자유롭게 장소를 이동하면서 공간을 탐색하고 자신의 신체를 최대한 활용해 볼 수 있다는 특징이 있다. 많은 유아들이 움직이면서 활동을 하므로 게임이 시작되기 전에 게임 방법과 규칙에 대해 충분히 이해한다면 유아들이 보다 즐겁게 게임을 할 수 있다.

자유대형 게임으로는 '나뭇잎 밟기', '신체 마주대기', '가족 만들기', '동물 그림자 맞추기' 등이 있다.

### (3) 편 게임

두 편으로 집단을 나누어 게임을 하는 것으로 게임에 필요한 지시와 규칙이 많은 게임 유형이다. 그러므로 원 게임과 자유대형 게임을 통해 게임에 대한 의미를 이해하고 정해진 규칙을 지켜야 한다는 인식을 충분히 갖도록 한 후에 편 게임을 실시하여야 한다. 편 게임은 유아 개별적인 성과보다는 자기편이 이길 수 있도록 유아 자신이 최대한 노력하고 유아들끼리 협력함으로써 성취감을 느낄 수 있다는 것이 특징이다. 또한 다른 친구들의 적극적인 활동 참여와 게임 규칙에 대한 준수는 유아에게 흥미와 동기유발의 훌륭한 자극제가 될 수 있다.

원 게임과 자유대형 게임에 비해 편에 대한 의식이 있어야 한다는 것이 매우 중요하므로 편 게임을 시작할 때는 편 의식이 생길 수 있는 게임부터 실시하도록 한다. 먼저 자기 자리에서 일어나 자기편이 앉아 있는 자리를 한 바퀴 돌아온 후 다음 친구와 연결하는 형태의 게임을 반복적으로 실시하여 편의식이 형성되도록 도와준다. 그리고 난 후 출발선을 정해 놓고 출발하여 목표지점(반환점)을 돌아와서 다음 친구와 계속적으로 연결하는 좀더 복잡한 릴레이 게임을 할 수 있다. 이러한 편 게임이 익숙해지면 준비된 자료를 이용하여 유아들이 게임 방법과 규칙을 직접 만들어 보고 결정된 게임 방법대로 경험해 보면서 평가하는 기회를 갖도록 한다.

편 게임으로는 '팥 주머니 이고 돌아오기', '가위 · 바위 · 보', '씨 뿌리고 거두기', '낚시', '과일 수확하기', '개미 먹이 나르기' 등의 예가 있다.

## 2) 연령별 게임 유형

### (1) 3세 게임

3세 유아는 게임의 의미를 이해시키는 활동부터 시작되어야 한다. 유아 자신이 대근육을 활용하여 자유롭게 움직여 보고 정해진 방법대로 신체를 조절해 보는 경험이 필요하다. 예를 들어, '종이상자 굴 지나가기' 같은 활동은 신체를 조절하여 굴속을 통과해 보고 유아들이 순서에 따라 게임을 하는 경험을 해 볼 수 있다. 원 게임인 '자리 바꾸기'와 같이 주의 집중해서 듣고 지시에 따라 움직이면서 사물의 명칭이나 기본 개념을 이해할 수 있는 게임도 제공될 수 있다.

이와 같이 3세의 게임은 지시가 적고 규칙과 게임방법에서 기억할 부분이 간단한 게임 유형으로 정하는 것이 바람직하다. 이것은 게임을 통하여 성취감과 자신감을 갖도록 함으로써 게임에 대한 지속적인 흥미를 유지시킬 수 있는 좋은 방법이 될 수 있기 때문이다. 그러므로 인지적 기술을 요구하는 전략적 게임이나 세련된 운동기술, 사회적 기술을 요구하는 게임보다 결과가 운이나 우연에 따르는 게임의 유형이 이기고 지는 결과를 강조하지 않고 흥미롭게 게임을 진행할 수 있으며 성취감을 느낄 수 있는 기회도 제공해 줄 수 있다. 예를 들어, '오뚝이 맞추기'와 같은 게임은 유아들이 큰 원에 앉고 가운데 작은 원에 오뚝이가 놓여진 상태에서 게임이 진행된다. 유아는 게임을 하면서 큰 원과 작은 원에서 전체와 부분간의 관계를 이해하고 순서를 지키며 공을 굴리는 방법을 알게 된다. 그리고 공을 굴려 오뚝이를 맞추었을 때 유아는 기쁨과 성취감을 느낄 수 있고, 공을 굴리면서 흥미로운 기대를 가질 수 있으며, 오뚝이를 맞추기 위해 공을 어떻게 굴려야 하는지에 대해 생각해 보기도 한다. 그러므로 이 시기의 유아는 공으로 오뚝이를 맞추었는가라는 결과보다는 유아가 어떻게 공을 굴려 게임을 하는지와 관련하여 개별적인 성과를 인정해 주고 격려해 주어야 한다.

### (2) 4세 게임

4세 유아는 게임에 필요한 간단한 지시를 듣고 기억하여 활동할 수 있다.

이 시기에는 3세에서 경험한 원 게임이나 자유대형 게임을 연장하여 실시하되 게임의 방법과 규칙을 점차적으로 늘리면서 좀더 다양한 게임을 제시해 줄 필요가 있다. 그러므로 4세 유아는 학기 초부터 원 게임, 자유대형 게임과 함께 편의식이 생길 수 있는 편 게임을 시도해 볼 수 있다. 예를 들어 '팥 주머니 이고 돌아오기'와 같은 게임은 양 편으로 나누어 앉은 후 유아가 팥 주머니를 머리에 이고 자기 자리에서 출발하여 자기 편을 한 바퀴 돌아오는 방법이다. 이때 유아는 게임에 직접적으로 참여함으로써 자기편에 대한 소속감을 형성하고 게임의 방법과 규칙을 이해하게 된다.

편 의식이 형성되고 게임에 대한 의미를 알게 되면 개별적으로 출발하는 게임진행 방법에서 연속적으로 이어서 하는 경험을 해 볼 수 있도록 게임 방법을 조절할 수 있다. 즉, 팥 주머니를 이고 돌아오는 데 그치는 것이 아니라 옆 사람 머리에 팥 주머니를 얹어놓으면 그 유아는 연결하여 출발하는 방법이다. 유아들은 조금씩 복잡한 게임을 경험하면서 집단의 소속감을 느끼고 자기 편이 잘 하고 이기기 위해 서로 협력해야 한다는 사실도 알게 된다.

### (3) 5세 게임

5세 유아는 3세와 4세에서 경험한 다양한 게임에서 규칙의 중요성을 인식하게 되고 편에 대한 인식도 가질 수 있게 된다. 그러나 처음부터 한 번에 많은 지시를 듣고 기억해야 하는 게임을 제공하는 것은 바람직하지 않다.

게임의 방법과 규칙이 단순한 것부터 시작하여 점차적으로 복잡한 것을 선택할 수 있도록 게임을 준비해야 한다. 다시 말하면 자기 자리에서 출발하는 방법과 출발선을 정해서 동시에 출발하는 방법, 전환점도 자기편을 돌아오는 방법과 목적물을 정해놓고 돌아오는 릴레이 게임을 융통성 있게 선택할 수 있다. 또한 한 사람씩 차례로 출발하여 게임을 하는 경우도 있지만 '개미 먹이 나르기'와 같은 게임처럼 두 사람 혹은 네 사람이 함께 협력하여 게임을 해야 하는 방법도 선택할 수 있다. 그리고 한 사람씩 게임을 하는 경우라고 할지라도 '씨 뿌리고 거두기' 게임과 같이 처음 사람은 씨를 뿌리고 다음 사람은 다시 씨를 거두는 방법으로 서로 다른 역할을 번갈아 가면서 하는 게임도 다양하게 계획할 수 있다.

5세 유아는 게임을 연속적으로 진행하면서 속도감을 가질 수 있고 자기 신체운동기술을 숙달시켜 나가는 경험을 하게 된다. 그리고 집단적으로 게임을 하게 되는 경우가 많기 때문에 공간을 충분히 확보하여 게임 진행에 방해가 되지 않도록 해야 할 것이다. 유아는 게임을 단계적으로 경험하면서 집단의 한 구성원으로서 자신의 역할을 잘 수행해 내려고 노력할 뿐만 아니라 다른 사람의 감정과 상황에 대하여 이해하고 게임의 규칙을 지키고 서로 협동해야 하는 필요성을 인식하게 된다.

또한 5세 유아는 자신에게 익숙한 방법으로 게임을 하기보다는 새로운 경험을 하고 싶어 하고, 자신에게 가장 적절한 방법으로 게임 방법이나 규칙을 변경하고 숙달시키는 것을 볼 수 있다. 그러므로 새로운 도전이 될 수 있는 다양한 형태의 게임을 제공해 줌으로써 유아들이 지속적인 흥미와 자아성취감을 느낄 수 있도록 도와야 할 것이다.

### 3) 생활 주제별 게임 유형

유아에게 제공될 수 있는 게임으로는 유아가 자발적으로 선택하는 게임도 있지만 교사가 유아교육과정에서 계획한 생활 주제의 내용에 따라 게임이 정해질 수 있다. 교사가 사전에 계획하고 준비한 게임 활동은 유아들에게 구체적이고 체계적인 학습경험을 시키는 데 도움이 된다. 즐거운 유치원, 봄, 가족, 동물, 여름, 기계와 도구, 우리나라, 세계 여러 나라, 가을, 운동경기, 색과 도형, 겨울 등의 주제와 관련된 게임들은 짝짓기 활동, 분류 활동, 연결 활동 등을 포함하여 기본개념을 학습시키고 일상생활에 필요한 기술로서 옷 입기, 먹기, 젓가락 사용하기 등을 구체적인 게임 활동으로 익힐 수 있다.

또한 여러 가지 생활 주제 중에서 많은 비중을 차지하고 있는 계절과 관계되는 게임들을 통하여 다양한 교육적 경험을 제공해 줄 수 있다. 먼저 '봄'과 관련된 주제에서는 '씨 뿌리기', '꽃꽂이', '봄꽃 자리 바꾸기,' '꽃 줍기' 등의 게임을 선정할 수 있다. 이러한 게임들은 유아들에게 봄에 피는 꽃의 종류, 꽃 이름, 꽃의 생김새와 색깔 등을 경험시킴으로써 봄에 대한 개념을 감각적으로 학습할 수 있도록 도울 수 있다. '여름' 주제에서는 '낚시', '부채질하기', '모기잡기', '깨끗한 바다' 등의 게임을 선정할 수 있는데 여름철 건강 위생과 환경을 깨끗이 하기 위해 할 수 있는 일상생활의 일들을 게임을 통해 구체적으로 경험시킬 수 있다. '가을' 주제에서는 가을의 날씨 변화와 가을에 나는 과일, 가을에 하는 일 등을 게임 내용으로 정할 수 있다. 예를 들면, '과일 따오기', '추수하기', '손거울보기', '감과 밤' 등이다. '겨울' 주제와 관련된 게임은 날씨 변화뿐만 아니라 겨울에 사용하는 물건, 성탄절 행사에 관한 내용등으로 정할 수 있는데, '꼬마눈사람', '더운 날씨, 추운 날씨', '산타 선물 붙이기', '장갑 짝찾기' 등의 게임을 들 수 있다.

이상의 집단별, 연령별, 생활 주제별에 따른 게임 유형들을 적극적으로 활용하여 유아에게 적합한 게임들을 다양하게 경험할 수 있도록 계획해야 할 것이다. 유아의 연령과 생활주제에 따라 분류한 게임들의 준비 및 구체적인 지도방법은 게임편 제10장, 11장, 12장, 13장에서 제시하였다.

# 제9장 게임의 지도원칙 및 방법

## 1. 게임의 일반적 지도원칙

유아들을 위한 게임지도의 원칙은 유아중심적 방법에 두어야 한다. Piaget는 게임은 반드시 유아가 사고하는 방식에 맞게 수정되어야 하고 성인의 권위는 가능한 한 감소되어야 한다고 제시함으로써 유아중심적 지도원칙을 강조하고 있다. 이것은 일반적으로 교사가 유아들에게 게임의 방법을 설명하고 정해진 규칙을 지시하는 지도방법과는 상당한 차이를 보이는 것이다.

유아중심적으로 게임을 지도하기 위해 교사는 유아 발달단계의 특징과 흥미수준을 정확하게 파악해야 한다. 그리고 게임을 폭넓게 이해하고 교육적 가치와 연결하여 게임을 분석하고 평가할 수 있어야 함과 동시에 새로운 게임 방법을 창안해낼 줄 아는 능력이 있어야 한다. 또한 교사는 게임에서 유아들이 만족감을 느낄 수 있도록 도와주며 성취감과 자신감을 가지고 새로운 게임에 도전할 수 있도록 이끌어 주어야 한다. 여러 가지 게임들에 대한 내적 동기유발과 자발적인 흥미가 일어날 수 있도록 게임 상황을 유아들의 요구와 이해수준에 맞도록 적절하게 조절할 수도 있어야 한다.

특히 게임을 소개할 때는 언어적으로 자세히 설명하기보다는 유아들이 따라야 할 규칙들을 중심으로 간단히 제시하는 것이 좋다. 유아들은 전체 게임 방법을 한꺼번에 기억하기가 어려울 뿐만 아니라 구체적인 경험을 하였을 때 더 효과적으로 이해할 수 있기 때문이다.

게임을 지도할 때 몇 가지 고려해야 할 원칙들을 제시해 보면 다음과 같다.

① 유아들이 게임에 자발적으로 참여하도록 해야 한다. 교사가 게임을 제시하더라도 참여하도록 강요해서 안 된다.
② 유아들이 능동적으로 활동할 수 있는 게임의 규칙을 단계적으로 정하도록 한다. 예를 들어 '의자 차지하기' 게임에서는 모든 유아들이 참여할 수 있는데 3세 유아인 경우에는 의자의 수와 유아의 수를 같게 하지만 연령이 증가하고 활동성이 증가하게 되면서부터 전체 유아의 수보다 의자 수를 하나씩 줄여서 준비하고 능동적으로 선택하여 앉도록 한다.
③ 처음 제공되는 게임은 성공적인 경험을 할 수 있도록 간단하고 쉬운 게임 방법을 선택하도록 한다.
④ 사회, 언어, 인지, 운동 기술뿐만 아니라 일상생활에 필요한 기술을 다룰 수 있는 다양한 게임을 선택하도록 한다. 유아들은 게임을 통하여 협동하는 일, 서로의 의견을 교환하여 결정하는 일, 글자의 형태를 인식하는 일, 수를 이해하는 일, 물체의 특성을 이해하는 일, 자신의 신체를 민첩하게 조정하는 일, 일상생활과 관계되는 일 등을 경험할 수 있어야 한다.
⑤ 이긴 사람이나 편에게 상이나 특별한 특권을 주는 것은 피해야 한다. 게임 결과를 강조하기보다 진행과정에서 느낀 점을 중점적으로 평가한다.
⑥ 흥미로운 게임을 제공하도록 한다. 재미있게 게임을 한다면 좀더 새롭고 어려운 기술을 이용할 수 있게 될 것이다. 교육적으로 가치 있는 게임일지라도 이기는 결과에만 초점을 둔다면 그 가치가 사라지게 된다.
⑦ 규칙에 대한 융통성이 있어야 한다. 규칙은 모든 사람이 동의한다면 변경할 수 있고 유아들이 필요한 규칙을 정해 볼 수 있는 기회를 갖도록 배려해야 한다.
⑧ 게임의 모든 전략에 대해 이해하거나 게임에 지루함을 느끼게 될 때 좀더 복잡한 규칙이 있는 게임으로 바꿔 보도록 한다.
⑨ 경쟁성을 줄이도록 한다. 이기는 것이 아니라 놀이의 흥미에 초점을 맞추고 경쟁성을 조심스럽게 다루도록 한다.
⑩ 고정화된 성 유형이나 자존감을 손상시키는 방법으로 편을 나누게 해서

는 안 된다. '짝짓기', '동대문', '열 꼬마 인디언'과 같이 놀이와 연결하여 자연스럽게 편을 나누는 방법을 이용할 수 있다.

⑪ 유아들의 발달수준에 적합한 기술을 요구하는 게임을 선택한다. 게임이 너무 쉬우면 싫증이 나고 너무 어려우면 혼란을 줄 수 있다. 반면 다양한 발달수준을 지닌 집단에게는 우연(chance)의 요소가 포함된 게임을 제공해 주는 것이 유아들이 게임을 수용하는 데 도움이 된다.

## 2. 경쟁성에 대한 지도원칙

게임의 진행과정에서 나타나는 경쟁성은 다음 몇 가지 원칙에 따라 지도할 수 있다.

첫째, 자연스러운 방법으로 승리를 조절한다. 게임 시작부터 승리의 중요성을 극소화하고 이긴 유아에 대해 지나치게 인정하거나 칭찬하지 않는 것이 좋다.

둘째, 지는 것도 괜찮다는 것을 말로 표현하게 한다.

셋째, 유아의 경쟁은 자발적으로 일어나는 것이어야 한다. 교사가 의도적으로 응원을 부추겨서 지나친 경쟁성을 불러일으킬 수 있으므로 조심스럽게 다루어져야 한다.

넷째, 특별한 기술이나 사고능력이 요구되는 게임은 유아가 이기고 지는 문제를 조절해 낼 수 있도록 운(運)에 의해 승부가 나는 게임방법으로 정하여 지나친 경쟁성을 줄일 수 있다.

다섯째, 게임과정에서 유아들이 이기기 위한 욕구에 의해 지나친 흥분이나 경쟁성을 보일 때는 잠시 게임을 중단하고 흥분을 가라앉힌 후 게임을 진행하도록 한다.

따라서 게임과 경쟁성의 지도원칙은 유아들이 흥미를 가지고 규칙을 지키며 자발적으로 게임에 참여할 수 있도록 이끌어 주는 것이다. 또한 결과중심 혹은 이기는 것을 강조하여 나타나는 지나친 경쟁성은 가능한 피하도록 지도해야 한다.

## 3. 게임지도방법

게임목적을 달성하고 유아의 발달을 자극할 수 있는 게임을 실시하기 위해서는 무엇보다 교사의 역할이 중요하다. 효율적인 게임지도를 위한 교사의 역할이 무엇인지 살펴보고, 게임의 유형에 따른 지도방법을 설명하고자 한다.

### 교사의 역할

① 교사는 유아의 발달수준에 적합한 게임을 제시하도록 한다. 즉, 유아들이 게임 방법을 이해할 수 있어야 하며 흥미가 있어야 한다. 그리고 유아 스스로 성공적인 결과를 판단해 낼 수 있어 성취감을 느끼게 하는 게임이어야 한다. 또한 모든 놀이자들이 적극적으로 참여할 수 있는 게임이라면 유아의 발달수준에 적합하다고 말할 수 있다.

② 교사는 단순한 내용과 규칙을 포함하며 지시가 적은 원 게임, 자유대형 게임, 좀더 복잡한 편 게임의 형태에 따라 단계적으로 계획하고 실시하도록 한다.

③ 게임방법에 대한 이야기를 시작하기 전에 게임에 필요한 모든 준비를 하고 동기유발을 시켜 놓는다. 게임에 필요한 준비물, 유아들이 앉는 자리의 정리, 게임 대형에 따른 준비를 한 후 이야기를 나눌 수 있도록 주의를 집중시킨다.

④ 유아들이 게임에 대해 생각하고 정해 볼 수 있는 기회를 많이 제공해 준다. 교사는 게임의 방법, 규칙, 승부기준 등에 대하여 유아들의 의견을 적극적으로 수용하고 인정해 주는 허용적 태도를 보인다.

⑤ 교사가 말과 상으로써 우월감을 강화시켜 주는 등 승리를 너무 과장되게 다룸으로써 지나친 경쟁적 분위기를 형성하지 않도록 조심해야 한다.

⑥ 규칙을 자율적으로 준수함으로써 경쟁적인 태도를 규제하도록 지도한다. 자발적으로 규칙을 받아들이고 규칙을 지켜야 할 필요성을 이해하여 스스로 조정하는 공정한 놀이자가 되도록 지도한다.

⑦ 교사는 게임을 통하여 올바른 태도, 도덕적 행동, 규칙준수, 다른 사람과 협동하고 더불어 살아가는 행동양식 등이 생활화하도록 지도해야 한

다. 특히 초기 발달단계부터 형성되어야 할 기본생활교육을 강조하여 지도해야 할 것이다.

⑧ 교사는 유아의 전인발달에 도움이 되는 여러 가지 풍부한 학습경험을 줄 수 있도록 체계적인 계획을 세워 게임을 지도해야 한다.

⑨ 교사는 게임의 전체 장면을 관찰 및 평가하고 게임 진행과정에서 일어났던 일을 중심으로 서로 이야기해 볼 수 있는 기회를 제공하도록 한다. 평가 결과는 게임의 규칙이나 방법을 변경 또는 수정하여 유아에게 더욱 적합하고 흥미로운 게임방법을 만들 수 있도록 유도한다.

유아의 연령별에 따른 게임의 유형은 유아의 연령과 게임 대형에 따라 지도방법을 다르게 할 수 있다. 게임의 구체적인 지도방법에 대하여 제10~13장에서 소개하고 있으므로 여기서는 원 게임과 편 게임 대형의 게임지도방법을 간략히 설명하고자 한다.

### 원 게임의 지도방법

원으로 집단을 구성하여 게임을 실시할 때 다음과 같은 방법으로 지도를 할 수 있다.

① 유아들을 둥글게 의자나 바닥에 앉게 한다.

② 교사는 게임에 대한 동기유발을 여러 가지 자료와 활동(그림자료, 인형, 노래 부르기, 수수께끼, 실제 준비물)을 이용하여 유도한다.

③ 게임의 방법과 규칙은 적절한 질문과 준비된 자료를 제시하여 정해 보도록 지도한다.

④ 게임은 개별적으로 움직이는 활동뿐만 아니라 2~3명씩 한꺼번에 움직여야 하는 활동 방법으로 다양하게 경험시킨다.

⑤ 게임을 하는 도중 교사는 유아의 이해정도와 흥미를 파악하고 평가하도록 한다. 따라서 평가는 과정 중심으로 한다.

⑥ 게임 후 정리정돈을 하도록 하고 게임에 사용된 자료는 흥미를 지속시키는데 도움이 될 수 있도록 적당한 흥미영역에 마련해 줄 수 있다.

### 편 게임의 지도방법

편 게임을 실시할 때 구체적인 지도방법을 살펴보면 다음과 같다.

① 게임을 하기 전에 출발선과 목적물(의자, 깃발, 블록, 오뚝이 등)을 준비해 둔다.

② 유아들을 양편으로 나누어 의자 혹은 바닥에 앉힌다.

③ 양편의 수를 유아들과 함께 비교 · 확인해 본다. 구체적인 방법으로는 마주 보는 상대편 친구와 가운데에서 만나 인사하는 방법, 악수하는 방법 등의 짝짓는 방법과 수 세기와 관련된 노래 '열 꼬마 인디언'을 부르면서 짝을 지어 볼 수 있다. 양편의 수가 같지 않을 경우에는 유아들과 의논하여 문제를 해결해 볼 수 있다.

④ 게임의 흥미를 더하기 위해 편의 이름을 정해 본다. 유아들이 이름을 정할 수 있도록 구체적인 범위를 제시해 줄 수도 있다. 예를 들어 '가을에 나는 과일 이름 중에서 정해 보자', '동물 이름 중에서 정해 보자'라고 제시가 되면 유아들은 전체와 부분의 관계에서 과일의 종류나 동물의 종류를 생각하여 편 이름을 좀더 쉽게 정해 볼 수 있다. 정한 편의 이름은 교사가 써주거나 유아가 쓴 후 전체 유아들이 볼 수 있도록 제시해 준다([그림 9-1] 참고).

⑤ 게임의 방법과 규칙은 유아들이 준비된 자료를 이용하여 정해보도록 한다. 교사는 일방적 지시나 설명이 아니라 준비된 자료와 적절한 질문으로 자극을 주어 유아들이 방법과 규칙을 생각하고 정해 볼 수 있도록 도움을 준다.

⑥ 게임의 결과보다 정해진 방법과 규칙을 지켜야 함을 강조해 둔다.

⑦ 교사는 유아들이 게임을 잘 이해하지 못하거나 지나치게 흥분했을 때 개입하여 감정을 조절할 수 있는 기회를 줄 수 있다.

⑧ 평가는 과정중심으로 유아들과 함께 하도록 한다. 특히 게임하기 전에 정했던 규칙을 잘 지켰는지 평가해 볼 기회를 준다. 규칙이 잘 지켜지지 않았을 경우에는 승패를 가리지 않거나 진 것으로 평가하여 규칙에 대한 강조를 할 수 있다.

⑨ 이긴 편을 너무 부추기거나 우월감을 갖도록 하여 지나치게 승부에 매달리지 않도록 유의해서 지도한다. 그러므로 만세를 부르게 한다거나 이긴 편에게만 박수를 치고 상을 주는 것은 바람직하지 않다.

⑩ 게임을 하고 난 자리와 준비물을 함께 정리정돈 하도록 지도한다.

## 4. 게임의 평가

게임 실시 후 평가의 시간은 유아들에게 지속적인 학습의 기회를 제공해 줄 수 있으므로 평가의 기준을 명확히 제시해 주어야 한다. 게임과정에서 느낀 점, 규칙준수의 중요성 등을 유아 스스로 평가해 볼 수 있도록 하여 게임에 대한 흥미와 자신감을 심어 주어야 한다. 게임에 대한 평가 원칙은 유아의 발달수준을 고려하여 연령이 낮을수록 개별평가로 시작하여 단계적으로 집단 평가를 실시하고, 결과중심이 아니라 게임의 이해정도, 흥미, 규칙준수 등과 관련한 과정중심으로 이루어져야 한다.

평가의 방법과 강조점을 설명하기 위하여 승패, 규칙, 과정중심의 평가와 개별평가, 점수판에 의한 평가, 연속 게임의 평가로 나누어 제시해 보고자 한다.

#### 승패에 대한 평가

게임에서 이기고 지는 것은 유아의 행동 결과를 분명하게 나타낼 수 있고 게임에 더 많은 관심을 갖도록 할 수 있다. 그러나 승패에 대해 강조를 두는 것은 보다 지나친 경쟁성을 발달하게 할 우려를 낳는다. 그래서 게임의 시작부터 승패에 대한 건전한 태도를 형성시켜 주어야 한다. 교사는 지는 것에 대해 '게임에서 이긴 것' 이상이 아니라는 태도를 형성시켜 주는 데 중요한 역할을 해야 한다.

교사 역할의 구체적인 방법으로는 유아에게 지는 것에 대한 가능성을 고려해 보게 하거나 게임이 진행되는 과정을 지켜보도록 제안할 수 있다. 그리고 자연스러운 방법으로 승리를 조절하는데 게임의 시작부터 이기는 것의 중요성을 극소화하는 것이 좋고 지는 것도 괜찮다는 것을 말로 표현하게 함으로써 감정의 조절법을 배우도록 도와준다. 또한 전체 유아들에게 승리를 위한 게임인지 아니면 승리에는 상관없이 놀이를 위해 게임을 하는지 결정해 보도록 기회를 줌으로써 승패에 대한 건전한 태도를 형성시킬 수 있다.

#### 규칙 준수에 따른 평가

게임에서 정해진 규칙은 일상생활 속에서 지켜야 할 규칙도 된다. 그러므로 유아들 스스로 규칙을 만들 수 있는 특별한 기회를 갖도록 하고, 규칙 준수에 대한 평가를 통하여 정해진 규칙은 반드시 지켜야 한다는 인식을 심어 줄 수 있어야 한다.

교사가 정해 놓은 규칙이나 유아들이 스스로 정해 놓은 규칙에 따라서 평가할 수 있다. 보다 빠른 수행 결과에 따라 이기고 지는 것을 평가하기보다 규칙 준수에 따라 게임을 평가해야 한다. 예를 들어, 게임을 마치고 돌아온 유아가 다음 친구와 악수하기로 규칙을 정하거나 게임 방법 중에서 악기를 치는 횟수나 자료를 가지고 오는 개수 등을 규칙으로 정할 수 있다. 이때 규칙을 지키지 않았다면 빨리 게임을 하고 돌아왔다고 하더라도 점수를 주지 않는다거나, 잘 지켜지지 않은 규칙에 대해 다시 이야기해 볼 수 있다.

#### 과정중심의 평가

게임의 평가는 결과중심이 아니라 과정중심으로 해야 한다. 유아들은 활동을 마친 후, 게임이 흥미롭고 즐거웠는지, 게임에 열심히 참여했는지, 게임에 참여하지 않을 때 다른 친구들이 하는 것을 잘 관람하고 있었는지, 어느 편이 협력해서 게임을 잘했는지, 게임을 마친 후의 기분 등에 대해 평가를 할 수 있다. 이러한 평가는 유아들이 게임 결과에 집착하지 않고 게임 과정을 즐기고 유아 자신과 집단의 성취감을 위하여 협력할 수 있도록 이끌어 주는 방법이다.

#### 개별평가

게임의 의미를 이해하기 시작하고 간단한 지시에 따를 수 있는 유아들에게는 개별평가가 필요하다. 연령이 낮을수록 개별지도에 따른 평가가 반드시 있어야 한다. 교사는 유아가 게임을 하는 과정을 세밀하게 관찰하여 각 유아에게 가장 적절한 평가가 될 수 있도록 해야 할 것이다. 교사가 다른 유아들과 함께 하는 평가의 내용을 유아가 인정해 낼 수 있을 때 유아의 발달은 촉진될 수 있다. 그리고 유아의 발달수준과 특성에 맞게 평가를 해 준다면 유아는 만족감을 느낄 수 있고 한편으로는 자신의 방법을 조금씩 고쳐 나가면서 자아성장을 이루어 갈 수 있다. 그러므로 3세와 4세의 부분적인 시기 동안에 개별평가를 실시하는 것은 유아들에게 성취감을 심어 주고 게임에 대한 흥미를 지속시킬 수 있는 좋은 방법이 된다.

### 점수판에 의한 평가

점수판을 이용한 평가방법은 주로 개별 평가를 실시한 후 게임 실시 과정 동안 혹은 게임이 끝난 후에 점수를 표시하면서 평가하는 방법이다. 이와 같은 평가는 집단의 평가도 동시에 이루어지므로 편의식이 생길 수 있는 4세 이상에서 적용할 수 있다. 그리고 점수판의 형태는 매우 다양할 수 있다.

그리고 점수의 표시방법은 숫자로 하기보다 유아의 흥미를 끌 수 있는 여러 가지 형태, 모양, 색깔, 그래프 등으로 다양하고 재미있는 점수판을 만들어 줄 수 있다. 그 외에도 놀잇감(적목, 바둑알, 차 등) 자체를 이용하여 점수를 표시해 줄 수 있다. 구체적인 점수판의 형태를 소개하면 다음([그림 9-1]~[그림 9-8])과 같다. 그림에서 볼 수 있는 것처럼 유아들에게 시각적 자료를 이용하여 평가하는 방법은 게임에 대한 흥미유발과 흥미를 지속시키는 촉매제 역할을 한다.

[그림 9-1] 융판자료를 이용한 점수판

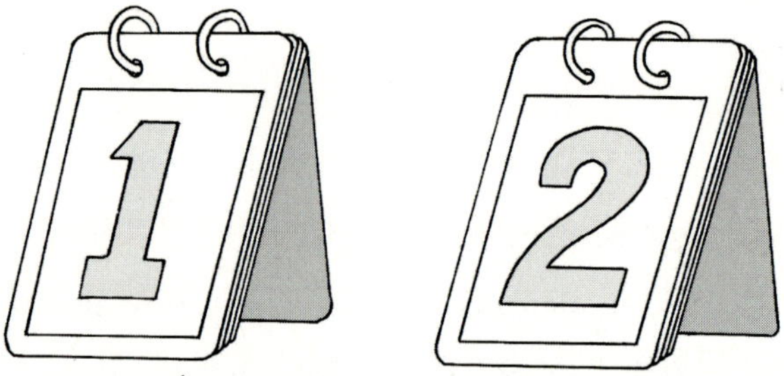

[그림 9-2] 숫자판을 이용한 점수판

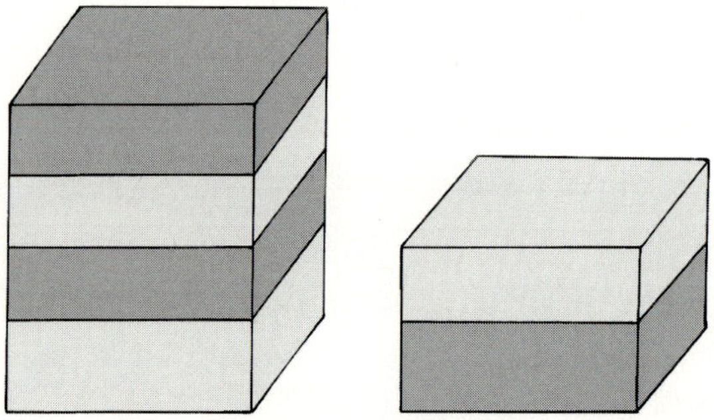

[그림 9-3] 놀잇감(쌓기)을 이용한 점수판

[그림 9-4] 막대자료(눈사람)를 이용한 점수판

[그림 9-5] 그래프를 이용한 점수판

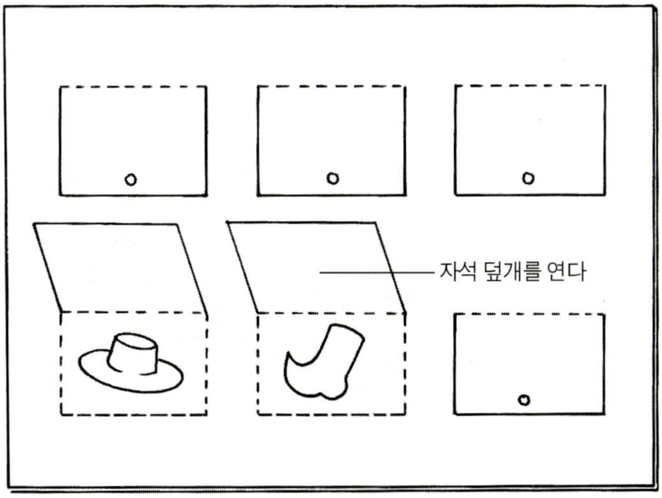


[그림 9-6] 조각 그림을 이용한 점수판

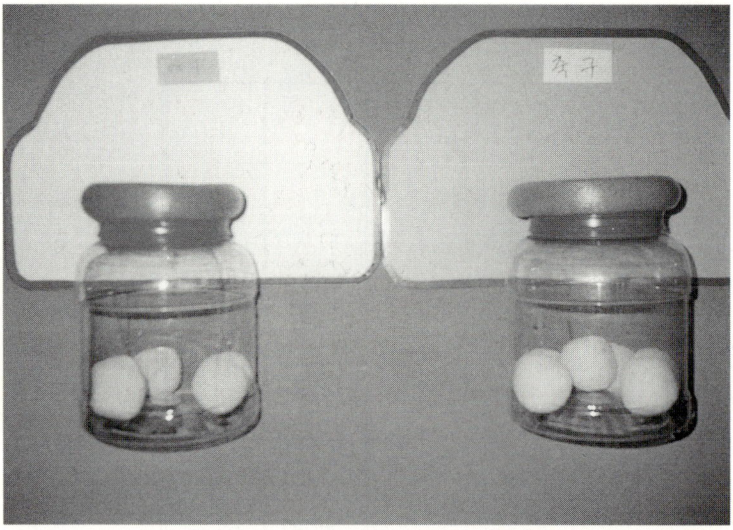

[그림 9-7] 공 골대를 이용한 점수판

[그림 9-8] 얼음조각(스타이로폼)을 이용한 점수판

유아는 다른 친구들이 게임을 한 후 개별 평가를 통하여 여러 가지 모양이나 형태의 점수를 얻게 되었을 때 유아 자신이 게임을 하고자 하는 동기유발과 자신도 해낼 수 있다는 자신감을 가지고 보다 적극적으로 게임을 하게 된다. 그러므로 교사는 게임에 맞는 점수판을 다양하게 계획할 수 있어야 한다. 다만 게임의 평가가 점수판에 너무 강조되어 지나친 경쟁심이나 게임에 대한 좌절감을 가지게 해서는 안 된다. 점수판은 유아에게 게임에 대한 평가의 기준을 기억하게 도와줌으로써 유아 스스로 게임에 대한 평가를 쉽게 할 수 있도록 도와주는 자료다. 뿐만 아니라 게임평가에 유아가 보다 적극적으로 참여할 수 있도록 이끌어 주는 데 활용 목적이 있다.

게임이 다 끝난 후 점수판을 이용하여 평가하는 일이 중요하다. 게임 과정에서 점수판에 붙여지는 점수의 의미는 빠르게 도착한 결과보다는 게임의 방법과 규칙에 따라 게임을 했는지, 그리고 게임에 대한 흥미나 태도와 관련하여 평가한 결과가 붙여지는 것이다. 그러므로 유아는 게임 과정이나 규칙에 따라 붙여지는 점수가 많은 편이 규칙을 잘 지키면서 게임을 했다는 인식과 함께 게임을 스스로 평가할 수 있는 능력을 키워나갈 수 있다.

### 연속(릴레이) 게임의 평가

게임이 연속적으로 이어지는 경우에는 게임이 모두 끝난 후에 최종적으로 평가를 실시한다. 특별한 경우가 아니라면 게임을 중단하지 말고 게임 진행에 방해가 되지 않도록 해야 할 것이다. 교사는 전체 게임 과정을 지켜보고 게임이 끝난 후 유아들과 함께 게임방법, 규칙에 대한 준수, 흥미, 태도, 여러 가지 게임과정에서 나타난 반응 등에 대해 평가를 할 수 있다. 교사의 일방적이고 독단적인 평가가 되어서는 안 되고 유아들이 보다 적극적으로 평가해 볼 수 있는 기회가 마련되어야 한다.

또한 연속적으로 진행하는 게임은 유아가 속도감을 느끼게 되면서부터 규칙보다는 빨리 먼저 도착하기 위해 노력할 수 있다. 그러므로 규칙을 지키지 않고 무조건 빨리 도착한 편이 이길 수 없고, 조금 늦게 도착했지만 규칙을 잘 지킨 편이 이길 수 있다는 평가의 기준은 유아들에게 규칙의 중요성에 대해 확실한 인식을 심어 줄 수 있다. 교사는 유아들이 게임의 결과보다 게임 자체를 즐기면서 교육적 경험을 충분히 할 수 있도록 지속적인 관심을 가지고 지도해야 할 것이다.

이상의 게임지도 원칙과 방법을 실제 게임지도에 적극적으로 반영하고 지도방법을 익히도록 하기 위해서 교육인적자원부(2001)에서 제시한 평가표를 참고로 하여 게임지도 평가표를 〈표 9-1〉과 같이 구성하였다. 각 게임 유형에 따라 다소 내용의 차이가 있을 수 있지만 게임 전체 과정에서 기본적으로 지도해야 할 사항들을 게임 진행 순서에 따라 평가해 봄으로써 효율적인 게임지도에 도움을 줄 수 있을 것이다.

**표 9-1 게임지도 평가표**

| 게 임 명 | | | |
|---|---|---|---|
| 범 주 | 내 용 | 예 | 아니오 |
| 게임선정 | 생활 주제와 연계되는가? | | |
| | 유아의 발달에 적절한가? | | |
| | 교육적 가치가 있는가? | | |
| 환 경 | 게임을 할 수 있는 공간이 충분한가? | | |
| | 게임을 진행하기에 안전한 공간인가? | | |
| 자료준비 | 게임에 필요한 자료가 준비되어 있는가? | | |
| | 자료가 적절한가?(활용성, 견고성, 흥미고려) | | |
| 게임지도 과 정 | 게임하기에 적절한 대형(집단 구성)으로 앉았는가? | | |
| | 동기유발 방법이 적절한가? | | |
| | 편 게임일 경우 인원수를 확인하고 팀 이름을 정하는가? | | |
| | 게임방법을 유아들이 정하도록 지도하는가? | | |
| | 게임 규칙을 정하는가? | | |
| 평 가 | 유아들과 함께 게임에 대하여 평가하는가? | | |
| | 규칙 준수에 대해 평가하였는가? | | |
| | 개별평가나 점수판을 활용하는가? | | |

# 제3부
# 게임활동의 실제

제10장 3세 게임활동
제11장 4세 게임활동
제12장 5세 게임활동
제13장 실외게임활동

# 제10장
# 3세 게임활동

# 제10장 3세 게임활동

♣나와 유치원
1. 당신은 누구세요? 189
2. 방안의 물건 찾기 191
3. 악기소리 내고 돌아오기 192
4. 인형 전달하기 194
5. 내 표시 찾아 붙이기 195

♣가족과 이웃
1. 우리 집에서 나는 소리 196
2. 아기 태우고 돌아오기 197
3. 물건 정리하기 199
4. 옷 정리하기 201

♣계절(봄)
1. 내가 좋아하는 꽃 203
2. 꽃바구니 꾸미기 205
3. 봄 동산 꾸미기 207

♣계절(여름)
1. 부채질하기 209
2. 모기 잡기 210
3. 암호로 여름 그림 맞추기 211
4. 꽃게 찾기 213

♣계절(가을)
1. 나뭇잎 밟기 215
2. 과일을 트럭에 싣기 217

♣계절(겨울)
1. 장갑 짝 찾기 219
2. 굴 속의 곰 221
3. 꼬마 산타 되어 선물 붙이고 돌아오기 223

♣건강한 몸과 마음
1. 발바닥 밟고 가기 225
2. 기구를 이용한 순환운동하기 227
3. 신체 짝짓기 229
4. 공 쟁반에 담아 나르기 231

♣동물
1. 집에서 기르는 동물 그림자 맞추기 232
2. 동물 집 찾아가기 234
3. 거북이 바꾸기 236
4. 토끼 먹이 주기 238
5. 동물 의자에 앉기 240
6. 달걀 줍기 242

♣교통기관
1. 교통기관대로 움직이기 243
2. 트럭으로 물건 운반하기 245
3. 비행기에 인형 태우고 돌아오기 246
4. 조종사 모자 쓰고 목적물 돌아오기 248

♣우리나라와 다른 나라
1. 음식상 차리기 249
2. 가마에 신랑, 신부 태우고 돌아오기 251
3. 태극 윷놀이 253
4. 국기 꽂고 돌아오기 255

♣도구와 기계
1. 집게로 물건 옮기기 257
2. 같은 색 뚜껑 찾아 덮기 259
3. 청소기로 청소하기 261
4. 확대경으로 물건 찾기 262

# 제10장 3세 게임활동

3세에서 게임은 유아의 발달 단계와 교육과정의 특성을 고려하여 놀이 형태의 게임으로 진행되는 것이 바람직하다. 놀이 형태의 게임이라는 것은 편의식이나 경쟁의 요소가 없고 승부가 명확하지 않은 것이 그 특징이다. 3세 게임지도시 고려할 점을 제시하면 다음과 같다.

① 계획하는 단계에서 유아들의 발달수준과 교육목표, 교육내용을 고려하고 해당 목표와 내용에 적합한 게임활동을 구성한다. 3세의 게임은 놀이와 구분되지 않고 교육과정의 통합적 운영을 최대한 반영할 수 있도록 구성한다.

② 준비단계에서 다양한 매체와 적절한 도구를 선택한다.
이때 게임에 필요한 매체와 도구는 유아들의 작품을 활용하거나 유아들과 함께 준비하는 것도 좋다.

③ 게임에 적절한 장소를 정하거나 장소의 크기와 공간 특성에 적합하도록 대형과 도구 준비상황을 결정한다. 교사가 미리 준비해 두어야 할 것과 유아들과 함께 해야 할 것을 구분하여 점검한다.

④ 게임을 진행할 때는 유아들이 충분히 흥미를 갖도록 유도하는 것으로부터 시작하고, 게임의 방법을 정확히 이해할 수 있도록 이야기는 간단하고 명료하게 한다.

⑤ 게임에 대한 평가는 유아들이 재미있게 해 보는 경험과 교육과정상의 목표가 달성되었는지에 대한 평가가 모두 다 중요하다. 유아들과 함께 하

는 평가는 승부를 가리거나 시각적인 평가도구(점수판)를 사용하기보다는 규칙을 잘 지켰는지, 지시내용을 정확히 이해했는지, 즐겁게 참여했는지를 평가한다. 교육과정상의 목표가 달성되었는가는 게임이 적절하게 선정되고 구성되었는지, 진행상에 문제점은 없었는지를 평가한다.

⑥ 게임은 한번 해 보는 것으로 끝나는 것이 아니라 도구와 자료들을 교실 내 흥미영역에 제시하여 유아들이 자발적으로 해 봄으로써 활동 자체에 포함된 기술과 개념들을 연습할 수 있게 한다.

## 1. 당신은 누구세요?

• 생활주제 •
나와 유치원

목　　표 : 나에 대해 알아본다.
친구 이름에 관심을 가진다.

준 비 물 : 유아의 사진과 이름 막대자료, 의자(유아 수만큼) 혹은 마스킹테이프

사전준비 :
- 게임할 장소에 의자를 원으로 놓는다(유아들이 앉을 자리를 마스킹테이프로 표시할 수도 있다).
- 막대자료를 만든다.–나무젓가락에 둥근 색지를 코팅하여 고정하고 색지에 유아의 사진과 이름을 붙인다. 개인장에 붙여진 개인 표시그림을 함께 붙일 수도 있다.
- 실내 자유선택활동시간에 노래 '당신은 누구세요' (외국곡)를 들려 준다.

게임방법 : 노래를 부르며 자신의 이름을 소개하는 게임이다.

활동방법 :
1. 원으로 놓여진 의자에 모여 앉는다.
2. 교사가 막대자료를 한 개씩 제시하면 사진을 보면서 누구인지 이야기해 본다.
3. 교사가 "당신은 누구세요?" 하고 노래로 물어보면 자기 사진이 보여진 유아가 "나는 ○○○" 하고 노래로 대답하면서 자료를

당신은 누구세요

가져가 자기 자리에 앉는다.

4. 모두 자료를 갖게 되면 교사는 일어서서 다니면서 한 명씩 어깨를 짚으면서 노래로 물어보고 유아들이 함께 노래로 대답한다.

평　　가 : 자신의 이름을 자신 있게 이야기했는지 평가한다.
친구들의 이름을 바르게 말했는지 평가한다.
이제는 서로 이름을 부르기로 약속한다.

유 의 점 : 자신감이 없거나 노래를 잘 부를 수 없는 유아도 있으므로 처음에는 교사가 함께 노래를 부른다.

확장활동 : 게임을 해 본 후 막대자료 없이 서로 친구들의 이름을 넣어 노래하는 전이활동을 해 본다.

## 2. 방안의 물건 찾기

• 생활주제 •
나와 유치원

목　　표 : 여러 가지 사물의 같은 점과 다른 점을 살펴본다.
유치원에서 사용하는 놀잇감의 종류에 대해 안다.

준 비 물 : 각 놀이영역의 놀잇감 한 가지씩(책, 가위, 크레파스, 레고블록, 우레탄블록, 자동차), 교구 바구니, 낮은 책상

사전준비 : • 각 영역의 놀잇감을 한 가지씩 교구바구니에 담아 보자기로 덮어 둔다.
• 이 활동 이전에 각 영역에 대한 소개를 주제로 이야기 나누기를 한 후 노래 '방향놀이'를 통해 영역의 구성과 놀잇감에 대해 알아본다.

게임방법 : 교실 안의 놀잇감을 찾아 오는 게임이다.

활동방법 : 1. 이야기나누기 대형으로 모여 앉는다.
2. 노래 '방향놀이'를 부르면서 놀이영역을 손으로 가리켜 본다.
3. 교사가 바구니에서 놀잇감을 한 가지씩 꺼내어 책상 위에 올려놓으면 어떤 놀잇감인지 어디서 보았는지 이야기해 본다.
4. 다 살펴본 후 같은 것을 찾아온다.
• 이것과 같은 장난감이 우리방 어디에 있는지 알고 있니? 누가 찾아보겠니?
5. 처음에는 1명이 해 보고 2~3명이 동시에 해 본다(다른 유아들은 기다리는 동안 배운 노래나 간단한 손유희를 하면서 기다린다).
6. 찾아오면 평가 후 다른 유아가 해 본다.
7. 없어진 놀잇감 찾기를 하면서 게임에 사용한 놀잇감을 치운다.
• 이제 너희들이 눈을 가리고 있는 동안 장난감이 하나 없어질 거야. 어떤 것이 없어지는지 이야기해 보자.
• 자, 눈을 손으로 가리고 다함께 "하나, 둘, 셋" 하고 세어보자.

평　　가 : 찾아온 물건이 같은 것인지 모두 그렇게 생각하는지 이야기한다.

확장활동 : 실물 놀잇감이 아닌 그림자료(교구장의 밑그림)를 이용하여 게임을 할 수도 있다.

## 3. 악기소리 내고 돌아오기

• 생활주제 •
나와 유치원

목 표 : 다양한 리듬악기에 관심을 가지고 다루어 본다.
유치원 안의 놀잇감을 바르게 사용한다.

준 비 물 : 여러 종류의 마라카스(깡통, 우유팩, 요구르트병 등), 탬버린, 케스터네츠, 방울악기, 샌드블록 등, 낮은 책상, 악기를 담을 바구니와 보자기

사전준비 : • 사전에 제시할 악기를 음률영역에 내어 유아들이 자유롭게 탐색하여 보도록 한다.

게임방법 : 여러 가지 악기 중 한 가지를 정하여 소리내어 보는 게임이다.

활동방법 : 1. 이야기나누기 대형으로 모여 앉는다.
2. 교사가 책상 아래에 악기를 보이지 않게 가려 놓고 소리를 내고 어떤 물건의 소리인지 어디서 들어보았는지 이야기해 본다.
3. 이야기를 나눈 악기는 책상 위에 늘어놓는다.
4. 게임의 방법과 규칙을 정한다.
• 소리내고 싶은 악기를 한 가지만 마음속으로 정한다.
• 자기 자리에 서서 준비하고 선생님의 출발신호에 맞추어 나와서 악기소리를 낸다.

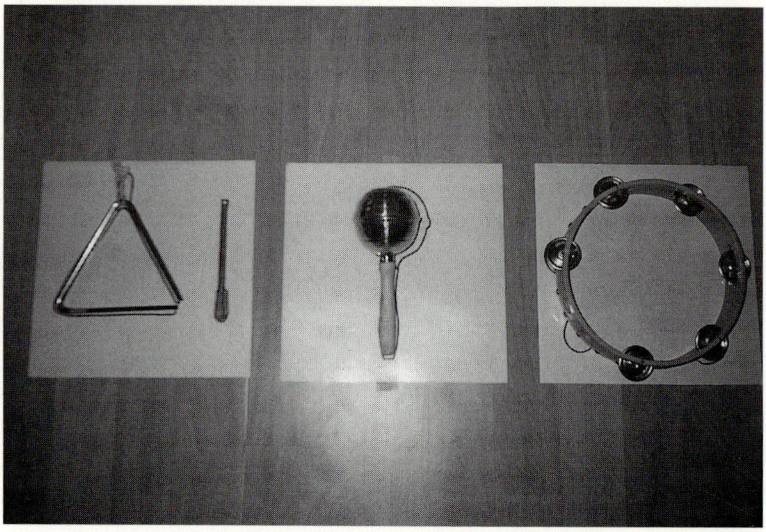

• 악기를 제자리에 놓고 자기자리로 돌아가 앉는다.

5. 양쪽 끝에서부터 2명씩 게임을 하고 평가 후 다음 유아들이 한다.

평　가 : 어떤 악기를 소리냈는지 이야기한다.
악기는 제자리에 바르게 놓았는지 평가한다.

유 의 점 : 유아의 수와 발달수준에 따라 악기의 종류와 수를 조절한다.

## 4. 인형 전달하기

• 생활주제 •
나와 유치원

목　　표 : 친구와 도움을 주고받는다.
여러 사람이 함께 하는 일에 참여한다.

준 비 물 : 큰 인형 2개(역할놀이 영역의 인형 중 유아들이 좋아하는 것), 의자 혹은 마스킹테이프, 신호악기

사전준비 : • 게임할 장소에 의자를 원으로 놓거나 마스킹테이프로 앉을 자리를 표시해 둔다.

게임방법 : 인형을 옆 사람에게 바르고 빨리 전달하는 게임이다.

활동방법 : 1. 의자에 모여 앉는다.
2. 배운 노래를 부르며 주의집중한다.
3. 인형을 보여 주고 어떻게 하면 모두 한 번씩 안아 볼 수 있는지 이야기 나눈다.
4. 게임의 방법과 규칙을 정한다.
• 인형을 한번 안아 준다.
• 옆 사람에게 인형을 전해 준다.
• 인형을 주고받을 때 던지거나 함부로 하지 않는다.
• 마지막 사람은 인형을 안고 일어선다.
5. 처음과 끝이 누구인지 정확히 이야기하고 시작 신호에 맞추어 게임을 한다.
6. 평가 후 다시 해 본다.

평　　가 : 인형을 바르게 전했는지 이야기한다.
혼자서 인형을 너무 오래 가지고 있지는 않았는지 평가한다.

유 의 점 : • 유아의 수에 따라 2집단으로 나누어 하거나 인형의 수를 2~3개로 늘려서 할 수 있다.
• 먼저 전달한 것보다는 인형을 바르게 전달했는지에 대해 평가한다.

## 5. 내 표시 찾아 붙이기

● 생활주제 ●
나와 유치원

목　　표 : 나에 대하여 알아본다.
주변 상황에 관심을 가지고 탐색한다.

준 비 물 : 유아들의 개인표시(개인장, 신장 등에 붙여 사용하는 것과 같은 그림)
융판자료, 융판, 신호악기

사전준비 : • 개인표시 그림을 융판자료로 만들어 준비하고 게임할 장소에 게임대형으로 의자와 융판을 놓아 둔다.

게임방법 : 제자리에서 출발하여 자기 표시를 찾아 붙이고 돌아오는 게임이다.

활동방법 : 1. 노래 '당신은 누구세요'를 부르며 모여 앉는다.

2. 개인표시 그림을 보며 누구의 표시인지 이야기 나눈다.
   - 이런 표시들은 어디서 보았니?
   - 우리가 이 그림을 보고 누구인지 알 수 있겠니?
3. 게임의 방법과 규칙을 정한다.
   - 선생님이 이름을 부르면 제자리에서 일어선다.
   - 악기소리에 맞추어 달려가서 자기 표시를 찾아 붙인다.
   - 제자리에 돌아와 앉는다.
4. 대형의 양쪽 끝에 앉은 유아부터 2명씩 게임한다.

평　　가 : 자기 표시를 잘 찾았는지 평가한다.
출발신호를 잘 듣고 소리에 맞추어 갔는지 평가한다.

확장활동 : 유아들의 흥미에 따라 다시 표시를 떼어 바구니에 담는 게임으로 해 본다.

## 1. 우리 집에서 나는 소리

• 생활주제 •
가족과 이웃

목 표 : 여러 가지 소리를 듣고 구별한다.
집안의 여러 사물에 관심을 가진다.

준 비 물 : 집에서 들을 수 있는 소리 녹음자료(아기 울음소리, 물소리, 시계소리, 초인종 소리, 전화벨 소리, TV소리, 문 열고 닫는 소리, 청소기 소리 등), 녹음기, 녹음한 소리와 관련된 그림자료, 융판

사전준비 :
- 소리를 직접 녹음하여 해당되는 소리를 나타내는 그림자료와 함께 준비한다.
- 게임할 장소에 의자와 융판을 대형에 맞게 놓고 융판에 그림자료를 붙여 둔다.

게임방법 : 집에서 들을 수 있는 소리를 듣고 그 소리에 해당되는 물건의 그림을 찾는 활동이다.

활동방법 :
1. 게임대형으로 나누어 앉는다.
2. 그림을 보며 무엇이 있는지 이야기하고 녹음한 소리 중 한 가지를 듣고 어떤 소리인지 맞추어 그림을 찾아본다.
3. 게임방법과 규칙에 대해 이야기 나눈다.
   - 소리를 잘 듣는다.
   - 출발 신호에 맞추어 가서 들은 소리에 맞는 그림을 찾아온다.
4. 양편의 처음 유아부터 게임을 하고 평가 후 다음 유아가 한다.

평 가 : 무엇을 가지고 왔는지 이야기한다(들은 소리는 무엇이었는지 이야기한다).
물건의 이름을 바르게 말하도록 한다.
게임을 모두 마치면 게임을 해 보니 어땠는지 약속은 잘 지켰는지 이야기 나눈다.

유 의 점 : 녹음소리를 충분히 들려 주고 출발신호를 한다.

확장활동 : 그림자료와 녹음자료는 언어영역에 내어 주어 놀이시간에 자발적으로 해 보도록 한다.

## 2. 아기 태우고 돌아오기

● 생활주제 ●
가족과 이웃

목　　표 : 가족구성원을 안다.
가족을 소중히 여기는 태도를 갖는다.

준 비 물 : 인형 2개, 적목으로 지은 집 2채, 유모차나 끌 수 있는 차, 신호악기, 아기 울음소리 녹음자료, 녹음기

사전준비 : • 아기 울음소리를 녹음하여 준비한다.
• 놀이시간에 유아들과 함께 적목(우레탄 블록)으로 집을 지어 게임할 장소의 목적물 지점에 옮겨 놓는다.

게임방법 : 인형을 유모차에 태우고 목적물을 돌아오는 게임이다.

활동방법 : 1. 게임대형으로 나누어 앉는다.
2. 녹음한 아기 울음소리를 듣고 어떤 소리인지, 누구의 소리인지, 왜 우는지 이야기해 본다.
3. 동생이 있는 사람이 누구인지 알아보고, 동생에 대해 이야기해 본 후 동생을 돌보아 주는 방법에 대해 이야기한다.
4. 게임방법과 규칙에 대해 이야기 나눈다.

- 출발신호에 맞추어 인형을 유모차에 태워 집을 돌아온다.
- 아기가 다치지 않도록 조심해서 돌아온다.
- 돌아와서 유모차를 바르게 세운다.
- 앉아 있는 사람들은 어떤 약속을 지켜야 게임을 더 재미있게 할 수 있는지 이야기한다.

4. 양편의 처음 유아부터 게임을 하고 평가 후 다음 유아가 한다.

평　가 : 집을 잘 돌아왔는지 평가한다.
인형이 떨어지거나 유모차가 뒤집어지지 않도록 조심했는지 평가한다.
게임을 모두 마치면 처음에 이야기했던 약속은 잘 지켰는지 이야기나눈다.

유의점 : 유모차나 끄는 차는 줄이 달린 것보다는 손잡이가 달린 것이 좋다.

## 3. 물건 정리하기

목 표 : 일상생활에 필요한 주변의 물건에 관심을 가진다.
물건을 정리 정돈하는 습관을 기른다.

준 비 물 : 주변에서 볼 수 있는 여러 가지 물건 그림자료(자석자료), 각 물건의 그림자가 있는 함석판, 바구니, 신호악기

사전준비 :
- 함석판에 그림자를 붙여 출발선 맞은편에 세운다.
- 그림자료는 코팅하여 뒷면에 둥근 자석을 붙여 바구니에 담아 둔다.

게임방법 : 물체의 그림자를 보고 맞는 물체와 짝짓는 게임이다.

활동방법 :
1. 출발선과 마주 보고 반원 대형으로 앉는다.
2. 교사가 물건을 정리 정돈하는 것에 관한 간단한 이야기를 꾸며 들려 준다(예, 장난감이나 방안의 물건들이 치우지 않아서 불평하는 이야기)
3. 바구니 안의 물건 그림들을 하나씩 보면서 무엇인지 이야기하고 제자리에 놓아 주기로 한다(그림 자료가 담긴 바구니는 함석판 아래에 가져다 놓는다).
4. 게임방법과 규칙에 대해 이야기 나눈다.
   - 출발 신호에 맞추어 가서 그림자료를 하나 꺼낸다.

> ● 생활주제 ●
> 가족과 이웃

- 맞는 그림자에 그림을 붙이고 자기 자리로 돌아간다.
- 유아 2명이 시범을 보인다.

5. 교사 가까운 쪽의 유아부터 2명씩 게임을 하고 평가 후 다음 유아가 한다.

평 가 : 그림과 짝이 되는 그림자를 잘 찾아 붙였는지 평가하고 잘못되었으면 다시 하고 온다.

## 4. 옷 정리하기

• 생활주제 •
가족과 이웃

목　　표 : 주변을 깨끗하게 한다.
물건을 정리정돈하는 습관을 기른다.

준 비 물 : 옷걸이에 걸 수 있는 웃옷(유아 수만큼), 옷걸이(유아 수만큼), 옷걸이에 걸은 옷을 정리할 수 있는 긴 옷걸이, 커다란 세탁물 바구니 2개

사전준비 :
- 유아용 웃옷을 커다란 세탁물 바구니에 담아 준비한다.
- 세탁소용 옷걸이를 모아 바구니에 담아 두고 목적물 지점에 긴 옷걸이를 세워 둔다.

게임방법 : 옷을 옷걸이에 바르게 걸어 정리하는 활동이다.

활동방법 :
1. 교사를 중심으로 반원 대형으로 앉는다.
2. 바구니 안에 들어 있는 옷들을 보여 주고 옷은 어떻게 정리해야 할지 간단히 이야기를 나눈다.
3. 교사가 옷걸이에 옷을 거는 시범을 보이고 함께 해 보기로 한다.
4. 게임방법과 규칙에 대해 이야기 나눈다.
   - 출발선에서 옷을 하나 들고 준비한다.

- 출발 신호에 맞추어 가서 옷걸이에 옷을 걸어 긴 옷걸이에 정리하고 돌아온다.
- 게임에 필요한 물건들을 어디에 놓으면 좋을지 결정하고 유아들과 함께 정한 위치에 준비한다.
- 유아 2명이 시범을 보인다.

5. 교사 가까운 쪽의 유아부터 2명씩 게임을 하고 평가 후 다음 유아가 한다.

평　가 : 옷을 바르게 걸었는지 평가한다.
게임이 모두 끝난 후 옷을 걸은 모습이 어떤지 이야기해 본다.

## 1. 내가 좋아하는 꽃

● 생활주제 ●
계절(봄)

목　　표 : 봄에 볼 수 있는 식물에 관심을 가진다.
자연의 아름다움을 감상한다.

준 비 물 : 봄 꽃(진달래, 개나리, 목련, 민들레) 그림자료, 융판 2개, 나무그림(진달래, 개나리, 목련, 민들레), 바구니 4개, 신호악기, 집중자료-부분보고 전체 맞추기(꽃 그림자료)

사전준비 :
- 조형영역에서 만든 진달래, 개나리, 목련, 민들레를 바구니에 모아 둔다.
- 게임할 장소에 의자를 둥글게 놓거나 마스킹테이프로 앉을 자리를 표시한다.

게임방법 : 봄에 볼 수 있는 꽃들을 주워 보는 활동이다.

활동방법 : 1. 원으로 모여 앉아 집중자료를 보면서 어떤 그림인지 맞추어 본다.
2. 게임방법과 규칙에 대해 이야기 나눈다.
- 앉아서 노래를 부르며 기다린다.
- 신호악기소리에 맞추어 가서 좋아하는 꽃 한 송이를 주워 자기 자리로 돌아가 앉는다.

3. 유아가 배운 노래를 부를 때 교사가 원 안에 꽃을 흩어 놓는다.
4. 게임을 해 보고 평가 후 다시 한다.

평　　가 : 어떤 꽃을 주워 왔는지 이야기한다(교사가 꽃을 한 가지씩 제시하면서 같은 꽃을 주워 온 사람들이 손을 들어 표시한다).
신호악기소리에 맞추어 출발했는지 평가한다.
게임을 모두 마치면 게임을 해 보니 어땠는지 약속은 잘 지켰는지 이야기를 나눈다.

유 의 점 : 원의 크기를 충분히 넓게 하여 부딪히지 않도록 하며 바닥에 꽃을 흩어 놓을 때는 골고루 섞어 둔다.

확장활동 : 주워 온 꽃을 다시 꽂아 보는 활동으로 확장할 수 있다(꽃바구니 꾸미기 참고).

## 2. 꽃바구니 꾸미기

• 생활주제 •
계절(봄)

목　　표 : 주변의 식물에 관심을 가지고 탐색한다.
자연의 아름다움을 감상한다.

준 비 물 : 개나리와 진달래 막대자료, 꽃바구니(헌 바구니에 오아시스를 담아 고정한다) 2개, 의자나 블록 2개, 개나리와 진달래 큰 그림

사전준비 :
- 조형영역에서 진달래, 개나리를 도장 찍기 방법으로 만들고, 빨대를 붙여 막대자료로 만들어 우유팩에 꽂아 둔다.
- 게임할 장소에 의자를 양쪽으로 나누어 반원형으로 놓는다.
- 목표 지점에 의자나 블록을 놓고 꽃바구니를 올려놓는다.
- 바구니가 놓여진 의자나 블록 앞쪽에 개나리와 진달래 그림을 붙여둔다.

게임방법 : 개나리와 진달래를 분류하여 꽂아 보는 게임이다.

활동방법 :
1. 준비된 의자에 앉아 봄에 관한 노래('봄이 왔어요', '진달래' 등)를 불러 본다.
2. 준비물을 보며 어떤 것들이 있는지 이야기를 나눈다.
3. 게임방법과 규칙에 대해 이야기 나눈다.
   - 양쪽에서 1명씩 나와 꽃을 들고 출발하는 곳에서 준비한다.
   - 신호악기소리에 맞추어 가서 같은 꽃 그림이 있는 바구니에 꽃을 꽂고 돌아와 선생님과 악수한다.
4. 양쪽에서 1명씩 나와 게임을 하고 평가 후 다음 사람들이 한다.

평　　가 : 꽃을 잘 꽂고 왔는지 평가한다(잘못 되었으면 다시 하고 오도록 한다).
신호악기소리에 맞추어 출발했는지 평가한다.
게임을 모두 마치면 꽃이 가득 꽂힌 바구니를 보니 어떤지, 꽃바구니를 어떻게 할지 이야기하여 적당한 곳에 놓고 감상한다.

유 의 점 : 꽃의 종류는 유치원 안이나 주변에서 쉽게 볼 수 있는 꽃으로 하되 모양과 색이 분명하게 구분되는 것으로 한다.

확장활동 : 게임 후 꽃바구니는 역할놀이 영역이나 교실 출입구 등을 장식하는 것으로 하여 유아들이 볼 수 있게 한다.

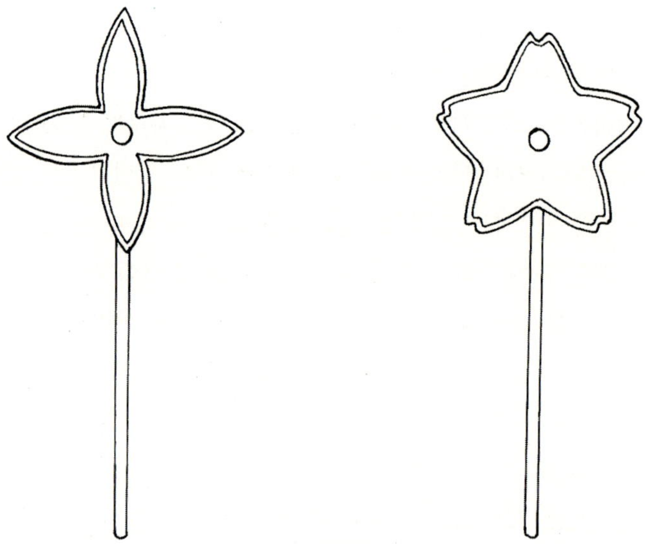

## 3. 봄 동산 꾸미기

● 생활주제 ●
계절(봄)

목　　표 : 주변의 자연현상에 관심을 가진다.
자연과 사물의 아름다움을 감상한다.

준 비 물 : 봄 풍경그림, 봄에 볼 수 있는 꽃과 곤충그림, 풀, 낮은 책상, 바구니

사전준비 :
- 교사는 전지(크라프트지나 모조지)에 배경이 될 수 있는 그림을 그려 교실 벽면에 붙여 둔다.
- 조형영역에서 찍기나 베껴내기로 꽃과 곤충그림을 만들어 모은다.
- 꽃과 곤충그림은 오려서 바구니에 담고 배경그림이 잘 보이는 위치에 의자를 게임 대형으로 놓는다. 배경그림과 출발선의 중간지점에 책상을 놓고 그림이 담긴 바구니와 풀을 올려놓는다.

게임방법 : 꽃과 곤충그림을 붙여 봄 동산을 꾸미는 활동이다.

활동방법 :
1. 게임대형으로 나누어 앉는다.
2. 봄에 관해 배운 노래를 불러 보고 그림자료를 보면서 어떤 그림들이 있는지 이야기해 본다.
3. 배경그림과 그림자료, 풀 등을 가지고 어떤 게임을 할 수 있을지 생각해 본다.
4. 게임방법과 규칙을 정한다.
   - 출발신호에 맞추어 달려가서 붙이고 싶은 그림 1장을 찾아 뒷면에 풀칠하여 들고 간다.
   - 벽에 있는 동산에 그림을 붙이고 돌아온다.
   - 돌아와서 선생님과 악수하여 돌아왔음을 표시한다.
   - 앉아 있는 사람들은 어떤 약속을 지켜야 게임을 더 재미있게 할 수 있는지 이야기한다.
5. 양편의 처음 유아부터 게임을 하고 평가 후 다음 유아가 한다.

평　　가 : 무엇을 붙이고 왔는지 이야기한다.
풀과 그림을 잘 정리하고 왔는지 이야기한다.
게임을 모두 마치면 그림이 처음과 어떻게 달라졌는지 어떤 점이 보기 좋은지 이야기해 본다.

유 의 점 : 교실에서 게임할 공간이 부족하면 다른 곳에서 게임을 한 후 그림을 교실에 전시할 수 있다.

## 1. 부채질하기

• 생활주제 •
계절(여름)

목　　표 : 서로 돕는 경험을 한다.
여름 날씨의 특징을 안다.

준 비 물 : 유아들이 만든 부채, 부직포로 만든 모양그림, 신호악기

사전준비 : • 부직포로 여러 가지 도형그림을 만든다.
• 조형영역에서 부채를 만든다.

게임방법 : 같은 모양을 찾은 친구끼리 만나서 서로 부채질을 해 주는 활동이다.

활동방법 : 1. 만든 부채를 가지고 바닥에 원으로 모여 앉는다.
2. 부채와 모양그림을 보여 주고 게임을 할 것임을 이야기한다.
3. 게임방법과 규칙을 정한다.
   • 부채를 들고 노래를 부르면서 걸어다닌다.
   • 신호악기가 울리면 멈추어 서서 바닥에 있는 부직포 모양 그림을 1장씩 줍는다.
   • 같은 모양을 주운 친구와 만난다.
   • 만난 친구끼리 마주 보고 부채질을 해 준다.
4. 노래를 부르는 동안 교사는 바닥에 그림자료를 흩어 놓는다.
5. 한번 게임을 해 본 후 평가하고 다시 반복한다.

평　　가 : 같은 모양을 잘 찾는지 평가한다.
서로 부채로 시원하게 해 주면서 어떤 기분인지 이야기해 본다.

유 의 점 : 교실 이외에 유희실이나 마당에서도 할 수 있다.

## 2. 모기 잡기

● 생활주제 ●
계절(여름)

목　표 : 여름철 위생에 관심을 가진다.
눈과 손의 협응이 필요한 활동을 능숙하게 한다.

준 비 물 : 모기그림 융판자료, 모기채, 상자(위가 열리는 것으로), 융판

사전준비 : • 부직포로 모기를 만들어 뒷면에 까슬이를 붙인다.
• 주방에서 사용하는 호일대의 한쪽에 까슬이를 붙여 모기채를 만든다.
• 목적물 지점에 융판을 놓고 모기 그림을 붙여 둔다.

게임방법 : 모기채를 들고 가서 모기를 잡고 돌아오는 게임이다.

활동방법 : 1. 게임대형으로 나누어 앉는다.
2. 융판에 있는 그림을 보고 어떤 벌레인지 이야기해 본다.
3. 병을 옮기는 모기를 잡는 게임을 하기로 하고 준비된 도구들로 어떻게 게임을 할 수 있는지 이야기를 나눈다.
4. 게임방법과 규칙을 정한다.
• 출발신호에 맞추어 모기채를 들고 달려가서 모기를 한 마리만 잡아 돌아온다.
• 돌아와서 상자 안에 모기를 넣고 모기채는 출발선 옆에 놓는다.
5. 양편의 처음 유아부터 게임을 하고 평가 후 다음 유아가 한다.

평　가 : 모기를 한 마리만 잘 잡았는지 평가한다.
모기는 모기채로 잡았는지 평가한다.

확장활동 : 생활주제에 따라 곤충채집으로 바꾸어 할 수 있다.

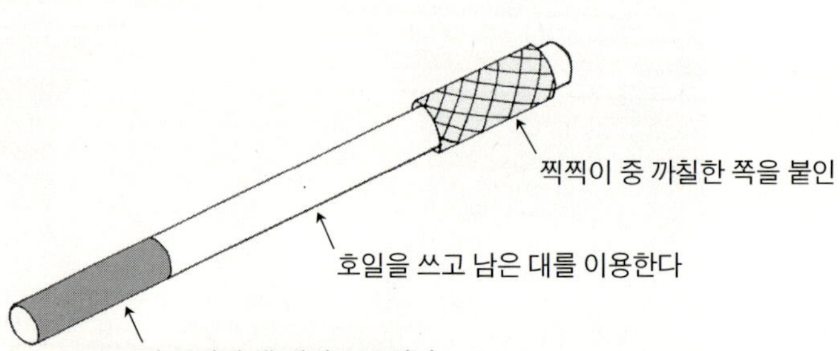

〈모기채〉

## 3. 암호로 여름 그림 맞추기

● 생활주제 ●
계절(여름)

목　　표 : 여름에 볼 수 있는 물건과 주변상황에 관심을 가진다.
두 가지 이상의 지시내용을 이해하여 수행한다.

준 비 물 : 여름 그림자료, 여름 그림카드, 마스킹테이프

사전준비 :
- 여름에 볼 수 있는 물건이나 상황으로 그림카드를 만든다(선풍기, 부채, 수영복, 나팔꽃, 해바라기, 팥빙수 등)
- 그림카드를 이등분하여 각각 뒷면에 모양 스티커를 붙여 짝이 될 수 있는 그림임을 표시한다.
- 마스킹테이프로 유아전체가 앉을 수 있는 원을 표시한다.

게임방법 : 같은 모양의 스티커가 붙어 있는 그림을 두 장 찾아 그림을 완성하는 게임이다.

활동방법 :
1. 표시된 자리에 원으로 모여 앉는다.
2. 여름 그림자료를 보면서 어떤 그림인지 이야기해 본다.
3. 그림카드의 뒷면을 보고 모양이 같은 것을 찾아본다. 같은 모양의 스티커가 붙어 있는 카드 두 장을 붙여 앞면의 그림이 무

〈앞〉 〈뒤〉

〈앞〉 〈뒤〉

엇이 되었는지 본다.

4. 게임방법과 규칙을 정한다.
   - 노래를 부르며 줄을 따라 걷는다.
   - 신호악기소리가 나면 멈추고 그림을 찾는다(배운 노래를 부르며 교사가 카드의 뒷면이 보이도록 원의 안쪽 바닥에 펼쳐 놓는다).
5. 게임을 해 본 후 평가 후 다시 한다.

평　　가 : 그림을 잘 찾았는지 평가한다.
어떤 그림을 맞추었는지 이야기한다(교사가 그림의 내용을 이야기하면 그림카드를 높이 들어 표시한다).

확장활동 : 게임 후 교구로 제시하여 개별적으로 해 볼 수 있게 한다.

## 4. 꽃게 찾기

● 생활주제 ●
계절(여름)

목　　표 : 여름에 경험한 것을 기억하여 이야기한다.
자석의 성질에 관심을 갖고 탐색한다.

준 비 물 : 모래상자(80×40cm) 2개, 꽃게 그림자료(유아 수만큼), 막대자석 2개, 낮은 책상, 바구니 2개, 부분 보고 전체 알기(꽃게), 그림자료

사전준비 : • 색지로 꽃게를 만들어 클립을 끼워 모래상자 안에 숨겨 둔다.
• 목적물 지점에 낮은 책상을 놓고 모래상자를 올려놓는다.

게임방법 : 자석으로 꽃게를 찾아 가져오는 게임이다.

활동방법 : 1. 교사를 중심으로 반원으로 나누어 앉는다.
2. 부분 보고 전체 맞추기 자료를 보고 어떤 그림인지 맞추어 본다.
3. 모래 속의 꽃게를 찾는 방법에 대해 이야기를 나누고 교사가 자석을 이용하여 찾는 모습을 보여 준다.
4. 게임방법과 규칙을 정한다.
• 악기소리에 맞추어 가서 자석으로 꽃게를 한 마리 찾는다.
• 자석은 제자리에 두고 찾은 꽃게는 바구니에 담는다.

5. 돌아와서 선생님과 악수하여 돌아왔음을 표시한다.

6. 양쪽에서 1명씩 게임을 해 본 후 평가하고 다음 유아가 한다.

평 가 : 꽃게는 자석으로 잘 찾았는지 평가한다.
잡은 꽃게는 바구니에 넣었는지 평가한다.

유 의 점 : 꽃게의 수를 넉넉히 하여 찾기 쉽게 한다.

## 1. 나뭇잎 밟기

• 생활주제 •
계절(가을)

목　　표 : 주변 환경의 변화를 관찰한다.
신체 각 부분의 특성을 활용하여 움직인다.

준 비 물 : 은행잎과 단풍잎 그림자료 각각 10장, 은행잎과 단풍잎 실물 코팅자료, 옷핀

사전준비 :
- 은행잎과 단풍잎을 주워 코팅하여 옷핀을 단다.
- 은행잎과 단풍잎을 부직포로 만들어 바닥에 적당한 간격으로 붙인다.
- 등원시 게임에 사용할 것임을 이야기하고 나뭇잎을 한 가지 선택하여 가슴에 단다.

게임방법 : 나뭇잎을 가슴에 달고 자기가 달고 있는 것과 같은 나뭇잎만 밟아 보는 활동이다.

활동방법 :
1. 바닥에 붙인 나뭇잎들이 잘 보이도록 모여 앉는다.
2. 가을과 나뭇잎에 관한 노래를 불러 보고 바닥에 있는 나뭇잎의 색과 이름을 이야기해 본다.
3. 가슴에 달고 있는 나뭇잎과 바닥에 있는 나뭇잎으로 어떤 게임을 할 수 있을지 생각해 본다.
4. 게임방법과 규칙을 정한다.
   - 모두 일어나서 노래를 부르며 걸어다닌다.
   - 걸어 다닐 때 자기 가슴에 달고 있는 나뭇잎과 같은 것만 밟아야 한다.
   - 노래가 끝나면 그 자리에 멈추어 선다.
   - 게임을 해 본 후 평가하고 다시 반복하며, 나뭇잎을 바꾸어서도 해 본다.

평　　가 : 가슴에 단 것과 같은 나뭇잎만 밟았는지 평가한다.
게임을 하면서 불편한 점이나 어려운 점은 없었는지 평가하여 규칙을 수정하거나 다시 확인한다.

유 의 점 : 나뭇잎의 수와 간격은 걸어 다닐 때 부딪히지 않도록 학급 크기

에 따라 조절한다.

확장활동 : 게임 후 사용한 나뭇잎과 배운 노래를 녹음하여 음률영역에 내어 준다.

## 2. 과일을 트럭에 싣기

● 생활주제 ●
계절(가을)

목　　표 : 계절의 변화에 관심을 가진다.
소근육을 원활히 움직인다.

준 비 물 : 과일 운반 트럭 그림자료 4장, 풀 2개, 과일 그림자료(사과, 배, 감, 밤) 유아 수만큼, 쟁반, 낮은 책상

사전준비 :
- 과일 운반 트럭을 아래 그림과 같이 색지로 만들어 교실 한쪽 벽면에 붙인다(작품게시용 판을 활용할 수도 있다).
- 과일그림을 색지에 복사하여 오려 쟁반에 담아 둔다.
- 벽면과 출발선 사이에 과일 쟁반과 풀을 올려 놓는다.

벽면에 있는 과일 운반 트럭에 과일을 실어 놓고 돌아오는 게임이다.

활동방법 :
1. 벽면의 트럭이 잘 보이도록 교사를 중심으로 반원으로 모여 앉는다.
2. 앞에 보이는 트럭을 보며 무엇을 하는 차인지, 어떤 과일들을 실어야 할지 이야기해 본다.
3. 쟁반에 무엇이 있는지 살펴보고 준비된 자료로 어떤 게임을 할 수 있을지 생각해 본다.

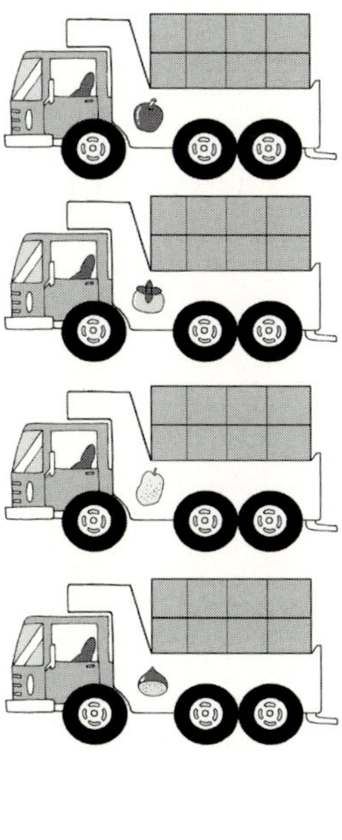

4. 게임방법과 규칙을 정한다.
   - 출발선에 서서 출발 신호에 맞추어 간다.
   - 쟁반에서 과일을 1개 선택하여 뒷면에 풀을 칠한다.
   - 풀은 제자리에 바르게 놓고 트럭이 있는 곳에 가서 그 과일을 실어야 할 트럭에 과일을 붙이고 돌아온다.
   - 돌아와서 선생님과 악수한다.
   - 교사의 양쪽에서 유아가 1명씩 나와 게임을 하고 평가 후 다음 사람이 한다.

평　　가 : 과일을 맞는 트럭에 한 개씩 붙였는지 평가한다.
사용한 풀은 제자리에 바르게 놓았는지 평가한다.
게임이 모두 끝나면 과일 운반 트럭을 보며 어떤 생각이 드는지 이야기해 본다.

확장활동 : 유아들의 흥미와 발달수준에 따라 유아들이 직접 그린 과일을 활용할 수도 있다.

## 1. 장갑 짝 찾기

● 생활주제 ●
계절(겨울)

목　　표 : 날씨에 따른 생활의 변화를 관찰한다.
계절과 상황에 알맞게 옷을 입는다.

준 비 물 : 유아들의 장갑, 마스킹테이프

사전준비 :
- 유아들의 장갑을 미리 모아 두고 장갑이 유아 수만큼 없다면 교사의 것이나 여분의 장갑을 따로 준비한다.
- 마스킹테이프로 장갑을 놓을 자리를 표시해 둔다(지름 1m 정도의 원이나 정사각형)

게임방법 : 장갑을 여러 개 모아 놓고 같은 짝을 찾는 게임이다.

활동방법 :
1. 원이 그려진 바깥쪽에 모여 앉는다.
2. 요즘 날씨에 대해 이야기를 나누고 추운 날 필요한 물건들을 말해 본다.
3. 장갑은 몇 개가 있어야 짝이 되는지 이야기하고 장갑의 짝을 찾는 게임을 하기로 한다.
4. 게임방법과 규칙을 정한다.

- 모아 둔 장갑을 표시된 동그라미 안에 펼쳐 놓고 노래하며 걷는다.
- 걸어 다닐 때 동그라미를 따라 걷고 동그라미 안으로 들어가지 않는다.
- 노래가 끝나면 동그라미 안으로 가서 장갑의 짝을 찾아 맞춘 사람은 자리에 앉는다.
- 게임을 해 본 후 평가하고 다시 반복한다.

평　　가 : 모두 정한 약속을 잘 지키며 게임을 했는지 평가한다.
장갑의 짝을 맞는 것으로 잘 찾았는지 살펴본다.

유 의 점 : 장갑의 짝을 찾을 때 부딪히지 않도록 집단의 크기에 따라 원의 크기를 조절한다.

확장활동 : 게임에 필요한 장갑은 조형영역에서 부직포를 이용하여 '장갑 만들기' 한 것으로 활용할 수 있다.

## 2. 굴 속의 곰

• 생활주제 •
계절(겨울)

목　　표 : 계절의 변화에 관심을 가진다.
신체 활동에 즐겁게 참여한다.

준 비 물 : 곰 가면, 마스킹테이프, 녹음기와 노래 '굴속의 곰' 녹음테이프

사전준비 : • 사전에 노래 '굴속의 곰'을 배우고 여러 번 불러 본다.
• 마스킹테이프로 곰의 자리, 출발선과 도착 경계선을 표시해 둔다.

게임방법 : 노래 '굴 속의 곰'에 맞추어 움직이면서 잡고 도망치는 활동이다.

활동방법 : 1. 곰의 자리가 잘 보이도록 반원으로 모여 앉는다.
2. 노래 '굴속의 곰'을 불러 보고 곰이 어떻게 잠자는지, 잠꼬대는 어떻게 할 수 있는지 앉아서 표현해 본다.
3. 유아들이 곰과 사람이 되어 노래에 맞추어 게임을 하기로 하고 어떻게 게임을 할 수 있을지 생각해 본다.
4. 게임 방법과 규칙을 정한다.
• 곰이 될 사람을 정하여 곰은 가면을 쓰고 표시된 자리에 앉아서 노래에 맞추어 잠도 자고 잠꼬대도 한다.
• 다른 사람들은 출발선에 서서 노래를 부르며 곰이 있는 곳으로 가까이 간다.
• 노랫말 "너를 잡는다"에서 곰은 일어나 서 있는 사람을 잡고, 서 있던 사람들은 도망친다.
• 도착 경계선 안으로 들어가면 잡을 수 없고 잡힌 사람은 곰이 된다.
• 게임을 해 본 후 평가하고 다시 반복한다.

평　　가 : 누가 잡혔는지 알아본다.
노랫말에 맞추어 움직였는지 평가한다.

유 의 점 : 다치지 않도록 장애물을 치우고 넓은 장소에서 게임을 한다.
노래는 녹음한 것을 사용할 수도 있으나 노랫말에 맞추어 움직이기 쉽도록 교사와 유아들이 함께 부르면서 하는 것이 좋다.

확장활동 : 전체 유아 수를 고려하여 곰을 둘 이상으로 정하여 할 수도 있다.

## 굴속의 곰

커다란 곰 한 마 리 커다란곰 한마 리 굴 속에 서
잠 자 고 있어 요 쿨 쿨 잠 꼬대도 하네 요 중얼 중얼
잠 을 깨 어 일 어 나 커 다 란 입 벌 리 고 너 - 를 - 잡 는 다

## 3. 꼬마 산타 되어 선물 붙이고 돌아오기

● 생활주제 ●
계절(겨울)

목 표 : 일상생활에서 일어나는 흥미 있는 상황에 호기심을 가진다.
내가 할 수 있는 일을 알아본다.

준 비 물 : 선물 주머니를 매고 있는 산타 그림 2장(산타는 황인과 백인으로 만든다), 융판 2개, 선물그림 2벌씩, 바구니 2개, 산타 손인형(흑인산타)

사전준비 :
- 과자 상자를 이용하여 검은 피부의 산타 손인형을 만든다.
- 선물 주머니를 매고 있는 황인 산타와 백인 산타를 만들어 코팅한다.
- 선물 그림을 만들어 이등분하여 코팅하고 한쪽은 선물 주머니에 붙이고 옆에는 찍찍이(보슬이)를 붙인다. 다른 한쪽 선물에는 뒷면에 찍찍이(까슬이)를 붙인다.
- 융판에 산타를 붙여 목적물로 세운다.

게임방법 : 같은 모양의 선물을 찾아 붙이고 돌아오는 게임이다.

활동방법 :
1. 양편으로 나누어 마주 보고 앉는다.
2. 산타 그림을 보면서 주머니에 어떤 선물들이 있는지 살펴본다. 교사가(손인형을 조작하며) 선물을 나누어 주는 것을 도와달라고 부탁하는 이야기를 꾸며서 들려 준다.
3. 산타할아버지를 도와드리기 위해 선물 주머니에 선물을 담아 주는 게임을 하기로 하고 어떻게 게임을 할 수 있을지 생각해 본다.
4. 게임방법과 규칙을 정한다.
   - 바구니에 있는 선물 그림을 1개 선택하여 출발선에서 준비한다.
   - 신호악기소리에 맞추어 달려가서 같은 그림 옆에 선물을 붙이고 돌아온다.
   - 돌아와서 선생님과 악수하여 돌아왔음을 표시한다.
5. 그림이 담긴 바구니를 출발선 옆에 놓고 양편에서 1명씩 나와 게임을 한다(바구니는 정한 방법에 따라 출발선과 융판의 중간지점

에 놓고 할 수 있다).

6. 평가 후 다음 사람들이 게임을 한다.

평　가 : 같은 그림을 잘 찾아 붙였는지 평가한다.

유 의 점 : 선물그림은 앉아 있는 사람들도 잘 보이도록 너무 작지 않게 한다.

## 1. 발바닥 밟고 가기

● 생활주제 ●
건강한
몸과 마음

목　　표 : 신체 각 부분의 기능을 안다.
공간을 이동하면서 몸을 다양하게 움직인다.

준 비 물 : 유아 발바닥 그림 14장, 융판, 유아들의 사진(혹은 개인표시 그림), 신호악기, 낮은 책상

사전준비 :
- 유아 발 크기의 발바닥 모양을 코팅하여 게임할 장소의 바닥에 그림과 같이 붙인다.
- 목적물 지점에 융판을 놓고 유아들의 사진은 출발선과 융판 사이에 놓는다.

게임방법 : 바닥에 붙여진 발바닥을 밟으며 걸어 가는 게임이다.

활동방법 :
1. 서로 마주 보게 나누어 앉는다.
2. 노래 '머리, 어깨, 무릎, 발' 을 부르며 신체 각 부분을 짚어 본다.
3. 바닥에 있는 그림을 보며 우리 몸의 어디인지, 그림대로 걸으려면 어떻게 걸어야 하는지 이야기하고 몇 명의 유아가 나와

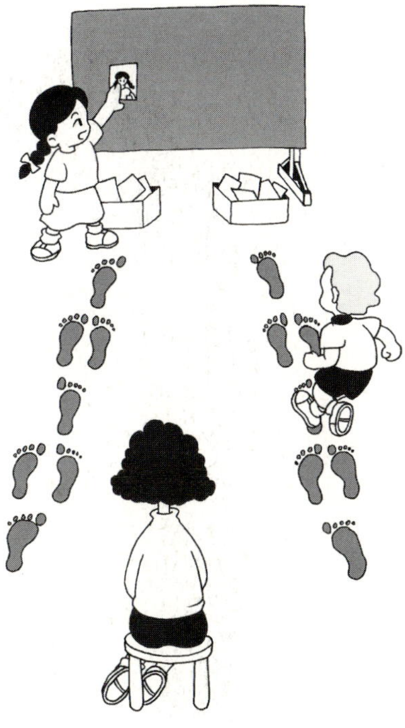

발자국을 밟으며 걸어 본다.

4. 게임방법과 규칙에 대해 이야기 나눈다.
   - 양편에서 1명씩 이름을 부르면 출발선에 서서 준비한다.
   - 악기소리에 맞추어 발바닥을 밟으며 가서 융판에 사진을 붙이고 돌아온다.
   - 돌아와서 선생님과 악수하고 제자리에 앉는다.
5. 양편에서 1명씩 게임한다.
6. 한 번씩 게임한 후 평가하고 다음 유아들이 한다.

평　　가 : 발자국을 모두 밟고 갔는지 평가한다.
사진은 떨어지지 않게 바르게 붙이고 왔는지 평가한다.
게임이 모두 끝나면 게임을 해 보니 어떠했는지, 어려운 것은 없었는지 이야기한다.

확장활동 : 유아들의 발달수준에 따라 발바닥을 다른 형태로 붙일 수 있다 (예, 앙감질을 하는 형태)

## 2. 기구를 이용한 순환운동하기

• 생활주제 •
건강한 몸과 마음

목　　표 : 신체활동에 적극적으로 참여한다.
신체 각 부분을 인식하고 움직인다.

준 비 물 : 평균대 2개, 유니바 6개, 우레탄 블록 4개, 방울 2개

사전준비 :
- 게임할 장소에 편대형으로 유니바, 우레탄 블록, 평균대를 차례대로 놓고 목적물 지점의 천장에 방울을 매단다.
- 사전에 게임에 필요한 도구들을 탐색하고 사용해 볼 수 있도록 유희실이나 실외에 준비해 둔다.

게임방법 : 여러 가지 기구를 정해진 방법대로 지나 방울을 치고 돌아오는 게임이다.

활동방법 :
1. 편게임 대형으로 모여 앉는다.
2. 앞에 놓여진 기구들을 보며 무엇인지 어떻게 사용할 수 있는지 이야기를 나눈다.
3. 게임방법과 규칙을 정한다.
   - 신호악기소리에 맞추어 가서 유니바는 두발을 모아 건너 뛴다.
   - 징검다리(우레탄 블록)는 한 발씩 뛰어 건너고 평균대는 아래로 지나 방울을 치고 돌아온다.
   - 선생님과 악수하여 돌아왔음을 알려 준다.
4. 양편에서 1명씩 게임을 해 보고 평가 후 다음 사람들이 한다.

평　　가 : 기구를 지날 때 약속한 대로 잘 지났는지 평가한다.

어떤 것을 지나는 것이 재미있었는지 어떤 기구가 어려웠는지 이야기해 본다.

게임을 보는 사람들의 태도에 대해서도 간단히 평가한다.

유 의 점 : 기구와 기구 사이의 공간을 넉넉히 둔다.

확장활동 : 유아들의 신체발달수준을 고려하여 다양한 기구로 바꾸어 제시할 수 있다(매트 위에서 앞구르기, 평균대 위에서 걷기, 도움닫기하여 유니바 건너기 등).

## 3. 신체 짝짓기

● 생활주제 ●
건강한
몸과 마음

목　　표 : 신체 각 부분의 명칭을 안다.
신체를 이용한 다양한 움직임을 경험한다.

준 비 물 : 신체 부분을 나타내는 그림 자료(손, 발, 등, 배, 무릎, 엉덩이), 음악 '걷기' 녹음테이프, 녹음기

사전준비 : • 바닥에 신체 부분을 나타내는 그림들을 붙여 놓는다.
• '걷기'를 녹음하여 선택활동시간에 들을 수 있도록 준비한다.

게임방법 : 그림으로 나타낸 신체 부분을 자신의 신체와 맞추어 보는 활동이다.

활동방법 : 1. 바닥에 붙여 놓은 그림이 잘 보이는 대형으로 모여 앉는다.
2. 그림을 보며 우리 몸의 어느 부분인지 이야기 나누고 몇 명의 유아가 나와 그림과 신체 부분을 대어 본다.
3. 게임방법과 규칙에 대해 이야기 나눈다.
• 음악에 맞추어 마음대로 걸어 다닌다(위험하지 않도록 필요한

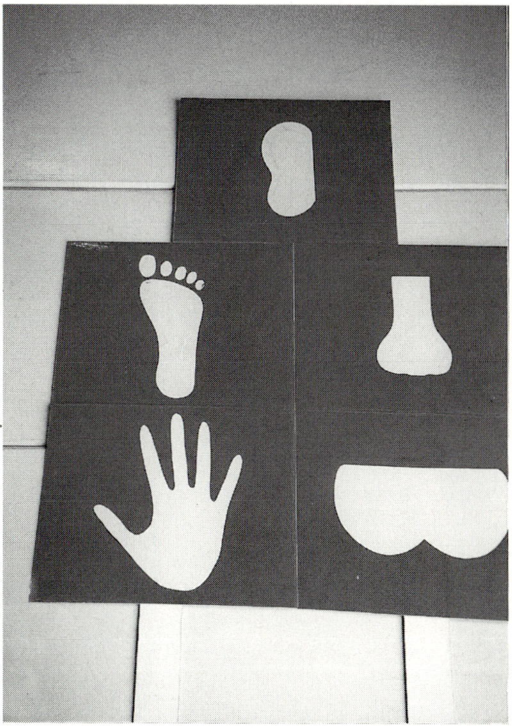

규칙을 정한다).

• 신호악기 소리가 들리면 바닥에 있는 그림에 내 몸을 대어 본다.

4. 10~15명씩 해 보고 평가 후 다른 유아들이 한다.

평 가 : 그림과 신체 부분을 잘 맞추었는지 평가한다.
정한 약속을 지켜 위험하거나 다른 사람에게 방해가 되지는 않았는지 평가한다.
우리 몸의 어느 부분을 대어 보았는지, 어려운 것은 없었는지 이야기한다.

유 의 점 : 공간과 유아의 수를 고려하여 그림자료의 수를 조절한다.

확장활동 : 그림자료는 음률영역이나 유희실에 내어 주어 놀이시간에 자발적으로 해 보도록 한다.

## 4. 공 쟁반에 담아 나르기

● 생활주제 ●
건강한
몸과 마음

목　　표 : 여러 가지 도구를 이용한 신체활동을 해 본다.
신체활동에 즐겁게 참여한다.

준 비 물 : 여러 가지 공 그림 혹은 실물자료(농구공, 테니스공, 배구공, 축구공, 탁구공 등) 쟁반, 목적물(의자, 긴 블록 등)

사전준비 : • 동화 〈공들의 자랑〉을 듣고 여러 가지 공에 관심을 가지도록 한다.
• 게임할 장소에 목적물과 의자를 놓아 둔다.

게임방법 : 공을 쟁반에 담아 떨어뜨리지 않고 목적물을 돌아오는 게임이다.

활동방법 : 1. 게임대형으로 앉아 수수께끼로 공을 맞추어 본다.
2. 그림자료나 실물자료를 보면서 무슨 공인지 어떤 경기에 사용하는지 이야기를 해 본다.
3. 공을 가지고 목적물을 돌아오는 방법에 대해 이야기하고 게임 방법과 규칙을 정한다.
- 공을 쟁반에 담아 준비한다.
- 신호악기소리에 맞추어 공이 쟁반에서 떨어지지 않도록 달려가서 의자를 돌아온다.
- 공이 떨어지면 그 자리에서 공을 담아 다시 한다.
4. 양편에서 1명씩 나와 게임을 하고 평가 후 다음 사람들이 한다.

평　　가 : 공을 떨어뜨리지 않고 잘 갔다 왔는지 평가한다.
공을 손으로 잡지 않고 쟁반을 들고 갔다왔는지 평가한다.
어떻게 해야 공을 떨어뜨리지 않고 갈 수 있었는지 이야기한다.

유 의 점 : 쟁반을 너무 크지 않은 것으로 하고 공은 탱탱볼을 사용하여 무겁지 않게 한다.

확장활동 : 여러 가지 공을 내어 주어 공을 몸의 여러 부분으로 어떻게 옮길 수 있는지 탐색할 수 있게 한다.

## 1. 집에서 기르는 동물 그림자 맞추기

• 생활주제 •
동물

목　　표 : 애완동물의 종류에 관심을 가진다.
동물의 특징적인 생김새에 관심을 가진다.

준 비 물 : 애완동물 그림(물고기, 개, 고양이, 새, 거북 등) 자석자료, 자석판, 애완동물 그림자 그림자료, 동물그림 주사위

사전준비 :
- 애완동물 그림과 그림자 그림을 그려 각각 코팅한다. 그림자 자료는 자석판에 붙이고 그림 자료는 뒷면에 자석을 붙인다.
- 정육면체 우레탄 블록에 애완동물 그림을 붙여 동물 주사위를 만든다.
- 의자를 게임 대형으로 놓고 자석판은 목적물 지점에 세운다. 동물그림은 바구니에 담아 교사가 가지고 있는다.

게임방법 : 동물그림자와 맞는 그림을 찾아 붙이는 게임이다.

활동방법 :
1. 게임 대형으로 나누어 앉는다.
2. 자석판에 붙여진 그림자를 보고 무엇인지 맞추어 본다.
3. 동물 주사위를 던져 어떤 동물이 나오는지 보고 동물이름을 이야기해 본다.
4. 게임방법과 규칙을 정한다.
   - 출발선에 서서 동물그림을 한 장 선택한다.
   - 신호악기소리에 맞추어 달려가서 그림자를 찾아 붙이고 돌아온다.
   - 돌아와서 선생님과 악수하여 돌아왔음을 표시한다.
   - 앉아 있는 사람들은 어떤 약속을 지켜야 게임을 더 재미있게 할 수 있는지 이야기한다.
5. 양편의 처음 유아부터 게임을 하고 평가 후 다음 유아가 한다.
   - 어떤 동물을 붙이고 왔는지 이야기한다.
   - 동물을 그림자에 맞게 잘 붙이고 왔는지 평가한다.
   - 게임을 모두 마치면 어떤 동물들이 있는지 동물 이름을 이야기해 본다.

유 의 점 : 동물의 종류는 유아들이 집에서 기르거나 유치원에서 볼 수 있는 동물로 하고 그림자료는 형태가 명확한 것으로 사용한다.

확장활동 : 진행되는 소주제에 따라 농장동물, 동물원 동물로 변형할 수 있다.

## 2. 동물 집 찾아가기

• 생활주제 •
동물

목 표 : 관심 있는 동물의 특징을 알아본다.
동물의 모습과 움직임을 창의적으로 표현해 본다.

준 비 물 : 농장동물 그림(토끼, 오리, 소, 돼지, 말, 등) 목걸이, 농장동물 큰 그림, 탬버린, 마스킹테이프

사전준비 : • 조형영역에서 농장동물 그림을 색칠하여 목걸이로 만든다.
• 동물 큰 그림은 코팅하여 뒷면에 스카치테이프를 말아 붙여 놓는다.
• 게임할 장소에 마스킹테이프로 앉는 곳을 표시한다.

게임방법 : 동물 모습을 표현하며 자유롭게 움직이다가 신호에 맞추어 집을 찾아 들어가는 활동이다.

활동방법 : 1. 표시된 곳에 모여 앉는다.
2. 동물에 관한 배운 노래를 불러 본다.
3. 동물 목걸이를 하나씩 보면서 어떤 동물이 있는지 이야기해 본다.
4. 게임방법과 규칙을 정한다.
 • 원하는 동물 목걸이를 걸고 노래하면서 동물처럼 움직인다.
 • 탬버린 소리가 나면 위험한 신호이므로 빨리 자기 집을 찾아 들어간다.
 • 안전하다고 알려 줄 때까지 집에 숨어 있는다.
 • 한 집에 1명씩 들어간다.
5. 노래를 부르면서 교사가 동물 목걸이를 보여주면 한 명씩 나와 가져가고 교사는 바닥에 동물집을 나타내는 큰 그림을 붙인다.
6. 게임을 하고 평가 후 다시 해 본다.

평 가 : 정말 동물처럼 잘 움직였는지 이야기한다.
탬버린 소리에 맞추어 집에 잘 들어갔는지 평가한다.
게임을 모두 마치면 어떤 것이 재미있었는지, 어려운 점은 없었

는지 이야기해 본다.

유 의 점 : 다치지 않도록 동물집은 간격을 두어 붙이고 집의 수도 유아 수에 맞게 한다.

확장활동 : 게임 후 자료를 음률영역에 내어 주어 여러 가지 동물의 모습을 표현하고 자발적으로 게임을 해 볼 수 있게 한다.

## 3. 거북이 바꾸기

• 생활주제 •
동물

목　　표 : 주변 동물에 관심을 가지고 관찰한다.
큰 것과 작은 것을 비교하여 안다.

준 비 물 : 장난감 거북이 큰 것 2개, 작은 것 2개, 정육면체 블록 2개, 거북이 테이블 인형 4개

사전준비 : • 거북이 그림을 큰 것부터 작은 것까지 크기가 다른 것으로 4개 만든다.
• 게임할 장소에 편대형으로 의자를 놓고 목적물 지점에 블록을 놓고 큰 거북이를 올려 놓는다.

게임방법 : 크기가 다른 거북이를 바꾸어 들고 오는 게임이다.

활동방법 : 1. 의자에 모여 앉는다.
2. 블록 위에 무엇이 있는지 이야기하고 다른 거북이들을 테이블 위에 하나씩 올려 놓는다.
3. 책상 위에 거북이가 모두 몇 마리 있는지 이야기하고 큰 것부터 순서대로 놓아 본다.
4. 게임방법과 규칙을 정한다.

- 신호악기소리에 맞추어 거북이를 안고 달려간다(거북이를 가져가는 안전한 방법에 대해 이야기한다).
- 블록 위에 있는 다른 거북이와 바꾸어 안고 온다.
- 안고 온 거북이를 선생님께 드린다.

5. 양편에서 1명씩 나와 게임을 하고 평가 후 다음 사람이 한다.

평 가 : 거북이를 안고 가면서 떨어뜨리지는 않았는지 평가한다.
가지고 간 거북이를 놓여 있는 거북이와 잘 바꾸어 왔는지 평가한다.

유 의 점 : 동물을 사랑하고 보호하는 태도를 가질 수 있도록 거북이를 던지거나 함부로 다루지 않는 것을 규칙에 포함시킨다.

## 4. 토끼 먹이 주기

**• 생활주제 •**
동물

목　　표 : 동물의 생태에 관심을 가진다.
동물을 보호하는 태도를 가진다.

준 비 물 : 토끼 먹이 그림(상치, 토끼풀, 배추 등) 유아 수만큼, 토끼 먹이 바구니 2개, 토끼 손인형 2개

사전준비 : • 토끼 먹이 그림을 코팅하고 바구니에 토끼 그림을 그려 잘 보일 수 있게 붙인다.
• 상자를 이용한 토끼 손인형을 만든다. 이때 토끼는 흰색과 회색으로 한다.

게임방법 : 토끼 먹이를 바구니에 모으는 게임이다.

활동방법 : 1. 편게임 대형으로 앉는다.
2. 토끼 손인형이 하는 이야기를 듣는다(교사가 손인형과 빈 먹이 바구니를 조작하면서 먹을 것이 없어서 배고픈 토끼의 이야기를 들려준다).
3. 토끼에게 우리가 어떻게 해 줄 수 있을지 이야기하고, 먹이를 모으는 게임을 하기로 한다.
4. 게임방법과 규칙을 정한다.
 • 신호악기소리에 맞추어 토끼먹이 그림을 들고 달려간다.
 • 먹이 그림을 바구니에 넣고 돌아온다(먹이 바구니를 어디에 놓을지 정하고 유아 2명이 바구니를 놓아 준다).
5. 양편에서 1명씩 나와 게임을 하고 평가 후 다음 사람이 한다.

평　　가 : 먹이를 바구니에 잘 넣고 왔는지 평가한다.
어떤 먹이를 가져갔는지 이야기한다.

확장활동 : 토끼 대신 강아지나 소 등 다른 동물로 바꾸어 할 수 있다.
먹이 바구니는 실제로 유치원에서 기르는 동물먹이 모으는 것으로 활용한다.

## 5. 동물 의자에 앉기

● 생활주제 ●
동물

목　　표 : 관심 있는 동물에 대해 알아 본다.
동물의 움직임을 창의적으로 표현한다.

준 비 물 : 동물그림 5종류, 동물 소리 녹음자료, 동물 목걸이, 의자(유아 수 만큼), 녹음기

사전준비 : • 동물의 소리를 녹음한다(개, 고양이, 돼지, 소, 사자 등 소리를 구분하기 쉬운 것).
• 의자를 유아 수만큼 원으로 놓고 의자 등받이에 동물 그림을 붙여 둔다.
• 선택활동시간에 조형영역에서 동물 목걸이를 만든다.

게임방법 : 동물 흉내를 내며 움직이다가 자신이 정한 동물그림이 있는 의자에 앉는 게임이다.

활동방법 : 1. 노래 '동물 흉내' 를 부르며 의자에 모여 앉는다.
2. 녹음한 동물 소리를 들어보고 어떤 동물인지 맞추어 본다(이때 목걸이를 함께 제시한다).

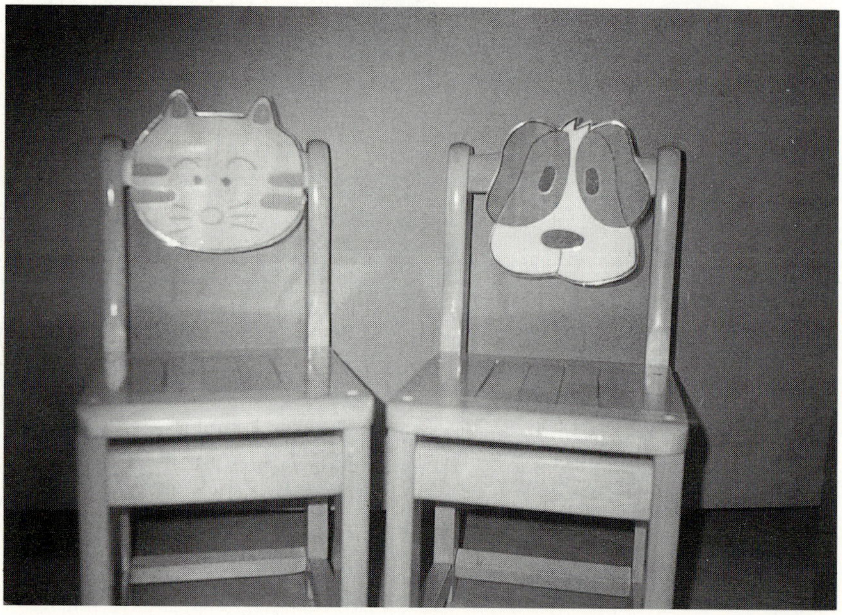

3. 어떤 동물을 할 것인지 결정하여 목걸이를 목에 건다.
4. 게임방법과 규칙을 정한다.
   - 일어서서 움직이면서 노래에 맞추어 동물 흉내를 낸다(노래 '나는 토끼'를 이용하여 노랫말을 바꾸어 한다).
   - 신호악기를 치면 자신이 걸고 있는 목걸이의 동물과 같은 그림이 있는 의자를 찾아 앉는다.
5. 양편에서 1명씩 나와 게임을 하고 평가 후 다음 사람이 한다.

평 가 : 동물 목걸이와 의자에 있는 동물이 같은지, 어떤 동물인지 이야기한다.
동물의 움직임을 창의적으로 표현한 유아는 칭찬하여 격려한다.

확장활동 : 목걸이를 바꾸어서 해 본다.
연령에 따라 의자의 수를 부족하게 하여 게임을 할 수 있다.

## 6. 달걀 줍기

● 생활주제 ●
동물

목　　표 : 동물의 부산물에 대해 안다.
자신의 생각을 말로 나타낸다

준 비 물 : 손잡이가 달린 바구니 2개, 짚(탈지면), 세울 수 있는 닭그림 2개, 삶은 달걀 유아 수만큼, 큰 바구니 2개, 쟁반 2개

사전준비 : • 달걀을 유아 수만큼 삶아 큰 바구니에 짚을 깔고 담는다.
• 어미 닭을 그려 코팅하고 블록에 붙여 목적물 지점에 세운다.

게임방법 : 달걀을 1개씩 주워 오는 게임이다.

활동방법 : 1. 노래 '무엇을 주련?' 을 부르면서 편게임 대형으로 모여 앉는다.
2. 수수께끼로 달걀을 맞추어 본다(삶은 달걀을 본다).
3. 준비된 자료로 어떤 게임을 할 수 있을지 생각해 본다.
4. 게임방법과 규칙을 정한다.
  • 바구니를 들고 신호악기소리에 맞추어 간다.
  • 달걀을 1개씩만 바구니에 담아 돌아온다.
  • 가져온 달걀은 쟁반에 담고 바구니는 출발선 앞에 내려놓는다.
5. 양편에서 1명씩 해 보고 평가 후 다음 사람이 한다.

평　　가 : 달걀을 1개씩 가져왔는지 평가한다.
달걀을 바구니에 담아 깨지지 않도록 가져왔는지 평가한다.

확장활동 : 게임이 끝난 후 달걀을 간식으로 먹는다.

## 1. 교통기관대로 움직이기

● 생활주제 ●
교통기관

목　　표 : 생활을 편리하게 하는 교통기관의 종류에 관심을 가진다.
교통기관의 움직임을 창의적으로 표현한다.

준 비 물 : 교통기관 그림 막대자료(해상, 항공, 육상교통기관중 대표적인 것), 달리기 음악, 신호악기

사전준비 : • 교통기관(승용차, 기차, 자전거, 여객기, 여객선 등) 그림을 막대자료로 만든다.
• 달리기 음악이나 움직임을 표현할 수 있는 경쾌한 음악을 녹음한다.

게임방법 : 음악에 맞추어 달리다가 제시되는 교통기관을 몸으로 표현하는 활동이다.

활동방법 : 1. 이야기나누기 대형(반원)으로 모여 앉는다.
2. 수수께끼로 교통기관 중 몇 가지를 맞추어 본다(막대자료를 이용한다).
3. 우리가 교통기관이 되어 움직여 보기로 하고 규칙을 정한다.
• 음악에 맞추어 교통기관이 되어 움직인다(자동차 – 달리기, 걷기, 배 – 헤엄치기, 비행기 – 날기, 위로 점점 오르기 등).
• 막대자료를 보면서 바꾸어 움직인다(교사는 음악의 크기를 조절하면서 함께 움직이다가 막대자료로 교통기관 그림을 제시하면

서 이제 "…이 되어 보자" 하고 이야기한다).

4. 한번 본 후 평가하고 다시 해 본다(불편한 점이 있다면 방법을 바꾸어 한다).

평　　가 : 창의적인 표현이 나오면 격려해 준다.
그림을 보고 바꾸어 움직였는지 평가한다.

확장활동 : 표현이 잘 나오면 교통기관의 종류를 세분하여 더 구체적으로 표현할 수 있게 한다.

## 2. 트럭으로 물건 운반하기

● 생활주제 ●
교통기관

목　　표 : 일하는 차에 관심을 가진다.
신체 협응이 필요한 활동을 능숙하게 한다.

준 비 물 : 장난감 트럭 2대, 공사장 표지판, 작은 우레탄 블록(플라스틱 블록), 큰 바구니

사전준비 :
- 장난감 트럭에 끈을 단다(적당한 장난감이 없다면 상자를 잘라 끈을 단다).
- 공사장 표지판을 만들어 목적물 지점에 세우고 큰 바구니를 놓아 둔다.
- 작은 블록은 상자에 담아 교사가 가지고 있는다.

게임방법 : 트럭에 블록을 담아 끌고 가서 바구니에 옮겨 담고 돌아오는 게임이다.

활동방법 :
1. 편게임 대형으로 나누어 앉는다.
2. 공사장 표지판을 본 적이 있는지, 어디서 보았는지, 무슨 표시인지 이야기한다.
3. 공사장에서 필요한 차는 어떤 차일까 생각해 보고, 트럭으로 필요한 물건을 날라 주는 게임을 하기로 한다.
4. 게임방법과 규칙을 정한다.
   - 출발선 앞에 있는 상자에서 블록을 2개 싣고 준비한다.
   - 신호악기소리에 맞추어 트럭을 끌고 가서 공사장에 블록을 내려놓는다(블록은 바구니에 담는다).
5. 돌아와서 트럭을 제자리에 바르게 놓는다.
6. 양편에서 1명씩 나와 게임을 하고 평가 후 다음 사람이 한다.

평　　가 : 블록을 2개 옮겼는지 평가한다.
블록을 흘리지 않고 공사장까지 날랐는지 평가한다.

확장활동 : 실외에서 모래를 나르는 게임으로 할 수도 있다.

## 3. 비행기에 인형 태우고 돌아오기

• 생활주제 •
교통기관

목　　표 : 여러 가지 교통기관에 관심을 가진다.
교통기관의 이용과 시설물에 대해 관심을 가진다.

준 비 물 : 상자로 만든 비행기 2대, 레고 인형(유아 수만큼), 공항 그림자료, 낮은 책상

사전준비 : • 상자를 이용하여 레고 인형을 태울 수 있도록 비행기를 만든다.
• 4절 하드보드지에 공항 그림을 그려 세울 수 있게 준비한다.
• 목적물 지점에 낮은 책상을 놓아 둔다.

게임방법 : 상자로 만든 비행기에 인형을 태우고 가서 공항에 내려 주는 게임이다.

활동방법 : 1. 편게임 대형으로 나누어 앉는다.
2. 공항 그림자료를 조금씩 보면서 어디인지 이야기해 본다(비행기를 타고 내리는 곳)
3. 인형들이 여행을 가는 데 비행기로 데려다 주는 게임을 하기로 한다.
4. 게임방법과 규칙을 정한다.

• 인형 1개를 비행기에 태우고 출발선 앞에 서서 준비한다.
신호악기 소리에 맞추어 비행기를 들고 달려가서 공항의 책상 위에 내려주고 돌아온다.

5. 돌아와서 비행기를 제자리에 바르게 놓는다.
6. 양편에서 1명씩 나와 게임을 하고 평가 후 다음 사람이 한다.

평　　가 : 인형을 떨어뜨리지 않고 잘 데려다 주었는지 평가한다.
비행기는 바르게 잘 놓았는지 평가한다.

확장활동 : 게임을 한 후 자료는 역할놀이영역에 내어 주어 역할놀이를 해 볼 수 있게 한다.

## 4. 조종사 모자 쓰고 목적물 돌아오기

• 생활주제 •
교통기관

목　　표 : 교통기관을 움직이는 사람들에 대해 관심을 가진다.
새로운 사실에 대해 호기심을 가진다.

준 비 물 : 상자로 만든 비행기 2대, 조종사 모자 4개, 우레탄 블록 긴 것 2개, 비행기 조종실 사진 자료

사전준비 :
- 상자를 이용하여 유아들이 들어갈 수 있는 비행기를 아래 그림과 같이 만든다(선택활동시간에 조형영역에 비행기를 함께 꾸민다).
- 헬멧을 꾸며 조종사 모자를 만든다.
- 목적물 지점에 블록을 세워 둔다.

게임방법 : 상자로 만든 비행기를 타고 조종사 모자를 쓰고 목적물을 돌아오는 게임이다.

활동방법 :
1. 편게임 대형으로 나누어 앉는다.
2. 비행기에 관해 배운 노래를 불러보고 사진자료를 보면서 무슨 일을 하고 있는지 이야기해 본다.
3. 준비된 모자와 함께 꾸민 비행기로 어떤 게임을 할 수 있는지 이야기해 본다.
4. 게임방법과 규칙을 정한다.
    - 모자를 쓰고 비행기를 타고 출발선 앞에 서서 준비한다.
    - 신호악기소리에 맞추어 달려가서 블록을 돌아온다.
5. 돌아와서 비행기와 모자를 벗어 제자리에 놓는다.
6. 양편에서 1명씩 나와 게임을 하고 평가 후 다음 사람이 한다.

평　　가 : 블록을 끝까지 잘 돌아왔는지 평가한다.
각 유아마다 열심히 한 것, 규칙을 지킨 것 등에 대해 적절한 말로 칭찬해 준다.

유 의 점 : 비행기와 모자 만드는 일에 유아들을 참여시켜 게임에 대한 동기를 유발하고 조종사에 대해 관심을 갖도록 한다.

## 1. 음식상 차리기

● 생활주제 ●
우리나라와 다른 나라

목　　표 : 우리나라의 전통 음식에 관심을 가진다.
새로운 사실에 대해 호기심을 가진다.

준 비 물 : 음식 상 그림 2장, 여러 가지 우리나라 전통음식 사진(유아 수만큼), 가족이 식사하는 장면 사진자료

사전준비 : • 가족이 식사하는 사진자료를 확대하고 겉장을 붙인다.
• 부직포로 상을 꾸며 게임할 장소의 벽면에 붙여 둔다.
• 우리나라 전통음식 사진을 오려 코팅하고 뒷면에 찍찍이(까슬이)를 붙인다.

게임방법 : 음식 사진 1장씩을 상에 붙여 상을 차리는 게임이다.

활동방법 : 1. 편게임 대형으로 나누어 앉는다.
2. 사진을 보면서 어떤 사진인지, 무엇을 하고 있는지 짧게 이야기를 나눈다.
• 이 사진 속의 사람들은 누구일까?
• 무엇을 하고 있는 것 같니?
• 어떤 음식을 먹고 있는 것 같니?
• 너희들은 어떤 음식을 좋아하니?

3. 음식 사진을 보며 어떤 음식인지, 먹어 본 적이 있는지 이야기 해 본다.
4. 게임방법에 대해 생각하여 이야기해 본다.
   - 이 음식들과 벽에 붙여져 있는 그림으로 어떤 게임을 할 수 있을까?
   - 음식은 몇 가지씩 차리기로 할까?
5. 게임방법과 규칙을 정한다.
   - 양쪽에서 1명씩 나와 음식 사진을 1장씩 들고 준비한다.
   - 신호악기소리에 맞추어 달려가서 상에 음식을 붙이고 돌아온다.
   - 돌아와서 선생님과 악수하여 돌아왔음을 알린다.
6. 양편에서 1명씩 나와 게임을 하고 평가 후 다음 사람이 한다.

평　가 : 어떤 음식을 붙였는지 이야기한다.
각 유아마다 열심히 한 것, 규칙을 지킨 것 등에 대해 적절한 말로 칭찬해 준다.

유의점 : 게임에 사용하는 음식 사진은 정확한 내용을 나타낼 수 있는 것으로 확대하여 사용한다.

## 2. 가마에 신랑, 신부 태우고 돌아오기

• 생활주제 •
우리나라와 다른 나라

목 표 : 전통문화와 관련된 게임을 통해 친밀감을 가진다.
여러 가지 감각 기관을 협응하여 활동한다.

준 비 물 : 전통혼례 사진, 가마, 신랑과 신부 세우는 인형, 초례청 사진과 의자

사전준비 :
- 전통혼례 사진자료를 확대하고 겉장을 붙인다.
- 전통혼례 복장을 한 신랑과 신부를 그려 코팅하고 뒷면에 깡통을 붙여 세우는 인형을 만든다.
- 500ml 우유팩으로 가마를 만든다.
- 초례청 그림을 의자에 붙이고 신랑 인형을 세워 목적물을 만든다.

게임방법 : 가마에 신부를 태우고 돌아오는 게임이다.

활동방법 :
1. 편게임 대형으로 나누어 앉는다.
2. 목적물(초례청)을 보면서 어떤 그림인지 무엇을 하는 곳일지 생각해 본다.
   - 저런 집을 본 적이 있니?
   - 무엇을 하는 곳이라고 생각하니?
3. 전통혼례 사진을 보며 어떤 모습인지, 무엇을 하고 있는지 이야기해 본다.
4. 목적물과 가마, 신랑과 신부 인형을 가지고 어떤 게임을 할 수 있는지 이야기 나눈다.
5. 게임방법과 규칙을 정한다.
   - 양쪽에서 1명씩 나와 신부가 탄 가마를 들고 준비한다.
   - 신호악기소리에 맞추어 가마를 들고 가서 초례청을 돌아온다.
   - 돌아와서 가마를 내려놓고 선생님과 악수한다.
6. 양편에서 1명씩 나와 게임을 하고 평가 후 다음 사람이 한다.

평 가 : 신부를 떨어뜨리지 않고 잘 갔다 왔는지 평가한다.
목적물을 잘 돌아서 왔는지 평가한다.
각 유아마다 열심히 한 것, 규칙을 지킨 것 등에 대해 적절한 말로 칭찬해 준다.

유 의 점 : 신랑, 신부 인형을 만들 때 깡통에 모래를 넣어 쓰러지지 않게 한다.
가마 옆에 손잡이를 달아 들고 가기 쉽게 한다.

확장활동 : 게임과 평가가 모두 끝나면 신부 인형을 신랑 인형 옆에 세워 결혼식 장면을 만들어 준다.
사용한 자료들은 역할놀이영역의 자료나 쌓기놀이영역의 소품으로 제시한다.

## 3. 태극 윷놀이

• 생활주제 •
우리나라와 다른 나라

목　　표 : 전통 문화와 관련된 게임을 통해 친밀감을 가진다.
　　　　　사물을 다섯까지 센다.

준 비 물 : 태극 윷(두 가락씩, 두 벌), 태극 그림 융판자료, 융판 2개, 윷놀이 판 2개

사전준비 :
- 주방용 알루미늄 호일 대를 세로로 잘라 윷 모양으로 만들고 태극모양으로 수를 표시한다(둥근 면에 2개, 평평한 면에 1개로 표시).
- 아래 그림과 같이 윷놀이 판을 만든다.
- 판에 붙일 수 있는 태극 그림 융판자료를 만든다.
- 융판에 윷놀이 판을 붙여 교사 옆에 세운다.

게임방법 : 윷을 던져 나온 수만큼 태극 그림을 판에 붙이는 게임이다.

활동방법 :
1. 교사를 중심으로 반원으로 앉는다.
2. 윷을 보며 무엇인지 어떻게 놀이하는 것인지 이야기를 나눈다.
    - 이것이 무엇일까? 본 적이 있니?
    - 윷놀이를 해 본 사람이 있니? 어떻게 하는 놀이인지 누가 이야기해 보겠니?
3. 게임에 사용할 윷과 판을 보면서 그림을 살펴보고 태극의 수도 세어 본다.
4. 이 윷과 판으로 어떤 윷놀이를 할 수 있는지 생각해 본다.

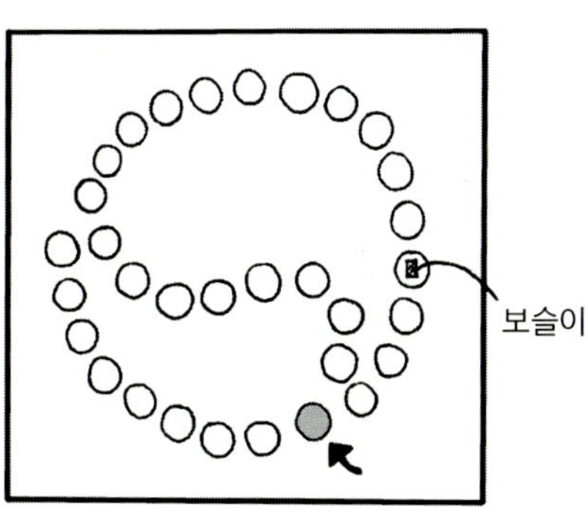

〈윷 판〉

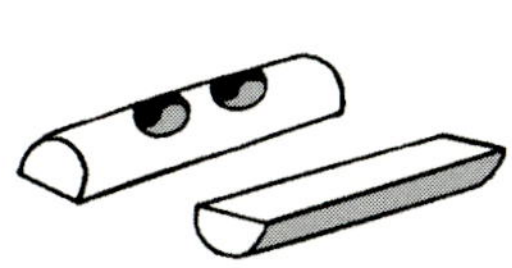
〈윷〉

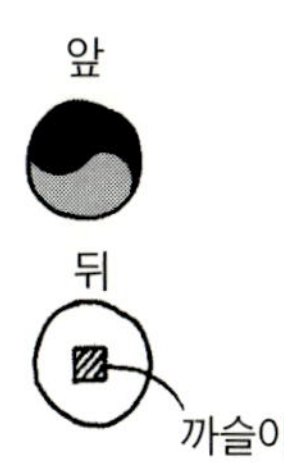

〈태극자료〉

5. 게임방법과 규칙을 정한다.
- 두 명씩 가운데 나와 서서 윷을 던진다.
- 나온 태극 그림의 수를 세어 각각 융판에 태극 그림을 붙인다.
- 윷을 던질 때는 어떻게 던져야 앉아 있는 사람들이 다 볼 수 있을까?
- 태극 모양이 몇 개인지 어떻게 세어야 하니?(2개를 합해서 센다)

6. 교사의 오른 편과 왼 편에서 1명씩 나와 게임을 하고 평가 후 다음 사람이 한다.

평 가 : 약속을 잘 지켜 윷을 던졌는지 평가한다.
수를 잘 세어 그림을 붙였는지 평가한다.

유 의 점 : 3세 유아들은 수를 세고 기억하여 그림을 붙이는 것이 어려울 수도 있으므로 발달에 맞게 방법을 변형할 수 있다.

## 4. 국기 꽂고 돌아오기

● 생활주제 ●
우리나라와 다른 나라

목 표 : 다른 나라에 대해 관심을 가진다.
신체 각 부분에 관심을 가지고 움직여 본다.

준 비 물 : 여러 나라 국기, 모래상자, 유니바 6개, 책상 2개, 국기 담을 통 2개

사전준비 :
- 여러 나라 국기를 그려 빨대에 붙인다.
- 빈 상자에 모래를 담아 국기를 꽂을 수 있게 준비한다.
- 게임할 장소에 유니바를 유아들이 뛰어넘을 수 있는 간격으로 준비해 둔다.

게임방법 : 유니바를 뛰어넘어 국기를 꽂고 돌아오는 게임이다.

활동방법 :
1. 양편으로 나누어 앉는다.
2. 준비된 자료들을 보며 어떤 게임을 할 수 있을지 이야기를 나눈다.
   - 이것들은 무엇이니? 어느 나라 국기인지 알고 있니? 언제 보았니?
   - 어떤 게임을 할 수 있을까? 그럼 이 국기 통은 어디에 두면 좋을까?
   - 누가 나와서 유니바 넘는 것을 보여 주겠니?
3. 게임방법과 규칙을 정한다.
   - 양편에서 1명씩 나와서 준비한다.
   - 신호악기소리에 맞추어 달려간다. 유니바가 있는 곳에서는 두 발을 모아 뛰어넘는다.
   - 국기를 하나 꺼내어 모래상자에 꽂고 돌아온다.

• 돌아와서 선생님과 악수한다.

4. 양편에서 1명씩 나와 시범을 보인다.
5. 양편에서 1명씩 게임을 하고 평가 후 다음 사람이 한다.

평　　가 : 게임이 모두 끝나면 어려운 점은 없었는지, 무엇이 재미있었는지 이야기한다.

참고사항 : 실외에서 자전거 타고 가서 국기를 꽂는 게임으로 할 수 있다.

유 의 점 : 유아들의 신체발달수준에 따라 유니바의 간격과 높이를 조정한다.

## 1. 집게로 물건 옮기기

• 생활주제 •
도구와 기계

목　　표 : 여러 가지 감각 기관을 활용해 본다.
간단한 도구를 사용해 본다.

준 비 물 : 빵집게 작은 것 2개, 책상, 뽕뽕이(조형활동용 작고 둥근 색공), 작은 바구니 2개, 큰 바구니 1개

사전준비 : • 게임대형으로 의자를 놓고 양편 사이에 책상을 놓는다.
• 뽕뽕이를 담은 바구니와 집게, 작은 바구니는 보이지 않게 교사가 가지고 있는다.

게임방법 : 집게로 물건을 옮겨 담는 게임이다.

활동방법 : 1. 양편으로 나누어 앉는다.
2. 준비된 자료들을 보며 무엇인지, 어떻게 사용하는 물건인지 이야기한다.
  • 이것들은 무엇이니? 이런 집게를 사용해 보았니? 어떻게 사용하는 것이니?
  • 어떤 게임을 할 수 있을까? 그럼 이 집게와 바구니는 어디에 두면 좋을까?
3. 게임방법과 규칙을 정한다.
  • 양편에서 1명씩 나와서 책상 앞에서 준비한다.
  • 신호악기소리에 맞추어 집게로 뽕뽕이 2개를 집어 옮겨 담는다.
  • 다 한 사람은 자기 자리로 돌아가 앉는다.
4. 양편에서 1명씩 나와 시범을 보인다.
5. 양편에서 1명씩 게임을 하고 평가 후 다음 사람이 한다.

평　　가 : 약속을 잘 지켜 게임을 했는지 평가한다(반드시 집게로 옮겼는지, 2개씩 옮겼는지)
게임이 모두 끝나면 어려운 점은 없었는지, 무엇이 재미있었는지 이야기한다.

참고사항 : 발달단계에 따라 젓가락, 수저 등 도구를 달리하여 할 수 있다.

유 의 점 : 뻥뻥이 대신 다른 물건으로 할 수 있으나 단단하거나 미끄러운 것은 피한다.

## 2. 같은 색 뚜껑 찾아 덮기

• 생활주제 •
도구와 기계

목 표 : 그리기 도구의 올바른 사용법을 알고 바르게 사용한다.
사물의 다른 점과 같은 점을 살펴본다.

준 비 물 : 다 사용한 사인펜, 매직, 컬러펜 등 그리기 도구(빨강, 파랑, 노랑), 작은 바구니 2개, 낮은 책상이나 큰 블록, 사인펜 인형

사전준비 :
- 이야기 나누기 대형으로 앉을 수 있도록 의자를 놓고 교사와 유아들의 중간 지점에 책상을 놓는다.
- 다 사용한 그리기 도구를 뚜껑과 몸체로 나누어 바구니에 담는다.
- 사인펜에 모루를 이용하여 팔, 다리를 붙인 인형을 만든다.

게임방법 : 여러 가지 그리기 도구의 뚜껑을 찾아 덮는 게임이다.

활동방법 :
1. 이야기나누기 대형으로 모여 앉는다.
2. 교사가 사인펜 인형을 이용하여 그림을 그린 후에는 꼭 뚜껑을 덮어야 한다는 이야기를 꾸며 들려 준다.
   - "안녕, 나는 사인펜이야, 너희들 나를 만났었지? 내 집이 어디인지 아니? 그런데 나는 속상한 일이 있어서 너희들에게 이야기하러 왔어. 내 말을 들어봐, 어제 어떤 사람이 나를 찾아서 그림을 그렸어. 정말 열심히 그리더라, 그런데 다 그리고 나서 나에게 뚜껑을 덮어 주지 않고 그냥 가버린 거야. 내가 어떻게 되었겠니? 그래 정말 큰일 날 뻔 했어, 내가 점점 힘이 없어지고 있을 때 다른 사람이 와서 얼른 뚜껑을 덮어서 내 집을 찾아 주었어. 고마왔어."
   - 사인펜의 이야기를 잘 들어보았니? 그럼 우리가 그림을 그린 다음에는 어떻게 해야 할까? 우리가 뚜껑을 잘 찾아 덮을 수 있는지 게임으로 해 보자(준비한 그리기 도구와 뚜껑이 담긴 바구니를 책상 위에 놓는다).
3. 게임방법과 규칙을 정한다.
   - 2명씩 제자리에서 일어나 준비한다.
   - 신호악기소리에 맞추어 가서 그리기 도구 1개를 집어 뚜껑

을 찾아 덮은 후 선생님께 가져 온다.

4. 2명씩 게임을 하고 평가 후 다음 사람들이 한다.

평　　가 : 약속을 잘 지켜 게임을 했는지 평가한다(맞는 뚜껑을 잘 찾았는지, 뚜껑을 바르게 덮었는지 평가한다).

게임이 모두 끝나면 어려운 점은 없었는지, 무엇이 재미있었는지 이야기한다.

참고사항 : 발달단계에 따라 그리기 도구의 색을 여러 가지로 할 수 있다.

## 3. 청소기로 청소하기

● 생활주제 ●
도구와 기계

목　　표 : 일상생활에서 사용하는 도구를 알고 적절하게 사용한다.
주변을 깨끗이 한다.

준 비 물 : 상자로 만든 청소기 2대, 청소기로 청소할 수 있는 쓰레기들의 그림자료, 큰 바구니, 청소기 소리 녹음자료, 녹음기, 청소기 사진자료

사전준비 :
- 복사용지 상자를 이용하여 청소기를 만든다. 청소기의 먼지 흡입 부분에 펠트지(부직포)를 붙인다.
- 청소기로 빨아들일 수 있는 것들(먼지 작은 종이조각, 과자나 빵 부스러기 등)을 그림자료로 만들어 찍찍이(까슬이)를 붙인다.
- 게임할 장소에 의자를 게임 대형으로 놓는다.

게임방법 : 청소기로 청소하는 게임이다.

활동방법 :
1. 게임대형으로 모여 앉는다.
2. 녹음기에서 나오는 소리를 듣고 무엇의 소리인지 알아맞힌다.
   - 어떤 소리가 나는지 들어보자. 무엇인 것 같니?
   - 정말 청소기 소리인지 그림을 보자. 그래, 청소기였구나. 청소기로 무엇을 하니?
3. 게임방법과 규칙을 정한다.
   - 청소기를 들고 준비한다.
   - 신호악기소리에 맞추어 청소기를 끌고 가서 쓰레기 그림을 한 개 붙여 돌아온다.
4. 가져온 먼지나 쓰레기는 떼어서 바구니에 담는다.
5. 양편에서 1명씩 나와 시범을 보인다.
6. 양편에서 1명씩 게임을 하고 평가 후 다음 사람이 한다.

평　　가 : 약속을 잘 지켜 게임을 했는지 평가한다.
게임이 모두 끝나면 어려운 점은 없었는지, 무엇이 재미있었는지 이야기한다.

참고사항 : 유치원 학급에서 청소기를 사용한다면 실제 사용하는 청소기의 모양과 같게 만든다(손 청소기).

## 4. 확대경으로 물건 찾기

• 생활주제 •
도구와 기계

목　　표 : 간단한 도구를 사용해 보고 도구의 편리함을 안다.
사물의 같은 점과 다른 점을 살펴본다.

준 비 물 : 확대경 2개, 융판 2개, 바구니 2개, 맞추기 그림자료(유아 수만큼), 책상 2개, 부분 보고 전체 맞추기 그림자료

사전준비 :
- 계절에 맞는 식물 그림으로 부분 보고 전체 맞추기 자료를 만든다.
- 아래 그림과 같이 작은 그림과 큰 그림을 찾아 맞출 수 있도록 맞추기 그림자료를 만든다.
- 목적물 지점에 책상을 놓고 작은 그림을 늘어 놓고 확대경을 함께 올려 놓는다.
- 교사 양옆에 융판을 놓는다.

게임방법 : 큰 그림을 보고 작은 그림을 찾는 게임이다.

활동방법 : 1. 게임 대형으로 모여 앉는다.
2. 식물 부분 그림을 보고 무엇인지 생각해 본다.
   - 무엇이라고 생각하니? 왜 그렇게 생각했니? 다른 부분을 열어 보자.

- 이 꽃이 어떻게 이렇게 크게 보일 수 있을까? 이렇게 물건을 크게 보일 수 있도록 하는 물건이 있는데 무엇인지 아니? 그럼 큰 그림을 보고 작은 그림 중에서 확대경으로 같은 것을 찾을 수 있을까?

3. 게임방법과 규칙을 정한다.
   - 바구니에서 큰 그림을 1장 꺼내어 준비한다.
   - 신호악기소리에 맞추어 가서 확대경으로 작은 그림들을 잘 살펴보고 같은 그림을 찾아온다.
4. 가져온 그림 두 장을 맞추어 융판에 붙인다.
5. 양편에서 1명씩 나와 시범을 보인다.
6. 양편에서 1명씩 게임을 하고 평가 후 다음 사람이 한다.

평　　가 : 약속을 잘 지켜 게임을 했는지 평가한다.
같은 그림을 잘 찾아왔는지, 그림이 잘 맞는지 평가한다.

유 의 점 : 실제로 확대경을 이용하여 찾는 것이 아니므로 작은 그림도 유아들이 구분할 수 있을 정도의 크기로 만든다.

참고사항 : 그림은 생활주제나 계절에 맞는 것으로 하거나 유아들이 좋아하는 캐릭터 그림으로 할 수 있다.
게임이 끝난 후 맞추기 그림자료는 조작놀이영역에 내어 준다.

## 게임활동 계획안 작성 연습 (1)

다음에 제시된 생활주제, 준비물, 그리고 게임방법을 참고로 목표에 적절한 게임활동 계획안을 작성해 봅시다.

| 생활주제 | 계절(여름) |
|---|---|
| 목표 | • 여름 날씨의 특징을 이해한다.<br>• 생물에 관심을 가진다. |
| 준비물 | 어항 혹은 투명한 그릇, 유아들이 만든 봉투물고기, 마스킹테이프, 낮은 책상, 신호악기, 주의집중 자료(필요에 따라 적절한 자료 사용) |
| 게임방법 | 봉투물고기를 한 마리씩 어항에 담아 주는 활동이다. |
| 사전준비 (활동) | |
| 지도방법 (평가) | |
| 유의점 | |
| 확장활동 | |

※지도방법에 따라 필요한 자료를 첨가할 수 있음.

## 게임활동 계획안 작성 연습 (2)

다음에 제시된 생활주제, 준비물, 그리고 게임방법을 참고로 활동목표를 선정하고 목표에 따른 활동계획안을 작성해 봅시다.

| 생활주제 | 계절(가을) |
|---|---|
| 목표 | |
| 준비물 | 나뭇잎(은행잎, 단풍잎, 플라타나스 잎 등) 목걸이, 마스킹테이프, 신호악기, 주의집중 자료(필요에 따라 효과적인 매체로 제작) |
| 게임방법 | 나뭇잎 목걸이를 걸고 같은 나뭇잎 목걸이를 한 사람들끼리 모이는 활동이다. |
| 사전준비 (활동) | |
| 지도방법 (평가) | |
| 유의점 | |
| 확장활동 | |

※목표와 지도방법에 따라 필요한 자료를 첨가하거나 개입방법을 변형할 수 있음.

# 제11장
# 4세 게임활동

# 제11장 4세 게임활동

♣나와 유치원
1. 교실 안의 물건 찾기 271
2. 악기 소리 듣고 같은 악기 찾기 273
3. 모자 전달하기 275
4. 신체 마주 대기 277
5. 대문 놀이 279

♣가족과 이웃
1. 가족 만들기 281
2. 빨간 모자가 되어 할머니께 꽃 드리고 오기 283
3. 우리를 도와주는 기관 표시 붙이기 285
4. 편지 부치기 287

♣계절(봄)
1. 꽃병에 꽃 꽂기 289
2. 개구리처럼 뛰어 목적물 돌아오기 290
3. 나비 만들기 292

♣계절(여름)
1. 부채질하기 294
2. 깡통 낚시 296
3. 해바라기 씨앗 떼어 오기 298

♣계절(가을)
1. 수저로 대추 옮기기 300
2. 가을에 볼 수 있는 물건의 수 세기 302
3. 과일 수확하기 304

♣계절(겨울)
1. 눈사람 만들기 306
2. 방울소리 듣고 산타 찾기 308
3. 썰매 타고 반환점 돌아오기 310

♣건강한 몸과 마음
1. 발로 공 굴려 맞추기 312
2. 자전거 타이어 통과하여 돌아오기 314
3. 앞모습과 뒷모습 맞추기 316

♣동물
1. 동물 그림자 맞추기 318
2. 캥거루처럼 뛰어 반환점 돌아오기 320
3. 동물 그림 맞추기 322
4. 거북이처럼 기어서 가기 324

♣교통기관
1. 자동차 주차하기 326
2. 교통 표지판 위에 올라서기 328
3. 교통기관대로 움직이기 330
4. 다니는 곳에 탈 것을 붙이기 331

♣우리나라와 다른 나라
1. 국기 꽂고 돌아오기 334
2. 전통놀이 그림을 이용한 윷놀이 336
3. 명절 음식 차리기 338
4. 탈 쓰고 한삼끼고 북치고 돌아오기 340

♣도구와 기계
1. 확대경으로 본 그림 찾기 342
2. 청소하기 343
3. 쇼핑카트에 물건 담아 옮기기 345

# 제11장 4세 게임활동

4세 유아들은 왕성한 신체활동을 하려 하고 이기고 지는 것에 대한 인식이 생기기 시작하여 게임을 즐겨 한다. 그러나 유아들의 이러한 특성은 교사의 교육적인 지도가 적절하게 이루어지지 않으면 지나친 승부욕과 경쟁심을 갖게 하는 요인이 된다. 또한 개인간 발달의 차이로 인해 유아에 따라서는 좌절감을 갖게 하는 활동이 될 수 있다. 따라서 4세 유아의 게임지도에는 유아들의 특성을 고려한 교사의 적절한 지도가 필요하다. 4세의 게임지도 방법에서 고려할 점은 다음과 같다.

① 계획단계에서 교육목표와 내용, 생활주제 및 유아의 발달수준을 고려하여 게임을 구성한다.

② 구성된 게임에 필요한 도구 및 매체를 고안하고 필요한 것은 제작한다. 교사가 제작하여야 할 것과 유아들과 함께 준비하여야 할 것을 구분하여 유아들과 함께 준비하여야 할 것은 다른 활동과 연계될 수 있도록 전체 교육계획 안에 포함되도록 한다. 게임에 필요한 자료는 게임 도구만이 아니라 주제와 관련된 다양한 형태의 주의집중이나 동기유발 자료까지를 포함하여야 한다.

③ 게임을 진행할 때는 모든 것을 교사가 미리 준비해 주는 것이 아니라 장소와 대형에 따라 유아들이 스스로 앉을 수 있게 지도한다. 게임에 필요한 도구와 준비물도 게임의 방법과 규칙에 따라 유아들과 의논하여 적절한 위치에 놓아 볼 수 있도록 한다.

④ 게임의 방법과 규칙을 정할 때는 준비된 도구와 자료를 먼저 살펴본 후 어떤 방법으로 게임을 할 수 있을지 유아들과 함께 의논하는 것이 좋다. 이때 교사는 유아들의 의견을 듣고 생각을 확장해야 할 부분이나 수정해야 할 점, 적절치 못한 점에 대해 질문과 함께 이야기를 나눈다.

⑤ 게임 진행에 필요한 여러 가지 요소들은 4세 유아의 발달수준을 고려하여 시기와 내용에 따라 변형한다. 즉, 편 이름을 정하기, 양편의 수를 확인하고 인원을 조정하는 방법, 대형, 평가방식과 평가자료 사용 등은 고정된 한 가지 정답이 있는 것이 아니라 유아와 교사를 포함한 여러 가지 상황을 고려하여 다양하게 적용한다.

⑥ 4세 유아의 게임 계획과 진행시 특히 고려할 점은, 게임이란 재미있고 흥미진진하게 운영되어야 하므로 인지적인 과제 형태의 게임이 아니라 신체적으로 활발히 움직일 수 있는 게임이 좋다. 그리고 유아 개인의 발달이나 능력의 차이를 고려하여 다양한 기능을 사용할 수 있는 게임방법을 구성하도록 한다.

## 1. 교실 안의 물건 찾기

● 생활주제 ●
나와 유치원

목　　표 : 주변의 사물에 관심을 가지고 살펴본다.
사물의 특징을 인식하고 적절한 말로 표현한다.

준 비 물 : 교실 안의 놀잇감 그림자료(그림 참고), 의자 유아 수만큼 혹은 마스킹테이프

사전준비 :
- 게임할 장소에 의자를 원으로 놓는다(유아들이 앉을 자리를 마스킹테이프로 표시할 수도 있다).
- 교실 안의 교구를 나타내는 수수께끼 자료를 그림과 같이 만든다.

게임방법 : 교실안의 놀잇감에 대한 수수께끼를 내고 맞추는 게임이다.

활동방법 :
1. 원으로 놓여진 의자에 모여 앉는다.
2. 교사가 수수께끼를 내고 맞추어 본다(유아들 모두 맞출 수 있는 쉬운 것으로 한다).
3. 수수께끼 자료를 들고(유아들에게 물음표가 보이도록 든다), 교사가 해당되는 놀잇감에 대한 설명을 한다.
4. 어떤 놀잇감인지 맞추고 2명이 실물을 찾아온다.

< 앞 >

< 뒤 >

5. 평가 후 다음 수수께끼를 맞춘다.

평　　가 : 실물을 찾아오면 수수께끼 자료의 뒷면(그림)을 보며 맞는지 확인한다.

유 의 점 : 자신감이 없거나 게임 방법을 정확히 이해 못할 수도 있으므로 활발한 유아부터 놀잇감 찾아오는 것을 해 보도록 한다.

확장활동 : 게임에 익숙해지면 유아들 스스로 수수께끼 내는 역할을 해 보도록 한다.

게임이 끝난 후 수수께끼 자료는 언어영역에 내어 주어 유아들이 자발적으로 해 보도록 하며 수수께끼 그림은 생활주제에 따라 바꾸어 준다.

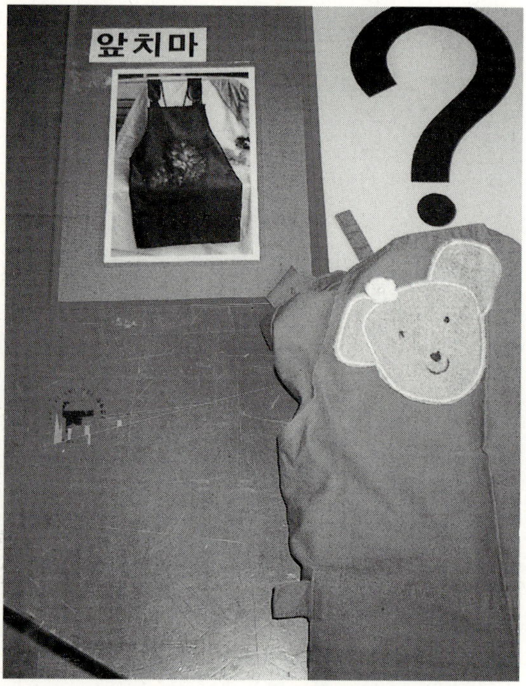

## 2. 악기 소리 듣고 같은 악기 찾기

• 생활주제 •
나와 유치원

목　표 : 다양한 악기 소리를 듣고 구분한다.
악기의 사용방법을 알고 바르게 사용한다.

준 비 물 : 마라카스, 트라이앵글, 캐스터네츠, 톤블록, 샌드블록 등 유치원에서 학기 초에 제시하는 리듬악기 각각 3개, 생일축하 시간에 악기 연주하는 사진, 낮은 책상 2개, 바구니, 보자기, 악기 밑그림(p. 192 참고)

사전준비 :
- 실내 자유선택활동 시간에 악기를 탐색할 수 있도록 준비한다.
- 생일축하 사진 중 악기 연주하는 사진을 확대하여 이야기 나누기 자료를 만든다.
- 게임할 장소에 게임 대형으로 의자를 놓고 목적물 지점에 낮은 책상을 준비한다. 책상에는 게임에 사용할 악기의 밑그림을 붙인다.

게임방법 : 악기소리를 듣고 같은 소리를 내는 악기를 찾는 활동이다.

활동방법 :
1. 게임대형으로 앉아 배운 노래를 불러 본다.
2. 생일축하 사진을 보며 어떤 모습인지, 무엇을 하고 있는지 이야기해 본다.
3. 사진 속의 유아들이 연주하고 있는 악기를 한 가지씩 이야기하면서 실물악기를 보고 소리내어 본다.
4. 소리만 듣고 악기를 찾아오는 게임을 할 것임을 이야기하고 게임방법과 규칙에 대해 이야기 나눈다.
   - 출발선에 서서 눈을 손으로 가리고 악기소리를 듣는다(교사는 악기를 바구니 안에 넣고 보자기로 덮어 보이지 않게 하여 소리낸다).
   - 출발신호에 맞추어 가서 들은 악기소리와 같은 악기를 치고 돌아온다.
   - 악기는 제자리에 바르게 놓는다.
   - 돌아와서 선생님과 악수한다.

5. 양편에서 1명씩 게임을 한 후 평가하고 다음 사람들이 게임을 한다.

평　　가 : 소리로 들은 것과 같은 악기를 잘 찾아 소리내었는지 평가한다.
악기는 제자리에 바르게 놓았는지 평가한다.
게임이 모두 끝나면 악기를 사용하는 방법에 대해 다시 이야기한다.

유 의 점 : 악기의 종류를 3~4가지로 한다.

확장활동 : 유아들의 승부의식이 정확하거나 승부에 지나치게 집착하지 않는다면 평가자료를 사용하여 평가할 수도 있다.

## 3. 모자 전달하기

• 생활주제 •
나와 유치원

목 표 : 여러 사람이 하는 일에 참여해 본다.
신체 각 부분을 활용하여 움직여 본다.

준 비 물 : 유아의 머리에 맞는 모자 2개, 여러 종류의 모자를 쓴 사람들 사진자료

사전준비 : • 여러 종류의 모자(세계 여러 나라 모자)를 쓴 사람들 사진에 겉장을 만들어 붙인다.
• 게임할 장소에 게임대형으로 의자를 놓는다.

게임방법 : 의자에 앉아서 모자를 쓰고 손뼉을 한 번 친 다음 옆 사람에게 모자를 전해 주는 게임이다.

활동방법 : 1. 게임 대형으로 앉아 배운 노래를 불러 본다.
2. 사진자료를 조금씩 보면서 어떤 사진인지 맞추어 보고 사진 속의 사람들 모습에 대해 이야기해 본다.
3. 오늘은 모자를 가지고 게임을 할 것임을 이야기하고 모자 1개로 할 수 있는 게임에 대해 생각해 본다.
4. 게임방법과 규칙을 정한다.
• 교사 가까이 있는 사람부터 모자를 쓰고 손뼉을 한 번 친다.
• 모자는 떨어뜨리지 않게 바르게 쓴다. 만약 모자를 떨어뜨리면 다시 쓴다.
• 다음 사람에게 손으로 모자를 전해 준다.
• 마지막 사람은 모자를 들고 달려와서 선생님께 드린다.
• 양편에서 사용할 모자를 결정한다.
5. 의자에 앉은 채로 신호에 맞추어 시작한다.

평 가 : 모자를 바르게 썼다가 벗었는지 평가한다.
손뼉을 한 번 치고 옆 사람에게 모자를 전달했는지 평가한다.
어느 편이 빨리 모자를 전달했는지 평가한다.

유 의 점 : 양편의 수가 같아야 하므로 수가 다를 경우 어떻게 할 것인지 생각한다.

**확장활동** : 전달하는 물건은 반드시 모자가 아니어도 상관없다(공, 인형 등을 활용).

## 4. 신체 마주 대기

● 생활주제 ●
나와 유치원

목 표 : 신체 각 부분에 관심을 가지고 움직여 본다.
친구와 사이좋게 지낸다.

준 비 물 : 신체 각 부분을 나타내는 그림 막대자료, 스키핑할 수 있는 음악 녹음자료

사전준비 :
- 스키핑할 수 있는 음악을 녹음하여 준비한다.
- 신체 각 부분을 나타내는 그림을 색지에 그려 코팅하고 막대를 붙인다.

게임방법 : 2명씩 짝이 되어 움직이다가 제시되는 신체 부분을 서로 마주 댄다.

활동방법 :
1. 원으로 모여 앉아 노래 '머리 · 어깨 · 무릎 · 발'을 부르며 신체 각 부분을 짚어 본다.
2. 그림자료를 보면서 어떤 부분인지 이야기해 본다.
3. 게임방법과 규칙을 정한다.
   - 2명씩 짝이 되어 손을 잡는다.
   - 음악에 맞추어 둘이 손을 잡고 걷는다.

- 음악이 멈추면 그 자리에 서서 선생님이 보여 주는 그림을 보고 어떤 부분인지 이야기한다.
- 우리 몸 중에서 그림과 같은 곳을 친구와 마주 댄다.

5. 한 번 게임을 한 후 평가하고 여러 번 반복한다.

평 가 : 그림과 같은 신체 부분을 찾았는지 평가한다.
서로 마주 대었는지, 어떤 부분을 마주 댈 때 어려웠는지 이야기한다.

확장활동 : 게임에 익숙해지면 짝을 정하지 않고 다니다가 만나는 친구와 마주 대는 것으로 한다.

## 5. 대문 놀이

● 생활주제 ●
나와 유치원

목　　표 : 전래동요를 듣는 경험을 한다.
신체 활동에 즐겁게 참여한다.

준 비 물 : 노래 '대문놀이' 녹음자료, 녹음기, 노랫말 그림자료

사전준비 : • 아래 그림과 같이 노랫말에 나오는 동작을 나타내는 그림자료를 만든다.
• 자유선택활동 시간에 노래를 들어 볼 수 있도록 한다.

게임방법 : 노래에 맞추어 대문을 지나가는 놀이이다.

활동방법 : 1. 바닥에 원으로 앉는다.
2. 노래를 듣고 어떤 말들이 나왔는지 이야기해 본다.
3. 노래에 맞추어 게임을 할 것임을 이야기하고 대문을 만들 수 있는 방법에 대해 생각해 본다.
4. 그림자료를 보면서 게임방법에 대해 이야기한다.
   • 두 사람이 손을 마주 잡고 대문이 되어 높이 든다.
   • 다 함께 노래를 부르면서 대문 아래로 지나간다.
   • 노래의 마지막 부분인 "닫는다"에서 문이 된 사람들이 손을 빨리 내린다.
   • 이때 문에 갇힌 사람이 문이 되어 반복한다.
5. 먼저 문이 될 사람을 정하여 노래에 맞추어 게임을 한다.

평　가 노랫말에 맞추어 움직였는지 평가한다.

유 의 점 : 움직일 수 있는 충분한 공간을 마련한다.

확장활동 : 문을 3~4개로 늘려서 할 수도 있다.

## 1. 가족 만들기

● 생활주제 ●
가족과 이웃

목　　표 : 다양한 가족 구조를 알아본다.
생각이나 느낌을 창의적으로 표현한다.

준 비 물 : 가족구성원(할머니, 할아버지, 어머니, 아버지, 여자 아이, 남자 아이, 아기, 남·여 학생 등) 목걸이, 배운 노래 녹음테이프, 녹음기, 집 모양 그림자료 4장, 가족을 주제로 한 명화 2장(예, 호안미로 〈가족〉, 김홍도 〈아버지는 자리 짜고 어머니는 물레 돌리고〉)

사전준비 :
- 여러 사람의 사진을 코팅하여 리본 테이프를 끼워 목걸이로 만든다.
- 유치원에서 함께 배운 노래들을 녹음한다.
- 여러 가족 형태의 그림을 코팅하여 바닥에 붙인다.
- 가족을 주제로 한 명화를 확대하여 감상 자료를 만든다.

게임방법 : 가족구성원 목걸이를 하고 노래부르며 다니다가 함께 모여 여러 형태의 가족을 구성해 보는 활동이다.

활동방법 :
1. 바닥에 원으로 앉는다.
2. 명화 2장을 보면서 어떤 그림인지, 두 가족은 어떻게 다른지 간단히 이야기해 본다.
3. 가족이 되어 보는 게임을 할 것임을 이야기하고 준비된 자료를 보며 게임방법을 생각해 본다.
4. 게임방법과 규칙에 대해 이야기한다.
   - 바구니에서 원하는 목걸이를 찾아 건다.
   - 다 함께 노래를 부르면서 걸어 다닌다.
   - 음악이 멈추고 신호악기가 울리면 3~5명이 집 그림 위에 함께 모여 가족을 만든다.
   - 가족이 만들어지면 각자 자기 역할을 몸으로 표현한다.
5. 정한 방법에 따라 게임을 해 보고 평가 후 반복한다.

평　　가 : 어떤 형태의 가족이 만들어졌는지 이야기한다.

유 의 점 : 평가에 따라 규칙을 수정할 수 있다(예, 모이는 가족구성원의 수를

정하지 않거나 미리 정하거나).

가족의 형태에 대해 편견을 갖지 않도록 주의한다.

확장활동 : 목걸이는 역할놀이영역의 자료로 활용한다.

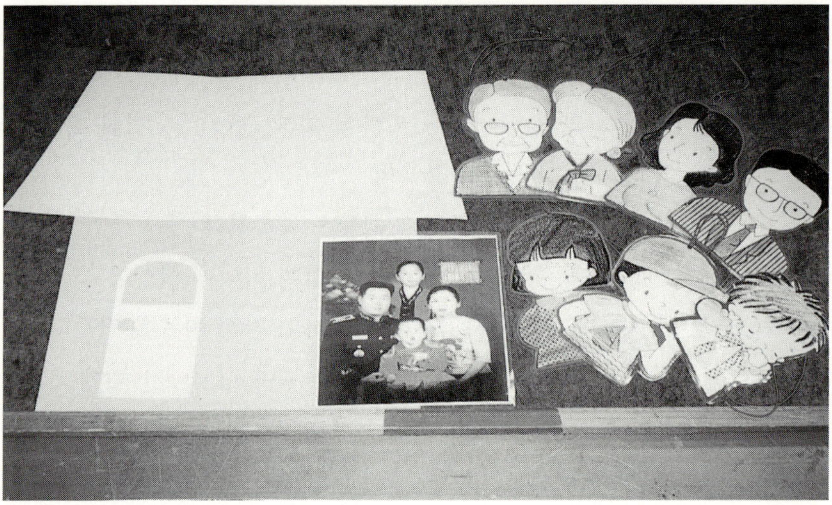

## 2. 빨간 모자가 되어 할머니께 꽃 드리고 오기

● 생활주제 ●
가족과 이웃

목　　표 : 가족구성원을 안다.
두 가지 이상의 지시 사항을 듣고 따른다.

준 비 물 : 빨간 모자 2개, 꽃(유아 수만큼), 우레탄 블록 4개, 유니바 2개, 의자 2개, 할머니 그림 2장, 점수판과 평가자료(빨간 모자 융판자료), 동화 『빨간 모자』의 한 장면 그림

사전준비 : • 출발선 맞은편에 의자를 놓고 할머니 그림을 의자에 세운다.
• 출발선과 의자 사이에 우레탄 블록과 유니바를 놓는다.
• 동화 『빨간 모자』를 듣는다.

게임방법 : 빨간 모자를 쓰고 꽃을 들고 출발신호에 맞추어 우레탄 블록을 건너고 유니바를 뛰어 넘어 할머니께 꽃을 드리고 오는 게임이다.

활동방법 : 1. 두 편으로 나누어 마주 보고 앉는다.
2. 동화 그림을 보면서 어떤 이야기가 있었는지 간단히 말해 본다.
3. 동화 『빨간 모자』를 생각하며 준비된 자료로 어떤 게임을 할 수 있는지 생각해 본다.
4. 게임방법과 규칙을 정한다.
   • 꽃 한 송이를 들고 모자를 쓰고 출발선에서 준비한다.
   • 출발 신호에 맞추어 달려간다. 블록은 건너고 유니바는 두 발을 모아 뛰어넘는다.
   • 할머니가 계신 의자 위에 꽃을 놓고 돌아온다. 돌아올 때는 그냥 달려온다.
   • 돌아와서 모자를 벗어 제자리에 놓아 다음 친구가 할 수 있게 한다.
5. 양편에서 1명씩 나와 게임을 하고 평가 후 다음 사람이 한다.
6. 모두 게임을 하면 평가자료의 수를 세어 비교하고 게임 태도에 대해서도 평가한다.

평　　가 : • 정한 규칙은 모두 잘 지켜서 갔다 왔는지 평가한다.
• 할머니께 꽃을 바르게 드렸는지 평가한다.

- 개별 평가하여 규칙을 잘 지키고 먼저 돌아온 유아의 편에 평가자료를 붙여 표시하고, 게임이 모두 끝나면 평가자료의 수, 규칙을 잘 지킨 것, 게임 태도에 대해 평가한다.

유 의 점 : 평가는 공정하게 하고 먼저 돌아왔어도 규칙을 지키지 않았다면 평가자료를 붙일 수 없다.

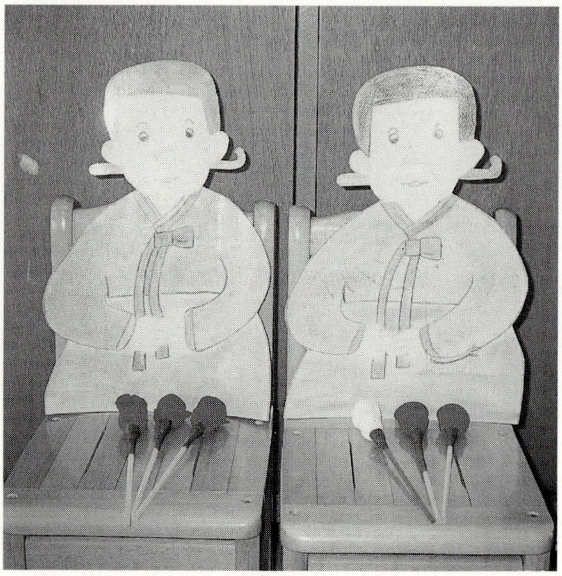

## 3. 우리를 도와주는 기관 표시 붙이기

• 생활주제 •
가족과 이웃

목　　표 : 우리 주변에는 필요한 여러 기관이 있음을 안다.
주변의 사물에 관심을 가지고 탐색해 본다.

준 비 물 : 주변에서 볼 수 있는 기관과 장소 사진(병원, 목욕탕, 경찰서, 소방서, 우체국, 화장실 등), 각 기관과 장소를 나타내는 상징 그림(유아 수만큼), 융판 2개, 평가자료(모양 스티커)

사전준비 :
- 주변에서 편리하게 이용할 수 있는 기관과 장소 사진을 확대하여 융판에 붙인다.
- 각 기관과 장소를 나타내는 상징 그림을 그려 코팅하고 뒷면에 찍찍이(까슬이)를 붙인다.
- 출발선 맞은편에 융판을 놓고 상징 그림은 바구니에 담아 둔다.

게임방법 : 기관과 장소를 나타내는 상징 그림을 맞추어 붙이고 돌아오는 게임이다.

활동방법 :
1. 두 편으로 나누어 마주 보고 앉는다.
2. 상징 그림을 보면서 어떤 곳을 나타내는 그림인지 이야기해 본다.
3. 준비된 자료를 이용하여 어떤 게임을 할 수 있을지 이야기하고 상징 그림을 융판과 출발선 사이에 가져다 놓는다.
4. 게임방법과 규칙을 정한다.
   - 출발 신호에 맞추어 달려간다.
   - 바구니에서 그림을 1장 집는다.
   - 그림이 나타내는 장소나 기관 사진 옆에 그림을 붙이고 돌아온다.
   - 돌아와서 선생님과 악수한다.
5. 양편에서 1명씩 나와 게임을 하고 평가 후 다음 사람이 한다.
6. 모두 게임을 하면 평가자료의 수를 세어 비교하고 게임 태도에 대해서도 평가한다.

평　　가 :
- 정한 규칙을 지켜서 갔다 왔는지 평가한다.
- 그림을 맞는 곳에 잘 붙이고 왔는지 평가한다.

- 개별 평가하여 규칙을 잘 지키고 먼저 돌아온 유아의 편에 평가자료를 붙여 표시하고, 게임이 모두 끝나면 평가자료의 수, 규칙을 잘 지킨 것, 게임 태도에 대해 평가한다.

**확장활동** : 우리 주변에서 볼 수 있는 여러 기호와 상징들을 이용하여 할 수 있다.

기관이나 장소 사진과 상징 그림을 퍼즐 형태로 맞추는 교구로 제작하여 원게임으로 할 수도 있다.

## 4. 편지 부치기

● 생활주제 ●
가족과 이웃

목 표 : 다양한 직업에 대해 알아본다.
주변 글자에 관심을 가진다.

준 비 물 : 그림 편지와 편지 봉투, 책상 2개, 우체통 2개, 스티커 우표, 융판과 평가자료(우표 모양 그림자료), 바구니 4개

사전준비 :
- 조형영역에서 그림 편지를 쓰고 봉투에 넣어 받는 사람을 표시한다.
- 음료수 상자를 이용하여 우체통을 만든다.
- 컬러 시트지를 동그라미, 세모, 네모로 잘라 스티커 우표를 만든다.
- 출발선 맞은 편에 우체통을 놓고 우체통과 출발선 사이에 책상을 놓는다.

게임방법 : 편지 봉투에 우표를 붙여 우체통에 넣고 돌아오는 게임이다.

활동방법 :
1. 두 편으로 나누어 마주 보고 앉는다.
2. 만든 편지를 보면서 편지를 보내려면 어떻게 해야 하는지, 아직 편지를 부칠 준비가 안 되었는데 무엇이 더 필요한지 이야기한다.
3. 준비된 자료를 이용하여 어떤 게임을 할 수 있을지 이야기하고 편지와 우표를 바구니에 담아 책상 위에 가져다 놓는다.
4. 게임방법과 규칙을 정한다.
   - 출발 신호에 맞추어 달려간다.
   - 편지 봉투에 스티커 우표를 붙인다(우표는 표시된 곳에 붙여야 한다).
   - 우체통에 편지를 넣고 돌아온다.
   - 돌아와서 선생님과 악수한다.
5. 양편에서 1명씩 나와 게임을 하고 평가 후 다음 사람이 한다.
6. 모두 게임을 하면 평가자료의 수를 세어 비교하고 게임 태도에 대해서도 평가한다.

평　　가 : • 정한 규칙을 지켜서 갔다 왔는지 평가한다.
• 우표를 붙여야 할 곳에 잘 붙였는지 이야기한다.
• 개별 평가하여 규칙을 잘 지키고 먼저 돌아온 유아의 편에 평가자료를 붙여 표시하고 모두 끝나면 평가자료의 수, 규칙을 잘 지킨 것, 게임 태도에 대해 평가한다.

유 의 점 : 스티커 우표는 유아들이 쉽게 뗄 수 있도록 한쪽 모서리를 조금 떼어 둔다.

확장활동 : 게임에 사용한 우체통은 교실 앞이나 유치원 입구에 두고 편지 주고받기 활동으로 연결시킬 수 있다.

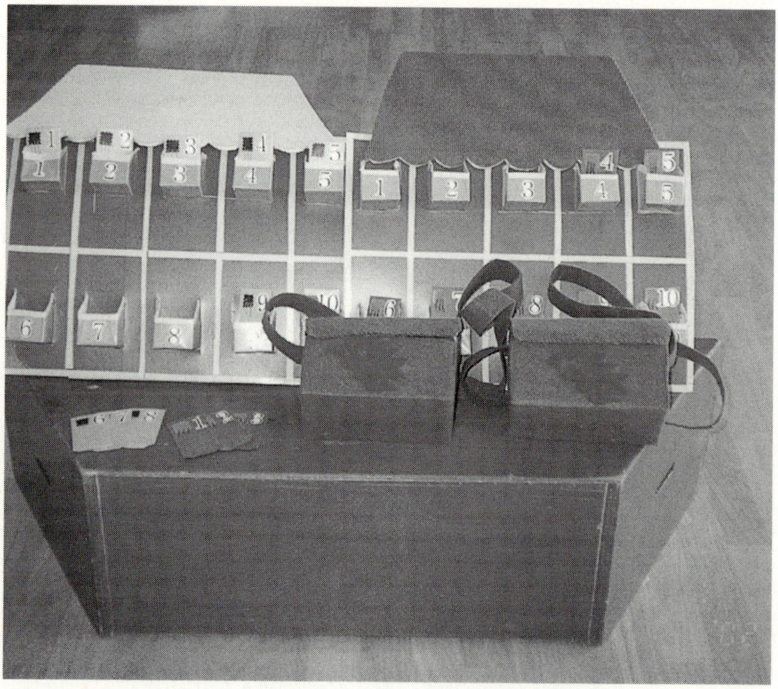

## 1. 꽃병에 꽃 꽂기

> • 생활주제 •
> 계절(봄)

목　표 : 두 집단의 사물을 일대일 대응으로 짝짓는다.
5이내의 수를 센다.

준 비 물 : 우유팩이나 플라스틱 음료수 병으로 만든 꽃병, 종이로 만든 봄 꽃(개나리, 진달래, 목련 등), 책상 2개, 평가자료(오아시스 꽃바구니와 철사 꽃)

사전준비 :
- 조형영역에서 우유팩과 플라스틱 음료수 병을 꾸며 꽃병으로 만든다.
- 빨대에 꽃잎을 붙여 봄에 볼 수 있는 꽃을 만들어 바구니에 모은다.
- 출발선 맞은편에 책상을 놓고 유아들이 만든 꽃병을 올려놓는다.

게임방법 : 꽃병 1개에 꽃 한 송이를 꽂는 게임이다.

활동방법 :
1. 양편으로 마주 보고 앉아 봄꽃에 관한 노래를 불러 본다.
2. 준비된 준비물을 보고 어떤 게임을 할 수 있을지 이야기해 본다.
3. 게임방법과 규칙을 정한다.
   - 바구니에서 원하는 꽃을 한 송이 들고 출발선에 서서 준비한다.
   - 신호에 맞추어 달려가서 빈 꽃병에 꽃을 꽂고 돌아온다.
   - 돌아와서 선생님과 악수한다.
4. 양편에서 1명씩 게임을 하고 평가 후 다음 사람들이 한다.

평　가 :
- 빈 꽃병에 꽃을 한 송이 꽂았는지 평가한다.
- 규칙대로 게임을 하고 먼저 돌아온 편의 꽃바구니에 꽃을 한 송이 꽂는다.
- 모두 끝나면 게임태도에 대해서도 평가하고 바구니의 꽃이 몇 송이씩 꽂혔는지 수를 세어 비교한다.

유 의 점 : 꽃병과 꽃이 유아 수만큼 있어야 하므로 게임하기 2~3일 전부터 조형영역에서 만들 수 있도록 한다.
꽃은 유치원 주변에서 볼 수 있는 것으로 한다.

확장활동 : 게임에 사용한 꽃병과 바구니는 교실을 장식하는 것으로 활용한다.

## 2. 개구리처럼 뛰어 목적물 돌아오기

• 생활주제 •
계절(봄)

목　　표 : 봄에 볼 수 있는 동물의 특징에 관심을 가진다.
신체로 창의적인 움직임을 표현한다.

준 비 물 : 연꽃 잎사귀 모양 종이 6장, 목적물(블록), 개구리 그림 부분 보고 전체 맞추기 자료, 평가자료(개구리 융판자료)

사전준비 : • 출발선과 목적물 사이에 연꽃잎을 3장씩 붙인다.

게임방법 : 개구리처럼 뛰어서 목적물을 돌아오는 게임이다.

활동방법 : 1. 양편으로 마주 보고 앉는다.
2. 부분 보고 전체 맞추기 자료를 이용하여 개구리를 맞춘다.
3. 준비된 게임 자료를 보고 어떤 게임을 할 수 있는지 생각해 본다(개구리가 뛰는 모습을 2~3명이 표현해 본다).
4. 게임방법과 규칙을 정한다.
 • 출발신호에 맞추어 달려간다. 연꽃잎이 있는 곳에서는 개구리처럼 뛴다.
 • 블록을 돌아서 다시 연꽃이 있는 곳에서는 개구리처럼 뛰어 돌아온다.

• 돌아와서 선생님과 악수한다.

5. 양편에서 1명씩 게임을 하고 평가 후 다음 사람들이 한다.

평　　가 : • 규칙을 잘 지키고 먼저 돌아온 편에 개구리를 붙인다.

• 모두 끝나면 게임태도에 대해서도 평가하고 개구리의 수를 세어 비교한다.

유 의 점 : 연꽃잎은 간격을 두지 말고 붙여 연속해서 뛸 수 있게 하고 , 연꽃잎의 수는 유아들의 발달수준에 따라 달리할 수 있다.

확장활동 : 게임이 끝난 후 자료는 유희실이나 교실의 넓은 장소에 제시하여 유아들이 자발적으로 해 볼 수 있도록 한다.

## 3. 나비 만들기

• 생활주제 •
계절(봄)

목 표 : 날씨에 따른 자연과 생활의 변화에 관심을 가진다.
여러 가지 감각 기관을 활용해 본다.

준 비 물 : 나비 그림자료, 나비 막대자료, 융판 2개, 바구니 2개, 평가자료 (애벌레 그림)

사전준비 :
- 여러 형태의 나비를 만들어 이등분하여 코팅하고 뒷면에 찍찍이(까슬이)를 붙인다.
- 이등분한 나비의 한쪽은 융판에 붙여 출발선 맞은편에 놓고 다른 한쪽은 바구니에 담아 둔다.
- 수수깡과 색도화지를 이용하여 날개를 움직일 수 있는 나비 막대자료를 만든다.

게임방법 : 나비의 형태와 무늬를 보고 맞추는 게임이다.

활동방법 :
1. 양편으로 마주 보고 앉는다.
2. 나비 막대자료를 이용하여 게임 내용에 대해 교사가 이야기한다("예쁜 나비들을 완성해 주어야 한다").
3. 준비된 게임 자료를 보고 어떤 게임을 할 수 있는지 생각해 본다.
4. 게임방법과 규칙을 정한다.

- 나비 그림 한쪽을 들고 출발선에 서서 준비한다.
- 출발신호에 맞추어 달려가서 같은 나비를 찾아 붙여서 나비를 완성한다.
- 돌아와서 선생님과 악수한다.

5. 양편에서 1명씩 게임을 하고 평가 후 다음 사람들이 한다.

평　가 : • 규칙을 잘 지키고 먼저 돌아온 편에 애벌레 그림을 붙인다.
• 모두 끝나면 게임태도에 대해서도 평가하고 애벌레의 수를 세어 비교한다.

유 의 점 : 나비그림은 가능한 사진자료를 활용하여 유아들이 정확한 나비의 모습을 관찰할 수 있도록 한다.

확장활동 : 게임이 끝난 후 조작놀이영역의 교구로 활용하여 유아들이 다양한 나비의 모습을 경험하도록 하고 나비의 뒷면에 이름을 적어 준다.

## 1. 부채질하기

• 생활주제 •
계절(여름)

목　　표 : 서로 돕는 경험을 한다.
계절의 변화에 관심을 가진다.

준 비 물 : 우레탄 블록(직사각형 큰 것) 6개, 부채 2개, 평가자료(유리컵과 스티로폼으로 만든 얼음 조각)

사전준비 :
- 조형영역에서 여러 가지 재료를 활용하여 부채를 만든다.
- 출발선 맞은편에 의자를 놓고 부채를 의자 위에 올려놓는다.
- 출발선과 의자 사이에 블록을 3개씩 적당한 간격으로 놓는다.

게임방법 : 둘이 함께 블록을 건너가서 부채질을 해 주고 돌아오는 게임이다.

활동방법 :
1. 양편으로 마주 보고 앉아 여름에 관한 노래를 불러 본다.
2. 준비된 준비물을 보고 어떤 게임을 할 수 있을지 이야기해 본다.
3. 게임방법과 규칙을 정한다.
   - 2명씩 짝이 되어 출발선에 서서 준비한다.
   - 출발신호에 맞추어 함께 블록을 건너간다.
   - 1명이 의자에 앉고 다른 사람은 부채로 부쳐 준다.

• 바꾸어서 한다(부채질을 몇 번씩 해 줄지 정한다).

4. 2명씩 짝이 되어 게임하고 평가 후 다음 사람들이 한다.

평　　가 : • 징검다리에서 떨어지지 않고 함께 건너 갔는지, 정한 수만큼 부채질을 해 주었는지 평가하여 규칙을 잘 지키고 먼저 돌아온 편에게 얼음 조각을 1개씩 담아 준다.

• 서로 부채질을 해 주었을 때 기분이 어땠는지 이야기해 본다.

• 모두 끝나면 게임태도에 대해서도 평가하고 얼음의 수를 세어 비교한다.

유 의 점 : 서로 협동하여 게임하는 것이 중요하므로 평가시 서로 도와준 것에 대해 강화한다.

확장활동 : 부채질 해 주기는 전이활동으로 계속할 수 있다.

## 2. 깡통 낚시

• 생활주제 •
계절(여름)

목 표 : 감각 기관을 협응하여 활동한다.
계절의 변화에 관심을 가진다.

준 비 물 : 음료수 깡통(유아 수만큼), 깡통의 따개 부분으로 만든 낚싯대 2개, 마스킹테이프, 바구니 2개, 평가자료(물고기 융판자료)

사전준비 :
- 음료수 깡통의 따개 부분을 떼어 실과 막대를 달아 낚싯대를 만든다.
- 깡통에는 물고기 그림을 붙인다.
- 출발선 맞은편 바닥에 마스킹테이프로 연못을 표시하고 연못 옆에 낚싯대 두는 곳을 표시한다.
- 출발선 옆에 바구니를 둔다.

게임방법 : 깡통 따개 낚싯대로 깡통 물고기를 걸어 올리는 게임이다.

활동방법 :
1. 양편으로 마주 보고 앉아 여름에 관한 노래를 불러 본다.
2. 준비된 준비물을 보고 어떤 게임을 할 수 있을지 이야기해 본다(유아나 교사가 깡통 물고기를 걸어 올리는 방법을 시범 보인다).
3. 게임방법과 규칙을 정한다.
   - 출발선에서 신호에 맞추어 달려간다.
   - 낚싯대로 깡통 물고기를 한 마리 잡아 올린다.
   - 낚싯대는 제자리에 두고 물고기를 들고 와서 바구니에 담고 선생님과 악수한다.
   - 연못과 낚싯대 두는 곳에 준비물을 가져다 놓고 게임을 시작한다.
4. 양편에서 1명씩 게임을 하고 평가 후 다음 사람이 한다.

평 가 :
- 규칙을 잘 지키고 먼저 돌아온 편에 물고기를 한 마리씩 붙인다.
- 모두 끝난 후 게임 태도에 대해서도 평가하고 물고기의 수를 세어 비교한다.

유 의 점 : 유아들의 발달수준에 따라 낚싯대를 자석으로 만들어 사용할 수

도 있다. 낚싯대는 줄의 길이가 너무 길면 낚시하기가 더 어려우므로 15cm 정도의 길이로 만든다.

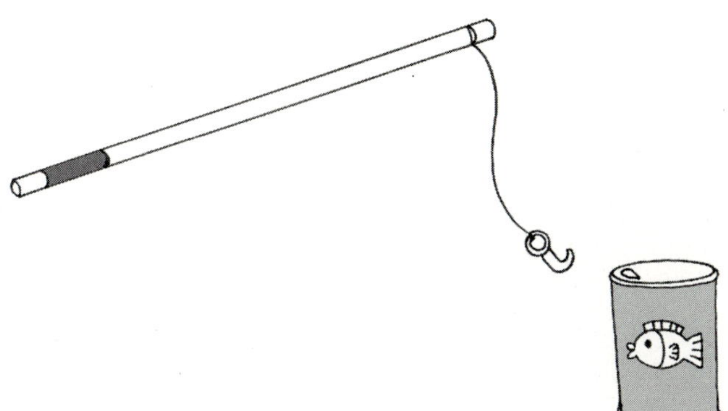

## 3. 해바라기 씨앗 떼어 오기

• 생활주제 •
계절(여름)

목 표 : 감각 기관을 협응하여 활동한다.
주변의 식물을 관찰해 본다.

준 비 물 : 해바라기 2개, 해바라기 씨(유아 수만큼), 마스킹테이프, 고흐의 〈해바라기〉, 평가자료(여름에 볼 수 있는 꽃 그림 융판자료), 작은 쟁반

사전준비 :
- 하드보드지를 동그랗게 자르고 그 위에 부직포를 붙여 해바라기를 만든다. 해바라기의 씨앗을 따로 만들어 뒷면에 찍찍이(까슬이)를 붙인다.
- 만든 해바라기를 게임할 장소의 벽면에 붙이고 출발선과 벽면 사이에 마스킹테이프로 구불구불한 길을 표시한다.
- 고흐의 그림 〈해바라기〉를 확대하여 집중자료를 만든다.

게임방법 : 구불구불한 길을 따라 가서 해바라기 씨를 1개 떼어 오는 게임이다.

활동방법 : 1. 양편으로 마주 보고 앉아 고흐의 〈해바라기〉를 보면서 어떤 그림인지, 이 그림 속의 해바라기는 어떤 모습인지 간단히 이야기해 본다.

2. 해바라기 씨앗을 먹어 본 적이 있는지 이야기해 보고 해바라기 씨앗을 가져오는 게임을 하기 위한 방법을 생각해 본다.
3. 게임방법과 규칙을 정한다.
   - 출발선에서 신호에 맞추어 달려간다.
   - 테이프로 표시된 곳에서는 길을 따라 걸어간다.
   - 해바라기 씨를 1개만 떼어 들고 온다.
   - 가져온 씨를 바구니에 담고 선생님과 악수한다.
4. 편에서 1명씩 게임을 하고 평가 후 다음 사람이 한다.

평　　가 : • 규칙을 잘 지키고 먼저 돌아온 편에 꽃 그림을 한 장씩 붙인다.
• 모두 끝난 후 게임 태도에 대해서도 평가하고 꽃 그림의 수를 세어 비교한다.

유 의 점 : 씨를 뗄 때 꽃이 움직이지 않도록 주의한다.

확장활동 : 유아들의 흥미에 따라 씨앗을 다시 붙이고 오는 것으로 해 볼 수 있다.

## 1. 수저로 대추 옮기기

• 생활주제 •
계절(가을)

목　　표 : 계절의 변화에 관심을 가진다.
소근육을 이용한 활동을 능숙하게 한다.

준 비 물 : 간식 수저 2개, 대추(유아 수보다 넉넉히), 바구니 2개, 쟁반 2개, 책상, 평가자료(대추나무와 대추 그림 융판자료)

사전준비 : • 대추를 바구니에 담아 준비한다.
• 출발선 맞은 편에 책상을 놓아 둔다.

게임방법 : 수저로 대추를 옮기는 게임이다.

활동방법 : 1. 양편으로 마주 보고 앉는다.
2. 두 명의 유아가 눈을 감고 대추 바구니에 손을 넣어 만져 보고 무엇인지 맞추어 본다.
3. 게임에 필요한 준비물들을 살펴보고 어떤 게임을 할 수 있을지 생각해 본다.
4. 게임방법과 규칙을 정한다.
• 출발선에서 대추를 수저에 하나씩 담아 들고 준비한다.

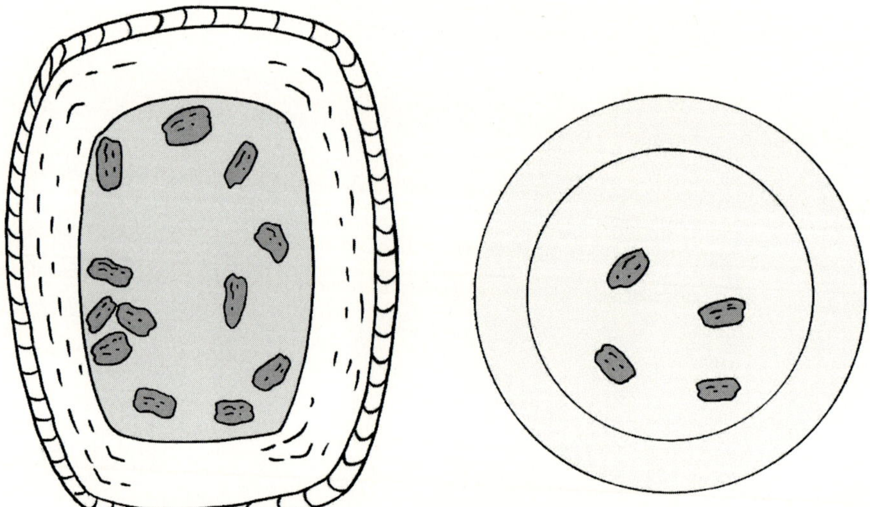

- 출발신호에 맞추어 대추가 떨어지지 않도록 조심하면서 간다.
- 책상 위에 있는 쟁반에 대추를 담고 수저는 들고 돌아온다.
- 돌아와서 수저는 대추 바구니에 담는다.

5. 게임을 할 수 있도록 준비물들을 필요한 위치에 놓는다.
6. 양편에서 1명씩 나와서 게임을 한다.

평　가 : • 대추를 흘리지 않고 잘 갔는지 평가한다.
- 어떻게 하면 대추를 흘리지 않고 갈 수 있었는지 이야기해 본다.
- 규칙을 잘 지키고 먼저 돌아온 편에게 평가자료를 붙여 표시한다.
- 모두 끝나면 게임 태도에 대해서도 평가하고 대추나무의 대추 수를 세어 비교한다.

확장활동 : 유아들이 흥미 있어 하면 다시 대추를 가져오는 것으로 해 볼 수도 있다.

## 2. 가을에 볼 수 있는 물건의 수 세기

• 생활주제 •
계절(가을)

목 표 : 가을에 볼 수 있는 자연물에 관심을 가진다.
일상생활에서 사용되는 수에 관심을 가진다.

준 비 물 : 가을을 나타내는 그림카드(은행잎, 단풍잎, 밤, 감, 플라타너스 잎, 허수아비 등), 마스킹테이프, 숫자 표시판과 표시물(그림 참고), 달라진 그림 찾기(가을 풍경) 그림자료

사전준비 :
- 5×5cm 정도 크기의 색지에 가을을 나타내는 그림들을 그려 코팅한다. 이때 그림의 수는 1~5로 한다.
- 4절 하드보드지에 그림과 같이 큰 수와 작은 수를 표시할 수 있는 판을 만들어 표시물을 붙일 수 있게 찍찍이(보슬이)를 길게 붙인다. 만든 판은 융판에 세워 교사의 양옆으로 놓는다.
- 색과 크기가 다른 두 종류의 스티커를 코팅하여 뒷면에 찍찍이(까슬이)를 붙인다.
- 마스킹테이프로 양편이 앉을 자리와 카드 놓을 자리를 그림과 같이 표시한다.

게임방법 : 그림카드에 나타난 수를 비교해서 많고 적음을 알고 표시하는 활동이다.

활동방법 : 1. 양 편으로 나누어 앉아서 가을 풍경을 나타내는 두 장의 그림에서 어떤 부분이 다른지 찾아본다.

2. 준비된 그림카드를 보며 어떤 그림인지, 몇 개가 있는지 이야기해 본다.

3. 그림카드와 숫자 표시판을 보고 어떤 게임을 할 수 있을지 생각하여 이야기해 본다(그림카드를 표시된 자리에 뒤집어 놓는다).

4. 게임방법과 규칙을 정한다.

- 마주 보는 사람끼리 게임을 한다(게임 시작 전에 양편에서 마주 보는 사람들이 누구인지 악수하며 확인한다).
- 신호에 맞추어 자기 자리에서 출발하여 그림 카드를 한 장씩 집는다.
- 그림카드에 나타난 수를 서로 비교한다.
- 선생님 옆에 있는 표시판에 큰 수인지 작은 수인지 스티커를 붙여 표시한다.
- 카드는 다시 뒤집어 놓고 제자리로 돌아간다.

5. 양편에서 1명씩 게임을 하고 평가 후 다음 사람이 한다.

평 가 :
- 큰 수와 작은 수를 잘 구분하여 붙였는지 평가한다.
- 게임이 모두 끝나면 양편의 숫자 표시판을 보며 어느 편이 큰 수가 많은지, 작은 수가 많은지 세어 본다.

유 의 점 : 카드의 수를 정확히 알 수 있도록 다함께 세어 볼 수도 있다.

확장활동 : 유아들의 발달수준에 따라 수의 크기를 조절한다.

## 3. 과일 수확하기

• 생활주제 •
계절(가을)

목 표 : 가을에 볼 수 있는 자연물에 관심을 가진다.
신체 각 부분에 관심을 갖고 움직여 본다.

준 비 물 : 우레탄 블록, 책상 2개, 과일나무 2그루, 손잡이 있는 바구니 2개, 과일(사과, 배), 평가자료(과일 나무와 과일그림 융판자료), 큰 바구니 1개

사전준비 : • 빈 화분이나 플라스틱 통에 흙을 담고 나뭇가지를 꽂아 과일 나무를 만들고 나뭇가지에 색클립을 붙여 과일을 매달 수 있게 한다.
• 조형영역에서 한지와 신문지를 이용하여 사과와 배를 만들어 과일 나무에 걸어 놓는다.
• 게임할 장소의 목적물 지점에 책상을 놓고 과일 나무를 올려놓는다.
• 우레탄 블록을 계단이 될 수 있게 연결하여 붙인다.

게임방법 : 바구니를 들고 계단을 올라가서 과일을 1개씩 따오는 게임이다.

활동방법 : 1. 양편으로 나누어 앉아서 가을에 관한 배운 노래를 불러 본다.

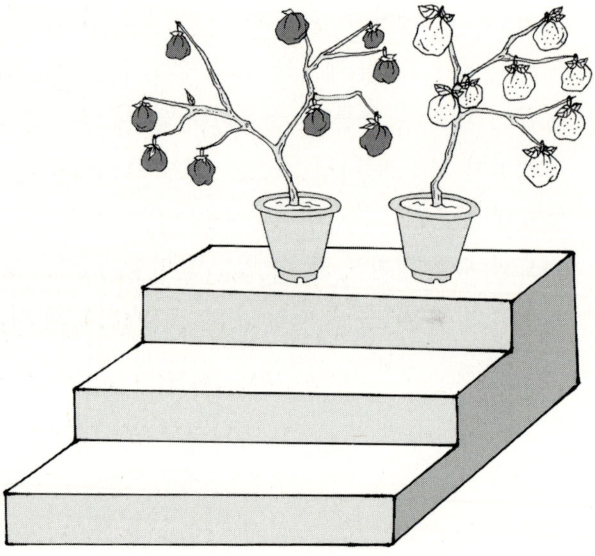

2. 준비된 과일 나무를 보며 어떤 게임을 할 수 있을지 이야기해 본다.
   - 과일나무가 아주 크다면 높은 곳에 있는 과일은 어떻게 딸 수 있을까?
3. 게임방법과 규칙을 정한다.
   - 출발선에서 바구니를 들고 준비한다.
   - 신호에 맞추어 가고 계단은 반드시 한 칸씩 올라간다.
   - 계단을 끝까지 올라가서 과일을 1개 따서 바구니에 담는다.
   - 돌아와서 큰 바구니에 과일을 옮겨 담고 바구니를 내려놓은 후 선생님과 악수한다.
4. 양편에서 1명씩 게임을 하고 평가 후 다음 사람이 한다.

평 가 : • 정한 규칙대로 게임을 했는지 평가한다(계단을 끝까지 올라갔는지, 과일은 1개만 땄는지, 바구니에 담아서 가져왔는지, 과일과 바구니는 제자리에 잘 놓았는지 평가한다).
• 개별 평가시 규칙을 잘 지키고 먼저 돌아온 편의 나무에 과일을 하나씩 붙이고 게임이 모두 끝나면 게임시 태도와 응원태도에 대해서도 평가하여 과일의 수를 세어 비교한다.

유 의 점 : 계단은 위험하지 않도록 견고하게 붙이고 계단을 만들 수 없다면 중간지점에 적절한 장애물을 설치하여 게임을 한다.

확장활동 : 3세 유아들은 평면 자료로 과일을 붙이고 돌아오는 게임으로 할 수 있다.

## 1. 눈사람 만들기

● 생활주제 ●
계절(겨울)

목　　표 : 계절의 변화에 관심을 가진다.
　　　　　사물의 같은 점과 다른 점을 살펴본다.

준 비 물 : 눈사람 몸체 그림 융판자료, 눈사람 얼굴 그림 융판자료, 융판 2개, 평가자료(눈 결정체 그림 막대자료와 꽂는 통), 달라진 그림 찾기 자료(눈사람)

사전준비 :
- 여러 형태의 눈사람을 몸체 부분과 얼굴 부분으로 나누어 만든다. 눈사람 그림에 장식을 붙이되 장식을 보고 몸체와 얼굴을 짝지을 수 있도록 만든다.
- 눈 결정체 그림을 코팅하여 빨대를 붙이고 플라스틱 음료수병을 잘라 꽂는 통을 만든다.
- 같은 눈사람을 두 장 만들고 옷과 얼굴의 장식을 다르게 하여 달라진 모습 찾기 자료를 만든다.
- 목표물 지점에 융판을 놓고 눈사람 몸체 부분을 붙여둔다. 눈사람 얼굴 부분을 바구니에 담아 교사가 가지고 있는다.

게임방법 : 눈사람의 몸에 짝이 되는 얼굴을 붙여 완성하는 게임이다.

활동방법 : 1. 양편으로 나누어 앉아서 노래 '꼬마 눈사람'을 불러 본다.
　　　　　2. 두 장의 눈사람 그림을 보며 다른 부분을 찾아본다.

〈눈사람의 예〉

그림 1　　그림 2

〈달라진 모습 찾기 그림〉

3. 준비된 자료를 보며 어떤 방법으로 게임을 할 수 있을지 생각해 본다.
4. 게임방법과 규칙을 정한다.
   - 출발선에서 눈사람 얼굴을 한 장 들고 준비한다.
   - 신호에 맞추어 달려가서 짝이 될 수 있는 몸에 얼굴을 붙여 눈사람을 완성한다.
   - 돌아와서 선생님과 악수한다.
5. 양편에서 1명씩 게임을 하고 평가 후 다음 사람이 한다.

평　가 : • 눈사람은 짝이 될 수 있는 그림으로 잘 붙여 완성했는지 이야기한다.
• 개별 평가시 규칙을 잘 지키고 먼저 돌아온 편의 통에 눈 그림을 하나씩 꽂고 게임이 모두 끝나면 게임시 태도와 응원태도에 대해서도 평가하여 눈의 수를 세어 비교한다.

유 의 점 : 눈사람을 완성하는 방법은 유아들의 생각대로 정할 수 있다.

확장활동 : 신문지로 눈을 뭉쳐서 게임에 활용하거나 둥근 스타이로폼을 이용할 수 있다.

## 2. 방울소리 듣고 산타 찾기

• 생활주제 •
계절(겨울)

목　　표 : 절기에 따른 특별한 상황에 관심을 가진다.
여러 가지 감각 기관을 활용해 본다.

준 비 물 : 종(혹은 방울악기), 산타클로스 모자, 마스킹테이프, 작은 산타인형과 종이컵 3개, 낮은 책상

사전준비 : 게임할 장소에 마스킹테이프로 전체가 앉을 수 있는 원을 그려 둔다.

게임방법 : 종소리를 듣고 소리를 내는 사람이 누구인지 찾아 모자를 씌워 주는 게임이다.

활동방법 : 1. 표시된 곳에 원으로 모여 앉는다.
2. 교사가 종을 든 손을 뒤로 하여 종소리를 내고 어떤 소리인지 맞추어 본다.
3. 산타인형과 종이컵으로 어느 컵에 산타가 들어 있는지 맞추는 활동을 해 본다.
4. 게임방법과 규칙을 정한다.
- 술래 1명을 정한다.
- 술래는 눈을 감고, 다른 사람들은 누가 산타가 될 것인지 정하여 소리나지 않게 종을 뒤로 숨긴다.
- 모두 다같이 종을 들고 있는 것처럼 손을 뒤로 하고 종소리를 낸다.
- 계속 종소리를 내고 있으면 술래가 소리를 듣고 누가 진짜 종소리를 내는 사람인지 찾아 산타모자를 씌운다.
- 산타가 된 사람이 다시 술래가 되고, 다른 사람이 산타가 되어 게임을 계속한다.
5. 양편에서 1명씩 게임을 하고 평가 후 다음 사람이 한다.

평　　가 : • 모두 다 함께 종소리를 내는 것처럼 움직였는지 평가한다.
• 술래가 되었던 사람과 산타가 되었던 사람의 기분이 어땠는지 이야기를 들어본다.

유 의 점 : 집단의 크기에 따라 산타와 술래를 2명 이상으로 하여 모두 한 번씩 해 보도록 한다.

## 3. 썰매 타고 반환점 돌아오기

• 생활주제 •
계절(겨울)

목　　표 : 계절에 맞는 특별한 놀이를 경험한다.
도구를 활용하여 신체활동을 해 본다.

준 비 물 : 썰매와 썰매채(꼬챙이) 2벌, 반환점(눈사람이나 눈쌓인 나무 그림을 붙인 블록) 2개, 평가자료(연 그림 융판자료와 융판)

사전준비 :
- 플라스틱 과일 박스에 바퀴를 달아 실내에서 탈 수 있는 썰매를 만든다.
- 각목을 30cm 길이로 자르고 손잡이 부분에 색 테이프를 감아 썰매 꼬챙이를 만든다.
- 출발선에서 150cm 정도 거리를 두고 반환점을 세운다.

게임방법 : 바퀴 달린 썰매를 타고 반환점을 돌아오는 게임이다.

활동방법 :
1. 두 편으로 나누어 마주 보고 앉는다.
2. 겨울철 놀이에 대해 이야기를 하고 썰매를 타 보았는지 어떻게 타는 것인지 이야기 나눈다.
3. 만든 썰매를 보고 얼음 위에서 타는 썰매와 다른 점을 이야기한 후 2명의 유아가 타는 방법을 시범 보인다(발을 썰매 밖으로 내어 발로 밀어서 움직이도록 한다).
4. 게임방법과 규칙을 정한다.
   - 출발선에 서서 신호에 맞추어 썰매를 타고 반환점을 돌아온다.

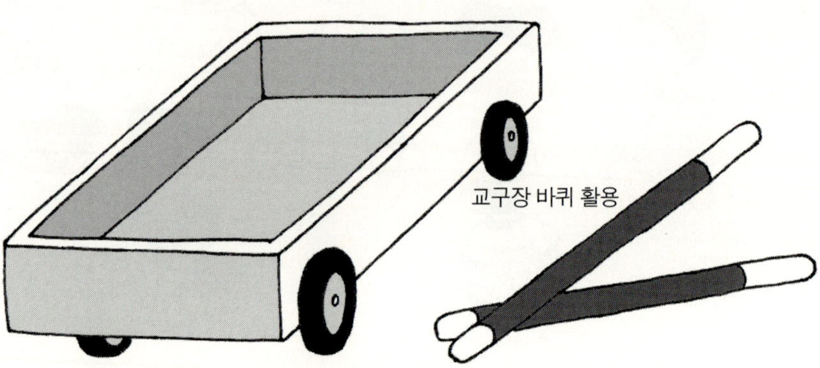

• 돌아와서 다음 사람이 탈 수 있도록 썰매를 바르게 놓은 후 선생님과 악수한다.

• 양편에서 1명씩 나와 게임을 하고 평가 후 다음 사람들이 한다.

평　　가 : • 규칙대로 썰매를 타면서 반환점을 끝까지 돌아왔는지 평가한다.

• 규칙을 잘 지키고 먼저 돌아온 편에 연 그림을 붙여 표시한다.

• 게임 태도에 대해서도 평가하고 연 그림의 수를 세어 비교한다.

유 의 점 : 바닥이 미끄러우면 다칠 수 있으므로 주의한다.

확장활동 : 사전에 유희실에서 썰매를 미리 타 보도록 하거나 게임 후에 계속 사용할 수 있도록 한다.

## 1. 발로 공 굴려 맞추기

• 생활주제 •
건강한
몸과 마음

목　　표 : 신체 각 부분의 특성을 활용하여 움직인다.
여러 사람이 하는 일에 참여해 본다.

준 비 물 : 피구공, 마스킹테이프, 의자(한편에 유아들이 앉을 수만큼), 평가자료(숫자와 공 그림 융판자료), 테이블 인형 2개와 공 테이블 자료

사전준비 : • 게임할 장소에 마스킹테이프로 지름 2m 정도의 원을 그리고 1m 정도 거리를 두고 의자를 놓는다.

게임방법 : 일정 1시간 동안 발로 공을 굴려 상대방을 맞추는 게임이다.

활동방법 : 1. 의자와 표시한 원이 잘 보이도록 바닥에 모여 앉는다.
2. 교사가 테이블 인형과 공을 이용하여 게임방법을 이야기해 준다.
3. 게임방법과 규칙을 정리하여 이야기해 본다.
• 한편은 의자에 앉고 다른 편은 동그라미 안에 선다.
• 의자에 앉은 편은 1명씩 차례로 공을 발로 굴려 동그라미 안에 있는 사람을 맞춘다.
• 원 안에 서 있는 사람들은 공에 맞지 않도록 피하고 공에 맞은 사람은 밖으로 나와 의자 사이에 앉는다.
• 선생님이 호루라기로 끝나는 시간을 알리면 멈춘다.
4. 두 편으로 나누어 게임을 하고 평가 후 역할을 바꾸어서 한다.

평　　가 : • 공에 맞아 밖으로 나와 있는 사람의 수를 세어 공과 숫자로 표시한다.

• 공은 반드시 발로만 굴렸는지(공을 굴리는 것이지 세게 차는 것이 아님)

• 모두 끝나면 게임 태도와 맞친 사람의 수를 세어 비교한다.

유 의 점 : 학급의 크기에 따라 원의 크기를 조절한다.

확장활동 : 5세반은 넓은 공간에서 손으로 공을 던지는 피구로 할 수 있다.

## 2. 자전거 타이어 통과하여 돌아오기

• 생활주제 •
건강한
몸과 마음

목　　표 : 신체 활동에 즐겁게 참여한다.
도구를 활용하여 신체 활동을 해본다.

준 비 물 : 자전거 타이어 4개, 깃발 2개, 평가자료(깃발 그림 꽂는 자료), 신체표현 '나처럼 해 봐요' 그림자료

사전준비 :
- 깡통에 모래를 채우고 깃발을 만들어 꽂는다.
- 깃발을 목적물 지점에 세운다.
- 출발선과 깃발 사이에 자전거 타이어 놓을 자리를 표시해 둔다.
- 8절 도화지에 신체표현 '나처럼 해 봐요'를 따라 할 수 있는 움직임을 나타내는 그림을 그려 코팅한다(세 장 정도를 그리고 한 장은 타이어를 통과하는 그림으로 그린다).

게임방법 : 타이어를 통과하여 깃발을 돌아오는 게임이다.

활동방법 :
1. 양편으로 마주보고 앉아서 '나처럼 해 봐요'를 하면서 여러 가지 신체 움직임을 따라해 본다.
2. 타이어를 통과하는 그림을 보면서 어떻게 움직이는 것인지, 이런 놀이를 하려면 무엇이 있어야 할지 이야기를 나눈다.
3. 게임방법과 규칙을 정한다.

- 출발선에 서서 신호악기소리에 맞추어 출발한다.
- 자전거 타이어가 있는 곳에서는 그림처럼 타이어를 통과하여 지나간다(타이어는 제자리에 놓는다).
- 깃발을 돌아서 달려온다.
- 돌아와서 선생님과 악수한다.

4. 표시된 곳에 타이어를 가져다 놓고 두 사람이 나와 시범을 보인다.
5. 양편에서 1명씩 나와 게임을 하고 평가 후 다음 사람들이 한다.

평　　가 : • 규칙을 잘 지키고 먼저 돌아온 편에 깃발을 하나씩 꽂는다.
• 모두 끝난 후 게임의 태도도 평가하고 깃발의 수를 세어 비교한다.
• 타이어를 지날 때 기분이 어땠는지, 몸을 어떻게 움직였는지 이야기를 해 본다.

유 의 점 : 타이어를 통과하는 방법은 반드시 그림자료에서 보여지는 대로 하는 것이 아니라 유아들의 의견에 따라 정한다.

확장활동 : 자전거 타이어가 없다면 훌라후프를 사용할 수도 있다.

## 3. 앞모습과 뒷모습 맞추기

● 생활주제 ●
건강한
몸과 마음

목 표 : 사람들의 앞모습을 보고 뒷모습을 추측한다.
사람들 모습의 같은 점과 다른 점을 안다.

준 비 물 : 사람들의 앞모습과 뒷모습 그림자료, 낮은 책상 2개, 바구니, 평가자료(여러 가지 모양의 색종이 융판자료)

사전준비 :
- 우유팩에 모래를 채우고 사람의 뒷모습 그림을 그려 우유상자 앞에 붙인다.
- 위 그림의 앞모습을 그려 빨대에 붙여 바구니에 담아 둔다.
- 목적물 지점에  낮은 책상을 놓고 책상 위에 뒷모습 그림을 나란히 놓는다.
- 조각 색지를 여러 가지 모양으로 잘라 코팅하고 뒷면에 찍찍이(까슬이)를 붙여 평가자료를 만든다.

게임방법 : 앞모습 그림과 뒷모습 그림을 짝짓는 활동이다.

활동방법 :
1. 양편으로 마주 보고 앉아서 배운 노래를 불러 본다.
2. 책상 위에 놓여진 그림들을 보면서 어떤 사람의 모습인지, 앞모습은 어떤 모습일지 이야기해 본다.

〈앞모습〉 〈뒷모습〉

3. 사람들의 앞모습을 찾아보는 게임을 하기로 하고 게임방법과 규칙을 정한다.
   - 출발선에 서서 신호악기 소리에 맞추어 출발한다.
   - 바구니 안에서 그림 한 장을 꺼내어 들고 가서 그 그림의 뒷모습에 꽂는다.
   - 돌아와서 선생님과 악수한다.
4. 출발선에 앞모습 그림이 담긴 바구니를 놓고 게임을 시작한다.
5. 양편에서 1명씩 나와 게임을 하고 평가 후 다음 사람들이 한다.

평 가 : • 규칙을 잘 지키고 먼저 돌아온 편에 평가자료를 붙인다.
• 앞모습과 뒷모습을 잘 찾았는지 이야기하고 잘못 되었으면 다시 맞는 곳에 꽂고 돌아오도록 한다.

유 의 점 : 그림이 너무 많으면 어려우므로 학급의 크기에 따라 소집단 게임으로 진행한다.

확장활동 : 그림은 사람뿐 아니라 사물그림으로 할 수도 있다.

## 1. 동물 그림자 맞추기

• 생활주제 •
동물

목 표 : 동물의 생김새에 관심을 가진다.
여러 가지 사물의 같은 점과 다른 점을 구분한다.

준 비 물 : 동물 그림자 그림, 동물 그림

사전준비 :
- 조형 영역에서 동물모양을 찍어 코팅하고 뒷면에 찍찍이(까슬이)를 붙인다.
- 위의 그림과 같은 모양을 검정 물감으로 찍어 코팅하고 앞면에 찍찍이(보슬이)를 붙인다.
- 교실 한쪽 벽면이나 전지에 그림자를 붙여 게임의 목적물로 사용한다.
- 동물 그림을 목적물와 출발선 사이에 둔다.

게임방법 : 동물 그림자를 보고 어떤 동물인지 찾아 짝지어 붙이고 돌아오는 게임이다.

활동방법 :
1. 양편으로 마주 보고 앉아서 동물에 관한 노래를 불러본다.
2. 벽면(전지)를 보며 동물들의 모습이 어떤지, 어떻게 동물을 찾을 수 있는지 이야기를 나눈다.
3. 동물의 모습을 찾아 주는 게임을 하기로 하고 게임방법과 규칙을 정한다.
   - 출발선에 서서 신호악기소리에 맞추어 출발한다.
   - 중간에 있는 동물 그림을 한 장 들고 가서 맞는 그림자에 붙인다.
   - 돌아와서 선생님과 악수한다.
4. 양편에서 1명씩 나와 게임을 하고 평가 후 다음 사람들이 한다.

평 가 :
- 그림자에 맞는 동물을 잘 붙이고 왔는지 평가하고 잘못 되었으면 다시 하고 오도록 한다.
- 게임이 모두 끝난 후 동물의 모습이 어떤지, 처음 그림과 비교하여 어떤 느낌이 드는지 이야기해 본다.

유 의 점 : 교실을 보기 좋게 꾸미는 것에 목적을 두고 게임을 하도록 한다.
그러므로 평가자료를 이용한 평가는 하지 않고 모두 함께 도와

게임을 함으로써 벽면의 그림이 보기 좋게 되었음을 느낄 수 있게 한다.

확장활동 : 작은 판으로 잘라 조작영역의 교구로 활용할 수도 있다.

## 2. 캥거루처럼 뛰어 반환점 돌아오기

• 생활주제 •
동물

목　　표 : 동물의 특징적인 움직임을 표현한다.
신체 각 부분에 관심을 가지고 움직여 본다.

준 비 물 : 공 2개, 할로우 블록(직육면체) 2개, 평가자료(동물그림 융판자료와 융판)

사전준비 : • 실내 자유선택활동 시간에 비디오테이프를 통해 캥거루의 움직임을 관찰한다.
• 목적물 지점에 블록을 세워 둔다.

게임방법 : 공을 앞으로 안고 두 발을 모아 뛰어 반환점을 돌아오는 게임이다.

활동방법 : 1. 양편으로 마주 보고 앉아서 캥거루에 관한 수수께끼를 내고 맞추어 본다.
2. 캥거루의 뛰는 모습을 표현해 본다.
3. 게임의 방법과 규칙을 정한다.
• 공을 앞으로 안고 출발선에 서서 준비한다.
• 출발신호에 맞추어 두발을 모아 뛰어 반환점을 돌아온다(공을 떨어뜨리면 그 자리에서 주워 다시 시작한다).
• 돌아와서 공을 내려놓고 선생님과 악수한다.
4. 양편에서 1명씩 나와 게임을 하고 평가 후 다음 사람들이 한다.

평　　가 : • 두 발을 모아 뛰었는지, 공은 잘 들고 갔는지 평가한다.

- 정한 규칙을 지키고 먼저 돌아온 편에 동물그림을 붙여 표시한다.
- 게임이 모두 끝나면 게임태도와 응원태도에 대해서도 평가하고 동물 그림의 수를 세어 비교한다.

유 의 점 : 유아들의 발달정도에 따라 반환점과 출발선의 거리를 조절한다.

확장활동 : 유희실에서 공을 옮기는 여러 가지 방법을 시도해 본다.

## 3. 동물 그림 맞추기

● 생활주제 ●
동물

목　　표 : 동물의 특징을 알아본다.
부분과 전체의 관계를 이해한다.

준 비 물 : 동물 사진 2조각 퍼즐, 배운 노래 녹음자료, 카세트, 마스킹테이프, 부분 보고 전체 맞추기 그림자료(코끼리)

사전준비 :
- 동물 사진을 코팅하여 두 조각으로 자른다.
- 게임할 장소에 마스킹테이프로 사진 조각을 펼쳐 놓을 수 있는 크기의 원을 표시한다.

게임방법 : 동물 사진 한 조각을 보고 다른 조각을 찾아 맞추는 게임이다.

활동방법 :
1. 표시된 원 주위에 모여 앉는다.
2. 부분 보고 전체 맞추기 그림자료를 보면서 코끼리를 맞추어 본다.
3. 동물 사진 조각을 보면서 게임의 방법과 규칙을 정한다.
   - 손을 잡고 노래를 부르며 걷는다.
   - 신호에 맞추어 사진 한 조각을 들고 다른 짝을 들고 있는 친구를 찾아 만난다.

• 동물 사진이 맞으면 앉아서 동물 흉내를 내며 기다린다.

4. 모두 일어나서 게임을 해 보고 평가 후 반복한다.

평　　가 : • 짝을 잘 찾아 맞추었는지 평가한다.

• 동물 흉내를 내며 기다렸는지 평가한다.

• 누가 가장 빨리 짝을 찾아 동물 사진을 맞추었는지 평가한다.

유 의 점 : 사진은 동물의 형태가 명확히 구분되는 것으로 하고 원의 크기는 유아들의 수에 따라 조절한다.

확장활동 : 동물 사진을 세 조각으로 늘릴 수도 있고 생활주제에 따라 동물이 아닌 다른 사진으로 활용할 수있다.

## 4. 거북이처럼 기어서 가기

• 생활주제 •
동물

목　표 : 주변 동물을 관찰해 본다.
신체를 이용하여 동물의 움직임을 표현해 본다.

준 비 물 : 거북이 등 2개, 목적물 2개, 마스킹테이프, 평가자료(거북이의 알 융판자료와 융판)

사전준비 :
- 교실에서 기르는 거북이를 어항에서 꺼내어 움직임을 자세히 관찰한다.
- 유아들과 함께 마닐라지에 부직포 조각을 붙여 거북이 등을 만들고 끈을 달아 유아들이 등에 쓸 수 있도록 한다.
- 주변에서 구할 수 있는 목적물을 세우고 출발선과 목적물 사이에 마스킹테이프로 구불구불한 길을 표시해 둔다.

게임방법 : 거북이 등을 쓰고 거북이처럼 기어서 구불구불한 길을 다녀오는 게임이다.

활동방법 :
1. 양편으로 마주 보고 앉는다.
2. 교실에서 기르는 거북이를 관찰해 보았는지, 어떻게 움직이는지 이야기하고 몸으로 나타내 본다.
3. 준비된 자료를 보면서 어떻게 거북이처럼 움직이면서 게임을 할 수 있는지 이야기해 본다.
4. 게임방법과 규칙을 정한다.
   - 거북이 등을 쓰고 출발선에 엎드려서 준비한다.
   - 신호에 맞추어 거북이처럼 네발로 기어 길을 따라 간다.
   - 목적물을 돌아 다시 거북이처럼 기어 돌아온다.
   - 돌아와서 거북이 등을 제자리에 놓고 선생님과 악수한다.
5. 양편에서 1명씩 게임을 하고 평가 후 다음 사람들이 한다.

평　가 :
- 네 발로 끝까지 기어갔는지 평가한다.
- 정한 규칙을 잘 지키고 먼저 돌아온 편에 거북이 알을 붙여 표시한다.
- 게임이 모두 끝나면 게임태도에 대해서도 평가하고 알의 수를

세어 비교한다.

• 기어 가는 것이 힘들지는 않았는지 재미있었던 점은 무엇인지 이야기해 본다.

유 의 점 : 네 발로 기는 것이 너무 힘들면 돌아올 때는 걸어서 오는 것으로 바꾸어 할 수 있다.

확장활동 : 게임에 사용한 자료와 거북이에 관한 비디오테이프를 음률영역에 내어 주어 표현활동으로 확장한다.

## 1. 자동차 주차하기

• 생활주제 •
교통기관

목　　표 : 교통규칙을 알고 안전하게 사용한다.
5 이내의 수를 세고 숫자로 나타낸다.

준 비 물 : 차고, 자동차(유아 수만큼), 평가자료(주차장 표시그림 융판자료와 융판), 운전자 막대자료

사전준비 :
- 조형영역에서 우유팩에 들어갈 크기의 상자와 마닐라지를 이용하여 자동차를 만들고 자동차의 앞, 뒷면에 숫자 스티커를 붙인다.
- 상자로 만든 자동차가 들어갈 수 있도록 우유팩을 연결하여 차고를 만들고 숫자를 붙인다.

게임방법 : 차 번호와 차고 번호를 맞추어 주차시키는 게임이다.

활동방법 :
1. 양편으로 마주 보고 앉는다.
2. 운전자 막대인형을 이용하여 자동차는 아무 곳에나 주차하지 말고 반드시 주차하도록 허락된 곳에 주차해야 한다는 이야기를 들려 준다.
3. 만든 자동차와 차고를 가지고 어떤 게임을 할 수 있는지 이야기를 나눈다.
4. 게임방법과 규칙을 정한다.
   - 출발선 맞은편에 차고를 놓고 중간에 자동차를 놓기로 한다.
   - 신호에 맞추어 가서 자동차를 한 대 선택하여 같은 숫자가 있는 차고에 주차시킨다.
   - 돌아와서 선생님과 악수한다.
5. 양편에서 1명씩 게임을 하고 평가 후 다음 사람들이 한다.

평　　가 :
- 숫자를 잘 보고 맞게 주차시켰는지 평가한다.
- 정한 규칙을 잘 지키고 먼저 돌아온 편에 주차장 표시그림을 붙인다.
- 게임이 모두 끝나면 게임태도에 대해서도 평가하고 그림의 수를 세어 비교한다.

유 의 점 : 숫자로 표시하는 것이 어렵다면 그림(도형)으로 할 수도 있다.
모형자동차(미니카)를 활용하여도 된다.

확장활동 : 차고 그림에 주차금지 표시판을 붙여 차를 세우지 못하는 칸을 만들 수도 있다.

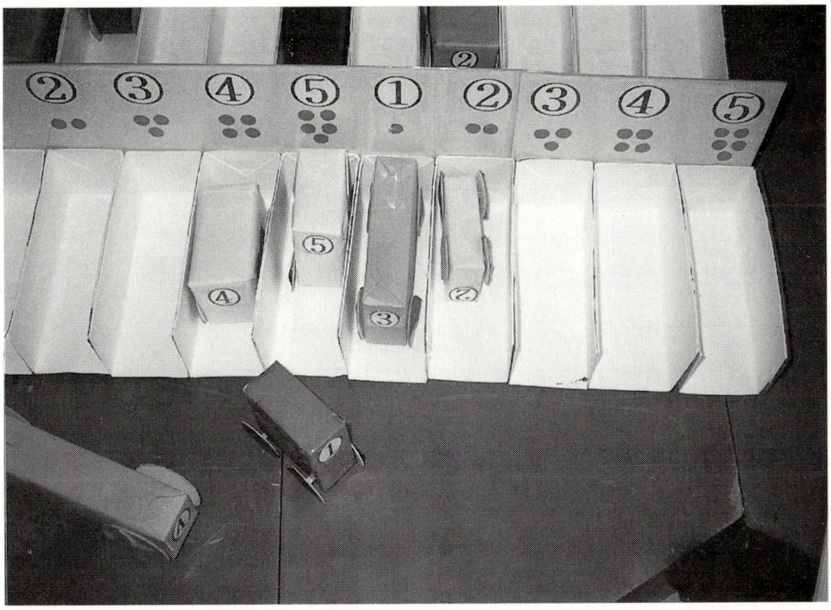

## 2. 교통 표지판 위에 올라서기

• 생활주제 •
교통기관

목　　표 : 교통규칙을 알고 안전하게 사용한다.
생각한 것을 나름대로 말한다.

준 비 물 : 교통표지판 그림자료(자전거 통행금지, 공사 중, 횡단보도, 주차금지 등), 빨강과 초록 그림판, 배운 노래 녹음자료, 녹음기

사전준비 :
- 교통표지판과 빨강, 초록 그림판을 유아들이 올라설 수 있는 크기로 만들어 코팅한다.
- 코팅한 그림들을 바닥에 순서 없이 붙인다.
- 배운 노래를 녹음한다.

게임방법 : 노래를 부르면서 걸어다니다가 신호악기가 울리면 교통표지판 위에 올라서는 게임이다.

활동방법 :
1. 바닥에 붙인 그림이 잘 보이도록 모여 앉는다.
2. 바닥에 있는 그림들을 보면서 어디서 보았는지, 어떤 표시인지 이야기를 해 본다.
3. 만든 자동차와 차고를 가지고 어떤 게임을 할 수 있는지 이야기를 나눈다.
4. 게임방법과 규칙을 정한다.
   - 다 함께 일어나서 노래를 부르며 걸어다닌다.

- 노래가 멈추고 신호악기소리가 나면 빨리 교통표지판 위에 올라선다.
- 선생님의 이야기를 잘 듣고 지시대로 움직인다(예를 들면 횡단보도 표시 위에 있는 사람들은 걸어 보세요).

5. 한번 게임을 해 보고 평가 후 반복한다.

평　　가 : • 어떤 표지판 위에 올라섰는지 이야기해 본다.
• 지시대로 잘 움직였는지 평가한다.

유 의 점 : 표지판의 종류를 너무 많지 않게 하고 쉽게 볼 수 있는 것들로 한다.

확장활동 : 게임이 끝난 후 사용한 자료들은 유희실 바닥에 붙여 자발적으로 해 볼 수 있게 한다.

## 3. 교통기관대로 움직이기

● 생활주제 ●
교통기관

목 표 : 사용할 수 있는 교통기관의 종류를 알고 적절하게 활용한다.
신체를 이용하여 창의적으로 표현한다.

준 비 물 : 교통기관 그림 막대자료(자동차, 비행기, 배), 음악 '달리기' 녹음 테이프와 녹음기, 명화자료(김홍도의 〈배를 타고 지나는 멋진 절벽〉)

사전준비 :
- 육상, 해상, 항공 교통기관을 그려 막대자료로 만든다.
- 김홍도의 〈배를 타고 지나는 멋진 절벽〉을 확대하여 감상할 수 있는 자료로 만든다.
- 음악 '달리기'를 녹음하여 준비한다.

게임방법 : 교통기관에 따라 몸으로 나타낼 수 있는 약속을 정하고 제시되는 자료에 맞추어 몸을 움직이는 게임이다.

활동방법 :
1. 이야기나누기 대형으로 모여 앉는다.
2. 김홍도의 그림을 보면서 어떤 그림인지, 무엇을 타고 가는지 이야기한다.
3. 배 이외에 탈 수 있는 것들은 무엇이 있는지 이야기해 본다.
4. 우리가 탈것이 되어 움직여 보는 게임을 할 것임을 이야기하고 막대자료를 한 가지씩 제시하며 어떻게 움직일 수 있을지

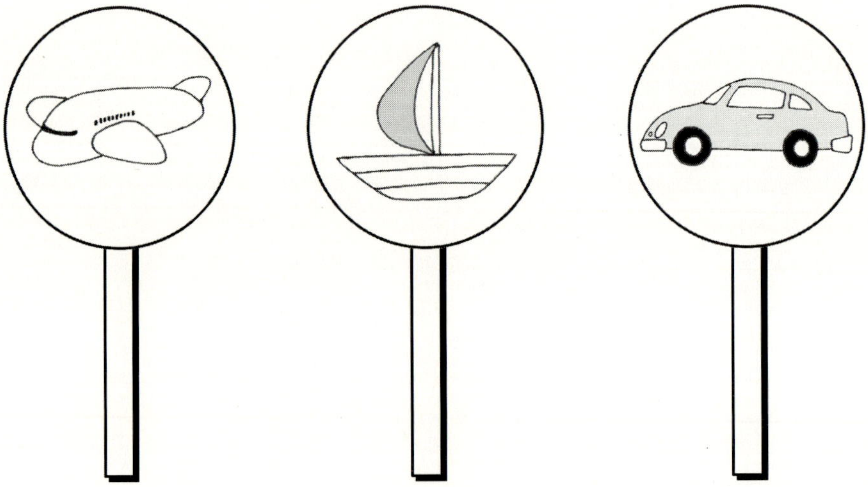

생각해 본다.

5. 게임방법과 규칙을 정한다.
   - 자유롭게 넓게 선 채로 준비한다.
   - 달리기 음악에 맞추어 다니면서 그림자료가 제시되는 대로 움직인다(자동차-달리기, 걷기, 배-헤엄치기, 비행기-날기 등)
6. 평가 후 다시 해 본다.

평　가 : • 그림을 잘 보고 그림대로 움직였는지 평가한다.
• 창의적으로 표현한 사람을 격려해 준다.

확장활동 : 게임이 끝난 후 유희실 바닥에 자동차 길을 표시하고 자유롭게 움직일 수 있게 자료들을 내어 준다.

## 4. 다니는 곳에 탈 것을 붙이기

● 생활주제 ●
교통기관

목 표 : 한 가지 준거로 사물을 모아 본다.
사람들이 이용하는 교통기관의 종류에 관심을 가진다.

준 비 물 : 배경그림판 2개, 여러 종류의 교통기관 융판자료, 바구니 2개, 평가자료(교통경찰관 표시), 융판

사전준비 :
- 잡지나 사진의 교통기관 사진을 오려 코팅하고 뒷면에 찍찍이(까슬이)를 붙여 바구니에 두 편으로 나누어 담아 둔다.
- 각 교통기관이 다니는 곳(하늘, 도로, 바다)을 배경그림으로 그리고 교통기관 사진을 붙일 수 있도록 찍찍이(보슬이)를 붙여 둔다.
- 배경그림 두 장을 게임할 장소에 세워 두거나 벽에 붙인다.

게임방법 : 교통기관을 다니는 곳에 따라 맞는 위치에 붙이고 돌아오는 게임이다.

활동방법 :
1. 양편으로 나누어 앉는다.
2. 배운 노래를 부르며 주의 집중한다.
3. 배경그림을 보며 어떤 장소를 나타내는 그림인지, 어떤 것을 타고 갈 수 있는지 이야기를 나눈다.
4. 게임방법과 규칙을 정한다.

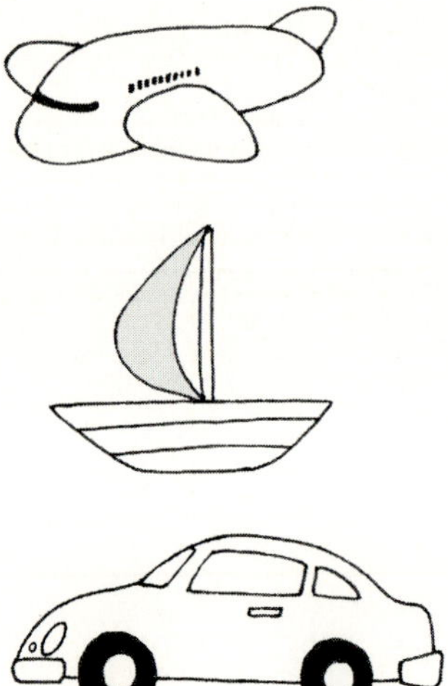

- 출발선에서 시작하여 달려가서 탈것 사진을 1개 들고 그림이 있는 곳까지 간다(탈것 사진이 담긴 바구니를 어디에 놓을지 정하여 유아들 중 1명이 놓아 보도록 한다).
- 그림이 있는 곳까지 가서 탈것이 다닐 수 있는 장소에 붙이고 돌아온다.
- 돌아와서 선생님과 악수한다.

5. 양편의 수가 같은지 확인하고 양편의 처음 유아들부터 1명씩 게임을 한다.
6. 평가 후 다음 사람이 게임을 하고 모두 끝난 후 게임한 태도, 규칙을 잘 지켰는지에 대해서도 평가한다.

평　가 : 탈것 사진이 다닐 수 있는 곳에 잘 붙여졌는지 평가한다(만약 잘못된 것이 있으면 다시 바르게 붙이도록 한다).
바르게 잘 붙이고 먼저 돌아온 편에게 평가자료를 1개씩 붙인다.
태도와 규칙에 대해서도 평가하여 평가자료로 표시하고 양편의 평가자료의 수를 세어 비교한다.

유 의 점 : 교통기관 사진은 유아들이 잘 알고 있는 종류로 한다.

## 1. 국기 꽂고 돌아오기

● 생활주제 ●
우리나라와
다른 나라

목 표 : 세계 여러 나라에 대해 관심을 가진다.
나라마다 상징하는 국기가 있음을 안다.

준 비 물 : 세계 여러 나라 국기 막대자료, 스타이로폼 과일 상자, 마스킹테이프, 평가자료(태극기 그림), 융판, 올림픽 입장식 장면 사진

사전준비 :
- 세계 여러 나라의 국기 그림을 빨대에 붙여 막대자료를 만들고 스타이로폼 과일 상자를 뒤집어 송곳으로 구멍을 뚫어 빨대를 잘 꽂을 수 있게 준비한다.
- 올림픽 입장식 장면 중 여러 나라의 국기가 잘 보이는 장면 사진자료를 코팅한다.
- 게임할 장소의 목적물과 출발선 사이에 마스킹테이프로 3개씩 네모 모양을 만든다.
- 양편 목적물 지점에 과일상자를 놓아둔다.

게임방법 : 앙감질하면서 가서 세계 여러 나라의 국기를 한 개씩 꽂고 돌아오는 게임이다.

활동방법 : 1. 양편으로 나누어 앉아서 올림픽 입장식 사진을 보며 무엇을 하는 사진인지, 어떤 나라 선수들이 있는지 이야기를 나눈다 (각 나라를 어떻게 알 수 있는지 생각해 본다).

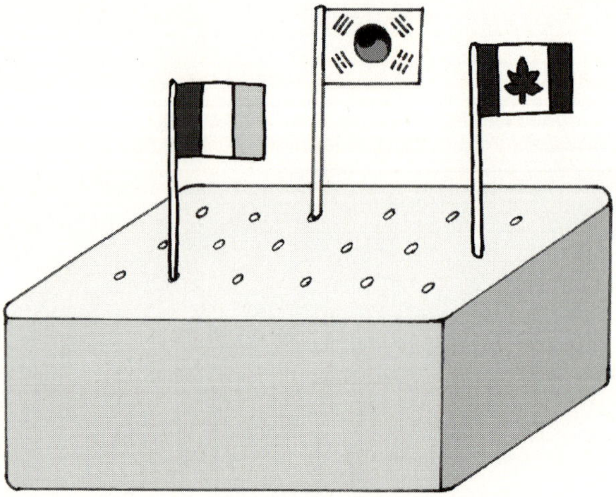

2. 준비된 자료들을 보고 어떤 게임을 할 수 있을지 이야기를 나눈다.
3. 게임방법과 규칙을 정한다.
   - 출발선에서 자기가 꽂고 싶은 나라 국기를 하나 들고 준비한다.
   - 신호에 맞추어 달려간다. 이때 네모 모양이 있는 곳에서는 앙감질을 두 번 한다.
   - 상자가 있는 곳까지 가서 국기를 꽂고 돌아온다(돌아올 때는 앙감질을 하지 않을 수도 있다).
   - 돌아와서 선생님과 악수한다.
4. 양편의 수를 확인하고 양편의 처음 유아부터 게임을 한 후 평가하고 다음 유아들이 한다.

평　　가 : • 앵금질을 했는지, 국기는 바르게 꽂았는지 평가한다.
- 국기를 바르게 꽂고 먼저 돌아온 편에게 평가자료를 1개씩 붙인다(어느 나라 국기를 꽂고 왔는지 이야기해 볼 수도 있다).
- 게임이 모두 끝난 후에 태도와 규칙에 대해서도 이야기하고 태극기의 수를 세어 비교한다.

확장활동 : 게임이 끝난 후 국기들은 쌓기놀이영역의 소품으로 활용한다.
실외에서 자전거를 타고 가서 국기를 꽂고 돌아오는 게임으로 변형하여 할 수 있다.

## 2. 전통놀이 그림을 이용한 윷놀이

**• 생활주제 •**
우리나라와 다른 나라

목　　표 : 전통놀이에 관심을 가진다.
수를 세어 많고 적음을 안다.

준 비 물 : 윷, 전통놀이 그림이 그려진 우레탄 블록 20개, 작은 돗자리

사전준비 :
- 윷가락을 양편에 2개씩 준비한다.
- 전통놀이를 하는 사진이나 전통놀이 그림을 우레탄 블록에 붙인다(윷놀이, 사방치기, 비석치기, 줄다리기, 산가지 놀이, 투호놀이, 공기놀이, 땅따먹기, 딱지치기 등).
- 게임할 장소에 윷을 던질 곳에 작은 돗자리를 깔거나 마스킹테이프로 표시해 둔다.

게임방법 : 2개의 윷가락을 던져서 더 많은 수가 나온 편이 전통놀이 블록을 쌓는 놀이이다.

활동방법 :
1. 양편으로 나누어 앉아서 윷을 보면서 무엇인지, 윷놀이를 해 본 경험이 있는지 이야기나눈다.
2. 오늘은 윷 2개로 윷놀이를 할 것임을 이야기하고 윷을 던져서 나오는 경우의 그림을 보고 수 세는 방법을 이야기한다(윷이

하나 뒤집어 지면 1, 윷이 두 개 뒤집어지면 2, 윷이 두 개 다 엎어지면 3).

3. 게임방법과 규칙을 정한다.
   - 양편에서 1명씩 나와서 돗자리에 윷을 던진다.
   - 윷이 던져진 모양을 보고 정한 수세는 방법에 따라 어느 편이 더 큰 수가 나왔는지 알아보고 더 큰 수가 나온 편에서 전통놀이 블록을 하나 가져가 쌓는다.
   - 같은 수가 나오면 양편 다 블록을 쌓지 않고 남은 블록이 없으면 상대편의 것을 가져가는 것으로 할 수 있다.
4. 양편에서 1명씩 나와서 윷을 던지고 수를 세는 것은 모두 함께 확인한다.

평　　가 : • 규칙을 잘 지켰는지 평가한다.
• 어느 편의 블록이 더 많이 쌓였는지 세어 본다.

확장활동 : 게임이 끝난 후 블록과 윷을 내어 주어 놀이시간에 해 볼 수 있도록 한다.

유 의 점 : 블록의 수를 넉넉히 준비한다.

## 3. 명절 음식 차리기

● 생활주제 ●
우리나라와 다른 나라

목 표 : 우리나라의 명절을 알아본다.
신체 각 부분에 관심을 가지고 움직여 본다.

준 비 물 : 명절 음식 사진자료, 소쿠리 작은 것 2개, 낮은 책상 2개, 평가자료(시루떡 그림), 융판, 바구니 2개, 명절 음식을 먹는 사진자료

사전준비 :
- 인터넷이나 잡지 등에서 명절 음식 사진을 모아 코팅하고 종이 접시(폐품활용)에 붙여 명절 음식 자료를 만든다.
- 시루떡 그림을 코팅하여 뒷면에 찍찍이(까슬이)를 붙인다.
- 목적물 지점에 낮은 책상을 놓아둔다.

게임방법 : 명절 음식을 소쿠리에 담아 머리에 이고 옮겨서 음식상 위에 놓고 돌아오는 게임이다.

활동방법 :
1. 양편으로 나누어 앉아서 사진자료를 보면서 어떤 모습인지, 무슨 날인지, 사람들이 먹는 음식은 무엇인지 이야기를 나눈다.
2. 명절 음식에는 무엇이 있는지 생각나는 대로 이야기하고 자료를 보면서 무엇인지 알아본다.
3. 게임방법과 규칙을 정한다.
   - 음식을 옮기는 방법에 대해 이야기한다(소쿠리에 담아 머리에 이고 간다).
   - 1명씩 나와서 음식을 소쿠리에 담아 머리에 이고 출발선에서 준비한다.
   - 출발 신호에 맞추어 가서 음식을 쏟아지지 않도록 옮겨서 상 위에 내려놓고 돌아온다.
   - 돌아와서 소쿠리를 내려놓고 선생님과 악수한다.
4. 양편에서 1명씩 나와서 게임을 시작한다.
5. 평가 후 다음 사람들이 하고 모두 끝나면 게임을 한 태도와 정한 규칙을 잘 지켰는지에 대해서도 이야기한다.

평 가 :
- 규칙을 잘 지켰는지 평가한다.
- 규칙을 잘 지키고 먼저 돌아온 편에 시루떡을 하나씩 붙인다.

확장활동 : 음식을 옮기는 방법이나 도구는 유아들의 발달수준을 고려하고 구하기 쉬운 도구를 사용하여 변형할 수 있다.

유 의 점 : 음식의 종류와 사진은 시각적으로 정확히 구분될 수 있는 것으로 한다.

## 4. 탈 쓰고 한삼끼고 북치고 돌아오기

• 생활주제 •
우리나라와 다른 나라

목 표 : 전통문화와 관련된 경험을 통하여 친밀감을 느낀다.
우리나라의 전통예술을 접한다.

준 비 물 : 탈 4개, 한삼 4짝, 동그란 우레탄 블록 4개, 북(전통악기) 2개, 탈춤 사진자료, 평가자료(태극 무늬 그림), 융판

사전준비 : • 조형활동으로 탈 찍기(고무판화)를 하여 코팅하고 눈을 뚫고 고무줄을 끼워 유아들이 얼굴에 쓸 수 있게 만든다.
• 태극그림을 코팅하여 뒷면에 찍찍이(까슬이)를 붙인다.
• 목적물 지점에 북과 북채를 놓아둔다.

게임방법 : 탈을 얼굴에 쓰고 손에 한삼을 끼고 우레탄 블록을 뛰어넘어 가서 북을 치고 돌아오는 게임이다.

활동방법 : 1. 탈춤을 추는 것을 본 적이 있는지, 어떻게 추는 춤인지 이야기하고 몸으로 나타내 본다.
2. 준비된 자료들을 살펴보면서 무엇인지 이름을 이야기하고 이런 물건들을 가지고 어떤 게임을 할 수 있을지 이야기를 나눈다.
3. 게임방법과 규칙을 정한다.
• 출발선에서 탈을 쓰고 한삼을 끼고 준비한다.
• 신호악기소리에 맞추어 가되, 블록이 있는 곳에서는 팔을 벌리고 두발을 모아 한 번 높이 뛴다.
• 북채로 북을 한 번 치고 북채는 제자리에 내려놓는다.
• 돌아와서 탈과 한삼을 벗어 내려놓고 선생님과 악수한다.
4. 양편에서 1명씩 나와서 게임을 시작한다.
5. 평가 후 다음 사람들이 하고 모두 끝나면 게임을 한 태도와 정한 규칙을 잘 지켰는지에 대해서도 이야기한다.

평 가 : • 규칙을 잘 지켰는지(블록 위에서 높이 뛰었는지, 북채와 탈, 한삼을 바르게 놓았는지) 평가한다.
• 규칙을 잘 지키고 먼저 돌아온 편에 태극무늬를 한 장씩 붙인다.

• 게임을 해 보니 어떤 점이 재미있었는지 어려운 점은 무엇이었는지 이야기해 본다.

확장활동 : 게임이 끝난 후 사용한 자료들을 음률영역에 내어 주어 유아들이 자발적으로 사용해 볼 수 있도록 한다.

유 의 점 : 여분의 탈과 한삼을 준비한다.
유아들의 발달수준을 고려하여 게임방법을 정한다.

## 1. 확대경으로 본 그림 찾기

• 생활주제 •
도구와 기계

목　　표 : 간단한 도구를 사용해 본다.
주변에 있는 사물의 형태에 관심을 가지고 접해 본다.

준 비 물 : 여러 가지 사물 큰 그림과 작은 그림(가위, 풀, 색연필, 블록, 컵, 포크 등) 융판자료, 확대경 실물자료, 융판 2개, 평가자료(숫자 점수판)

사전준비 :
- 유치원 안에서 유아들이 사용하는 여러 가지 사물을 큰 그림과 작은 그림으로 그려 코팅하고 뒷면에 찍찍이(까슬이)를 붙인다.
- 2개의 융판에 큰 그림과 작은 그림을 나누어 붙인다.
- 큰 그림이 있는 융판은 목적물 지점에 놓고 작은 그림이 있는 융판은 출발선에 둔다.

게임방법 : 작은 그림을 확대한 모양을 찾아오는 게임이다.

활동방법 :
1. 양편으로 나누어 앉아서 확대경을 보고 무엇에 쓰는 물건인지 이야기하고 실제로 어떻게 사용하는지 시범을 보인다.
2. 오늘은 확대경으로 본 큰 물건을 찾아오는 게임을 할 것임을 이야기하고 준비된 자료로 어떤 게임을 할 수 있는지 생각해 본다.
3. 게임방법과 규칙을 정한다.
   - 양편에서 1명씩 나와서 작은 그림을 한 장씩 들고 준비한다.
   - 출발신호에 맞추어 출발하여 가져간 작은 그림과 같은 확대한 큰 그림을 찾아 가지고 온다.
   - 돌아와서 선생님께 그림을 드린다.
4. 양편에서 1명씩 나와서 게임을 시작한다.
5. 평가 후 다음 사람들이 하고 모두 끝나면 게임을 한 태도와 정한 규칙을 잘 지켰는지에 대해서도 이야기한다.

평　　가 :
- 맞는 그림을 잘 찾아왔는지 확인한다.
- 규칙을 잘 지키고 먼저 돌아온 편의 점수를 한 장씩 넘긴다.

확장활동 : 게임을 하기 전, 후에 여러 가지 확대경을 탐색할 수 있도록 한다.

## 2. 청소하기

● 생활주제 ●
도구와 기계

목 표 : 간단한 도구를 사용해 본다.
주변을 깨끗이 한다.

준 비 물 : 종이조각, 나뭇잎 등 마른 쓰레기, 빗자루와 쓰레받기 각 2개씩, 비닐 장판, 쓰레기통 2개, 평가자료(웃는 얼굴 그림표시), 융판, 부분보고 전체 맞추기 그림자료(빗자루)

사전준비 :
- 광고종이를 작게 잘라 구기고 떨어진 나뭇잎을 주워 빗자루로 쓸어 담을 수 있는 자료를 준비한다.
- 목적물 지점에 비닐 장판을 깔고 쓰레기를 쏟아 놓는다. 장판 옆에 쓰레기통을 둔다.

게임방법 : 빗자루로 쓰레기를 쓸고 쓰레받기에 담아서 버리고 돌아오는 게임이다.

활동방법 :
1. 양편으로 나누어 앉아서 부분 보고 전체 맞추기 자료를 보면서 어떤 그림인지 맞추어 본다.
2. 빗자루는 무엇을 할 때 사용하는 물건인지, 청소를 잘 하려면 또 무엇이 있어야 하는지 이야기하고 사용방법 시범을 보인다.
3. 게임방법과 규칙을 정한다.
   - 양편에서 1명씩 나와서 출발신호에 맞추어 달려가서 빗자루와 쓰레받기로 쓰레기를 1개씩 치우고 돌아온다.
   - 빗자루와 쓰레받기는 제자리에 놓고 돌아온다.
   - 돌아와서 선생님과 악수한다.
4. 빗자루와 쓰레받기를 정한 장소에 놓는다.
5. 양편에서 1명씩 나와서 게임을 시작한다.
6. 평가 후 다음 사람들이 하고 모두 끝나면 게임을 한 태도와 정한 규칙을 잘 지켰는지에 대해서도 이야기한다.

평 가 :
- 빗자루와 쓰레받기를 사용하여 쓰레기를 잘 버리고 왔는지 평가한다.
- 사용한 빗자루와 쓰레받기는 제자리에 바르게 놓고 왔는지 평

가한다.

- 규칙을 잘 지키고 먼저 돌아온 편에 웃는 얼굴 그림을 1개씩 붙인다.

확장활동 : 정리정돈 시간에 청소도구(빗자루와 쓰레받기, 소형 청소기 등)를 사용해 볼 수 있게 한다.

## 3. 쇼핑카트에 물건 담아 옮기기

● 생활주제 ●
도구와 기계

목　　표 : 놀잇감, 도구, 시설의 안전한 사용법을 알아본다.
공동으로 사용하는 물건을 알고 소중히 다룬다.

준 비 물 : 소꿉놀이용 쇼핑카트, 소꿉놀이 과일과 야채 소품, 큰 바구니 2개, 낮은 책상 2개, 평가자료(슈퍼마켓 영수증), 융판

사전준비 : • 슈퍼마켓 영수증을 코팅하여 뒷면에 찍찍이(까슬이)를 붙인다.
• 목적물 지점에 큰 바구니를 놓고 중간지점에 낮은 책상을 둔다.

게임방법 : 쇼핑카트를 밀고 가서 야채나 과일을 1개 담아 큰 바구니로 옮기는 게임이다.

활동방법 : 1. 양편으로 나누어 앉아서 쇼핑카트를 보면서 용도와 사용방법, 실제 슈퍼마켓에서 사용할 때 주의할 점 등에 대해 간단히 이야기를 나눈다.
2. 오늘은 슈퍼마켓에서 쇼핑카트로 물건을 옮기는 게임을 할 것임을 이야기하고 준비된 자료로 어떤 게임을 할 수 있는지 생각하여 이야기해 본다.
3. 게임방법과 규칙을 정한다.
   • 양편에서 1명씩 나와서 출발신호에 맞추어 쇼핑카트를 밀고 간다.
   • 물건이 놓여진 곳에서 1개를 담아서 간다.
   • 큰 바구니까지 가서 물건을 꺼내어 담아 놓고 쇼핑카트만 밀고 돌아온다.
   • 돌아와서 쇼핑카트를 바르게 놓고 선생님과 악수한다.
4. 유아들과 정한 방법에 따라 필요한 준비물을 적당한 위치에 놓는다.
5. 양편에서 1명씩 나와서 게임을 시작한다.
6. 평가 후 다음 사람들이 하고 모두 끝나면 게임을 한 태도와 정한 규칙을 잘 지켰는지에 대해서도 이야기한다.

평　　가 : • 쇼핑카트를 위험하지 않게 잘 밀고 갔는지 평가한다.

• 사용한 쇼핑카트는 제자리에 바르게 놓았는지 평가한다.

• 규칙을 잘 지키고 먼저 돌아온 편에 영수증을 한 장씩 붙인다.

확장활동 : 슈퍼마켓 견학을 통하여 실제로 사람들이 쇼핑카트를 어떻게 사용하는지 위험한 일은 없었는지 관찰할 수 있다.

## 게임활동 계획안 작성 연습 (1)

다음에 제시된 생활주제, 준비물, 그리고 게임방법을 참고로 활동목표를 선정하고 목표에 따른 활동계획안을 작성해 봅시다.

| 생활주제 | 나와 친구 |
|---|---|
| 목표 | • 친구와 함께 놀이하는 즐거움을 느낀다.<br>• 지시내용을 이해하고 따른다. |
| 준비물 | 노래 '멈춤놀이' 녹음테이프, 녹음기, 둘이 함께 하는 동작 그림 막대자료(안아 주기, 악수하기, 손뼉 마주치기, 볼 비비기 등), 주의집중자료(필요에 따라 적절한 것을 사용) |
| 게임방법 | 2명씩 짝이 되어 노래에 맞추어 움직이다가 멈추면서 지시대로 하는 놀이이다. |
| 사전준비 (활동) | |
| 지도방법 (평가) | |
| 유의점 | |
| 확장활동 | |

※지도방법에 따라 필요한 자료를 첨가할 수 있음.

## 게임활동 계획안 작성 연습 (2)

다음에 제시된 생활주제, 준비물, 그리고 게임방법을 참고로 활동목표를 선정하고 목표에 따른 활동계획안을 작성해 봅시다.

| 생활주제 | 우리나라와 다른 나라 |
|---|---|
| 목표 | |
| 준비물 | 기와 모양 종이(뒷 면에 까슬이 부착), 부직포로 만든 기와집(지붕에 기와를 얹지 않은 상태로 만든다), 융판, 기와 담을 상자, 가마니 조각(가마니 모양 부직포 자료) 6장, 신호악기, 평가자료와 주의집중 자료(지도방법에 따라 적절한 것을 사용). |
| 게임방법 | 바닥에 놓여진 가마니를 밟고 가서 기와를 한 장씩 붙여서 집을 완성하는 게임이다. |
| 사전준비<br>(활동) | |
| 지도방법<br>(평가) | |
| 유의점 | |
| 확장활동 | |

※목표와 지도방법에 따라 필요한 자료를 첨가하거나 게임방법을 변형할 수 있음.

# 제12장
# 5세 게임활동

# 제12장 5세 게임활동

♣나와 유치원
1. 이름 부르기 353
2. 한 발, 두 발로 뛰기 354
3. 가위 · 바위 · 보 게임 356
4. 깨끔 뛰기 358
5. 멍석말기 360

♣가족과 이웃
1. 노래 부르며 가족 찾기 362
2. 함께 그림 맞추기 363
3. 편지 배달하기 365
4. 함께 집 짓고 허물기 367

♣계절(봄)
1. 씨 뿌리기고 거두기 369
2. 나무 심기 371
3. 개구리 되어 징검다리 건너가기 373

♣계절(여름)
1. 낚시 게임 375
2. 부채질 해 주기 377
3. 시냇물 건너기 379

♣계절(가을)
1. 추수하기 381
2. 호박 따기 383
3. 감과 밤 줍기 385
4. 수만큼 빨리 집어 오기 387

♣계절(겨울)
1. 풍선으로 하는 눈싸움 389
2. 둘이 더해서 정한 수 만들기 391
3. 여름과 겨울 그림판 뒤집기 393
4. 친구 이름 쓰기 395

♣동물
1. 오리 가족처럼 걸어서 물고기 잡아오기 397
2. 포수놀이 399
3. 개미 먹이 나르기 401
4. 닭싸움 403

♣지구와 환경
1. 재활용품 분류하기 404
2. 바닷가의 쓰레기 치우기 406
3. 산을 깨끗하게 하고 나무 심기 408

♣우리나라와 다른 나라
1. 신문지 가마 타기 410
2. 달력 윷놀이 412
3. 까막 잡기 414
4. 줄다리기 줄 연결하기 416

♣도구와 기계
1. 젓가락으로 스펀지공 옮기기 418
2. 스푼 볼 420
3. 전자우편(E-mail) 보내기 422

# 제12장 5세 게임활동

5세 유아들은 게임을 하면서 승부에 대한 분명함과 적당한 경쟁, 집단구성원끼리의 일치감, 성취 가능한 도전감 등을 즐기는 경향이 있다. 이러한 경향은 자칫 일부 유아들이 소외감을 느끼게 되거나 게임이 유아들 간의 분쟁거리가 되기도 한다. 따라서 교사는 5세 유아의 특징을 고려하면서도 모든 유아가 즐겁게 참여할 수 있도록 지도하여야 한다. 5세 게임지도시 고려해야 할 점은 다음과 같다.

① 게임활동 계획은 유아들의 발달특성과 흥미, 교육목표 및 내용에 따른 게임을 선정하고 지도방안을 계획한다. 5세 유아의 게임은 주로 편대형의 릴레이 게임으로 구성되지만 난이도가 높은 원게임이나 자유대형 게임을 적절하게 안배한다. 게임방법과 내용을 구성할 때는 적당한 성취감을 느낄 수 있는 정도로 어려운 과업을 포함하는 것이 좋다.

② 게임에 필요한 공간 배치와 도구 및 자료를 고안하여 필요한 것은 제작하고 유아들이 해야 할 것은 시기와 영역에 맞게 유아들이 준비할 수 있게 한다.

③ 게임의 진행은 유아들이 교사의 지시에 따라 적절한 대형과 공간확보를 할 수 있도록 하고 필요한 도구 및 자료들도 유아들과 함께 설치하고 준비한다.

④ 교사가 교육적 효과를 고려한 방식으로 주의집중과 동기유발을 위한 활동을 하고 게임방법과 규칙은 유아들과 함께 의논하여 정한다. 교사가

계획한 방법과 다를 수 있으나 유아들이 합리적인 아이디어를 낼 수 있도록 질문한다.

⑤ 릴레이 게임으로 진행할 경우 양편의 인원 수와 게임의 규칙, 평가기준 등에 대해 정확하게 정한 후 게임을 시작한다.

⑥ 게임의 평가는 평가자료를 사용하지만 자료의 형태는 다양하게 하며, 평가는 미리 정한 평가기준에 의해 공정하게 이루어져야 한다. 교사는 적당히 양편을 배려하기보다는 정확하고 공정하게 평가하고 평가 결과에 대해 승복하고 인정할 수 있도록 지도하는 것도 중요하다.

⑦ 게임에 사용한 도구 및 자료, 앉았던 의자 등은 유아 스스로 정리정돈하도록 한다.

## 1. 이름 부르기

● 생활주제 ●
나와 유치원

목　　표 : 친구 이름을 알고 바르게 부른다.
규칙적인 박자에 맞춘다.

준 비 물 : 없음

사전준비 : • 게임할 장소에 의자를 원으로 놓는다(유아들이 앉을 자리를 마스킹테이프로 표시할 수도 있다).
• 사전에 친구와 관련 있는 활동들(친구 이름 쓰기, 친구 목걸이 만들기, 짝짓기 등)을 충분히 하여 반 친구들의 이름을 알 수 있게 한다.

게임방법 : 규칙적인 박자(4박자)에 맞추어 자신의 이름을 말하고 친구 이름을 부르는 게임이다.

활동방법 :
1. 원으로 놓여진 의자에 모여 앉거나 바닥에 앉는다.
2. 배운 노래를 부르면서 박자에 맞추어 손뼉 치기를 해 본다(무릎과 손뼉을 번갈아 치는 것으로 바꾸어 해 본다).
3. 교사가 리더가 되어 4박자를 손으로 맞춘다(무릎–손뼉–오른손–왼손).
4. 1명씩 차례로 박자에 맞추어 자기 이름을 말한다(나–는–김–철수).
5. 한 번씩 모두 자기 이름을 말한 후에 자신의 이름을 말하고 옆 사람의 이름을 불러 주는 것으로 바꾸어서 한다(나–는–김–철수, 서유–리–나와–라).
6. 익숙해지면 옆 사람이 아니라 부르고 싶은 친구 이름을 부르고 이름이 불린 사람이 이어서 하는 것으로 연속해서 해 본다.

평　　가 : 박자에 맞추어 했는지 평가한다.
친구들의 이름을 바르게 말했는지 평가한다.
다른 사람이 말하는 것을 주의 깊게 듣고 자신의 이름을 부를 때 반응했는지 평가한다.

유 의 점 : 자신감이 없거나 박자에 맞추는 것을 어려워하는 유아도 있을 수 있으므로 천천히 하고 다음 날 반복해서 해 보는 것으로 한다.

확장활동 : 게임을 해 본 후 전이활동으로 활용하여 박자에 맞추는 연습을 해 보도록 한다.

## 2. 한 발, 두 발로 뛰기

● 생활주제 ●
나와 유치원

목　　표 : 신체 각 부분을 활용하여 움직인다.
다양한 신체 움직임을 시도해 본다.

준 비 물 : 발 모양 그림, 목적물(의자, 혹은 긴 우레탄 블록), 평가자료(작은 우레탄 블록)

사전준비 :
- 발 모양 그림을 두 발과 한 발 그림으로 붙여 코팅한다.
- 게임할 장소에 발 모양 그림자료와 목적물을 아래 그림과 같이 붙여 둔다.

게임방법 : 붙여진 발 모양대로 한 발과 두 발로 뛰어 목적물을 돌아오는 게임이다.

활동방법 :
1. 양편으로 마주 보고 앉는다.
2. 노래 '머리, 어깨, 무릎, 발' 을 부르며 손으로 각 부분을 짚어 본다.
3. 준비된 게임자료를 보면서 어떤 게임을 할 수 있을지 이야기를 나눈다.
   - 무엇이 보이니?
   - 어떤 방법으로 게임을 할 수 있을까?
   - 발 모양 그림에서는 어떤 방법으로 지나가기로 할까?

4. 게임방법과 규칙에 대해 정리하여 이야기한다.
   - 출발선에 서서 출발 신호에 맞추어 간다.
   - 그림이 있는 곳을 지나갈 때는 정한 약속에 따라 한 발, 두 발로 뛴다.
   - 목적물을 지나서 돌아온다. 돌아올 때도 그림이 있는 곳에서는 한 발, 두 발로 뛰어온다.
   - 다음 사람과 악수한다.
   - 마지막 사람은 선생님과 악수한다.
5. 양편에서 1명씩 나와서 시범을 보인다.
6. 양편의 처음 사람부터 시작하고 다음 사람은 출발선에서 미리 준비하여 연속될 수 있게 한다.

평　가 : 발 모양대로 뛰었는지 평가한다.
목적물을 돌아서 왔는지 평가한다.
규칙을 확인하면서 작은 블록을 쌓아서 표시한다.
어느 편의 블록이 더 많이 쌓였는지 세어 본다.

유 의 점 : 유아들의 신체발달수준에 따라 발 모양 그림의 수를 조절한다.

확장활동 : 게임을 해 본 후 한 발, 두 발로 뛰는 활동을 해 볼 수 있도록 교실 바닥에 그림을 붙여 둔다.

## 3. 가위 · 바위 · 보 게임

• 생활주제 •
나와 유치원

목　표 : 지시내용을 듣고 이해하여 수행한다.
여럿이 함께 하는 활동에 즐겁게 참여한다.

준 비 물 : 녹음기, 노래 '가위 · 바위 · 보' 녹음자료

사전준비 : 노래 '가위 · 바위 · 보'를 녹음하여 놀이시간에 함께 듣고 익힌다.

게임방법 : 노래에 맞추어 가위 · 바위 · 보를 하여 친구를 데려오는 게임이다.

활동방법 : 1. 양편으로 마주 보고 앉는다.
2. 노래 '가위 · 바위 · 보'를 부르며 손으로 동작을 해 본다.
3. 노래에 맞추어 어떻게 게임을 할 수 있을지 생각하여 이야기를 나눈다.
- 노랫말에 어떤 말들이 나왔지?
- 어떤 방법으로 노래에 맞추어 게임을 할 수 있을까?
- 어디서 만나서 가위 · 바위 · 보를 할까?

4. 게임방법과 규칙에 대해 정리하여 이야기한다.
- 마주 보는 사람끼리 짝이 되어 게임을 하기로 한다.
- 다 함께 노래를 부르고 게임을 하는 사람들은 노래에 맞추어 동작을 한다.
- 가위 · 바위 · 보를 하여 이긴 사람은 진 사람을 자기 편으로 데리고 간다.

5. 양편의 수를 확인하고 양편에서 1명씩 나와서 시범을 보인다.
6. 양편의 처음 사람부터 시작한다.

평　가 : 양편이 몇 명의 친구를 데려왔는지 세어 보고 어느 편이 친구를 더 많이 데려왔는지 비교한다.
가위 · 바위 · 보는 정정당당하게 했는지 평가한다.

확장활동 : 자유대형으로 서서 노랫말에 맞추어 움직이는 활동으로 해 볼 수도 있다.

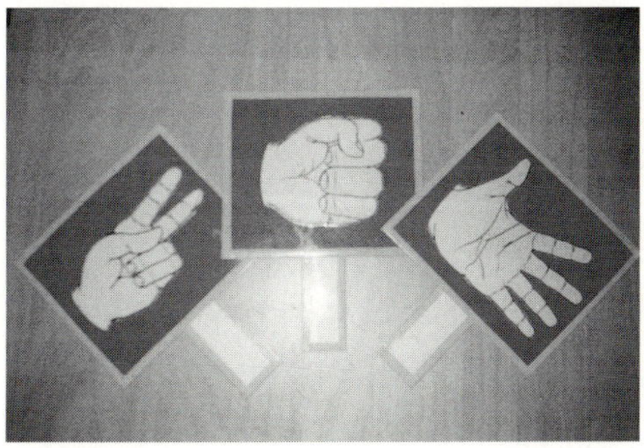

가위, 바위, 보

## 4. 깨끔 뛰기

• 생활주제 •
나와 유치원

목　　표 : 신체 균형을 잡는 활동을 능숙하게 한다.
　　　　　다양한 신체 움직임을 탐색하고 즐긴다.

준 비 물 : 발바닥 그림 6장, 반환점 용 깃발, 평가자료(숫자)

사전준비 :
- 발바닥 모양을 오려 코팅한다.
- 출발선 맞은편에 깃발을 세우고 출발선과 깃발 사이에 발바닥을 3개씩 붙인다.

게임방법 : 출발선에서 뛰어 가서 깨끔 뛰기를 하고 돌아오는 게임이다.

활동방법 :
1. 양편으로 마주보고 앉는다.
2. 바닥에 있는 발 그림을 보면서 어떻게 지나갈 수 있는지 이야기해 본다.
3. 한 발로 뛰는 방법을 이야기하고 몇 사람이 나와서 시범을 보인다.
4. 게임방법과 규칙에 대해 이야기한다.
    - 처음 사람은 출발선에서 출발신호에 맞추어 시작한다.
    - 달려가다가 발 그림이 있는 곳에서는 깨끔 뛰기를 한다(연속해서 세 번 뛴다).

• 깃발을 돌아서 다시 같은 방법으로 온다.
• 돌아와서 다음 사람과 악수하여 연속될 수 있게 한다.
• 마지막 사람은 선생님과 악수하여 끝났음을 표시한다.

5. 양편에서 1명씩 나와서 시범을 보인다.
6. 처음 사람부터 시작하고 모두 끝나면 평가한 후 다시 한 번 해 본다.

평　가 : 깨끔 뛰기를 했는지 평가한다.
어느 편이 먼저 끝났는지 평가한다.
정한 약속과 게임 시의 태도에 대해서도 이야기한다.
각각의 규칙에 대해 평가하면서 평가자료으로 표시하고 어느 편의 수가 더 큰 수인지 이야기한다.

유 의 점 : 유아들의 발달수준에 따라 발 그림의 수와 간격을 조절한다.

## 5. 멍석말기

• 생활주제 •
나와 유치원

목　　표 : 공간을 이동하면서 제시된 조건에 따라 몸을 다양하게 움직인다.
서로 협력하여 하는 활동에 즐겁게 참여한다.

준 비 물 : 편을 표시할 수 있는 색깔 머리띠, 손 잡고 있는 막대인형

사전준비 : • 여러 명이 손을 잡고 연결되어 있는 막대인형을 만든다.
• 부직포를 이용하여 색깔 머리띠를 만든다.

게임방법 : 여러 사람이 손을 잡고 감기와 풀기를 하는 게임이다.

활동방법 : 1. 양편으로 마주보고 앉는다.
2. 막대인형을 이용하여 게임방법을 이야기한다.
• 같은 편끼리 손을 잡고 옆으로 나란히 선다.
• 신호에 맞추어 한쪽 끝 사람부터 다른 쪽으로 빙빙 돌아 안으로 들어간다.
• 마지막 사람까지 다 감았으면 다시 풀어서 처음처럼 나란히 선다.
• 감을 때는 다 함께 "감자, 감자"라고 말하고 풀 때는 "풀자, 풀자" 하고 말하며 시작지점에 있는 사람이 리더가 되어 "감기 끝" 하고 말한다.
• 먼저 감고 다시 푼 편이 이기는 게임이다.
3. 머리띠를 선택하여 리더가 된 사람이 머리띠를 하고 편을 표시한다.
4. 마주 보고 서서 신호에 맞추어 시작한다.
5. 한 번 해 보고 평가 후 다시 해 본다.

평　　가 : 어느 편이 먼저 끝났는지 평가한다.
감고 풀면서 손을 놓치지 않았는지 평가한다.
어려운 점이 무엇이었는지 더 잘 할 수 있으려면 어떻게 해야 할지 이야기해 본다.

유 의 점 : 감고 푸는 속도를 너무 빨리하면 위험할 수 있으므로 주의한다.

확장활동 : 인형은 조형영역에서 만들어 볼 수 있게 한다.

## 1. 노래 부르며 가족 찾기

• 생활주제 •
가족과 이웃

목　　표 : 여러 감각 기관을 협응하여 활동한다.
다양한 가족이 있음을 이해한다.

준 비 물 : 배운 노래 제목 카드, 가족을 주제로 한 명화자료

사전준비 : • 가족을 주제로 그린 명화를 이야기 자료로 준비한다.
• 유치원에서 배운 노래들을 제목만 써서 카드로 만든다.

게임방법 : 모든 사람이 동시에 노래를 부르면서 자기와 같은 노래를 하고 있는 사람들을 찾는 놀이이다.

활동방법 : 1. 반원으로 모여 앉는다.
2. 명화를 보면서 어떤 그림인지, 누구의 모습인 것 같은지, 가족이라면 이 가족은 어떤 가족인지 이야기해 본다.
3. "노래 부르는 가족" 게임을 할 것임을 이야기하고 교사와 게임 방법을 이야기한다.
• 2명씩 손을 잡고 나와서 노래카드를 선택한다.
• 모두 노래를 선택하면 신호악기소리에 맞추어 동시에 노래를 부른다.
• 2명씩 손을 잡고 다니면서 같은 노래를 하고 있는 사람들을 찾아 손을 잡는다.
• 4명이 짝이 되었으면 자리에 앉아서 기다린다.
4. 게임을 잘 하기 위해 필요한 규칙이 무엇인지 생각하여 이야기해 본다.
• 너무 큰 소리로 노래하지 않는다.
• 가족을 찾은 사람들은 다른 사람에게 방해가 되지 않도록 조용히 기다린다.
5. 게임을 해 보고 평가 후 다시 해 본다.

평　　가 : 가족을 잘 찾았는지, 어떤 노래를 했는지 함께 불러 본다.
어느 가족이 가장 빨리 찾았는지 평가한다.
가족을 빨리 찾으려면 어떻게 해야 하는지 이야기한다.

유 의 점 : 전체 유아의 수에 따라 노래의 수와 가족의 수를 조절한다.

## 2. 함께 그림 맞추기

> • 생활주제 •
> 가족과 이웃

목　　표 : 주변의 여러 기관과 다양한 직업에 대해 안다.
여럿이 함께 하는 일에 적극적으로 참여한다.

준 비 물 : 상자로 만든 퍼즐(우체국, 은행, 슈퍼마켓, 유치원, 학교 등), 마스킹 테이프, 여러 기관을 나타내는 상징 그림자료, 큰 바구니(상자 퍼즐 담을 것)

사전준비 :
- 여러 기관을 나타내는 상징 그림자료(경찰서, 소방서, 우체국, 목욕탕, 미용실 등)를 만든다.
- 같은 크기의 상자(빙수 포장상자, 케익 상자 등)를 이용하여 주변 기관을 나타내는 그림 맞추기를 만든다(우체국, 은행, 슈퍼마켓, 유치원, 학교 등)
- 마스킹테이프로 그림 맞추기를 할 장소를 표시해 둔다.

게임방법 : 5명이 함께 블록을 쌓아서 그림을 맞추는 게임이다.

활동방법 :
1. 반원으로 모여 앉는다.
2. 그림 자료를 보면서 이런 표시를 본 적이 있는지, 어디서 보았는지, 무엇을 나타내는 표시인지 이야기해 본다.
3. 상자 그림 맞추기를 보면서 어떤 곳의 모습인지 이야기하고

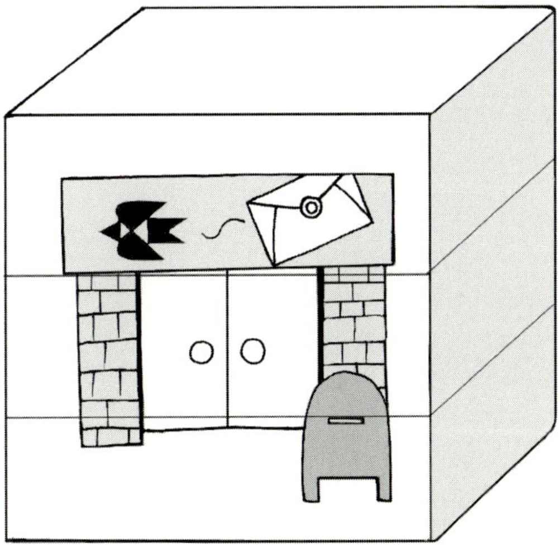

함께 맞추어 보는 게임을 할 것임을 이야기한다.

- 5명이 한 팀이 된다(어떤 방법으로 5명씩 짝이 될지 생각하여 정한다).
- 상자를 큰 바구니에 담아 준비하고 신호악기소리에 맞추어 함께 그림을 맞춘다.
- 그림을 다 맞추어 완성한 팀은 앉아서 끝났음을 표시한다.

4. 상자 퍼즐을 바구니에 담아 표시된 곳에 가져다 놓는다.
5. 게임을 해 보고 평가 후 다시 해 본다.

평　　가 : 어느 팀이 가장 먼저 완성했는지 평가한다.
모두 함께 도와서 했는지 평가한다.

유 의 점 : 두 번째 할 때는 그림을 바꾸어서 해 본다.
상자 퍼즐의 그림은 유아들의 수준에 따라 난이도를 조절한다.

확장활동 : 생활주제에 따라 다른 그림으로 바꾸어서 할 수 있다.
퍼즐은 큰 평면 퍼즐로 해도 좋다.

## 3. 편지 배달하기

● 생활주제 ●
가족과 이웃

목　　표 : 일상생활에서 사용되는 수에 관심을 가진다.
여러 가지 사회현상과 사람들에 대해 관심을 가진다.

준 비 물 : 아파트 편지함 모양의 판 2개, 유아들이 만든 편지, 가방 2개, 평가자료(숫자), 실물 편지

사전준비 :
- 조형활동으로 그림 편지를 만들어 숫자가 표시된 봉투에 넣고 그림 우표를 붙인다.
- 하드보드지와 우유팩으로 그림과 같은 편지함을 만들고, 각 편지함에는 편지 봉투에 표시된 숫자를 써 놓는다.
- 부직포로 우체부 가방을 만들어 편지를 모아 담는다.

게임방법 : 편지 봉투에 있는 숫자와 편지함의 숫자를 맞추어 편지를 배달하는 게임이다.

활동방법 :
1. 양편으로 나누어 앉는다.
2. 실물 편지를 보면서 편지를 배달하기 위해서는 무엇을 보고 배달하는지 이야기해 본다(주소, 우편번호).
3. 만든 편지와 편지함을 보면서 어떻게 편지를 배달할 수 있는지, 어떤 방법으로 게임을 할 수 있는지 이야기해 본다.
4. 게임방법과 규칙을 정한다.
   - 출발선에서 가방을 매고 준비한다.
   - 신호악기소리에 맞추어 가서 편지를 1통 배달하고 돌아온다. 편지 배달은 봉투에 있는 숫자를 보고 같은 숫자가 있는 편지함에 넣는다.
   - 다음 사람에게 가방을 전한다. 가방을 전해받은 사람은 연속해서 게임을 한다.
5. 양편의 처음 사람부터 게임을 하고 평가한다.

평　　가 : 어느 편이 먼저 끝났는지 평가한다.
편지는 모두 맞게 배달했는지 확인한다.
정한 규칙을 확인하면서 점수로 표시한다.

평가자료의 숫자를 비교하여 어느 편의 수가 큰 수인지 알아본다.

확장활동 : 가방과 편지함은 유아들과 함께 꾸며 활용할 수 있다.

편지함과 봉투의 수를 그림으로 바꾸어 해도 좋다.

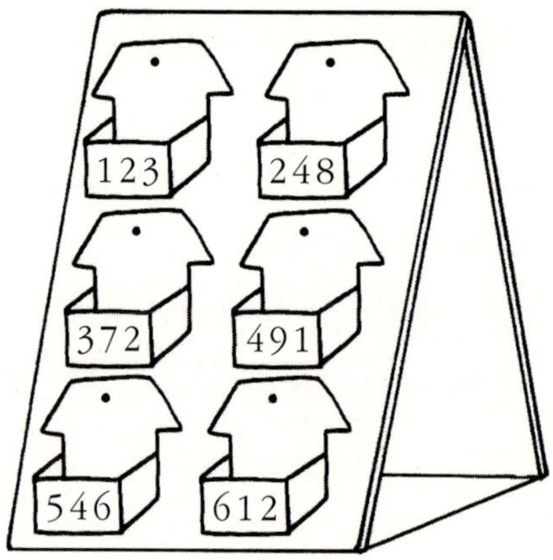


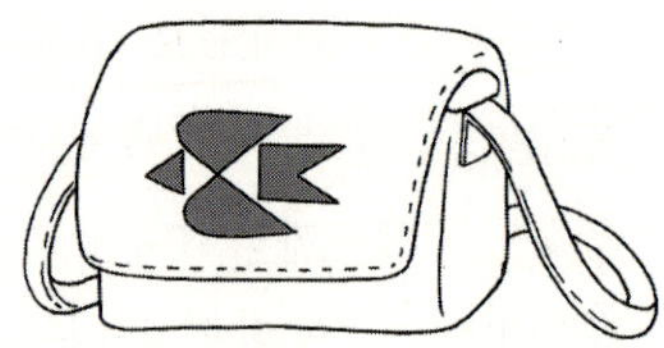

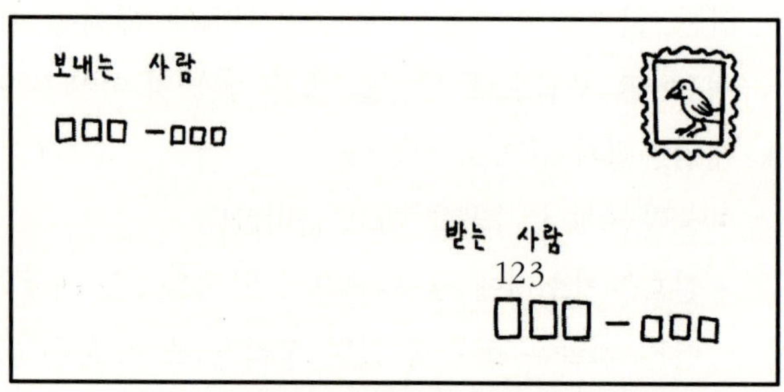

## 4. 함께 집 짓고 허물기

● 생활주제 ●
가족과 이웃

목　　표 : 다양한 가옥의 형태에 대해 안다.
여러 가지 사회현상과 사람들에 대해 관심을 가진다.

준 비 물 : 쌓기 블록, 집 짓는 공사현장 사진, 큰 바구니, 쌓기 블록 모양 융판자료, 마스킹테이프, 평가자료(벽돌 블록)

사전준비 :
- 집 짓는 공사현장의 사진을 코팅하여 이야기 자료로 만든다.
- 집을 지을 수 있는 쌓기 블록을 양편에 같은 종류로 준비하여 바구니에 담아 둔다.
- 게임할 장소의 목적물 지점에 마스킹테이프로 집 지을 곳을 표시한다.

게임방법 : 쌓기블록을 이용하여 일정한 모양의 집을 짓고 허무는 게임이다.

활동방법 :
1. 양편으로 나누어 앉는다.
2. 사진자료를 보면서 어떤 일을 하고 있는 모습인지, 어떻게 집을 짓는지 이야기해 본다.
3. 준비된 자료들을 보면서 어떻게 집을 짓는 게임을 할 수 있는지 의논한다.
4. 융판자료를 활용하여 어떤 모양의 집을 지을 것인지 결정하고 결정된 그림은 집 지을 곳에 옮겨 둔다.
5. 게임방법과 규칙을 정한다.
   - 2명씩 짝이 되어 출발선에서 준비한다.
   - 신호악기소리에 맞추어 가서 정한 모양대로 집을 짓는다.
   - 집을 다 지은 사람들은 집 뒤에 서서 기다린다.
   - 양편의 집짓기가 모두 끝나면 정한 모양대로 잘 지어졌는지 평가한 후 집을 허물어서 바구니에 담는다(집을 허물 때는 함부로 부수지 않고 블록을 하나씩 허물어서 바구니에 담는다).
6. 양편의 처음 사람들부터 게임을 하고 평가 후 다음 사람들이 한다.

평　　가 : 어느 편이 먼저 끝났는지 평가한다.

집을 정한 모양대로 잘 지었는지 평가한다.

정한 규칙을 확인하면서 벽돌 블록을 쌓아 점수를 표시한다.

평가가 모두 끝나면 어느 편의 벽돌 블록이 높게 쌓였는지 비교한다.

유 의 점 : 집의 형태는 유아들의 수준에 따라 간단한 형태나 복잡한 형태 중 어떤 것으로 할지 결정한다.

확장활동 : 여러 형태의 집 사진을 쌓기 영역에 제시하여 집짓기 놀이를 해 본다.

블록이 아닌 다양한 형태의 도형으로 된 평면 융판자료를 이용하여 게임을 할 수도 있다.

## 1. 씨 뿌리기고 거두기

• 생활주제 •
계절(봄)

목　　표 : 눈과 손의 협응이 필요한 활동을 능숙하게 한다.
식물의 성장과정을 이해한다.

준 비 물 : 팥주머니 12개(작은 것), 손잡이 달린 바구니 2개, 농부모자 2개, 마스킹테이프, 평가자료(씨앗 융판자료), 김홍도의 〈논갈이〉 사진자료

사전준비 :
- 게임할 장소의 바닥에 마스킹테이프로 그림과 같이 씨앗 뿌릴 곳을 표시한다(양편에 6개씩).
- 김홍도의 그림 중 〈논갈이〉에 한지로 겉장을 붙여 집중자료를 만든다.

게임방법 : 농부가 되어 바닥에 표시된 네모 안에 씨앗을 하나씩 뿌리고, 거두는 게임이다.

활동방법 :
1. 양편으로 마주보고 앉는다.
2. 그림자료(김홍도의 〈논갈이〉)를 보면서 어떤 그림인지, 무엇을 하고 있는지 이야기해 본다.
3. 농부가 되어 씨앗을 뿌리는 게임을 해 보기로 하고 준비된 자료를 살펴본다.
4. 게임방법과 규칙에 대해 이야기한다.
   - 모자를 쓰고 바구니를 들고 출발선에서 준비한다.
   - 처음 사람은 출발선에서 출발신호에 맞추어 시작한다.
   - 표시된 곳에 씨앗을 1개씩 뿌리면서 간다.
   - 6개를 다 뿌리고 돌아와서 다음 사람에게 바구니와 모자를 전해 준다.
   - 다음 사람은 씨앗을 거두어 바구니에 담아 돌아온다.
   - 마지막 사람은 선생님과 악수하여 끝났음을 표시한다.
5. 양편에서 2명씩 나와서 시범을 보인다.
6. 처음 사람부터 시작하고 모두 끝나면 평가한 후 다시 한 번 해 본다.

평　　가 : 씨를 정해진 곳에 정확히 뿌렸는지 평가한다.
어느 편이 먼저 끝났는지 평가한다.
정한 규칙을 한 가지씩 확인하면서 평가자료에 표시한다.
어느 편의 평가자료에 씨앗이 더 많은지 세어 본다.

확장활동 : 씨앗과 평가자료를 꽃씨와 꽃으로 바꾸어 할 수 있다.

## 2. 나무 심기

• 생활주제 •
계절(봄)

목　　표 : 식물을 가꾸고 보호하는 태도를 가진다.
주변 식물의 변화에 관심을 가진다.

준 비 물 : 하드보드지로 만든 산 2개, 나무(유아 수만큼), 바구니, 계절에 따른 산의 모습 사진자료, 평가자료(숫자), 할로우 블록 6개(나무블록)

사전준비 : • 하드보드지를 산 모양으로 자르고 부직포로 싼다. 뒷면에 깡통이나 우유팩을 붙여 세울 수 있게 만든다. 혹은 소독저를 이용하여 나무 뒷면에 붙이고 꽂을 수 있게 만든다.
• 실내 자유선택활동 시간에 부직포를 이용하여 나무를 만들고 뒷면에 찍찍이(까슬이)를 붙인다.

게임방법 : 산에 나무를 한 그루씩 붙여 푸른 산을 완성하는 게임이다.

활동방법 : 1. 양편으로 마주 보고 앉는다.
2. 사진자료를 보면서 산의 모습이 어떻게 다른지, 어떤 계절인지 이야기해 본다.
• 산의 모습이 어떠니? 나무들의 색이 어떻게 다르니? 이 산은 어떤 계절의 모습일까?

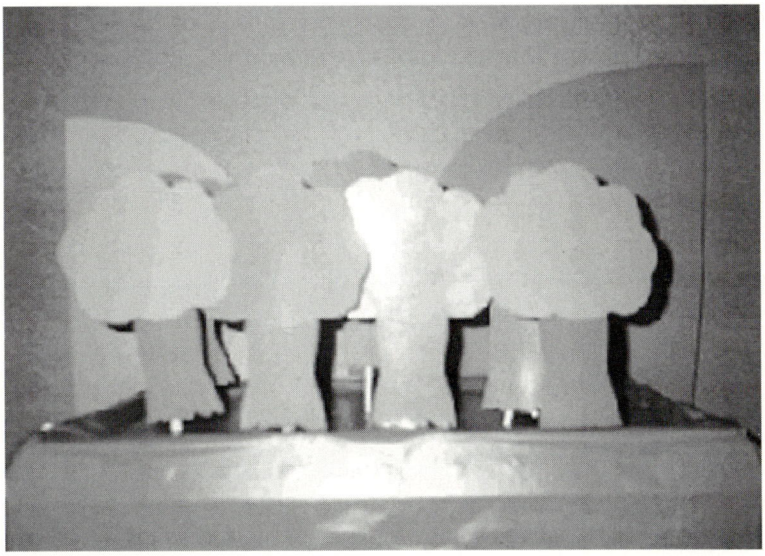

• 요즘은 무슨 계절이니? 그럼 요즘 산의 모습은 어떨까?

3. 만든 나무와 산으로 어떤 게임을 할 수 있을지 생각해 본다.
4. 게임방법과 규칙에 대해 이야기한다.
   • 나무 한 그루를 들고 출발선에 서서 준비한다.
   • 다리를 건너가서 나무를 산에 붙이고 돌아온다.
   • 돌아와서 다음 사람과 악수한다.
5. 블럭과 산의 위치를 정하고 몇 명의 유아가 놓아 준다.
6. 양편에서 1명씩 나와서 시범을 보인다.
7. 처음 사람부터 시작하고 모두 끝나면 평가한 후 다시 한 번 해 본다.

평　가 : 나무가 보기 좋게 잘 심어졌는지 평가한다.
어느 편이 먼저 끝났는지 평가한다.
정한 규칙을 한 가지씩 확인하면서 평가자료에 표시한다.
어느 편의 점수가 더 큰 수인지 알아본다.

확장활동 : 나무를 심으러 가는 길은 블록을 놓는 것 이외에 다른 것으로 변형하여 할 수 있다.

## 3. 개구리 되어 징검다리 건너가기

● 생활주제 ●
계절(봄)

목　　표 : 계절의 변화에 관심을 가지고 관찰한다.
신체 각 부분을 활용하고 움직인다.

준 비 물 : 징검다리 그림 표시 8장, 파리 그림 자료, 마스킹테이프, 평가자료 (올챙이 융판자료), 부분 보고 전체 맞추기(개구리)

사전준비 :
- 부직포로 징검다리를 만들어 게임할 장소에 그림과 같이 붙여 둔다.
- 파리 그림자료를 벽면에 붙인다(게임할 장소는 벽면이 목표 지점이 될 수 있도록 준비한다).

게임방법 : 개구리처럼 뛰어 징검다리를 건너가서 파리를 잡고 돌아오는 게임이다.

활동방법 :
1. 양편으로 마주 보고 앉는다.
2. 그림자료를 보면서 어떤 그림인지 맞추어 본다.
3. 개구리가 뛰는 모습을 나타내 보고 준비된 물건들로 어떤 게임을 할 수 있는지 생각해 본다.

4. 게임방법과 규칙에 대해 이야기한다.
   - 출발선에서 신호에 맞추어 가서 징검다리가 있는 곳에서는 개구리처럼 팔짝 뛴다.
   - 벽에 있는 파리를 손으로 쳐서 잡고 돌아온다(파리는 유아들이 높이 뛰어서 칠 수 있는 위치에 붙인다).
   - 돌아와서 다음 사람과 악수한다.
5. 양편의 처음 사람부터 시작하고 연속해서 할 수 있도록 한다.
6. 모두 끝나면 평가한다.

평　　가 : 어느 편이 먼저 끝났는지 평가한다.
정한 규칙을 잘 지켰는지, 태도는 어떠했는지 평가한다.
정한 규칙을 한 가지씩 확인하면서 평가자료에 표시한다.
어느 편의 올챙이가 더 많은지 세어 본다.

확장활동 : 파리 이외에 개구리 먹이를 그림자료로 활용할 수 있다.

## 1. 낚시 게임

● 생활주제 ●
계절(여름)

목 표 : 감각기관을 협응하여 활동한다.
자석의 성질을 이해한다.

준 비 물 : 물고기 그림자료(유아 수만큼), 자석 낚싯대 2개, 의자 2개, 큰 바구니 2개, 손잡이가 있는 바구니 2개, 유아용 비닐풀 1개, 우레탄 블럭 6개, 평가자료(플라스틱 끼우기 블록), 명화자료(김득신의 〈강가에서 고기를 낚아 나누어 먹다〉)

사전준비 :
- 유아용 비닐 풀을 목적물 지점에 둔다(비닐 풀 대신 물을 담을 수 있는 커다란 통을 사용하여도 된다).
- 자유선택활동 시간에 물고기와 물풀 등 바다 속에 사는 것들을 그려 코팅하고 클립을 끼운다.

게임방법 : 자석 낚싯대로 물고기를 낚는 게임이다.

활동방법 :
1. 양편으로 나누어 앉는다.
2. 김득신의 그림을 보면서 무엇을 하고 있는 그림인지, 낚시는 어떻게 하는 것인지 간단히 이야기해 본다.
3. 낚시하는 게임을 하기로 하고 준비된 도구들을 살펴본다.
4. 자료를 보며 게임방법과 규칙을 정한다.

- 출발선에서 바구니를 들고 신호악기소리에 맞추어 간다.
- 블록이 있는 곳에서는 징검다리를 건너듯 한 발씩 건너 간다.
- 낚싯대로 물고기를 한 마리 건진다(물고기는 바구니에 담고 낚싯대는 제자리에 놓는다).
- 바구니를 들고 와서 물고기를 큰 바구니에 옮겨 담는다.
- 바구니를 다음 사람에게 전해 준다.
- 다음 사람들은 미리 준비하여 게임이 연속될 수 있게 한다.

5. 낚싯대와 바구니 등 게임 도구를 어디에 놓고 게임을 하면 좋을지 정하여 놓고 게임을 시작한다.
6. 게임을 연속해서 하고 모두 끝나면 평가한다.

평　　가 : 물고기를 낚싯대로 잘 낚았는지 평가한다.
어느 편이 먼저 끝났는지 평가한다.
정한 규칙을 하나씩 확인하면서 블록을 1개씩 쌓아 표시한다.

확장활동 : 실외에서 물을 담아서 게임을 할 수도 있다.
명화자료는 여름과 관련된 다른 작품을 활용하여도 된다.

## 2. 부채질 해 주기

● 생활주제 ●
계절(여름)

목　표 : 친구와 함께 하는 활동에서 즐거움을 느낀다.
여름철 날씨의 특징을 알고 날씨에 따른 생활의 변화를 안다.

준 비 물 : 부채

사전준비 : • 자유선택활동 시간에 여러 가지 재료를 이용하여 부채를 만든다.

게임방법 : 2명씩 마주 보고 '가위 · 바위 · 보' 해서 진 사람이 이긴 사람에게 부채질을 해 주는 하는 게임이다.

활동방법 : 1. 각자 만든 부채를 들고 두 명씩 마주 보고 자유롭게 앉는다.
2. 부채로 서로 시원하게 해 줄 수 있는 방법에 대해 이야기하고 게임의 규칙을 정한다.
   - 배운 노래를 부르다가 신호악기소리에 맞추어 두 사람이 '가위 · 바위 · 보' 를 한다.
   - 진 사람이 이긴 사람을 위해 부채질을 해 준다(몇 번씩 할지 정한다).
3. 여러 번 반복하고 짝을 바꾸어서도 해 본다.

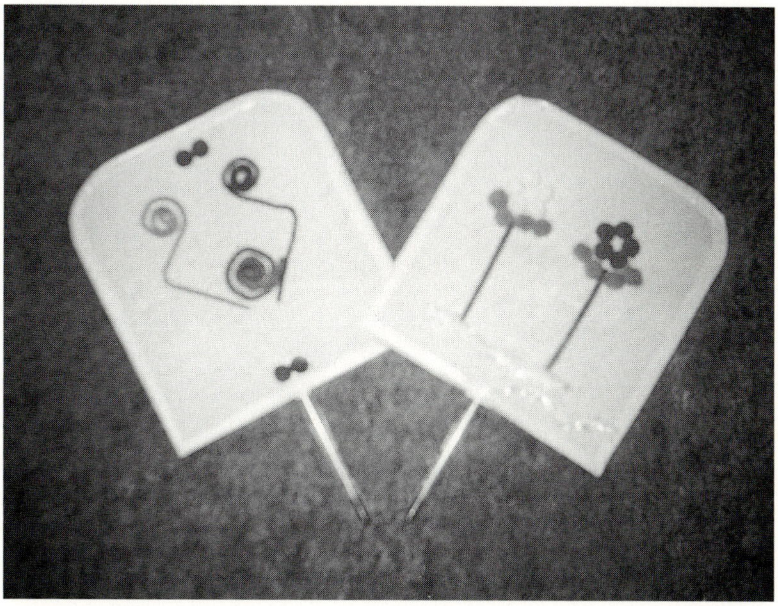

4. 게임을 반복하면서 "강한 바람으로!", "약한 바람으로!"와 같은 말을 하면서 게임을 재미있게 변형한다.

평　　가 : 친구가 부채로 시원하게 해 주니 기분이 어땠는지 이야기해 본다.
친구에게 부채질을 해 줄 때는 어떤 기분이 들었는지 이야기해 본다.

유 의 점 : 서로 도와줄 수 있다는 사실에서 즐거움을 느끼도록 한다.

확장활동 : 전이활동으로 선생님과 '가위 · 바위 · 보' 하여 부채질하기 등으로 변형할 수 있다.

## 3. 시냇물 건너기

● 생활주제 ●
계절(여름)

목　　표 : 신체 균형이 필요한 활동을 능숙하게 한다.
날씨와 계절에 따른 사람들의 생활의 변화를 안다.

준 비 물 : 마스킹테이프, 컬러시트지, 융판, 수박 그림 융판자료, 바구니 2개, 평가자료(유리컵과 색 구슬), 여름풍경 그림자료

사전준비 : • 수박이나 여름철에 먹을 수 있는 다른 과일 그림 융판자료를 유아 수만큼 만든다.
• 게임할 장소에 그림과 같이 마스킹테이프로 시냇물과 징검다리 그림을 붙인다.

게임방법 : 점점 넓어지는 시냇물을 건너 뛰어 수박을 먹고 돌아오는 게임이다.

활동방법 : 1. 양편으로 나누어 앉는다.
2. 그림을 보면서 무엇을 하고 있는 그림인지, 물가에서 놀이하는 것은 어떤 것이 있는지 간단히 이야기해 본다.
3. 바닥에 있는 그림을 보고 이 시냇물을 건너는 방법에 대해 생

각해 본다.

4. 게임방법과 규칙을 정한다.
   - 출발선에서 시작하여 달려가다 시냇물이 있는 곳에서는 표시된 징검다리 위로 뛰어 건넌다.
   - 융판이 있는 곳까지 가서 시원한 수박을 먹고(1개 떼어서 융판 아래의 바구니에 담고) 돌아온다.
   - 돌아올 때도 징검다리를 건넌다.
   - 다음 사람들은 미리 준비하여 게임이 연속될 수 있게 한다.
   - 물에 빠지면 그 자리에서 다시 시작한다.
5. 게임을 연속해서 하고 모두 끝나면 평가한다.

평 가 : 징검다리로 잘 뛰어 건넜는지 평가한다.
수박을 바구니에 1개씩 잘 담았는지 평가한다.
어느 편이 먼저 끝났는지 평가한다.
정한 규칙을 하나씩 확인하면서 색 구슬을 1개씩 담아 표시한다.
시냇물의 간격이 너무 넓어지지 않도록 한다(최소 10cm, 최대 50cm)
건너뛰는 방법은 한 발이나 두 발 모아 뛰기 중 어떤 것으로 해도 좋다.

## 1. 추수하기

생활주제
계절(가을)

목　　표 : 추수과정을 이해한다.
계절의 변화에 따른 자연의 변화에 관심을 가진다.

준 비 물 : 스타이로폼 과일 상자 2개, 벼(유아 수만큼), 밀짚모자 2개, 바구니 2개, 큰 바구니 1개, 평가자료(허수아비 세우는 자료), 명화 그림자료(김홍도의 〈벼타작〉)

사전준비 :
- 스타이로폼 과일상자를 뒤집어 벼를 꽂을 수 있도록 송곳으로 구멍을 뚫고 물감으로 색을 칠한다.
- 목적물 지점에 스타이로폼 과일상자를 놓고 출발선 옆에 밀짚모자와 바구니를 놓는다.
- 교사 앞에 큰 바구니를 놓는다.

게임방법 : 밀짚모자를 쓰고 바구니를 들고 가서 벼 한 포기를 뽑아 오는 게임이다.

활동방법 : 1. 양편으로 마주 보고 앉아서 김홍도의 그림을 보며 무엇을 하

고 있는지 간단히 이야기를 해 본다.

2. 준비물들을 보고 어떤 게임을 할 수 있을지 이야기해 본다.
3. 게임방법과 규칙을 정한다.
   - 밀짚모자를 쓰고 바구니를 들고 출발선에서 시작하여 달려가서 벼를 한 포기 뽑아 바구니에 담아 돌아온다.
   - 벼를 큰 바구니에 담고 다음 사람에게 밀짚모자와 바구니를 전해 준다.
   - 다음 사람들은 미리 준비하여 게임이 연속될 수 있게 한다.
4. 게임을 연속해서 하고 모두 끝나면 평가한다.

평 가 : 규칙을 잘 지켰는지 평가하여 허수아비를 세워 표시한다.
어느 편이 먼저 끝났는지 확인하여 허수아비로 표시한다.
양편의 허수아비의 수를 세어 비교한다.

확장활동 : 벼를 뽑으러 가는 중간에 다른 과제(예를 들면 꼬불꼬불한 길을 지나가기)를 첨가하여도 좋다.

## 2. 호박 따기

● 생활주제 ●
계절(가을)

목 표 : 계절의 변화에 따른 자연의 변화에 관심을 가진다.
전통가락을 경험한다.

준 비 물 : "호박 따기" 그림 융판자료, 융판, 녹음기, "호박 따기" 녹음테이프, 호박 가면, 마스킹테이프

사전준비 :
- 아래에 제시된 노랫말을 운율에 맞추어 읊어 녹음한다.
- 노랫말을 나타내는 그림을 그려 융판자료로 만든다.
- 조형활동으로 호박가면을 만든다(마닐라지에 호박을 그려 눈과 코를 뚫고 코팅하여 고무줄을 끼우거나 부직포를 활용하여 만든다).
- 게임할 장소에 동편과 서편으로 나누어 앉을 수 있도록 마스킹테이프로 자리를 표시해 둔다.

게임방법 : 동편과 서편으로 나누어 마주 보고 앉아서 "호박 따기" 노랫말에 맞추어 묻고 답하면서 가위 · 바위 · 보를 하여 상대편을 데리고 가는 게임이다.

활동방법 :
1. 동편과 서편으로 나누어 바닥에 앉는다.
2. "호박 따기" 녹음테이프를 듣고 어떤 말들이 나왔는지, 무슨 노래인지 이야기를 나눈다.
3. 융판자료를 보면서 노랫말을 확인하고 함께 읊어 본다.
4. 오늘은 "호박 따기" 게임을 할 것임을 이야기하고 게임 방법과 규칙을 정한다.
   - 같은 편은 서로 허리를 잡고 긴 줄을 만든다.
   - "호박 따기"를 들으며 천천히 움직이면서 서로 노랫말을 주고 받는다.
   - 마지막 구절인 "이제 따 가시오" 하면 가장 뒤에 있는 호박 가면을 쓴 사람들끼리 가위 · 바위 · 보를 한다.
   - 가위 · 바위 · 보에서 진 사람을 이긴 사람 편으로 데리고 온다.
5. 어느 편이 먼저 호박을 딸 것인지(동편과 서편을 결정) 정하고 누가 호박 가면을 쓸 것인지를 정한다.

6. 한 번 게임을 하고 평가 후 반복한다.

평　　가 : 묻고 대답하기를 적절하게 잘 했는지 평가한다.
어느 편에 사람 수가 더 많은지 세어 본다.
양편의 허수아비의 수를 세어 비교한다.

확장활동 : 다른 여러 가지의 민요에 맞추어 가위 · 바위 · 보 게임으로 변형하여 할 수 있다.

유 의 점 : 공간을 충분히 확보하고 유아의 수에 따라 편을 4개로 나누어 한다.
실외의 넓은 공간에서 할 수 있다.
사전에 자유선택활동시간에 녹음자료를 반복하여 들어 보도록 한다.

– 호박 따기 –

| 동편 | 서편 |
|---|---|
| 할멈, 할멈!<br>호박따러 왔지. | 무슨 일로 오셨소?<br>이제야 겨우 씨를 뿌렸소.<br>내일 모레 오시오. |
| 할멈, 할멈!<br>호박따러 왔지. | 무슨 일로 오셨소?<br>이제야 겨우 꽃이 피었소.<br>내일 모레 오시오. |
| 할멈, 할멈!<br>호박따러 왔지. | 무슨 일로 오셨소?<br>이제야 겨우 콩만해졌소.<br>내일 모레 오시오. |
| 할멈, 할멈!<br>호박따러 왔지. | 무슨 일로 오셨소?<br>이제야 겨우 주먹만해졌소.<br>내일 모레 오시오. |
| 할멈, 할멈!<br>호박따러 왔지. | 무슨 일로 오셨소?<br>동이만큼 켜졌오.<br>이제 따가시오. |

## 3. 감과 밤 줍기

> **● 생활주제 ●**
> 계절(가을)

목　　표 : 계절 변화에 따른 자연환경에 관심을 가진다.
주의 깊게 듣는다.

준 비 물 : 구슬(빨강, 파랑과 같이 두 가지 색), 트라이앵글, 마스킹테이프, 그림으로 읽는 이야기 자료

사전준비 :
- "밤"과 "감"이라는 말을 사용한 그림으로 읽는 이야기자료를 만든다(예, 밤나무에 밤이 주렁주렁, 감나무에도 감이 주렁주렁, 맛있는 밤은 할머니 구워드리고 말랑말랑한 감은 할아버지 드려야지).
- 구슬 끼우기 구슬 중 두 가지 다른 색의 구슬을 유아 수만큼 준비한다.
- 게임할 장소에 유아 전체가 동그랗게 앉을 수 있도록 마스킹테이프로 자리를 표시해 둔다.

게임방법 : "감"과 "밤"이라는 말소리를 잘 듣고 구분하여 줍는 게임이다.

활동방법 :
1. 표시된 원 밖으로 모여 앉는다.
2. 그림으로 읽는 이야기자료를 보면서 "감"과 "밤"을 소리내어 읽어 본다.
3. 눈을 감고 교사가 "밤"이라고 하면 한 손을 들어 표시하고 "감"이라고 하면 두 손을 들어 표시한다.
4. 구슬을 가지고 밤과 감 줍기 게임을 할 것임을 이야기하고 게임방법과 규칙에 대해 이야기한다.
   - 구슬의 색으로 감과 밤을 정한다.
   - "감"이라고 하면 감으로 정한 색의 구슬(파랑)을, "밤"이라고 하면 밤으로 정한 색의 구슬(빨강)을 빨리 줍는다.
   - 구슬을 원 안에 뿌려 놓고 원 밖에서 손을 잡고 노래를 부르며 걷는다.
   - 트라이앵글 소리가 나면 멈추어 서서 선생님이 어떤 과일을 말하는지 잘 듣고 줍는다.
5. 한 번 게임을 하고 평가 후 반복한다.

평　　가 : 선생님의 말소리를 정확히 듣고 구슬을 주웠는지 평가한다.
구슬을 줍지 못한 사람은 없는지 살펴본다.
구슬을 주울 때 위험하지 않았는지, 다시 규칙을 정해야 할 것은 없는지 평가하여 규칙을 첨가한다.

확장활동 : 다른 유사한 발음의 낱말을 이용하여 전이활동으로 해 볼 수 있다.
두 편으로 나누어 빨리 집어 오기로 변형하여 할 수 있다.

유 의 점 : 유아들의 수에 따라 원의 크기를 조절하여 다치지 않도록 조심한다.
구슬의 수를 충분히 준비한다.

## 4. 수만큼 빨리 집어 오기

> • 생활주제 •
> 계절(가을)

목 표 : 계절의 변화에 따른 주변환경의 변화에 관심을 가지고 관찰한다. 10 이내의 수를 센다.

준 비 물 : 마스킹테이프, 가을에 볼 수 있는 여러 가지 그림과 수 카드, 신호악기, 평가자료(숫자판)

사전준비 : • 가을에 볼 수 있는 여러 가지 그림(과일, 나뭇잎, 곤충 등)과 수(1부터 10까지)가 표시된 카드를 만든다.

• 양편의 중간에 마스킹테이프로 그림카드를 놓을 자리와 준비하는 자리를 표시해 둔다.

게임방법 : 지시내용을 잘 듣고 맞는 그림과 수를 찾아 빨리 집어 오는 게임이다.

활동방법 : 1. 두 편으로 나누어 마주 보고 앉는다.

2. 가을에 관한 배운 노래를 부르며 주의집중한다.

3. 그림과 수 카드를 보면서 어떤 그림들이고, 어떤 수가 표시되어 있는지 함께 이야기해 본다.

4. 준비물을 보면서 어떤 게임을 할 수 있을지 생각해 보고 게임 방법과 규칙을 정한다.
   - 양편에서 1명씩 나와서 준비하는 자리에 앉아서 준비한다.
   - 선생님이 말하는 그림과 수를 듣고 잘 기억한다.
   - 신호악기소리에 맞추어 일어나서 빨리 카드를 집는다.
   - 먼저 카드를 집은 사람은 준비하는 자리에서 카드를 높이 들어 표시한다.
5. 양편에서 1명씩 게임을 하고 평가 후 다음 사람들이 한다.

**평　가** : 선생님이 말한 그림과 숫자의 카드를 집었는지 확인한다.
누가 먼저 집었는지 평가한다.
정확하게 먼저 카드를 집은 편의 숫자판을 넘겨서 표시한다.
게임이 모두 끝나면 게임을 한 태도에 대해서도 평가하여 숫자판으로 표시한다.

**확장활동** : 유아들의 발달수준에 따라서 수의 크기를 조절하고 그림만 이용하여 할 수도 있다.

## 1. 풍선으로 하는 눈싸움

● 생활주제 ●
계절(겨울)

목　　표 : 계절에 따라 달라지는 생활의 차이를 알아본다.
다양한 신체활동을 통해 긴장감을 해소하고 즐거움을 느낀다.

준 비 물 : 풍선, 의자, 비닐끈과 비닐, 마스킹테이프, 달라진 그림 찾기(눈싸움)

사전준비 :
- 길이 2m 정도의 비닐 한쪽에 비닐끈을 붙이고 의자와 의자 사이에 길게 묶는다.
- 자유선택활동 시간에 풍선을 불어 눈송이 모양으로 종이 오린 것을 붙인다.
- 풍선을 비닐끈에 매단다(이때, 풍선을 매다는 실의 길이를 다양하게 한다).
- 양편 사이에 매단 풍선을 놓는다.
- 풍선에서 두 걸음 떨어진 위치에 마스킹테이프로 양편의 유아들이 앉을 자리를 표시한다.

게임방법 : 풍선을 사이에 두고 양편이 마주 보고 앉아서 손으로 풍선을 쳐서 상대편으로 넘기는 게임이다.

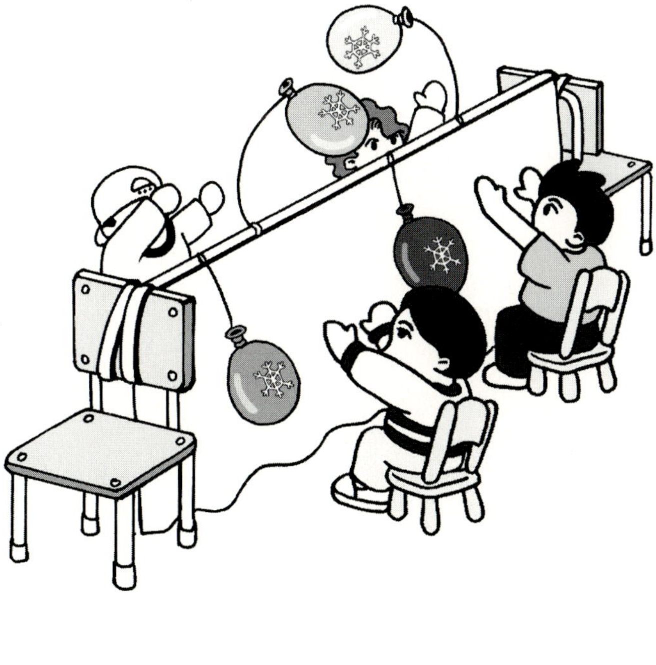

활동방법 : 1. 풍선을 사이에 두고 바닥에 모여 앉는다.

2. 배운 노래를 부르며 주의 집중하고 달라진 그림 찾기 자료를 보며 두 장의 그림에서 다른 점을 이야기해 본다.

3. 풍선 눈송이로 눈싸움을 하기로 하고 준비된 자료로 어떻게 게임을 할 수 있을지 생각해 본다.

4. 게임방법과 규칙을 정한다.

- 양편의 사이에 있는 풍선을 눈송이라 생각하고 손으로 쳐서 상대편 쪽으로 넘긴다.
- 신호악기소리에 맞추어 시작하고 멈춘다.
- 바닥에 표시된 선을 넘어가지 않는다.

5. 게임이 끝나면 평가하고 다시 한 번 해 본다.

평 가 : 어느 편 쪽으로 눈송이가 많이 넘어갔는지 풍선의 수를 세어 본다.
정한 규칙을 잘 지키면서 게임을 했는지 평가한다.
평가에 따라 규칙을 다시 정하거나 수정한다.

확장활동 : 실외나 유희실에서 풍선을 매는 위치를 높게 하여 해 볼 수 있다.

유 의 점 : 풍선은 너무 크게 불지 않는다.
유아들의 수에 따라 비닐의 길이를 조절하고 풍선의 수도 넉넉히 준비한다.

## 2. 둘이 더해서 정한 수 만들기

> ● 생활주제 ●
> 계절(겨울)

목　　표 : 사물의 수량을 더하고 덜어내어 보는 경험을 한다.
의견의 차이가 있을 때 서로 의논하여 조정한다.

준 비 물 : 겨울에 사용하는 물건 그림카드(장갑, 모자, 목도리, 털신, 마스크 등), 숫자카드, 작은 바구니, 마스킹테이프, 융판, 눈사람 융판자료

사전준비 :
- 겨울에 사용하는 물건들을 그림 카드로 만든다(한 장의 카드에 그림이 1개에서 5개까지로 다양하게 한다).
- 1에서 10까지의 수 카드를 만들어 바구니에 담아둔다.
- 목적물 지점에 마스킹테이프로 그림카드를 펼쳐 놓을 수 있도록 자리를 표시한다.

게임방법 : 수 카드에 나온 수를 보고 둘이 더해서 그 수만큼의 그림이 있는 그림카드를 가져오는 게임이다.

활동방법 :
1. 양편으로 마주 보고 앉는다.
2. 손가락으로 양손을 이용하여 숫자 5를 만드는 경우를 생각해 본다.
   그림 카드 두 장을 보고 합쳐서 몇 개의 그림이 되는지 이야기해 본다.
3. 그림카드와 수 카드를 가지고 두 사람이 더해서 한 가지의 수를 만드는 게임을 할 것임을 이야기한다.
4. 게임방법과 규칙을 정한다.
   - 2명씩 짝이 된다.
   - 선생님이 보여 주는 수 카드를 보고 출발선에 서서 준비한다.
   - 출발 신호에 맞추어 가서 둘이 더해서 보여 준 수만큼의 그림이 있는 카드를 두 장 가져온다.
   - 돌아와서 카드를 다른 사람들에게 보여 주고 평가한 후 자리로 돌아간다.
   - 그림카드를 표시된 자리에 펼쳐 놓고 게임을 시작한다.
5. 양편에서 한 번씩 게임을 하고 평가 후 다음 사람들이 한다.

평　가 : 제시한 수만큼 잘 찾아왔는지 평가한다.
두 사람이 함께 의논하여 했는지 평가한다.
평가자료로 표시하고 게임이 모두 끝나면 태도에 대해서도 평가한다.

확장활동 : 유아들의 발달수준에 따라 수를 빼는 것으로 해 볼 수도 있다.

유 의 점 : 게임을 하는 유아들의 발달수준에 따라 제시하는 수를 조절한다.

## 3. 여름과 겨울 그림판 뒤집기

• 생활주제 •
계절(겨울)

목　　표 : 계절에 따라 달라지는 생활의 차이를 알아본다.
여러 가지 감각기관을 협응하여 활동한다.

준 비 물 : 겨울을 나타내는 그림과 여름을 나타내는 그림이 양면으로 있는 그림판, 낮은 책상 2개, 평가자료(끼우기 블록), 명화자료(고흐의 〈몽마르트〉, 쇠라의 〈미역감기〉)

사전준비 :
- 10×10cm의 카드에 한 면에는 여름 그림을, 다른 면에는 겨울 그림을 그려 코팅한다.
- 양편의 사이에 낮은 책상 2개를 연결하여 놓는다.

게임방법 : 여름 편과 겨울 편으로 나누어 자기편을 나타내는 그림이 보이도록 그림판을 뒤집는 게임이다.

활동방법 :
1. 양편으로 마주 보고 앉는다.
2. 고흐의 그림과 쇠라의 그림을 보며 어떤 계절의 모습인지 이야기해 본다.
3. 그림판을 보면서 게임방법을 생각해 본다.
4. 게임방법과 규칙을 정한다.
   - 어느 편이 어느 계절을 할 것인지 정한다.
   - 양편에서 5명씩 함께 책상 앞에 서서 준비한다.
   - 시작 신호에 맞추어서 자기편의 계절 그림이 나오도록 판을 부지런히 뒤집는다.
   - 멈춤 신호에 따라 멈추고 자기 자리로 돌아간다.
   - 그림판을 책상 위에 펼쳐 놓고 게임을 시작한다.
5. 양편에서 한 번씩 게임을 하고 평가 후 다음 사람들이 한다.

평　　가 : 어느 편의 그림이 더 많이 보이는지 센다.
규칙을 잘 지키며 게임을 했는지 평가한다.
평가자료로 표시하고 게임이 모두 끝나면 태도에 대해서도 평가한다.

확장활동 : 바닥에 그림판을 넓게 펼쳐 놓으면 다 함께 해 볼 수도 있다.

유 의 점 : 게임을 하는 유아들의 수에 따라 한 번에 몇 명씩 할 것인지 정하고 그림판의 수도 넉넉히 준비한다.

앞면

뒷면

앞면

뒷면

## 4. 친구 이름 쓰기

● 생활주제 ●
계절(겨울)

목　표 : 주변에서 친숙한 글자를 찾아본다.
주변의 사물과 사건에 관심을 가지고 탐색해 본다.

준 비 물 : 이름과 사진카드, 초등학생용 이름표 모양 그림 코팅자료, 수성사인펜, 면봉, 작은 바구니, 평가자료(연필과 연필꽂이)

사전준비 :
- 유치원 근처의 초등학교에서 1학년들이 사용하는 이름표 모양을 유아 수만큼 코팅하여 융판에 붙인다.
- 융판을 목적물 지점에 놓고 융판 아래에 수성사인펜과 면봉을 놓는다.
- 이름표는 융판에 붙여 둔다.
- 유아들의 사진과 이름을 붙여 이름카드를 만들어 바구니에 담아 둔다.

게임방법 : 이름표에 친구 이름을 쓰고 돌아오는 게임이다.

활동방법 :
1. 양편으로 마주 보고 앉는다.
2. 이름표를 보면서 무엇인지, 왜 사용하는지 간단히 이야기를 나눈다.
3. 친구들의 이름을 써서 이름표를 완성하기로 한다.
4. 게임방법과 규칙을 정한다.
   - 바구니에서 이름카드를 한 장 뽑아 들고 출발선에서 준비한다.
   - 출발신호에 맞추어 가서 이름표에 친구 이름을 쓰고 이름카드는 융판 아래에 놓고 돌아온다.
   - 돌아와서 다음 사람과 악수하고 다음 사람들은 미리 준비하여 게임이 연속될 수 있도록 한다.
   - 마지막 사람은 선생님과 악수하여 끝났음을 표시한다.
   - 사인펜과 면봉은 바르게 놓는다.
   - 이름이 틀렸으면 면봉으로 지우고 다시 바르게 쓴다.
5. 모두 게임이 끝나면 규칙을 확인하면서 평가한다.

평　가 : 어느 편이 먼저 끝났는지 평가한다.

이름을 모두 바르게 썼는지 평가한다(틀린 것이 있으면 고친다).

게임을 한 태도에 대해서도 평가하여 평가자료로 표시한다.

확장활동 : 유아들의 발달수준에 따라 이름 카드 없이 게임을 진행할 수 있다.

## 1. 오리 가족처럼 걸어서 물고기 잡아오기

**● 생활주제 ●**
동물

목　　표 : 농장 동물의 특성에 대해 안다.
수의 크기를 비교하고 크고 작음을 안다.

준 비 물 : 물고기 융판자료, 융판, 바구니, 마스킹테이프, 숫자 카드(1부터 5까지), 오리 사진자료

사전준비 :
- 잡지에서 오린 물고기를 코팅하여 뒷면에 찍찍이(까슬이)를 붙인다.
- 융판에 그림과 같이 양편의 물고기를 붙일 수 있도록 그래프를 만들어 목적물 지점의 바구니 사이에 세운다.
- 목적물 지점에 바구니를 놓고 물고기를 넣어 둔다.
- 출발선과 목적물 사이의 중간 지점에 숫자 카드를 놓을 수 있도록 표시한다.

게임방법 : 3명씩 오리 가족이 되어 오리처럼 걸어가서 숫자를 뽑고 수만큼 물고기를 잡아 융판에 붙이는 게임이다.

활동방법 : 1. 양편으로 나누어 앉는다.

2. 수수께끼로 "오리"를 맞춰 보고 오리가 걸어 다니는 모습을 본 적이 있는지 이야기하고 사진자료를 보며 어떻게 걸어다니는지 살펴본다.
3. 오리 가족이 되어 물고기 잡기 게임을 할 것임을 이야기하고 준비된 자료로 어떤 방법의 게임을 할 수 있는지, 3명씩 짝이 되는 방법은 무엇인지 생각하여 이야기한다.
4. 게임방법과 규칙을 정한다.
   - 3명씩 짝이 되어 출발선에서 준비한다(오리가족처럼 앞뒤로 나란히 줄을 선다).
   - 신호악기소리에 맞추어 가서 1명이 숫자 카드를 집어 숫자를 확인한다.
   - 함께 물고기가 있는 곳까지 가서 숫자만큼 물고기를 붙이고 돌아온다.
5. 표시된 곳에 숫자 카드를 흩어 놓고 융판의 그래프에 붙이는 방법에 대해 이야기한 후 게임을 한다.

평 가 : 정말 오리 가족처럼 나란히 줄을 서서 잘 걸어 갔는지 평가한다.
숫자카드에 적혀진 숫자만큼 물고기를 정확히 붙였는지 평가한다.
3명이 서로 도우며 게임을 했는지 평가한다.
게임이 모두 끝나면 융판을 앞쪽으로 옮겨서 어느 편의 물고기가 더 높이 올라갔는지, 몇 마리를 붙였는지 세어 본다.

유 의 점 : 빨리 돌아오는 것이 평가의 기준이 아니라 숫자를 정확히 붙였는지, 서로 가족처럼 도와서 게임을 했는지를 평가하도록 한다.

## 2. 포수놀이

● 생활주제 ●
동물

목　　표 : 두 가지 이상의 지시사항을 듣고 이해하여 수행한다.
여러 가지 동물에 관심을 가진다.

준 비 물 : 동물 그림카드(사자, 호랑이, 사슴, 토끼 등), 왕 표시 메달, 포수 모자

사전준비 :
- 신문지나 마닐라지로 모자 모양을 만들고 유아들이 함께 꾸민다.
- 색지를 동그랗게 잘라 "왕"이라고 쓰고 코팅하여 리본 테이프를 달아 메달을 만든다.

게임방법 : 왕, 포수, 동물의 역할을 정하고 왕이 지시하고 포수가 동물을 맞추는 게임이다.

활동방법 :
1. 양편으로 나누어 앉는다.
2. 동물에 관한 배운 노래를 부르며 여러 가지 동물에 대해 생각해 본다.
3. 자료를 보며 어떤 게임을 할 수 있을지 생각해 보고 게임방법과 규칙을 정한다.
   - 왕과 포수가 될 사람을 양편에서 1명씩 정한다.
   - 다른 사람들은 동물이 되어 카드를 들고 있고 왕과 포수는 메달을 걸고 모자를 써서 표시한다.
   - 왕은 신호악기소리에 맞춰 잡아올 동물을 지시한다.
   - 포수는 상대편에게 가서 잡아야 할 동물카드를 누가 들고 있는지 살펴본다. 이때 상대편은 자신의 카드가 보이지 않도록 조심한다.
   - 포수는 잡아야 할 동물이라고 생각되는 사람 앞에 서서 인사를 한다.
   - 인사를 받은 사람은 카드를 보여 주고 그 동물이 맞으면 포수가 자기편으로 데려간다.
4. 게임을 한번 해 본 후 평가를 하고 다시 해 본다.

평　　가 : 어느 편이 더 많은 동물을 잡았는지 세어 본다.
카드를 보이지 않게 잘 들고 있었는지 평가한다.

유 의 점 : 동물을 데려갈 때 과격한 행동을 하지 않도록 주의한다.
평가할 때 틀린 동물을 잘 기억하고 있으면 유리함을 알려 준다.

확장활동 : 생활주제에 적합한 다른 것으로 바꾸어 할 수도 있다.
편 게임이 아니라 원으로 앉아서 할 수도 있다.

## 3. 개미 먹이 나르기

• 생활주제 •
동물

목　　표 : 서로 협력하여 게임을 한다.
개미의 생태에 관심을 가진다.

준 비 물 : 줄을 맨 타이어 2개, 공 2개, 개미 퍼즐, 융판, 반환점(의자), 평가자료(숫자점수판)

사전준비 : • 승용차용 타이어에 3개에 줄을 맨다.
• 개미 그림자료를 코팅하여 5조각 퍼즐을 만들고 뒷면에 찍찍이(까슬이)를 붙인다.

게임방법 : 3명이 함께 개미처럼 공을 나르는 게임이다.

활동방법 : 1. 양편으로 나누어 앉는다.
2. 개미퍼즐을 융판에 맞추고 개미에 대해 간단히 이야기를 한다.
3. 자료를 보며 게임방법과 규칙을 정한다.
• 타이어에 공을 넣고 3명이 줄을 하나씩 잡고 출발선에서 준비한다(3명씩 짝을 짓고 남거나 모자라는 경우에 대해서도 생각해 보고 방법을 의논한다).

• 신호악기소리에 맞추어 공이 빠지지 않도록 타이어를 끌고 가서 반환점을 돌아온다.
• 돌아와서 다음 사람들에게 전달한다.

4. 공을 빠뜨리지 않고 갈 수 있는 방법에 대해 이야기하고 양편에서 한 팀씩 나와서 시범을 보인다.
5. 게임을 연속해서 하고 모두 끝나면 평가한다.

평　　가 : 서로 도와서 공을 날랐는지 평가한다.
어느 편이 먼저 끝났는지 평가한다.
정한 규칙을 하나씩 확인하면서 점수판에 숫자로 표시한다.

유 의 점 : 타이어대신 훌라후프를 3개 정도 붙여서 사용하고 먹이는 공 대신 팥주머니를 이용할 수도 있다.
끈은 너무 길지 않게 하고 3명이 함께 하는 것이 어렵다면 둘이서 하는 게임으로 바꾸어 한다.

## 4. 닭싸움

목　　표 : 전통놀이를 경험한다.
닭의 생태에 대해 관심을 가진다.

준 비 물 : 편을 표시할 수 있는 머리띠, 마스킹테이프, 닭싸움 사진자료

사전준비 :
- 부직포로 편을 표시할 수 있는 두 가지 색의 머리띠를 유아 수만큼 만든다.
- 마스킹테이프로 한 번에 10명씩 닭싸움을 할 수 있는 공간을 표시한다.

게임방법 : 한 발로 서서 다른 발은 손으로 잡고 상대편을 넘어뜨리거나 영역 밖으로 내보내는 놀이이다.

활동방법 :
1. 바닥에 그려진 원을 사이에 두고 양편으로 마주 보고 앉는다.
2. 닭싸움 사진자료를 보고 무엇을 하는 사진인지 간단히 이야기를 나눈다.
3. 사람이 하는 닭싸움을 본 적이 있는지 어떻게 하는 게임인지 이야기하고 게임방법과 규칙을 정한다.
    - 머리띠 색으로 편을 정한다.
    - 닭싸움을 하는 사람을 다섯 명씩 정해서 원안에 선다.
    - "준비" 하면 한 발을 앞으로 접어 양손으로 잡고 한 발로 선다.
    - "시작" 하면 상대편을 밀어내거나 넘어뜨린다(이때 손으로 밀거나 무릎을 높이 들어서 다치게 하지 않는다).
    - 밀려나거나 넘어진 사람은 원 밖의 자기자리로 돌아와 앉는다.
4. 양편에서 5명씩 나와서 게임을 하고 평가 후 다음 사람들이 한다.

평　　가 : 한 번 게임이 끝날 때마다 남은 사람의 수를 세어 어느 편의 사람이 많이 남았는지 알아본다.
규칙을 잘 지키며 게임을 했는지 이야기한다.

유 의 점 : 게임이 과격해지거나 유아들이 지나치게 흥분하지 않도록 주의한다.

• 생활주제 •
동물

## 1. 재활용품 분류하기

• 생활주제 •
지구와 환경

목　　표 : 다시 쓸 수 있는 물건을 찾아보고 재활용한다.
주변환경을 깨끗이 한다.

준 비 물 : 쓰레기 분리수거통(종이류, 플라스틱류, 깡통류, 우유팩), 여러 가지 재활용품 실물, 큰 바구니 2개, 평가자료(녹색카드), 융판

사전준비 :
- 그림과 같이 재활용할 수 있는 물건의 그림자료를 붙여 분리수거통을 2개씩 만든다.
- 유치원에서 사용한 재활용 가능한 쓰레기들을 큰 바구니에 모은다.
- 게임할 장소에 분리수거통과 출발선을 준비해 둔다.

게임방법 : 버리는 쓰레기 중 재활용할 수 있는 물건을 분리해서 버리는 활동이다.

활동방법 :
1. 양편으로 나누어 앉는다.
2. 분리수거통을 보며 집에서 쓰레기를 어떻게 버리는지, 재활용품이 어떤 것인지에 대해 간단히 이야기한다.
3. 자료를 보며 게임방법과 규칙을 정한다.
   - 큰 바구니에 있는 물건 중 한 가지를 들고 출발선에서 준비한다.
   - 신호악기소리에 맞추어 가서 쓰레기를 분리하여 버리고 돌

아온다.

• 돌아와서 다음 사람들과 악수하고 다음 사람은 미리 준비하여 게임이 연속될 수 있도록 한다.

4. 양편에서 2명씩 나와서 시범을 보인다.
5. 게임을 연속해서 하고 모두 끝나면 평가한다.

평　　가 : 분리수거통을 앞으로 가져와서 바르게 잘 분리하여 버렸는지 살펴본다.

어느 편이 먼저 끝났는지 평가한다.

정한 규칙을 하나씩 확인하면서 융판에 녹색카드를 붙여서 평가한다.

확장활동 : 게임이 끝난 후 사용한 재활용품을 유치원에서는 어떻게 사용할 수 있는지 생각해 보고 적절한 곳에 보관한다(조형영역의 폐품장, 폐품 모으는 창고 등).

## 2. 바닷가의 쓰레기 치우기

● 생활주제 ●
지구와 환경

목 표 : 아름다운 환경의 소중함을 안다.
쓰레기를 정해진 곳에 버린다.

준 비 물 : 물고기 그림자료(클립을 끼운 것), 여러 가지 쓰레기 그림카드, 자석 낚싯대 2개, 바구니 2개, 마스킹테이프, 훌라후프 바다 4개, 평가자료(물방울 융판자료), 아름다운 바닷가 사진과 쓰레기가 버려진 바닷가 사진

사전준비 :
- 그림과 같이 훌라후프 4개를 양편에 2개씩 바닥에 고정시켜 놓는다(목표지점, 목표지점과 출발선 중간).
- 자유선택활동시간에 물고기를 그려 클립을 끼운다.
- 출발선과 목표지점 사이의 훌라후프에 쓰레기 그림과 물고기를 함께 넣는다.

게임방법 : 더러워진 바다를 깨끗하게 하여 물고기가 살 수 있도록 청소하는 게임이다.

활동방법 : 1. 양편으로 나누어 앉는다.
2. 두 장의 바닷가 사진을 보며 어떻게 다른지, 어떤 그림이 보기 좋은지, 왜 그런지에 대해 이야기한다.

3. 자료를 보며 게임방법과 규칙을 정한다.
   - 출발선에서 신호악기 소리에 맞추어 가서 낚싯대로 물고기를 한 마리 건진다(낚싯대는 제자리에 내려놓고 손으로 물고기를 들고 간다).
   - 쓰레기가 없는 깨끗한 바다에 물고기를 놓아 주고 돌아온다.
   - 돌아오는 길에 더러운 바다에서 쓰레기 그림을 한 장 주워 온다.
   - 주워 온 쓰레기 그림은 바구니에 담고 다음 사람과 악수한다.
4. 낚싯대와 바구니를 어디에 놓으면 좋을지 결정하여 정한 위치에 놓고 양편에서 2명씩 나와서 시범을 보인다.
5. 게임을 연속해서 하고 모두 끝나면 평가한다.

평 가 : 물고기를 한 마리씩 잘 놓아 주었는지 평가한다.
어느 편이 먼저 끝났는지 평가한다.
정한 규칙을 하나씩 확인하면서 융판에 물방울 그림을 붙여서 평가한다.

유 의 점 : 낚싯대는 제자리에 바르게 놓고 물고기도 조심스럽게 옮길 수 있도록 한다.

확장활동 : 주워 온 쓰레기는 필요에 따라 분리수거하는 활동으로 확장할 수 있다.

## 3. 산을 깨끗하게 하고 나무 심기

● 생활주제 ●
지구와 환경

목 표 : 아름다운 환경의 소중함을 안다.
쓰레기를 정해진 곳에 버린다.

준 비 물 : 모래상자로 만든 산 2개, 낮은 책상 2개, 나무(유아 수만큼), 바구니 2개, 여러 가지 쓰레기 실물자료(과자봉지, 깡통, 비닐 등), 평가자료(나무 그림 융판자료), 융판

사전준비 :
- 플라스틱 상자에 모래를 쌓아 산을 만들어 목적물 지점의 책상 위에 놓고 쓰레기를 함께 놓는다.
- 자유선택활동 시간에 나무를 만들어 아이스크림 막대나 빨대를 붙여 산에 꽂을 수 있게 한다.

게임방법 : 산에 있는 쓰레기를 치우고 나무를 심고 돌아오는 게임이다.

활동방법 :
1. 양편으로 나누어 앉는다.
2. 산을 보면서 산의 모습이 어떤지, 산에 나무가 없다면 어떤 일이 일어날지 간단히 이야기한다.
3. 자료를 보며 게임방법과 규칙을 정한다.
   - 나무를 한 그루 들고 출발선에서 준비한다.

- 처음 사람은 신호악기소리에 맞추어 가서 산에 있는 쓰레기를 1개씩 치우고 나무를 심고 돌아온다.
- 돌아와서 쓰레기는 바구니에 담고 다음 사람과 악수하여 게임이 연속될 수 있게 한다.

4. 바구니와 나무를 필요한 위치에 놓고 게임을 시작한다.
5. 게임을 연속해서 하고 모두 끝나면 평가한다.

평 가 : 쓰레기를 잘 치우고 나무를 심었는지 평가한다.
어느 편이 먼저 끝났는지 평가한다.
게임하기 전의 산의 모습과 지금의 모습이 어떤지 이야기해 본다.
정한 규칙을 하나씩 확인하면서 나무그림을 붙인다.

유 의 점 : 모래로 산을 만들 때 약간의 물을 뿌리면 잘 쌓을 수 있다.

확장활동 : 주워 온 쓰레기는 필요에 따라 분리수거하는 활동으로 확장할 수 있다.

## 1. 신문지 가마 타기

● 생활주제 ●
우리나라와 다른 나라

목 표 : 여럿이 함께 하는 일에 적극적으로 참여한다.
전통문화와 관련된 경험을 한다.

준 비 물 : 신문지가마, 의자, 신부 인형, 세계 여러 나라의 전통혼례 사진, 평가자료(가마그림 융판자료), 융판

사전준비 :
- 신문지를 이용하여 아래 그림과 같이 가마를 만든다.
- 조형활동으로 신랑과 신부 인형을 만들고 신부인형을 신문지 가마에 붙인다.
- 목적물 지점에 의자를 놓아 반환점을 만든다.
- 세계 여러 나라의 전통 혼례식 사진을 크게 확대하여 사진을 보고 이야기할 수 있게 준비한다.

게임방법 : 신문지 가마에 신부를 태우고 네명이 함께 가마를 들어 옮기는 게임이다.

활동방법 :
1. 두 편으로 나누어 마주 보고 앉는다.
2. 전통혼례 사진을 보며 무엇을 하는 모습인지 우리가 알고 있는 결혼식과 어떻게 다른지 간단히 이야기를 나눈다.
3. 신문지 가마와 신부 인형을 가지고 어떤 게임을 할 수 있는지 생각해 본다.

4. 게임방법과 규칙을 정한다.
- 4명씩 짝이 된다.
- 4명이 함께 가마를 들고 출발선에서 준비한다.
- 신호악기소리에 맞추어 신부를 태운 가마를 들고 의자를 돌아온다.
- 돌아와서 다음 사람들에게 가마를 전달한다.
- 다음 사람들은 미리 준비하여 게임이 연속될 수 있도록 한다.
- 가마는 반드시 4명이 힘을 모아 기울어지지 않게 들어야 하고, 가마를 옮기거나 전달할 때는 신부가 위험하지 않도록 조심한다.

5. 게임이 모두 끝나면 평가하고 평가자료로 표시한다.

평　　가 : 정한 규칙을 잘 지키며 게임을 했는지 평가한다.
어느 편이 먼저 끝났는지 평가한다.
규칙을 잘 지키고 먼저 끝난 편에게 그림자료를 붙여서 표시한다.
게임이 모두 끝나면 게임을 한 태도에 대해서도 평가하여 그림으로 표시한다.
양편의 평가자료(그림자료)의 수를 세어 비교한다.

유 의 점 : 여분의 가마를 준비한다.

## 2. 달력 윷놀이

• 생활주제 •
우리나라와 다른 나라

목 표 : 시간에 대한 기초개념을 가진다.
전통놀이를 경험한다.

준 비 물 : 달력(게임을 하는 달에 맞는 달력으로 준비한다), 윷, 윷놀이 말, 자석판(철판), 작은 돗자리나 큰 방석

사전준비 :
- 즐거운 날(생일, 국경일이나 명절)이 있는 날짜에 그림으로 표시한다.
- 달력을 철판이나 자석판에 붙여 세울 수 있게 하고 둥근 자석을 이용하여 말을 만든다.
- 게임할 대형은 반원형으로 하고 전체 유아들이 잘 볼 수 있도록 달력을 놓고 중앙에 돗자리를 깔아 윷을 던지는 곳을 표시한다.

게임방법 : 달력을 윷판으로 하는 윷놀이이다.

활동방법 :
1. 두 편으로 나누어 교사를 중심으로 반원으로 앉는다.
2. 윷놀이를 해 본 경험을 이야기하고 윷놀이 방법에 대해서 이야기를 나눈다.
3. 달력을 소개하고 달력을 이용한 윷놀이 방법에 대해 이야기한다.
4. 게임방법과 규칙을 정한다.
   - 양편에서 1명씩 나와서 윷을 던진다.
   - 던져진 윷의 모양에 따라 윷놀이 규칙에 맞추어 달력에서 칸을 옮긴다(도–한 칸, 개–두 칸, 걸–세 칸, 윷–네 칸, 모–다섯 칸, 윷이나 모가 나오면 한 번 더 던지기 등).
   - 달력에 즐거운 날 표시가 있는 곳에 말이 오면 어떻게 할지 의논하여 정한다(예를 들면 한 칸 더 간다).
   - 말을 움직일 사람을 한 사람 정하거나 윷을 던진 사람이 말을 움직인다.
   - 윷은 돗자리(방석) 위에 떨어지도록 던진다.
   - 어느 편이 먼저 윷을 던질지 정하고 게임을 시작한다.

5. 게임이 모두 끝나면 말이 어디까지 왔는지 날짜를 알아보고 게임을 한 태도에 대해서 평가한다.

평　　가 : 정한 규칙을 잘 지키며 게임을 했는지 평가한다.
어느 편이 더 먼 날짜까지 왔는지 알아본다.

확장활동 : • 말을 움직이는 규칙은 유아들의 의견에 따라 달리 정할 수 있다.
• 윷 판을 달력 이외에 동물, 탈것 등 생활주제에 맞는 것으로 변형하여 언제라도 윷놀이를 해 볼 수 있다.

## 3. 까막 잡기

• 생활주제 •
우리나라와
다른 나라

목　　표 : 여러 가지 감각 기관을 협응하여 활동한다.
전통놀이를 경험한다.

준 비 물 : 동물 머리띠, 눈가리개, 마스킹테이프

사전준비 : • 조형활동으로 동물 머리띠를 만든다.
• 게임할 장소의 바닥에 1/2의 유아들이 들어갈 크기의 원을 표시한다.

게임방법 : 술래는 눈을 가리고 소리나는 쪽으로 움직여서 다른 사람(동물)을 잡는 게임이다.

활동방법 : 1. 두 편으로 나누어 바닥에 표시된 원을 사이에 두고 앉는다.
2. 전통놀이 "까막 잡기"를 소개하고 우리는 여러 동물을 잡는 것으로 바꾸어서 해 볼 것임을 이야기한다.
3. 동물가면, 눈가리개, 바닥의 표시 등을 이용하여 어떻게 게임을 할지 생각해 본다.
4. 게임방법과 규칙을 정한다.
   • 동물이 되는 편은 머리띠를 쓰고 원 안으로 들어간다.
   • 술래가 된 편은 원 밖에 다섯 걸음 떨어져 앉고 3명이 나와 눈을 가리고 동물을 잡는다.
   • 동물이 된 사람들은 원 밖으로 나와서는 안 되고 술래가 된 사람들은 눈을 가린 사람이 동물을 잘 잡을 수 있도록 손뼉을 쳐서 알려 준다(가까이 가면 크게 손뼉을 치고 멀어지면 작게 친다).
   • 시작신호와 멈춤 신호에 맞추어 게임을 하고 잡힌 사람들은 밖으로 나와서 앉아 있는다.
   • 어느 편이 먼저 술래가 될지 정하고 게임을 한다.
   • 한 번 게임을 하고 평가 후 역할을 바꾸어 한다.
5. 게임이 모두 끝나면 잡힌 사람의 수를 세어 비교하고 게임을 한 태도에 대해서도 평가한다.

평　가 : 정한 규칙을 잘 지키며 게임을 했는지 평가한다.
어느 편이 더 많은 동물을 잡았는지 평가한다.

유 의 점 : 위험하거나 과격한 행동을 하면 게임을 하는 도중에 멈추어 다시 규칙을 정하여 다치지 않도록 한다.

## 4. 줄다리기 줄 연결하기

● 생활주제 ●
우리나라와 다른 나라

목　　표 : 길이를 측정하여 길고 짧음을 안다.
전통놀이에 관심을 가진다.

준 비 물 : 다양한 길이의 줄다리기 줄 모양 자료, 전통 문양 그림자료(태극, 백호, 연꽃, 봉황 등), 스카치테이프

사전준비 :
- 다양한 길이의 줄다리기 줄(꼬인 모양) 모양으로 긴 종이를 만들어 코팅한다.
- 교실 한쪽 벽면에 줄을 연결할 수 있도록 빈 공간을 만든다.
- 전통 문양을 4개(나눌 편의 수만큼) 코팅한다.
- 간식시간이나 실외활동을 하는 동안 교사가 줄 모양 그림을 교실 안 여러 곳에 숨긴다.

게임방법 : 교실 안에 숨겨진 줄다리기 줄을 찾아 연결하여 긴 줄을 만드는 게임이다.

활동방법 :
1. 바닥에 모여 앉는다.
2. 배운 노래를 부르며 주의 집중한다.
3. 교사는 줄다리기를 위해 사람들이 여러 날 동안 함께 줄을 꼰다는 이야기를 간단히 들려 준다.

4. 게임방법과 규칙을 정한다.
   - 4편으로 나눈다(어떻게 편을 나눌지 정하고 편은 전통문양 그림으로 표시한다).
   - 신호악기소리에 맞추어서 교실 안에 숨겨진 줄을 찾는다.
   - 찾은 줄은 벽에 표시된 자기 편 문양 위에 길게 연결한다(유아들이 줄을 찾기 시작하면 교사가 벽면에 문양을 붙인다).
   - 시작 신호에 맞추어 줄을 찾아 연결하고 다시 신호악기소리가 나면 멈춘다.
5. 게임이 끝나면 어느 편이 가장 긴 줄을 만들었는지 비교해 본다.

평 가 : 줄이 끊어지지는 않았는지 평가한다.
같은 편 사람들이 모두 열심히 줄을 찾아 연결했는지 평가한다.
필요하다면 규칙을 다시 정하거나 수정하여 다시 한 번 게임을 해 본다.

확장활동 : 실제로 줄다리기 게임과 연결하여 할 수도 있다.

## 1. 젓가락으로 스펀지공 옮기기

● 생활주제 ●
도구와 기계

목　　표 : 생활 속에서 이용하는 도구를 바르게 사용한다.
여러 가지 감각기관을 협응하여 활동한다.

준 비 물 : 젓가락 2벌, 스펀지공(지름 1cm 정도), 바구니 2개, 쟁반 2개, 책상 2개, 평가자료(끼우기블록)

사전준비 :
- 조형활동에서 사용하는 작고 둥근 스펀지를 유아 수만큼 준비하여 바구니에 담아 둔다.
- 게임할 장소의 목적물 지점에 책상을 놓는다.

게임방법 : 젓가락으로 물건을 집어 옮겨 담는 게임이다.

활동방법 :
1. 두 편으로 나누어 마주 보고 앉는다.
2. 2개가 짝이 되어야 사용할 수 있는 물건들은 무엇이 있는지 생각하여 이야기해 본다.
3. 젓가락을 사용하는 방법에 대해 이야기하고 실제로 젓가락을 어떻게 사용하는지 몇 명의 유아가 시범을 보인다.
4. 준비물을 보면서 어떤 게임을 할 수 있을지 생각해 보고 게임 방법과 규칙을 정한다.
   - 1명씩 나와서 출발선에 서서 준비한다.
   - 신호악기 소리에 맞추어 달려가서 젓가락으로 스펀지 공 한 개를 집어 쟁반에 옮겨 담는다.
   - 젓가락을 제자리에 놓고 돌아와서 다음사람과 악수한다.
   - 다음 사람들은 미리 준비하여 게임이 연속될 수 있도록 한다.
5. 게임에 사용할 준비물들을 유아들이 직접 적절한 위치에 놓는다.
6. 게임이 모두 끝나면 평가하고 평가자료로 표시한다.

평　　가 : 정한 규칙을 잘 지키며 게임을 했는지 평가한다(반드시 젓가락으로 옮겼는지).
어느 편이 먼저 끝났는지 평가한다.
규칙을 잘 지키고 먼저 끝난 편에 블록을 하나씩 끼운다.
게임이 모두 끝나면 게임을 한 태도에 대해서도 평가하여 블록으로 표시한다.

블록의 수를 세어 비교한다.

유 의 점 : 사전에 젓가락을 사용하는 조작활동을 제시하여 충분히 연습한 후 게임을 한다.

## 2. 스푼 볼

• 생활주제 •
도구와 기계

목 표 : 도구를 사용한 신체활동을 한다.
여러 가지 감각기관을 협응하여 활동한다.

준 비 물 : 세운 깃발 6개, 팥주머니(모래주머니) 2개, 나무막대(60cm 길이) 2개, 평가자료(점수판)

사전준비 :
- 조형활동에서 부직포로 깃발을 만들어 모래를 채운 깡통에 꽂는다.
- 나무막대(PVC 파이프)의 손잡이 부분에 청테이프를 감고 끝 부분에는 천을 감는다.
- 게임할 장소에 깃발을 그림과 같이 세운다.

게임방법 : 나무막대를 이용하여 팥주머니를 쳐서 옮기는 게임이다.

활동방법 :
1. 두 편으로 나누어 마주 보고 앉는다.
2. 우리가 손을 직접 사용하지 않고 물건을 옮길 수 있는 방법에 대해 이야기한다.
3. 나무막대와 팥주머니를 보여 주고 팥주머니를 옮길 수 있는 방법에 대해 이야기해 본다.
4. 게임방법과 규칙을 정한다.
   - 1명씩 나와서 출발선에 서서 나무막대를 들고 준비한다.

- 신호악기소리에 맞추어 나무막대로 팥주머니를 쳐서 깃발을 돌아온다.
- 돌아와서 다음 사람에게 나무막대를 전해 준다.
- 다음 사람들은 미리 준비하여 게임이 연속될 수 있도록 한다 (마지막 사람은 나무막대를 바닥에 내려놓는다).

5. 양편에서 1명씩 나와서 시범을 보인다.
6. 게임이 모두 끝나면 평가하고 평가자료로 표시한다.

평　　가 : 정한 규칙을 잘 지키며 게임을 했는지 평가한다(깃발을 모두 지나서 갔는지, 반드시 나무막대로 팥주머니를 옮겼는지 평가한다).

어느 편이 먼저 끝났는지 평가한다.

규칙을 잘 지키고 먼저 끝난 편의 숫자판을 하나씩 넘긴다.

게임이 모두 끝나면 게임을 한 태도에 대해서도 평가하여 숫자판으로 표시한다.

점수판의 숫자를 비교하여 어느편의 숫자가 더 큰지, 작은지 알아본다.

확장활동 : 사전에 유희실이나 실외에서 스푼볼을 해 볼 수 있도록 하고 게임을 한 후에도 도구를 내어주어 유아들이 자발적으로 해 볼 수 있도록 한다.

## 3. 전자우편(E-mail) 보내기

• 생활주제 •
도구와 기계

목 표 : 사람들의 생활을 편리하게 해 주는 기계와 도구에 대해 관심을 가진다.
수와 문자에 관심을 갖고 생활에 활용한다.

준 비 물 : 전자우편 주소가 적힌 종이, 전자우편으로 보낼 그림 편지, 마스킹테이프, 커터식 스카치테이프, 책상, 평가자료(전자우편 표시 그림 융판자료), 융판

사전준비 :
- 이야기나누기 시간에 컴퓨터의 활용과 "인터넷", "E-mail"과 같은 용어에 대해 알아본다.
- 게임에 사용할 메일 주소 5개 정도를 정하여 조형영역에 게시하고, 5×10cm의 종이에 보낼 편지를 그림으로 그리거나 글씨로 써서 받을 사람의 메일주소를 옮겨 적는다(메일주소는 숫자와 문자를 사용하여 간단하게 정하되 실제로 있는 인터넷 사이트 이름을 활용한다).
- 목적물지점의 벽면에 마스킹테이프로 커다란 컴퓨터 모니터를 표시하고 모니터 안에 메일 주소 5개를 붙여 둔다.
- 모니터 그림 아래에 스카치테이프를 놓는다.
- 보낼 편지들을 모아서 출발선 앞쪽에 둔다.

게임방법 : 메일주소에 맞게 전자메일을 배달하는 게임이다.

활동방법 :
1. 두 편으로 나누어 마주 보고 앉는다.
2. 만든 편지의 E-mail 주소와 벽면의 컴퓨터 모니터에 있는 주소를 보고 누구에게 보내는 편지인지 이야기해 본다.
3. 메일을 받는 사람의 주소에 맞게 붙여 주기로 한다.
4. 게임방법과 규칙을 정한다.
   - 편지를 한 장 들고 출발선에서 준비한다.
   - 신호악기소리에 맞추어 가서 편지에 적힌 메일 주소와 같은 주소를 찾아 스카치테이프로 붙이고 돌아온다.
   - 돌아와서 다음 사람과 악수한다.

• 다음 사람들은 미리 준비하여 게임이 연속될 수 있도록 한다.

5. 게임이 모두 끝나면 평가하고 평가자료로 표시한다.

평　가 : 정한 규칙을 잘 지키며 게임을 했는지 평가한다(주소에 맞게 편지를 잘 붙이고 돌아왔는지 확인한다).

어느 편이 먼저 끝났는지 평가한다.

규칙을 잘 지키고 먼저 끝난 편에게 그림자료를 붙여서 표시한다.

게임이 모두 끝나면 게임을 한 태도에 대해서도 평가하여 그림으로 표시한다.

양편의 평가자료(그림자료)의 수를 세어 비교한다.

유 의 점 : 사전에 전자메일을 활용하는 활동을 하여 전자메일에 대한 관심과 지식을 갖도록 한다.

유아들의 발달수준에 따라 메일주소를 쉽게 확인할 수 있도록 작은 모양 스티커를 붙여 줄 수도 있다.

## 게임활동 계획안 작성 연습 (1)

다음에 제시된 생활주제, 준비물, 그리고 게임방법을 참고로 활동목표를 선정하고 목표에 따른 활동계획안을 작성해 봅시다.

| 생활주제 | 건강한 몸과 마음 |
|---|---|
| 목표 | • 신체 각 부분을 활용하는 경험을 한다.<br>• 여럿이 함께 하는 일에 적극적으로 참여한다. |
| 준비물 | 공 2개, 바구니 2개, 신호악기, 평가자료(필요에 따라 적절한 것을 활용) |
| 게임방법 | 한 편이 모두 함께 공을 위로, 아래로 전달하는 게임이다. |
| 사전준비 (활동) | |
| 지도방법 (평가) | |
| 유의점 | |
| 확장활동 | |

※지도방법에 따라 필요한 자료를 첨가할 수 있음.

## 게임활동 계획안 작성 연습 (2)

다음에 제시된 생활주제, 준비물, 그리고 게임방법을 참고로 목표에 적절한 게임활동 활동계획안을 작성해 봅시다.

| 생활주제 | 우리나라와 다른 나라 |
|---|---|
| 목표 | |
| 준비물 | 사물놀이 악기 그림 목걸이(유아 수만큼), 신호악기, 사물놀이, 악기 그림과 숫자가 표시된 막대자료(예를 들면 징 1, 꽹과리 2, 북 2, 장구 3) 사물놀이 연주 녹음테이프, 녹음기 |
| 게임방법 | 사물놀이 연주에 마추어 몸을 움직이다가 신호악기 소리가 나면 교사가 제시하는 악기그림과 숫자 막대자료를 보고 모이는 활동이다. |
| 사전준비 (활동) | |
| 지도방법 (평가) | |
| 유의점 | |
| 확장활동 | |

※목표와 지도방법에 따라 필요한 자료를 첨가하거나 게임방법을 변형할 수 있음.

# 제13장
# 실외게임활동

# 제13장 실외게임활동

♣나와 유치원

1. 자전거 타고 돌아오기 429

♣계절(여름)

1. 얼음 · 땡 놀이 431

♣계절(가을)

1. 나뭇잎 주워 오기 433

♣건강한 몸과 마음

1. 종이공 던지기 435

♣동물

1. 동물 골프 436

♣교통기관

1. 트럭으로 모래 운반하기 438

♣우리나라와 다른 나라

1. 돌탑 쌓기 440
2. 사방치기 게임 441

♣도구와 기계

1. 빨래 널기 443
2. 라켓으로 풍선 치기 445

## 1. 자전거 타고 돌아오기

● 생활주제 ●
나와 유치원

목 표 : 놀이기구를 안전하게 사용한다.
자신의 신체 능력을 긍정적으로 인식한다.

준 비 물 : 자전거, 반환점('돌아가시오' 표지판), 평가자료(끼우기 블록)

사전준비 :
- 게임을 할 수 있도록 자전거 길에 반환점과 유아들이 앉을 돗자리를 준비하여 둔다.
- 색분필로 바닥에 출발선을 표시한다.
- 사전에 자전거 타는 방법과 규칙에 대해 충분히 이야기하고 실외활동 시간에 자전거를 타본다.

게임방법 : 자전거를 타고 반환점을 돌아와서 자전거를 제자리에 바르게 세우는 활동이다.

활동방법 :
1. 돗자리 위에 양편으로 마주 보고 앉는다.
2. 배운 노래를 부르며 주의 집중한다.
3. 자전거를 탈 때의 재미있는 점과 속상했던 점을 이야기해 본다.
4. 반환점의 그림을 보며 어떤 표시인지 이야기를 나눈다.
5. 자전거 타기 게임을 하기로 하고 게임방법과 규칙을 정한다.
   - 양편에서 1명씩 나와서 자전거를 타고 출발선에서 준비한다.

- 출발신호에 맞추어서 자전거를 타고 간다.
- 반환점을 돌아온다.
- 돌아와서 자전거를 다음 사람이 탈 수 있도록 바르게 세운다.

6. 평가 후 다음 사람이 한다.

평　　가 : • 끝까지 자전거를 잘 타고 돌아왔는지 평가한다.
• 누가 먼저 돌아왔는지 평가한다.
• 게임이 모두 끝나면 태도에 대해서도 평가하고 어느 편의 블록이 높게 쌓였는지 비교해 본다.

유 의 점 : 자전거 타는 거리를 적절히 조절한다.

확장활동 : • 유아들의 발달수준과 흥미에 따라 자전거를 타고 깃발 꽂기 등으로 변형하여 할 수 있다.
• 연령에 맞게 대형, 게임방법, 평가방법을 수정하여 한다.

## 1. 얼음 · 땡 놀이

● 생활주제 ●
계절(여름)

목　　표 : 신체활동에 즐겁게 참여한다.
물체의 움직임을 관찰해 본다.

준 비 물 : 없음

사전준비 : • 표현활동 "멈춤놀이"나 전이활동 "나처럼 해 봐요" 등을 통해 움직이다가 멈추는 활동을 해 본다.

게임방법 : 도망가고 잡는 놀이이다.

활동방법 : 1. 게임방법과 규칙에 대해 이야기한다.

- 술래가 된 사람은 다른 사람들을 손으로 잡는다.
- 다른 사람들은 술래에게 잡히지 않도록 도망가고 잡힌 사람은 술래가 된다.
- 술래가 잡을 때 "얼음"이라고 말하면 술래가 잡을 수 없고 "얼음"이라고 말한 사람은 멈추어 서 있는다.
- 멈춘 사람은 다른 친구가 와서 "땡" 하고 말해 주어야 다시 움직일 수 있다.
- 술래가 잡은 후에 "얼음"이라고 말하거나 "땡"이라고 해 주기 전에 움직이면 게임에서 제외된다.

- 도망치는 사람들은 어디까지 갈지 정한다.
- 술래를 정하여 게임을 한다.

2. 한번 게임을 해 보고 평가를 한 후 다시 반복한다.

평　　가 : 정한 규칙을 잘 지키며 게임을 할 수 있도록 한다.

확장활동 : • 도망가고 잡는 놀이 이외에도 춤을 추다가 멈추어 술래의 움직임을 따라하는 활동으로 변형할 수 있다.

## 1. 나뭇잎 주워 오기

• 생활주제 •
계절(가을)

목　　표 : 신체활동에 즐겁게 참여한다.
계절의 변화에 관심을 가진다.

준 비 물 : 유니바(혹은 다른 장애물), 실외에 떨어져 있는 나뭇잎들, 신호악기, 의자(혹은 돗자리), 바구니

사전준비 :
- 실외놀이 시간에 나뭇잎을 주워 모은다.
- 게임의 목적물이 될 큰 나무를 결정하고 그 나무 아래에 나뭇잎을 뿌려 둔다.

게임방법 : 큰 나무 아래에 있는 나뭇잎을 주워 오는 게임이다.

활동방법 :
1. 큰 나무가 잘 보이는 위치에 의자를 준비하거나 돗자리를 깔고 앉는다.
2. 큰 나무 아래에 있는 나뭇잎을 주워 오는 게임을 하기로 한다.
3. 유니바를 사용하여 어떤 방법으로 게임을 할 수 있을지 생각하고 게임방법과 규칙에 대해 이야기한다.
   - 출발선에서 준비하고 신호악기 소리에 맞추어 간다.
   - 유니바를 두 발 모아 뛰기로 건너간다.
   - 나무 아래의 나뭇잎을 1개 주워 온다.
   - 주워 온 나뭇잎은 바구니에 담고 선생님과 악수한다.
4. 연령에 따라 적합한 방법으로 진행한다.

평　　가 :
- 연령에 따라 적합한 방법으로 평가한다.

확장활동 :
- 계절과 주제에 따라 다양한 자료를 사용할 수 있다.
- 주워 온 나뭇잎은 다른 활동에 자료로 활용한다.

## 1. 종이공 던지기

목　　표 : 도구를 활용하여 신체활동을 해 본다.
신체 각 부분의 특성을 활용하여 움직인다.

준 비 물 : 종이공, 큰 바구니 4개, 호루라기 또는 신호악기

사전준비 : 신문지를 뭉쳐서 공을 만들어 모은다.

게임방법 : 종이공을 던져서 바구니에 넣는 게임이다.

활동방법 : 1. 양편으로 나누어 마주 보고 선다.
2. 양편의 대형 앞에 큰 바구니를 2개씩 놓는다.
3. 게임방법과 규칙에 대해 이야기한다.
- 종이공을 던져서 상대편의 바구니에 넣는다.
- 바닥에 떨어진 공을 주워서 계속 던진다.
- 선생님이 호루라기를 불면 시작하고 다시 호루라기를 불면 멈춘다.

4. 땅바닥에 금을 그어 공을 던지는 곳을 표시하고, 공을 바닥에 뿌린 후 게임을 한다.

평　　가 : 바구니에 넣은 공의 수를 세어 어느 편이 더 많이 넣었는지 알아 본다.

유 의 점 : • 연령에 따라 바구니의 수와 양편 사이의 거리를 조절한다.

● 생활주제 ●
건강한 몸과 마음

## 1. 동물 골프

• 생활주제 •
동물

목　　표 : 도구를 다양하게 활용하여 신체활동을 한다.
여러 가지 감각기관을 협응하여 활동한다.

준 비 물 : 공수영장 공, 플라스틱 골프 채, 상자로 만든 홀(구멍) 5개, 점수를 기록할 수 있는 종이와 연필

사전준비 : • 패스트푸드 치킨 상자를 뒤집어 아래 쪽에 그림과 같이 구멍을 뚫는다.
• 만든 상자를 동물모양으로 꾸미고 잘 보이는 면에 숫자를 붙인다.
• 실외의 잔디 위나 넓은 장소에 상자 홀을 세운다. 높은 숫자가 붙은 상자는 멀리 놓는다.

게임방법 : 채로 공을 쳐서 상자 홀에 넣는 게임이다.

활동방법 : 1. 게임을 할 수 있도록 준비물이 잘 보이는 곳에 양편으로 나누어 모여 앉는다.
2. 상자와 골프채, 공으로 어떤 경기를 해 볼 수 있을지 의논한다.
3. 이런 운동경기를 본 적이 있는지 이야기하고 게임의 방법과 규칙을 정한다.
• 정한 자리에서 공을 놓고 채로 쳐서 상자에 넣는다.

- 1번 상자에 들어가면 1점, 2번 상자에 들어가면 2점 등, 점수를 점수판에 기록한다.
- 양편에서 1명씩 나와서 한다.

4. 양편에서 1명씩 게임을 하고 점수판에 정확히 기록한 후 다음 사람이 한다.
5. 게임이 모두 끝나면 점수판의 숫자를 세어 비교한다.

평　가 : • 점수를 비교하고 규칙은 잘 지켰는지 이야기한다.
• 어려웠던 점과 재미있었던 점을 이야기해 본다.

## 1. 트럭으로 모래 운반하기

● 생활주제 ●
교통기관

목　　표 : 여러 가지 감각기관을 협응하여 움직인다.
도구와 기계가 생활에 주는 편리함에 대하여 알아본다.

준 비 물 : 장난감 트럭 2대, 공사장 표지판, 모래놀이 모종삽 2개, 모래상자 2개, 깔개

사전준비 :
- 장난감 트럭에 줄을 달아 끌고 갈 수 있게 준비한다.
- 공사장 표지판을 만들어 세울 수 있게 한다.
- 게임할 장소에 깔개를 깔아 앉을 수 있게 준비한다.
- 목적물 지점에 모래 상자를 놓는다.
- 바닥에 출발선을 표시하고 출발선과 모래 상자의 중간 지점에 모래를 쌓아 둔다.

게임방법 : 트럭으로 모래를 실어 정해진 곳으로 운반하는 게임이다.

활동방법 :
1. 교사를 중심으로 양편으로 나누어 반원으로 앉는다.
2. 공사장 표지판과 트럭, 모래로 어떤 게임을 할 수 있을지 생각해 본다.
3. 게임방법과 규칙에 대해 이야기한다.
   - 출발선에서 트럭의 줄을 잡고 준비한다.

- 신호악기 소리에 맞추어 출발하여 모래가 있는 곳에서 모종 삽으로 모래를 두 삽 떠 담는다.
- 모래를 잘 싣고 가서 상자에 담고 돌아온다.
- 돌아와서 트럭은 제자리에 놓는다.

4. 규칙에 따라 게임을 하고 평가한다.

평　　가 : • 정한 규칙을 잘 지켰는지 평가한다.
• 어느 편이 먼저 끝났는지(누가 먼저 돌아왔는지) 평가한다.

확장활동 : • 연령에 따라 대형과 게임진행방법, 평가방법을 변형한다.

## 1. 돌탑 쌓기

• 생활주제 •
우리나라와
다른 나라

목　　표 : 여러 가지 감각기관을 협응하여 움직인다.
여러 사람이 하는 일에 참여해 본다.

준 비 물 : 다양한 크기와 모양의 돌

사전준비 : • 야외학습이나 실외활동을 하면서 다양한 크기와 모양의 돌멩이를 모은다.
• 블록이나 돌멩이로 쌓기 놀이를 해 본다.

게임방법 : 여러 사람이 함께 돌멩이를 모아 돌탑을 쌓는 게임이다.

활동방법 : 1. 5~6명이 한 팀이 된다.
2. 모아 둔 돌멩이들로 돌탑을 쌓는다.
3. 시간을 정하여 탑을 쌓고 어느 팀이 높게 잘 쌓았는지 살펴본다.
4. 어떻게 해야 탑이 쓰러지지 않고 높게 쌓을 수 있는지 이야기하고 다시 한 번 해 본다.

평　　가 : • 같은 팀의 사람들이 모두 함께 했는지 평가한다.
• 어느 팀의 탑이 높은지 비교해 본다.

확장활동 : • 모래성 쌓기로 변형할 수 있다.

## 2. 사방치기 게임

> ● 생활주제 ●
> 우리나라와
> 다른 나라

목　　표 : 전통놀이를 경험한다.
활동에 적극적으로 참여한다.

준 비 물 : 신호악기, 목적물(작은 돌맹이나 블록)

사전준비 : • 실외놀이 공간에 사방치기 판을 그릴 수 있는 공간이 있는지를 확인한다.
• 바닥면의 재질에 따라 적절한 도구(돌, 분필)로 변형된 사방치기 판을 그린다.

게임방법 : 사방치기를 활용하여 목적물까지 다 오는 게임이다.

활동방법 : 1. 사방치기 판이 잘 보이는 곳에 양편으로 나누어 모여 앉는다.
2. 사방치기 판과 목적물을 보고 어떻게 게임을 할 수 있을지 방법과 규칙을 정한다.
• 신호악기소리에 맞추어 달려간다.
• 사방치기 판이 있는 곳에서 그림대로 밟으며 간다.
• 목적물을 돌아서 온다.

• 양편에서 1명씩 나와서 한다.

3. 연령에 따라 적합한 방법으로 평가한다.

유 의 점 : 사방치기 판을 그릴 때는 유아의 연령과 발달수준에 따라 적절한 형태로 그린다.

## 1. 빨래 널기

● 생활주제 ●
도구와 기계

목　표 : 여러 가지 감각기관을 협응하여 움직인다.
물질의 변화에 호기심을 가진다.

준 비 물 : 빨랫줄, 빨래집게, 여러 가지 빨랫감(손수건, 인형 옷, 양말 등)

사전준비 :
- 여러 가지 빨랫감들을 모아 "빨래하기" 활동을 하고 물에 젖은 빨래들을 바구니에 모은다.
- 실외놀잇감이나 나무 등을 이용하여 유아들의 눈높이에 맞게 빨랫줄을 맨다.
- 빨랫줄에 빨래집게를 달아둔다.
- 빨랫줄을 목적물로 하여 게임을 할 수 있도록 출발선을 긋는다.

게임방법 : 빨래를 잘 털고 널어서 집게로 집고 돌아오는 게임이다.

활동방법 :
1. 양편으로 나누어 마주 보고 앉는다.
2. 빨래를 한 빨랫감들을 이제 어떻게 해야 하는지 이야기를 나눈다.
3. 빨래널기를 게임으로 해보기로 하고 게임방법과 규칙을 정한다.
   - 바구니에서 빨래를 한 개 꺼내어 들고 출발선에서 준비한다.
   - 신호악기소리에 맞추어 출발하여 빨랫줄에 빨래를 널고 집게로 집어 떨어지지 않게 하고 돌아온다.

- 돌아와서 다음 사람과 악수한다.
- 다음 사람들은 미리 준비하여 게임이 연속될 수 있게 한다.

4. 규칙에 따라 게임을 하고 평가한다.

평　　가 : • 정한 규칙을 잘 지켰는지 평가한다(빨래는 보기 좋게 잘 털어서 바르게 널었는지, 집게로 집어 놓았는지).

• 어느 편이 먼저 끝났는지 평가한다.

확장활동 : • 연령에 따라 대형과 게임진행방법, 평가방법을 변형한다.

• 다음날 널어 놓은 빨래들이 어떻게 되었는지 관찰한다.

## 2. 라켓으로 풍선 치기

생활주제: 도구와 기계

목 표 : 도구를 다양하게 활용하여 신체활동을 한다.
여러 가지 감각기관을 협응하여 활동한다.

준 비 물 : 풍선, 라켓, 목적물

사전준비 : • 세탁소에서 사용하는 옷걸이를 펴서 손잡이가 있는 네모 모양으로 구부리고 스타킹을 씌워 라켓을 만든다.
• 라켓으로 풍선, 물놀이 공, 종이공 등을 치는 놀이를 해 본다.
• 풍선을 적당한 크기로 분다.
• 게임할 장소에 목적물을 세우고 출발선을 긋는다.

게임방법 : 라켓으로 풍선을 치면서 목적물을 돌아오는 게임이다.

활동방법 : 1. 라켓과 풍선으로 놀이해 본 경험을 이야기한다.
2. 풍선과 라켓으로 놀이를 했던 것처럼 게임을 할 것임을 이야기한다.
3. 게임방법과 규칙을 정한다.
   • 라켓과 풍선을 들고 출발선에서 준비한다.
   • 출발 신호에 맞추어 라켓으로 풍선을 치면서 간다. 이때 풍선을 떨어뜨리면 그 자리에서 다시 시작한다.

• 목적물을 돌아와서 다음 사람에게 라켓과 풍선을 전달한다.

4. 게임이 모두 끝나면 규칙을 잘 지켰는지 어느 편이 먼저 끝났는지 평가한다.

평　　가 : • 어떻게 하면 풍선을 떨어뜨리지 않고 잘 칠 수 있는지 이야기해본다.

• 어려웠던 점과 재미있었던 점을 이야기해 본다.

확장활동 : • 동시에 여러 사람이 시작하여 가장 오랫동안 풍선을 친 사람을 뽑는 게임으로 변형할 수 있다.

# 참고문헌


고려대학교 민족문화연구소(1982). 한국민속대관. 4.

교육부(1993). 유아 전통놀이 교육활동 지도자료(실제편).

교육부(1998). 유치원 교육과정 해설.

교육인적자원부(2001). 유치원 교사 교육 프로그램.

김광언(1982). 한국의 민속놀이. 인천: 인하대학교 출판부.

김광웅(1998). 놀이치료의 교육적 적용. 아동상담 심리치료의 세계. 숙명여자대학교 사회교육과학연구소/아동연구센터.

김양순(2003). 자폐아동을 위한 표현예술치료. 학지사.

김연진(2000). "유치원 전통놀이 교육에 대한 현황 연구." 이화여자대학교 교육대학원 석사학위논문.

김윤호(2000). 조선의 민속전통, 민속놀이. 대산출판사.

김정준 · 김정화 · 신유림(2001). 유아에게 적합한 125가지 놀잇감. 창지사.

김종만(1993). 아이들 민속놀이 100가지. 우리교육.

김춘일 · 김성혜(1998). 유아놀이 프로그램. 교육과학사.

노현주(1994). "실외 놀이터 유형에 따른 유아의 놀이 형태." 이화여자대학교 대학원 석사학위논문.

덕성여자대학교 부속유치원(1993). 상호작용이론에 기초한 유아교육과정. 창지사.

문화공보부 문화재관리국(1967~1974). 민속놀이. 한국민속종합조사보고서.

박호선 편저(1993). 협동적 교육과정에 기초한 놀이지도. 동문사.

성원경(1990). "유치원 자유놀이시간의 운영에 관한 연구", 이화여자대학교 교육대학원 석사학위논문.

심우성(1975). 한국의 민속놀이. 서울: 삼일각.

_____(1996). 우리나라 민속놀이. 동문선 문예신서 100.

_____(1996). 전통놀이 50선. 농업협동조합중앙회.

양승경(1983). "그룹게임을 통한 아동의 인지발달에 관한 연구", 이화여자대학교 교육대학원 석사학위논문.

온영란(1996). "유아교육 프로그램의 전통놀이에 관한 조사연구". 원광대학교 교육대학원 석사학위논문.

유미숙(1998). 놀이치료. 아동상담 심리치료의 세계. 숙명여대 사회과학 연구소 아동연구센터, 69-104.

유아교육교재편찬회 편(1987). 유아를 위한 놀이지도의 이론과 실제. 학문사.

유안진(1981). 한국고유의 아동놀이. 서울: 정민사.

윤진섭(1981). "아동의 집단놀이 상황에서의 협동성 · 경쟁성 연구", 이화여자대학교 대학원 석사학위논문.

윤현상(1983). "집단게임이 유아의 인지발달에 미치는 영향", 부산대학교 교육대학원 석사학위논문.

이경우 · 반운경(1992). 그룹게임. 창지사.

이기숙(1985). 한국 유아교육기관의 시설 설비 기준에 관한 연구II-시설 설비 모형의 적용 및 실외환경.

이기숙 · 이영자(1993). 2~3세를 위한 유아교육 프로그램. 창지사.

이대균(1998). 3, 4, 5세 유아를 위한 교육 프로그램. 양서원.

이숙 · 최정미 · 김수미(2002). 현장중심 놀이치료. 학지사.

이숙재(1990). 유아를 위한 놀이의 이론과 실제. 창지사.

_____(1994). 어린이 놀이터와 놀이행동에 관한 질적 연구. 유아교육연구, 14(1), 122.

_____(1998). 유아를 위한 놀이의 이론과 실제. 창지사.

_____(2001). 유아놀이활동. 창지사.

이숙재 · 김영(1988). 유아를 위한 운동놀이 활동. 창지사.

이영 · 이미화(1993). 2세아를 위한 놀이 및 활동. 학지사.

이원옥(1980). "서울 시내 유치원 게임 교재 내용 분석에 관한 연구". 이화여자대학교 교육대학원 석사학위논문.

이은해 · 이숙재 역(1991). 놀이를 통한 어린이 학습활동. 정민사.

이은해 · 지혜련 · 이숙재 편역(1990). 놀이이론. 창지사.

이은화(1989). "전통놀이의 유아교육 현장적용에 관한 연구". 연세대학교 대학원 박사학위논문.

_____(2000). 한국의 전통 아동놀이. 어린이와 환경, 안전. 삼성복지재단 어린이 개발센터 2000년 제8회 국제 학술대회, 189-225.

이은화 · 정진 · 박현주 · 김현정(2000). 문화와 놀이의 관계. 유아교육연구, 20(1), 43-58.

이정환(1991). "유아를 위한 컴퓨터 활도의 통합적 접근". 이화여자대학교 동서교육연구소.

_____(1993). 유아교육의 교수학습방법. 교문사.

이철수(1999). 우리가 정말 알아야 할 우리놀이 100가지. 현암사.

이화여자대학교 부속 이화유치원(1978). 유아를 위한 즐거운 놀이 (1). 이화여자대학교 부속 이화유치원.

_____(1992). 유치원 교육과정 운영의 실제. 교문사.

정진(1987). "게임의 지도 현황에 관한 연구". 이화여자대학교 대학원 석사학위논문.

조계숙(1994). "유아교육에서의 전통놀이에 대한 교사 견해와 활용 현황에 관한 연구". 계명대학교 교육대학원 석사학위논문.

지성애(1994). 유아놀이지도. 정민사.

지혜련(1980). 한국 취학 전 어린이들의 사회적 행동에 관한 연구 II: 3세와 5세 어린이들에게 있어서 시기와 장소의 효과. 연세논총, 제17권, 246.

지혜련 · 김온기(1990). 유아의 실외놀이 이론과 실제. 서울: 교문사.

지혜련 · 김판희 역(1989). 놀이(Catherin Garver 원저). 창지사.

최상수(1985). 한국 민속놀이의 연구. 서울: 성문각.

한국교육개발원(1983). 유아를 위한 놀잇감 평가기준 개발. 한국교육개발원.

_____(1991). 유아교육 프로그램과 놀이. 한국어린이교육협회.

한국어린이육영회(1992). 물 · 모래 놀이. 한국어린이육영회.

황명숙(2002). 아동중심놀이치료. 창지사.

Ames, C. (1978). Children's Achievement Attributions and Self-reinforcement: Effect of self-concept and competitive Reward Structure, *Journal of Educational Psychology, 70*(3).

Ames, C., & Ames, R. (1981). Competitive Versus Individualistic Goal Structures: The Salience of past performance Information for Causal Attributions and affect, *Journal of Educational Psychology, 73*(3).

Ames, C., & Felker, D. W. (1979). An Examination of Children's Attributions and Achievement-Related Evaluation in Competitive, Cooperative, and Individualistic Reward Structures, *Journal of Educational Psychology, 71*(4).

Axline, V. M. (1969). *Play Therapy*. N.Y: Ballantine Books.

Baker, K. R. (1966). *Let's play outdoors* (Washington, D.C.: NAEYC).

Baratta-Lorton, M. (1976). *Mathematics their way,* Addison-Wesley Publishing company.

Bruner, J. S. (1976). *Play: Its role in development and evolution,* Basic Books.

Bruya, L. D. (1985). The Effect of Play Structure Format Difference on the Play Behavior of Preschool Children, in J. L. Frost & S. Sunderline (Eds.), When Children Play, Weaton MD: ACEI, pp.115-120.

Clifford, M. M., Cleary, A. T., & Walster, W. G. (1972). Effects of emphasizing Competitive in Classroom-Testing Procedures, *The Journal of Educational Research, 65*(5).

Cooper, R. M. (1996). *The role of play in the accultural process.* ERIC Document Reproduction Service. ED.405-105.

Csikszentmihalyi, M. (1981). *Some paradoxes in the definition of play.* In A. T. Cheska (Ed.). Play as context (pp.14-26). West Point, NY: Leisure Press.

David, B. (1994). Play, the playground and the culture of childhood. In J. R. Moles (Eds.). *The Excellence of Play*. Open Univ. Press.

Deacon, S. R. (1994). *Analysis of children's equipment choices and play behavior across three play environments*. Unpublished doctoral dissertation. The University of Texas at Austin, 18.

Decker, C. A., & Decker, J. R. (1984). *Planning and Administering Early Childhood Programs* (3rd ed.). Columbus, Ohio: Charles E. Merrill Publishing Company.

Erver, J. M., Kim, Y. K., & Lee, Y. (1995). Cultural differences in korean-and Anglo-american preschooler' s social interaction and behaviors. *Child Development, 66,* 1088-1099.

Enzle, M. E., Hanson, R. D., & Lowe, C. A. (1975). Causal Attribution in the Mixed-Motive Game: Effects of Facilitory and Inhibitory Environmental Forces. *Journal of Personality and Social Psychology, 31*(1). N.Y.: John Wiley and sons Inc.

Evans, M. A., & Rubin, K. H. (1983). Development Differences in Explanation of Childhood Games, Child Development, 54. Farver, J. M., Kim, Y, K., & Lee, Y. (1995). Cultural differences in Korean-and Anglo-American preschoolers' social interaction and play behaviors. *Child Development, 66,* 1088-1099.

Faver, J. M., Kim, Y, K., & Lee, Y.(1995). Cultural differences in Korean and Anglo-American preschoolers' social interaction and play behaviors. *Child Development, 66*, 1088-1099.

Fein, G. G. (1996). 어린이와 놀이. 삼성복지재단 제4회 학술대회, 3-24.

Frost, J. E., & Klein, B. L. (1979). *Children's Play and Playgrounds.* Boston: Allyn & Bacon.

Frost, J. L. (1992). *Play and Playscapes.* Albany, NY: Delmar. pp.147-148.

Frost, J. L., & Campbell, S. D. (1985). Equipment Choices of Primary-Age Children on Conventional and Creative Playgrounds, in J. L. Frost & S. Sunderline (Eds.), When Children Play, Weaton, MD: ACEI, pp.89-92.

Frost, J. L., & Klein, B. L. (1979). *Children's Play and Playgrounds.* Boston: Allyn & Bacon.

Frost, J. L., & Sunderlin, S. (1985). *When children play.* Wheaton, MD: Association for Childhood Education International.

Frost, J., & Strickland, E. (1978). Equipment choices of young children during free play. *Lutheran Education, 114*(1), 34-46을 인용한 Deacon (1994).

Harris, J. C. (1981). Beyond Huizinga: relationships between play and culture. In A. T. Cheska, (Ed.). *Play as context* (pp.26-36). West Point, NY: Leisure Press.

Henniger, M. L. (1985). *Preschool children's play behaviors in an indoor and outdoor environment.* Frost, J. L. & Sunderlin (Eds.), *When children play* (pp.145-150). Wheaton, MD: Association for childhood Education International.

Hughes, F. P. (1994). 유아의 놀이와 발달(김수영 · 김수임 · 허선자 역, 1998). 창지사.

Huizinga, J. (1993). 호모루덴스: 놀이와 문화에 관한 한 연구(김윤수 역) 서울: 까치.

Hutt, C. (1971). Exploration and children. In R. E. Herron and B. Sutton-Smith (Eds.), *Child's play* (pp.231-251). New York: John Wiley & Sons.

Isenberg, J. P., & Jacobs, J. E. (1982). *Play things as Learning Tools: A parent's Guide,* N.Y.: John wiley & Sons, Inc.

Johnson, J. E. (1999). 놀이와 유아교육(신은수 · 김은정 · 안부금 · 유영의 공역, 2001). 학지사.

Johnson, J. E., Christie, J. F., & Yawkey, T. D. (1987). *Play and Early Children Development.* Glenview, Illinois London: Scott, Foresman and Company.

Johnson, J. E., Christie, J. F., & Yawkey, T. D. (1999). *Play and early childhood development.* New York: Addison Wesley Longman, Inc.

Kagan, S., & Madsden, M. C. (1972). Rivalry in Anglo-American and Mexican Children of Two Ages, *Journal of Personality and Social Psychology, 24*(2).

Kamii, C., & DeVries, R. (1980). Group games in early education Implications of Piaget's Theory, Washington, D.C.: The National Association for the Education of Young Children.

Kerr, N. L. (1983). Interpersonal relations and group processes, "Motivation Losses in small Group: A Social Dilemma Analysis", *Journal of Personality and Social Psychology, 45*(4).

Knight, G. P., & Dubro, A. F. (1984). Cooperative, Competitive, and In DiviDualistic Social Values: An Individualized Regression and Clustering Approach, *Journal of Personality and Social Psychology, 46*(1).

Kritchevsky, S., Prescott, E., & Walling, L. (1977). *Planning Environment for Young children*, Washington, D.C.: NAEYC.

Berker, L. E., & Winsler, A. (1995). 어린이들의 학습에 비계설정(Scaffolding): 비고츠키와 유아교육(홍용희 역). 창지사.

Levy, J. (1978). *Play behavior.* New York: John Wiley & Sons.

McClintock, C. G., & Moskowitz, M. J. (1997). variation in Individualistic, compotitive and cooperative outcomes as a Function of Age, Game class and Task in Nursery school Children, *Child Developement, 48,* 1080-1085.

Miller, S. (1984). 놀이의 심리(황순자 역). 형설출판사.

Moore, M. (1992). An analysis of outdoor play environments and play behaviors. Unpublished doctoral dissertation, The University of Texas at Austin.

Mouly, G. J. (1973). *Psychology for effective Teaching,* Holt, Rinehart & Winston, Inc.

Myers, G. D. (1985). *Motor behavior of kindergarteners during physical education and free play.* In J. L. Frost & S. Sunderlin (Eds.), *When children play* (pp.152-153). Wheaton, MD: Association for Childhood Education International.

Noren-Bjon, E. (1982). *The Impossible Playground.* N.Y.: Leisure Press.

Paley, V. G. (1984). *Boys and Girls: Superheroes in the doll corner* (Chicago: University of Chicago Press)

Pepitone, E. A. (1980). *Children in cooperation and Competition.* Lexington Books.

Pepler, D. J., & Ross, H. S. (1981). The Effects of Play on Convergent and Divergent problem solving. *Child Development, 52,* 1202-1210.

Piaget, J. (1962). *Play, dreams, and imitation in Childhood.* Norton.

Rocha, R. F., & Rogers, R. W. (1976). Ares and Babbitt in the classroom: Effects of Competition and Reward an Children's Aggression. *Journal of Personality and social Psychology, 33*(5).

Rogers, C. S., & Sawyers, J. K. (1988). *Play in the Lives of Children.* Washington, D.C.: NAEYC.

Roopnarine, J. L., & Johnson, J. E. (1994). *The need to look at play in diverse cultural settings.* In J. L. Roopnarine, J. E. Johnson, & F. H. Hooper (Eds.). Children's playing diverse cultures (pp.1-8). Albany, NY: State University of New York Press.

Rothlein, L., & Brett, A. (1987). "Children's, Teacher's, and Parent's Perception of play", *Early Childhood Research Quarterly, 2.*

Sawyers, J. K., & Rogers, S. C. (1988). *Helping Young Children Develop Through Play.* Washington, D.C.: NAEYC.

Schaefer, C. E. (1985). *Play therapy. Early Child Development and Care, 19,* 95-108.

Schwartzman, H. B. (1978). *Transformations: The anthropology of children's play.* New York: Plenum.

Seagoe, M. V. (1962). Children's Play as an indicator of cross-cultural and intro-cultural differences, *The Journal of Educational Sociology, 35*(6).

Seefeldt, C. (1987). *The Early Childhood curriculum: A Review of Current Research.* New York & London: Teachers College, Columbia University.

Seefelt, C., & Barbour, N. (1986). *Early Chilhood Education: An Introdution.* Columbus, Ohio: Charles E. Merrill p.234.

Smilansky, S. (1968). *The effects of Sociodramatic play on disadvantaged preschool Children.* New York: Wiley.

Spodeck, B., Saracho, O. N., & Davis, M. D. (1987). *Foundations of Early Childhood Education.* Engewood Cliffs, New Jersey: Prentice-Hall Inc.

Sutton, B., & Smith, S. (1974). *How to play with your children and when not to.* New York: Hawthorn Books, Inc.

Sutton-Smith, B. (1979). *Play and Learning,* New York: Garduer Press, Inc.

Sutton-Smith, B. (1990). The School Playground as a Festival. *Children's Environmental Quarterly, 7,* 87-93.

Sutton-Smith, B. (1998). *The ambiguity of play.* Cambridge, MA: Harvard University Press.

Sutton-Smith, B., & Roberts, J. M. (1981). *Play, games, and sports.* In H. C. Triandis & A. Heron (Eds.), *Handbook of cross-cultural psychology, 4.* Developmental psychology. Boston: Allyn and Bacon. Sutton-Smith and Roberts.

Tizard, B., Philps, J., & Plewis, I. (1976). Play in preschool centers: Play Pleasures and their relation to age, sex and IQ. *Journal of Child Psychology and Psychiatry, 17,* 241-264.

Turner, J. (1977). *Psychology for the Classroom,* Methuen London.

Vygotsky, L. S. (1976). Play and its role in the mental developement of the child. In J. S. Bruner, A. Jolly, A. K. Sylva (Eds.), *play: Its role in development and evolution* (pp.537-554). New York : Basic Books.

Weber, E. (1984). *Ideas Influencing Early Childhood Education* (N.Y.: Teachers College, Columbia University).

Wener E. E. (1977). *Cross-Cultural Child Development-Children's Play groups and Games.* Monterty CA: Brooks/Cole.

Woolfolk, A. E., & Nicolich, L. M. (1980). *Educational Psychology for Teachers.* Englewood Cliffs. New Jersey: Prentice-Hall Inc.

Wolfgang, C. H., & Sanders, T. (1982). Teacher,s role: A construct for supporting the play of young children. *Early Child Development and Care, 8,* 107-120.

# 찾아보기

## 인 명

김광언 117
김광웅 107
김수미 110
김성혜 125
김온기 98
김양순 108
김연진 119
김종만 125
김춘일 125

심우성 117

유영란 119
유미숙 111
유안진 117
이기숙 88
이수미 109
이숙 109, 110
이숙재 29, 50, 90, 91, 109
이은화 50, 117
이철수 125

지혜련 88
조계숙 119

최정미 110
최정애 109

Axline, V. M. 110

Baker, K. R. 87
Barbour, N. 91
Bruner, J. S. 20
Bruya, L. D. 92

Caplan, T. 50
Cooper, R. M. 50
Csikszentmihalyi, M. 49

David, B. 49, 50
Decker, C. A. 90
Decker, J. R. 90
Dewey, J. 14

Erikson, E. E. 20
Evans, M. A. 152

Farver, J. M. 50
Fein, G. G. 60
Freud, S. 14
Froebel, F. W. A. 14
Frost, J. L. 15, 90, 91

Groos, K. 14

Hall, G. S. 17
Hill, P. S. 57
Hooper, S. 50
Hughes, F. P. 46
Huizinga, J. 14, 49
Hwnniger, M. L. 88

Isaacs, S. 14
Isenberg, J. P. 45

Jacobs, J. E. 45
John, M. 60
Johnson, J. E. 29

Klein, B. L 90, 91
Kritchevsky, S. 92

Lazarus, M. 14
Levy, J. 15

McClintock, C. G. 157
Miller, S. 156
Moore, M. 88
Myers, G. D. 88

Noren-Bjon, E. 92

Paley, V. G. 88
Parten 32
Patrick, G. T. 17
Pepler, D. J. 49
Phillps, A. 88
Piaget, J. 15, 148
Plewis, I. 88
Prescott, L. 92

Rogers, C. S. 91
Roopnarine, J. L. 50
Rubin, K. H. 15, 152

Schaefer, C. E. 107
Schiller, F. 14, 17
Schwatzman, H. B. 50
Seagoe, M. V. 152
Seefeldt, C. 46, 91
Smilansky, S. 25, 148
Sullivan, M. V. 152
Sutton-Smith, B. 20, 87, 148, 149

Tizard, B. 88

Vygotsky, L. S. 20

Walling, L. 92

## 내 용

2세 유아의 놀이 36
3세 유아의 놀이 37
3세의 게임 164
4세 게임 164
4세 유아의 놀이 38
5세 게임 165
5세 유아의 놀이 39

가작화 요소 15
가작화놀이의 통합 25
가작화하는 행동 25
가장놀이 18, 50
가정환경 43
가족놀이치료 111
가족중심 형태의 놀이 50
감각운동놀이 36
감독자 60
개방공간 89
개별게임 152
개별적 · 경쟁적 게임 152
개별평가 176
개별학습 58
개인의 유아 놀이 계획 63
거시 세계적 놀이단계 22
게임 147
게임 규칙 148
게임유형 149
게임의 목적 160
게임의 선정 조건 161
게임의 평가 175
게임지도 172
게임지도 평가표 175
게임지도방법 172
게임판 27
경쟁 147
경쟁성 156
경쟁성의 지도원칙 171
경쟁적 상황 147
경주 게임 155
계획적 상징놀이 25
고누놀이 120
공격성에 대한 보상 159
공기놀이 125
공동 놀이자 60
과정중심의 평가 176
과학놀이 40
과학놀이영역 68

과학적 탐구놀이 39
교사지도 행동의 연속체 47
교육환경 43
구성놀이 27, 92
구슬치기 141
규칙 29, 147
규칙 있는 게임 24, 28, 151
규칙 준수에 따른 평가 176
그룹게임 152
극놀이 92
근접발달지대 29
기구를 이용한 순환운동 227
기능놀이 27

**까**꿍 150

**내**담자 중심치료 110
내적 동기 14
놀이 계획표시판 62
놀이 동기 13
놀이 지도자 60
놀이 평가 59
놀이공간 67
놀이공간의 배치 93
놀이교수 60
놀이수준 46
놀이실 48
놀이의 계획 59
놀이의 관찰 59
놀이의 중요성 31
놀이의 치료적 가치 108
놀이집단 37, 117
놀이치료 107
놀이치료실 112
놀이환경 51, 59, 62
놀이-지역문화 49
놀잇감 42, 51
놀잇감의 선택 기준 52

**단**순시설 92
단순하고 반복적인 놀이 36, 49
단어 게임 27
닭살이 127
대근육 놀이 활동 36
대문 놀이 279
독립심 37
동물 기르기 영역 94
동물 모형 놀이시설 93
동화 23

**딱**지치기 128
땅따먹기 놀이 130

**말** 연습 놀이 34
매체 52
모델링 47
모래상자 100
모래놀이 91
모방놀이 36
모방적 역할놀이 26
목공놀이영역 94
목적물 맞추기 게임 155
무대 관리자 60
문제해결능력 16
문화 학습 전파 50
문화적 요인 49
문화환경 43
물 · 모래놀이영역 94
물놀이 91
물놀이용 탁자 100
물리적 개입 47
미시 세계적 놀이단계 22
민족 정체성 117

**바**깥놀이 87
반복이론 18
발달놀이치료 111
방관자적 놀이 32
방관자 60
변증법적 모델 50
병행 놀이 32
복합놀이기구 91, 92
복합시설 92
분산된 가작화 25
비석치기 130
비지시적 놀이치료 110
비지시적 진술 47
비참여 행동 32
비참여자 60
비형식적 개별놀이 152
비형식적 사회놀이 152

**사**물에 대한 가작화 26
사방치기 132
사회 · 경제적 수준 46
사회극 놀이 25

사회문화적 맥락 29
사회문화적인 요소 28
사회적 과정 147
사회적 말놀이 35
상징놀이 24, 36
상징적 게임 151
상품화된 놀잇감 52
상호적 놀이 60
생활 주제별 게임 166
성인과 함께 하는 놀이 152
소리내기 놀이 34
소속감 165
수렴적 놀잇감 49
수용 111
숙달놀이 24
슈퍼시설 92
스무고개 149
스포츠 게임 149
승패 147
승패에 대한 평가 175
식물 기르기 영역 94
신체놀이영역 94
신체운동놀이 39
신체적 기술 게임 149
실내 자유놀이 67
실외 놀이시설물 92
실외 놀이터 87, 90
실외 놀이터의 지면 92
실외 자유놀이 87
실제 발달 수준 28

**쌓**기놀이영역 67

**아**기 태우고 돌아오기 197
안전한 놀이터 93
알아맞히기 게임 157
언어놀이영역 68
언어적 지시게임 155
역할극 놀이 18
역할놀이영역 67
연날리기 133
연령에 맞는 놀잇감 54
연속(릴레이) 게임의 평가 181
연습 게임 151
연습놀이 24
연습이론 18
연합놀이 33
외적인 동기화 15
운동놀이 92
운동놀이기구 92
원 게임 162
원 게임의 지도방법 173
유아중심 놀이치료 110
유아중심적 지도원칙 169
융통성 29
음률놀이영역 68
이야기 꾸미기 치료법 109
이완 놀이 치료법 109
일기식 기록 60
일화기록 60
잉여 에너지이론 17

**자**기 가작화 25
자기 동기화 14
자기 세계적 놀이단계 26
자기통찰 107
자발적인 동기 16
자아개념 158
자아의 기능 20
자유 연상 기법 109
자유대형 게임 162
자율성 37
잠재적 발달 수준 28
적극적 관찰단계 47
적응 변이성 29
전략게임 149
전상징적 단계 25
전체유아의 놀이계획 61
전통놀이 117
전통놀이의 교육적 적용 119
전통놀이의 명칭 120
전통놀이의 유래 120
전통문화 118
점수판에 의한 평가 177
정서적 부적응 문제 107
정신분석적 치료법 109
정적 놀이영역 94
제기차기 135
제작된 놀잇감 52
제한성 설정 111
조용한 놀이영역 76
조작놀이영역 68
조절 23
조형놀이영역 68
주변 일상용품 52
지속성 26
지시적 진술 47

집단 구성 162
쫓기 게임 155

**차**량 모형 시설물 93
찬스 게임 149
창의성 29
체크리스트 형식 60
최소면적 90
추상적 사고능력 27
치료자 107

**카**드 게임 27, 149
컴퓨터 게임 149
컴퓨터놀이영역 68

**탈**중심화 158
탐색 14
탐색 행동 15
테이블 게임 27
통합교육 58
투사 35
투호놀이 137

**판**, 카드게임 155
팽이치기 138
편 게임 163
편 게임의 지도방법 173
편 의식 165
풀각시 놀이 140
풀싸움 140

풍속 117
풍속도 120

**행**동과 상황에 대한 가작화 26
행동주의적 접근 방법 110
허용감 111
현실의 대변인 되기 60
협동 놀이 33
혼자 놀이 32
혼자놀이 36
확산적 놀잇감 49
휴식이론 19
흙 언덕 91
흥미영역 61
흥미영역별 놀이계획 61

## 저자 소개


**정 진**

이화여자대학교 사범대학 유아교육학과
이화여자대학교 대학원 유아교육학과 석사
이화여자대학교 대학원 유아교육학과 박사
현 우송공업대학 유아교육과 교수

**성원경**

이화여자대학교 사범대학 교육학과
이화여자대학교 교육대학원 유아교육학과 석사
이화여자대학교 대학원 유아교육학과 박사
현 우송대학교 아동복지과 교수



유아놀이지도
이론과실제

2004년 3월 10일 1판 1쇄 발행
2016년 3월 25일 1판 10쇄 발행

지은이 • 정진 성원경
펴낸이 • 김 진 환
펴낸곳 • (주) 학지사
04031 서울특별시 마포구 양화로 15길 20 마인드월드빌딩 5층
대표전화 • 02) 330-5114 팩스 • 02) 324-2345
등록번호 • 제313-2006-000265호
홈페이지 • http://www.hakjisa.co.kr
페이스북 • https://www.facebook.com/hakjisa

ISBN 978-89-7548-923-5 93370

정가 **17,000**원